思想政治教育

研究热点年度发布

2023

冯 刚 主编

团结出版社

图书在版编目（CIP）数据

思想政治教育研究热点年度发布 . 2023 / 冯刚主编
. -- 北京：团结出版社，2024.4
ISBN 978-7-5234-0883-4

Ⅰ . ①思… Ⅱ . ①冯… Ⅲ . ①高等学校 - 思想政治教
育 - 研究 - 中国 Ⅳ . ① G641

中国国家版本馆 CIP 数据核字（2024）第 067168 号

出　版：团结出版社
　　　　（北京市东城区东皇城根南街 84 号　邮编：100006）
电　话：（010）65228880　65244790（出版社）
　　　　（010）65238766　85113874　65133603（发行部）
　　　　（010）65133603（邮购）
网　址：http://www.tjpress.com
E-mail：zb65244790@vip.163.com
　　　　tjcbsfxb@163.com（发行部邮购）
经　销：全国新华书店
印　装：三河市东方印刷有限公司

开　本：170mm×240mm　16 开
印　张：30.5
字　数：416 千字
版　次：2024 年 4 月　第 1 版
印　次：2024 年 4 月　第 1 次印刷

书　号：978-7-5234-0883-4
定　价：98.00 元

前　言

　　思想政治教育热点既是思想政治教育学科理论深化和实践创新的必然结果，也昭示着思想政治教育学科发展的未来方向。2023年，在学习贯彻党的二十大精神、深入推进思想政治教育学科内涵式高质量发展过程中，学者们围绕思想政治教育理论和实践命题开展了深入探讨，形成了思想政治教育的研究热点。梳理总结本年度思想政治教育热点的研究现状，深入探索研究的年度特征和现存不足，有效把握未来研究的趋势展望，对于提升思想政治教育研究的系统性、持续性，构建完善思想政治教育理论体系，推动思想政治教育学科创新发展具有重要价值意义。

一、在深化基础理论研究中把握追踪思政热点

　　深刻发掘基础理论中蕴含的研究热点，在热点研究中深化基础理论。一直以来，思想政治教育学科的建设发展始终重视基础理论，将其视为学科发展的重要根基，重视其为学科发展提供的丰厚滋养以及发挥的持续动力作用。而在逐步深化思想政治教育基础理论的认识和研究中，许多热点问题为学界所关注和探讨，形成了一系列丰富拓展基础理论的重要成果。从中，思想政治教育基础理论与思想政治教育热点研究的互促关系得以充分展现。一方面，基础理论是研究热点的重要源泉。对于思想政治教育学科而言，基础理论是学科发展的重要根基，阐释着思想政治教育的本质和规律，包含着思

想政治教育的内容与方法，是思想政治教育理论深化和实践发展的总依据。思想政治教育基础理论深切回答了思想政治教育的元问题，构建起思想政治教育理论体系的基本框架，成为思想政治教育与其他学科相区别的重要标识。随着时代和实践的发展，思想政治教育基础理论中衍生出许多新发现、新情况、新问题，这些变化为学界广泛关注和探讨，逐渐成为思想政治教育研究的热点，同时也是思想政治教育学科发展的重要生长点和突破口。由此，基础理论因其对本质的规定和广阔的视野，成为思想政治教育热点研究的重要源泉。另一方面，热点研究是基础理论深化的重要契机。思想政治教育热点既来源于基础理论，也在研究中成为思想政治教育基础理论深化拓展的重要契机和关键生长点。研究热点是反映时代和实践发展需要、学界共同关切的重要问题，是顺应思想政治教育发展规律和趋势的必然结果，那么也是对思想政治教育基础理论的不足和生长点的把握和揭示。以思想政治教育热点研究为契机和突破口，形成思想政治教育新的理论成果，在实践的检验和研究的精进中将逐步转化融入思想政治教育基础理论。总体而言，思想政治教育基础理论与研究热点之间的互促关系，在相辅相成中推动着思想政治教育学科发展。

把握和发掘本年度思想政治教育基础理论中的研究热点。本年度学界立足思想政治教育基础理论，结合党的创新理论和思想政治教育理论前沿，集中探讨了一系列思想政治教育热点问题。首先，习近平文化思想与思想政治教育研究。2023 年 10 月，在全国宣传思想文化工作会议上，习近平文化思想正式提出，引起了学界的广泛关注。文化是思想政治教育基础理论中的重要渊源和关键内容，学界坚持以习近平文化思想为指导，围绕思想政治教育基本问题进行了集中探讨，取得了丰硕成果，成为年度研究的突出热点。其次，思想政治教育形象研究。学科形象是思想政治教育的基本问题之一，是思想政治教育学科进入内涵式高质量发展阶段需要关注的热点问题。值此思想政治教育学科设立 40 周年之际，思想政治教育形象引起学界的广泛关注，学者们围绕思想政治教育形象的基本内涵、形成过程以及提升路径等问题进行了探究，形成了研究热点。再次，思想政治教育内生动力研究是思想政治教育学科进入内涵式高质量发展阶段学界广泛关注的又一热点问题。学者们立足思想政治教育学科发展历史，着眼思想政治教育学科核心要素，深入探讨各要素之间的互动规律和动力转化过程，着力探讨了思想政治教育内生动力的基本理论问题，成为学科研究新兴热点。最后，思想政治教育方法是思想政治教育基础理论中的经典命题，也是学界常研常新的重要命题。学者们立足时代发展、实践进步和科技创新，持续探索思想政治教育的新方法，推动思想政治教育传统方法的与时俱进，取得了思想政治教育方法研究的新进展。此外，本年度在思想政治教育范畴、话语等基础理论方面，学者们开展了广泛而深入的探讨，形成了基础理论研究的多维热点，取得了丰硕成果，展现了思想政治教育基础理论与热点研究相互促进的生动局面。

二、在扎根实践发展中把握追踪思政热点

思想政治教育研究热点蕴含着对实践发展中现实问题的有效回应。思想政治教育研究的热点既包括基础理论深化中一系列有待持续探讨的理论问题，也涵盖实践开展中亟待重视与回应的实践问题。着眼思想政治教育实践发展，一系列现实问题逐渐突显，成为学界关注和探究的热点。一方面，思想政治教育热点研究具有鲜明的实践指向。思想政治教育热点研究议题并非主观臆造的假问题，而是立足思想政治教育实践发展，有待关注和探究的一系列真问题，这是由思想政治教育本身的实践特性决定的。思想政治教育作为主体性实践活动，其运行和发展本身就具有鲜明的实践指向，在这一过程中，思想政治教育热点研究需要从实践中发现问题、讨论问题、解决问题，紧紧围绕制约思想政治教育运行发展的一系列矛盾，从不同维度着力开展科学研究，推动思想政治教育理论与实践协同发展。另一方面，思想政治教育发展也需要回应实践中的现实问题。立足思想政治教育内涵式高质量发展阶

段，随着现实矛盾与客观要求的不断变化，思想政治教育的主体、客体、介体、环体都呈现出许多新特征，思想政治教育实践也面临着新要求、新任务、新挑战。思想政治教育发展需要着力回应思想政治教育面临的一系列现实问题，在科学研究中不断总结科学经验、深化理论认识，进而在现实问题的有效破解中推动思想政治教育科学发展。

深化思想政治教育研究需要扎根实践并着力破解其中的现实问题。立足实践中的现实问题开展科学探究是深化思想政治教育研究的重要着力点，也是强化认识、推动发展的热点议题。立足思想政治教育学科40年发展经验，围绕思想政治教育发展中的一系列现实问题，本年度学界开展了集中探讨，形成了丰富的研究成果。中国式现代化研究引起了学界的集中探究，中国式现代化是中国共产党领导的社会主义现代化，既有各国现代化的共同特征，更有基于自己国情的中国特色，学界坚持以党的二十大精神为指引，围绕中国式现代化的历史由来、主要特征、核心要义、发展进程、实践经验以及推进策略等问题，开展了集中探讨，取得了丰硕的研究成果，成为年度研究的热点议题；思想政治教育数字化研究，置身"数字中国"建设时代背景，面对教育数字化战略行动要求，思想政治教育需要在坚持与数字技术深度融合中革新发展，围绕思想政治教育数字化转型等一系列重要问题开展科学探究，是学界深化思想政治教育研究的热点问题；时代新人培育研究，培养担当民族复兴大任的时代新人是党和国家对新时代"培养什么人"这一问题的根本回答，指明了中国式现代化进程中人才培养的方向，学界围绕时代新人培育的深刻意涵、理论溯源、内容构成、培育路径以及特定视域下时代新人培育等问题开展理论探究，使得时代新人培育研究成为热点问题；高校"三全育人"研究，作为新时代党和国家对思想政治教育提出的任务要求，"三全育人"指向高质量思想政治工作体系和高水平人才培养体系，学界在科学把握"三全育人"内在运行机制与发展演进规律的基础上，围绕具体实践问题，开展针对性地科学探究，形成了研究热点；思想政治工作体系研究，党的二十大报告明确提出"完善思想政治工作体系"的新要求，为我们立足新时代切实提升思想政治工作质量实效提供了根本遵循。围绕思想政治工作体系的内涵意蕴、构建逻辑、质量评价、构建进路等现实问题，学界着眼实践开展了广泛探究，有效深化了思想政治工作体系研究。本年度学界在深化思想政治教育科学研究的同时，都扎根具体实践并着力回应与破解其中的现实问题，丰富并夯实了相关研究成果。

三、在助力学科持续发展中把握追踪思政热点

从思想政治教育学科 40 年发展历程不难看出，热点研究与学科发展之间具有密切关系。思想政治教育的热点研究与学科发展是辩证统一的，思想政治教育热点研究既离不开学科学理深化的支撑，同时热点研究也不断推动着学科的创新发展。充分把握思想政治教育热点研究与学科发展的密切关系，对于立足学科新阶段推进思想政治教育内涵式发展具有重要意义。

思想政治教育热点研究的深化与拓展离不开学科自身的创新与完善。研究热点是学界共同关注和深入探讨的前沿话题，往往反映着某一学科、某一领域正在产生或者即将产生的重要议题，昭示着未来学科研究中的重要方向。从形成过程上看，热点不是学者们主观想象的结果，而是思想政治教育理论与实践持续向前发展的必然趋势。思想政治教育研究热点是对学科理论发展、实践创新的反映，源自学科发展进程中矛盾问题的发现与解决、时代变化的认识与总结。由此，思想政治教育热点研究的深化拓展与学科发展密不可分，思想政治教育学科发展是热点研究的源头活水，学科发展的持续性赋予了热点研究的持续性特征。在思想政治教育学科发展过程中，随着时代和实践的发展，学科建设在创新性思维指导下，持续推进学科自身的创新与完善，从中不断涌现出新的议题，为广大学者们所关注和探讨，进而形成思想政治教育的研究热点。从思想政治教育热点的形成过程可以看出，思想政治教育的学科发展是思想政治教育热点的重要来源，思想政治教育热点研究

的深化拓展立足于学科自身的创新与完善之上。纵观思想政治教育学科40年发展历程，其中的不同阶段蕴含生成了众多思想政治教育热点，成为深化与拓展思想政治教育热点研究的丰厚滋养。

思想政治教育热点研究的深化与拓展不断推动着学科的创新发展。思想政治教育热点研究是对思想政治教育学科理论与实践的新认识和新探索，在理论与实践的突破中实现思想政治教育学科的创新发展。一方面，思想政治教育热点研究在经验和规律总结的理论积淀中推动学科创新发展。思想政治教育热点立足各核心教育要素，在新的具体场域中探讨各要素的互动经验和规律，经过长期积淀和系统构建，逐步形成顺应学科发展趋势和需要的系统理论，促进思想政治教育学科理论的时代化，始终为思想政治教育学科发展提供坚实的理论基础。另一方面，思想政治教育热点研究在矛盾和问题解决的实践进步中推动学科创新发展。思想政治教育热点也是对教育实践开展中存在的矛盾和问题的集中反映，正是这些矛盾的现实需要，引起学者们广泛关注和深入探索的内生动力，进而形成了思想政治教育的研究热点。在此基础上，随着思想政治教育热点研究支撑下矛盾问题的有效解决，思想政治教育实践在顺利开展中逐步深化改革，进而实现思想政治教育学科的创新发展。总体而言，思想政治教育的研究热点层出不穷，开展热点研究也永无止境。切实把握思想政治教育热点研究和学科发展的互动关系，探索总结思想政治教育热点的研究规律，才能将思想政治教育热点研究引向深入，有力推动思想政治教育学科的创新发展。

本书系统回顾了2023年思想政治教育研究的新发展、新成果、新贡献，共分为25章，分别对党内集中教育、中国式现代化、习近平文化思想、立德树人、党史学习教育、心理健康教育、传统文化、社会思潮与思想政治教育，思想政治教育范畴、方法、治理、形象、话语、内生动力、质量评价、文化育人、组织育人，社会主义核心价值观、网络思想政治教育、思政课建设、高校意识形态、高校党建、时代新人培育、辅导员队伍建设、一站式大学生社区育人等相关研究进行了梳理总结，尤其对这些内容与思想政治教育自身规律的演进发展关系进行了深度阐发，力图在总结研究现状和研究特点的基础上，准确把握思想政治教育热点研究的趋势展望，有力推动思想政治教育学科在 40 年发展新起点上守正创新、稳步前行。

冯刚

2024 年 1 月

目　录

第一章　党内集中教育与思想政治教育研究

2023 年度，全党上下开展学习贯彻习近平新时代中国特色社会主义思想主题教育，这是党的十八大以来，党内开展的第六次集中学习教育，也是党的二十大以后，开展的第一次党内集中教育。"思想政治教育学科的创新发展，离不开中国共产党思想政治教育工作的实践探索与经验总结，更离不开中国共产党的创新理论指导。"① 党内集中教育是以党的创新理论在党内进行思想政治教育的集中表达，在与思想政治教育的融合中不断推进思想政治教育学科创新发展。学界围绕党内集中教育与思想政治教育及其发展进行了学理分析与实践研究，形成了系列研究成果。梳理党内集中教育与思想政治教育研究相关成果，分析其特征与不足，展望其未来发展趋势，是进　步深化相关问题研究，推进思想政治教育创新发展的题中应有之义。

一、党内集中教育与思想政治教育研究的年度进展

学界围绕党内集中教育，结合学习贯彻习近平新时代中国特色社会主义思想主题教育，将党内集中教育与思想政治教育相结合，进行了积极的学理研究与探讨，形成了系列研究成果。具体包括习近平总书记关于党内集中教育重要论述的研究、党内集中教育的探索实践研究、学习贯彻习近平新时代中国特色社会主义思想主题教育研究、党内集中教育融入思想政治教育的研究等。

---

① 冯刚主编：《思想政治教育学科 40 年发展研究报告》，中国人民大学出版社 2024 年版，第 1 页。

（一）习近平总书记关于党内集中教育重要论述的研究

党的十八大以来，习近平总书记高度重视党内集中教育，强调在全党开展集中性学习教育，是我们党推进自我革命的重要途径，也是一条重要经验。进入新时代，党内先后开展了六次大规模的集中教育，从 2013 年党的群众路线教育实践活动，到"三严三实"专题教育、"两学一做"学习教育、"不忘初心、牢记使命"主题教育、党史学习教育以及 2023 年的学习贯彻习近平新时代中国特色社会主义思想主题教育。十余年间，习近平总书记系统阐释了新时代党内集中教育的思想内涵及价值旨归，形成了独具特色的党内集中教育理论体系。

一是习近平总书记关于党内集中教育重要论述的生成逻辑研究。有学者提出，习近平总书记对新时代党内集中教育的战略部署，继承和发展了马克思主义经典作家的党内教育思想，科学总结了中国共产党百余年来党内集中教育的历史经验，从理论层面回应了新时代思想建党、理论强党所面临的新机遇、新挑战，充分体现出习近平总书记关于党内集中教育重要论述的继承性和发展性相统一的生成逻辑。[1] 有学者指出，习近平总书记深刻总结党内历次集中教育的成功经验，着力聚焦新的时代课题和党内突出问题，发表一系列重要讲话，作出一系列重要指示批示，对党内集中教育的重大意义、功能定位、基本要求、主题任务、具体路径和科学方法等提出明确要求，作出深入阐发，形成了关于党内集中教育的系统论述。[2]

二是习近平总书记关于党内集中教育重要论述的科学内涵研究。有学者提出习近平总书记围绕党内集中教育的思想内容、原则方法和实践路径等重要问题，形成了内涵丰富、思想深邃的党内集中教育理论体系：一是教育全

---

① 朱旭旭：《习近平关于党内集中教育重要论述：生成逻辑、科学内涵及时代价值》，《理论导刊》2023 年第 6 期。

② 黄一兵：《新时代十年党内集中教育创新发展和经验总结》，《党建研究》2023 年第 6 期。

党加强理论武装，坚定党员干部理想信念；二是教育全党自觉提高政治能力，夯实党团结统一的基础；三是教育全党勇于进行自我革命，永葆党的生机活力；四是完善党的制度建设，推进党内集中教育常态化长效化。① 有学者梳理了习近平总书记关于调查研究的重要论述，提出在全党大兴调查研究是学习贯彻党的创新理论的必然要求，是坚持和加强党的全面领导的具体实践，是推进中国式现代化的有力举措，是解决大党独有难题的现实需要，是持续转变工作作风、提高履职本领的有效途径。② 有学者以党的十八大以来的历次党内主题教育为研究对象，梳理习近平总书记在每次主题教育发表的重要讲话、提出的重要要求，进而阐释了习近平总书记关于主题教育的重要论述的内涵。③

三是习近平总书记关于党内集中教育重要论述的价值意义的研究。有学者提出习近平总书记关于党内集中教育的重要论述，是与当前党的中心任务相符合的，具有鲜明时代特征的党内集中教育思想体系，对马克思主义党建学说作出重要原创性贡献，对新时代加强思想建党、实现理论强党具有重要指导意义，为推进党的自我革命向纵深发展提供理论遵循。④ 有学者指出，习近平总书记对如何开展党内集中教育工作发表过一系列重要论述，习近平总书记要求的坚持问题导向、同中心工作相结合、力戒形式主义走过场、要求为群众办实事解难题、注重方式方法创新、重视从党史中汲取资源、强调以上率下示范带动、倡导建立常态化长效化制度机制等重要原则，为我们持续开展主题教育提供了根本遵循。⑤

---

① 朱旭旭：《习近平关于党内集中教育重要论述：生成逻辑、科学内涵及时代价值》，《理论导刊》2023 年第 6 期。

② 蔡文成：《在主题教育中掌握好调查研究这一"传家宝"》，《人民论坛》2023 年第 8 期。

③ 史守林：《建设马克思主义学习型政党的探索与实践——新时代党内集中教育的历史逻辑、基本特征和经验启示》，《社会科学战线》2023 年第 1 期。

④ 朱旭旭：《习近平关于党内集中教育重要论述：生成逻辑、科学内涵及时代价值》，《理论导刊》2023 年第 6 期。

⑤ 卢毅、杨恒磊：《习近平总书记论如何开展党内集中教育》，《古田干部学院学报》2023 年第 3 期。

（二）党内集中教育的探索与实践研究

党内集中教育的探索实践是我们进行研究的重要内容。2023年，在以往研究的基础上，学者们对党内集中教育的研究不断拓展深化，进一步丰富了该领域研究成果。回顾本年度研究成果，学界对党内集中教育的探索与实践，主要聚焦在党内集中教育的发展历程、重要意义、基本特点、经验启示等。

一是关于党内集中教育的发展历程研究。有学者将新时代党内集中教育按四个阶段进行研究，提出新时代党内集中教育相继彰显了夯实党长期执政的群众基础、建设马克思主义使命型政党、发扬历史主动精神、学习贯彻习近平新时代中国特色社会主义思想四个实践议题，并呈现出一种递进关系。① 有学者对党内集中教育的发展历程进行梳理，提出党内集中教育经历了新民主主义革命时期的萌芽和创设、社会主义革命和建设时期的曲折进行、改革开放与社会主义现代化建设新时期的变革与发展、新时代的全面深化。② 有学者从党内教育的革命实践、历史实践、系统实践等研究党内教育推进党的自我革命的历史出场；从密切党群关系，提升党员修养，探索制度化、常态化和长效化党内教育机制，研究党内教育推进党的自我革命的创新发展。③

二是关于党内集中教育的重大意义研究。有学者提出新时代党内集中教育与巩固党长期执政地位、推动全面从严治党、防范化解重大风险挑战、推进党自我革命密切联系。④ 有学者从世情、国情、党情三个方面分析中国共产党面临的新情况、新问题、新挑战，阐述了新时代党内集中教育的时代价

① 何锡辉：《新时代党内集中教育的逻辑、议题及推进》，《内蒙古社会科学》2023年第3期。
② 丁俊萍、叶子维：《中国共产党党内集中教育的历程、特点和经验》，《理论探讨》2023年第6期。
③ 靳小勇：《党内教育推进党的自我革命的历史出场、拓新发展及时代价值》，《马克思主义研究》2023年第5期。
④ 何锡辉：《新时代党内集中教育的逻辑、议题及推进》，《内蒙古社会科学》2023年第3期。

值。① 有学者指出，党内教育在新时代加强党的政治建设以推进自我革命中发挥了重要作用，为推进自我革命提供切实保障，根本目的在于引领伟大社会革命，以中国式现代化全面推进中华民族伟大复兴。② 有学者从理论、历史和现实三个维度分析新时代中国共产党主题教育的重要意义，提出是马克思主义政党建设的内在要求，是总结发扬党的宝贵历史经验的必然选择，是全面增强党的执政本领的迫切需要。③

三是关于党内集中教育的基本特点研究。有学者研究了新时代党内集中教育的目标旨向，提出党内集中教育以时代旨向为历史背景，以政治旨向为主要目的，以人民旨向为根本宗旨，以实践旨向为主要抓手，指出新时代党内集中教育的基本原则是需要载之有道、定之有理、立之有方、持之有据。④有学者对新时代党内集中教育进行比较分析指出，六次集中教育有以下共同特点：都始终贯穿全心全意为人民服务一条红线，聚焦致力于党员队伍建设一个课题，延续积极回应现实的挑战一个脉络，传承及时跟进时代的发展一把密匙。⑤有学者认为新时代党内集中教育在面向对象及要求、主题确定与督导、学习载体与方法、教育效果与导向等不同维度都打上了时代的烙印，呈现出新特征。⑥有学者指出，党内集中教育在百余年探索历程中，呈现出指向上坚持问题导向和目标导向相统一、目标上坚持提高认识和讲求实效相统一、内容上坚持理论学习和党史学习相统一、方式上坚持思想建党和制度

---

① 代玉启、于小淳：《新时代中国共产党党内集中教育的实践逻辑与深化路向》，《治理研究》2023 年第 4 期。

② 靳小勇：《党内教育推进党的自我革命的历史出场、拓新发展及时代价值》，《马克思主义研究》2023 年第 5 期。

③ 韩桥生、赵岳娜：《新时代中国共产党主题教育的重要意义、内容特征与基本经验》，《南昌大学学报（人文社会科学版）》2023 年第 3 期。

④ 张彦：《新时代党内集中学习教育的旨向要求与经验启示》，《人民论坛》2023 年第 8 期。

⑤ 张阳：《新时代党内六次集中教育的基本概况、比较分析与宝贵经验》，《思想政治教育研究》2023 年第 2 期。

⑥ 代玉启、于小淳：《新时代中国共产党党内集中教育的实践逻辑与深化路向》，《治理研究》2023 年第 4 期。

建党相统一、方法上坚持自我教育和依靠群众相统一等共性特点。① 有学者认为新时代中国共产党主题教育坚持实事求是，聚焦理想信念、群众路线、使命担当、纪律规矩等重点内容，着力解决党员干部存在的思想滑坡、脱离群众、能力不足、消极腐败等突出问题，彰显理论性、人民性、实践性和严格性的显著特征。② 有学者提出，党内集中教育既一脉相承又与时俱进，始终贯穿全面从严治党的主题，突出思想建党和理论强党相结合，实现常态化制度化。③

四是关于党内集中教育的经验启示研究。有学者指出，以习近平同志为核心的党中央高度重视理论武装，通过党内集中教育的方式推动理论武装走向深入，积累了一系列宝贵经验：一是坚持问题导向，始终聚焦党员干部队伍中存在的突出问题；二是强化理论武装，筑牢中国共产党人的信仰之基；三是严肃党内政治生活，夯实全面从严治党根基；四是坚持以上率下，发挥"关键少数"示范作用。④ 有学者提出党内集中教育要准确把握知与行、本与流、小与大、查与改的辩证关系，不断提升新时代党内集中教育的质量。⑤ 有学者将党的十八大以来党内历次集中学习教育的经验启示概括为三个方面，即"集中"是重要形式，"学习"是重要任务，"教育"是重要目的。⑥ 有学者对新时代党内六次集中教育经验进行总结，认为广大党员、干部必须坚持人民至上、一心为民，必须以身作则、争做表率，必须对标争先、与时俱进，必须坚守初心、勇担使命，必须不忘本来，才能开拓未来，必须勤学理论、

① 丁俊萍、叶子维：《中国共产党党内集中教育的历程、特点和经验》，《理论探讨》2023年第6期。
② 韩桥生、赵岳娜：《新时代中国共产党主题教育的重要意义、内容特征与基本经验》，《南昌大学学报（人文社会科学版）》2023年第3期。
③ 史守林：《建设马克思主义学习型政党的探索与实践——新时代党内集中教育的历史逻辑、基本特征和经验启示》，《社会科学战线》2023年第1期。
④ 沈传亮、郑东升：《深刻认识开展主题教育的重要意义》，《人民论坛》2023年第8期。
⑤ 何锡辉：《新时代党内集中教育的逻辑、议题及推进》，《内蒙古社会科学》2023年第3期。
⑥ 张彦：《新时代党内集中学习教育的旨向要求与经验启示》，《人民论坛》2023年第8期。

深入实践。① 有学者提出新时代党内集中教育要以强化理论武装为先，以锤炼政治品格为要，以理论指导实践为本，以强化制度建设为纲。② 有学者强调，党内集中教育必须坚持以马克思主义为根本遵循、必须秉持人民至上的价值立场、必须围绕党的政治路线和中心任务展开、必须抓住领导干部这个关键环节、必须运用和创新科学有效的方式方法。③ 有学者认为新时代中国共产党主题教育坚持用中国化时代化马克思主义武装全党，坚持服务党和国家事业发展的使命任务，坚持提升人民群众的获得感、幸福感、安全感，坚持推动党的创新理论成果转化为制度成果，充分展现新时代中国共产党人的精神风貌和卓越智慧。④ 有学者提到党内集中教育要坚持以党的政治建设为统领，紧紧围绕党的历史使命和中心任务展开，突出用习近平新时代中国特色社会主义思想凝心铸魂的根本任务，坚持以人民为中心，既要抓"关键少数"，也要抓"绝对多数"，坚持问题导向。⑤

（三）学习贯彻习近平新时代中国特色社会主义思想主题教育研究

一是关于开展主题教育的目的及意义研究。有学者指出，要从新时代新征程党和国家事业发展全局的战略高度深刻认识开展主题教育的重大意义。一是为加强党的创新理论武装、不断提高全党马克思主义水平提供了重要契机；二是贯彻落实党的二十大精神的重大举措；三是推动党的自我革命，不

---

①　张阳：《新时代党内六次集中教育的基本概况、比较分析与宝贵经验》，《思想政治教育研究》2023 年第 2 期。

②　代玉启、于小淳：《新时代中国共产党党内集中教育的实践逻辑与深化路向》，《治理研究》2023 年第 4 期。

③　丁俊萍、叶子维：《中国共产党党内集中教育的历程、特点和经验》，《理论探讨》2023 年第 6 期。

④　韩桥生、赵岳娜：《新时代中国共产党主题教育的重要意义、内容特征与基本经验》，《南昌大学学报（人文社会科学版）》2023 年第 3 期。

⑤　史守林：《建设马克思主义学习型政党的探索与实践——新时代党内集中教育的历史逻辑、基本特征和经验启示》，《社会科学战线》2023 年第 1 期。

断提高党的执政能力和领导水平的重要途径。① 有学者从抓好"后继有人"这个根本大计出发，提出以主题教育为契机，加强党的创新理论武装，扎实做好青年工作，推动主题教育走深走实。抓好"后继有人"这一时代课题，有利于发现培养选拔优秀年轻干部，为中国式现代化培养现代化青年。②

二是关于开展主题教育的背景及内涵研究。有学者提出，可以通过世情、国情、党情、民情的深刻变化来具体分析开展主题教育的时代背景。世情即世界百年未有之大变局，国情即强国建设、民族复兴，党情即解决大党独有难题，民情即实现人民对美好生活的向往。③ 有学者以习近平新时代中国特色社会主义思想主题教育的方法论为研究对象，探讨此次主题教育的方法论问题，提出需要坚持思想教育和调查研究相结合、日常工作和主题教育相结合、率先垂范和全党动员相结合、历史自信和勿忘忧患相结合、强力整改和制度保障相结合，以此统一全党的思想意志、改进全党的作风、提升党的建设质量。④ 有学者以青年为研究对象，提出要以学铸魂，筑牢青年思想根基；以学增智，增强青年看家本领；以学正风，转变青年工作作风；以学促干，培养青年担当作为。⑤ 有学者强调，开展好主题教育是为新征程凝心聚力的铸魂之举，是推动党的二十大精神落实落地的核心之策，是推进新时代党的建设新的伟大工程的必由之路。⑥

三是关于党的创新理论的学习及运用研究。有学者以团委博士生讲师团开展主题教育宣讲为例，指出青年宣讲赋能理论学习要注重组织动员、思想指引和创新发展，提出构造"宣讲+"矩阵、"宣传+"矩阵、"实践+"矩

---

① 沈传亮、郑东升：《深刻认识开展主题教育的重要意义》，《人民论坛》2023 年第 8 期。
② 林江：《抓好后继有人这个根本大计 推动主题教育走深走实》，《红旗文稿》2023 年第 10 期。
③ 沈传亮、郑东升：《深刻认识开展主题教育的重要意义》，《人民论坛》2023 年第 8 期。
④ 何锡辉：《习近平新时代中国特色社会主义思想主题教育的方法论研究》，《特区实践与理论》2023 年第 3 期。
⑤ 林江：《抓好后继有人这个根本大计 推动主题教育走深走实》，《红旗文稿》2023 年第 10 期。
⑥ 杨贤金：《践行一流大学使命担当 努力服务中国式现代化建设》，《中国高等教育》2023 年第 12 期。

阵的工作思路。① 有学者提出要在主题教育过程中推进党的创新理论武装进入新境界，要牢牢把握"学思想、强党性、重实践、建新功"总要求，推动落实"学思用贯通、知信行统一"根本任务，在以学铸魂、以学增智、以学正风、以学促干方面取得实效，把主题教育谋划好、组织好、落实好。② 有学者指出把党的创新理论运用到贯彻落实党的二十大提出的重大战略部署中去，要善于运用习近平新时代中国特色社会主义思想观察时代、把握时代、引领时代，推进中国式现代化取得新进展、新突破，解决经济社会发展中的各种矛盾和问题，防范化解重大风险，深入推进全面从严治党。③ 有学者研究了新一轮党内集中学习教育的实践路径，提出此次主题教育要以学思想为先、学党性为要、重实践为本、建新功为重。④

（四）党内集中教育融入思想政治教育的研究

党内集中教育与思想政治教育在目标、内容等方面具有高度一致性，对推动新时代思想政治教育创新发展具有重要意义。2023 年，学界主要围绕党内集中教育融入思想政治教育的意义、内容以及途径等方面进行了探索。

一是关于党内集中教育融入思想政治教育的意义的研究。有学者提到，主题教育是思想教育的核心目标之一，是推进党的建设和事业发展的重要手段，更是建设社会主义现代化国家的基础和保证。结合主题教育，高校辅导员开展大学生思想政治教育对于学生的成长和发展具有重要的意义，可以帮助他们明确目标、解决问题、提高能力，帮助他们在学业、生涯规划、人际关系等方面实现全面发展。⑤ 有学者指出，思想教育是一项系统工程，也是

---

①　卢国栋、杨森、杨静轩：《用青年宣讲赋能理论学习的三重维度——以北京大学团委博士生讲师团开展主题教育宣讲为例》，《学校党建与思想教育》2023 年第 13 期。

②　商志晓：《推进党的创新理论武装进入新境界》，《中国高校社会科学》2023 年第 3 期。

③　沈传亮、郑东升：《深刻认识开展主题教育的重要意义》，《人民论坛》2023 年第 8 期。

④　张彦：《新时代党内集中学习教育的旨向要求与经验启示》，《人民论坛》2023 年第 8 期。

⑤　孟丹：《主题教育视域下高校辅导员开展大学生思想政治教育工作路径研究》，《现代职业教育》2023 年第 30 期。

一项长期任务。党的十八大以来，以习近平同志为核心的党中央坚持对思想教育经常抓、抓经常的同时，也进行了一系列集中教育活动，取得了良好效果，大大推动了全党进一步统一思想，推进党的思想建设向纵深发展。①

二是关于党内集中教育融入思想政治教育的内容的研究。有学者提出以主题教育为引领，探讨如何做好新时代高校思想政治教育工作，指出通过主题教育，筑牢高校意识形态安全防线、打造"政治强"的高校思政课教师队伍、增强高校思政课教学的实效性、丰富高校思想政治教育途径。② 有学者以习近平新时代中国特色社会主义思想的世界观和方法论的"六个坚持"为主要研究内容，指出将"必须坚持守正创新"作为党抓思想、管全党、治全党的重要抓手，必须把牢"守正"的标准、落实"守正"的责任、提升"守正"的质效，确保在主题教育中发挥重要作用。③

三是关于党内集中教育融入思想政治教育的途径的研究。有学者针对新形势下党员教育出现的新变化和可能存在的新问题，提出通过党内集中教育推进思想政治教育的深化路向，指出要锚定时代发展主题、依托技术创新发展、因应教育对象变化、解决大党独有难题。④ 有学者强调要增强思想自觉，要把握"人民至上"这一根本价值取向，站稳自信自立这一基本立足点，弘扬守正创新这一鲜明理论品格，抓住问题导向这一现实着眼点，用好系统观念这一基本思想方法和工作方法，展现胸怀天下这一特有的大格局大境界。⑤ 有学者提出把理论学习贯穿主题教育始终，切实提升思想政治教育的广泛

① 黄桂英：《思想建党：中国共产党百年建设的鲜明特色与经验启示》，《社会科学展现》2023年第11期。

② 许从洁、雷高伟：《以主题教育为引领做好新时代高校思想政治教育工作》，《辽宁丝绸》2023年第4期。

③ 阎丽霞：《坚守党的思想政治工作根本 推动主题教育走深走实》，《支部建设》2023年第26期。

④ 代玉启、于小淳：《新时代中国共产党党内集中教育的实践逻辑与深化路向》，《治理研究》2023年第4期。

⑤ 杨贤金：《践行一流大学使命担当 努力服务中国式现代化建设》，《中国高等教育》2023年第12期。

性、针对性和实效性，推动思想政治工作再上新台阶，切实将思想政治教育成果转化为推动高质量发展的实际成效。①

二、党内集中教育与思想政治教育研究的特点与不足

总结 2023 年度党内集中教育与思想政治教育研究的特点与不足，是进一步深化思想政治教育创新发展的题中应有之义。通过对 2023 年度党内集中教育与思想政治教育相关研究的梳理和分析，本年度研究成果具有比较突出的特点，同时也存在一些局限性和不足之处，把握这些研究特点和不足是推动未来研究进一步发展的关键。

（一）党内集中教育与思想政治教育研究的年度特点

纵观 2023 年度党内集中教育与思想政治教育研究成果，具体表现为与党中央的要求及精神高度契合、与人民群众的关心关切及现实需要紧密结合、与往年的理论及实践研究保持连续等三个方面特点。

一是与党中央的要求及精神高度契合。2023 年 3 月 30 日，中共中央政治局召开会议，决定从 4 月开始，在全党自上而下分两批开展学习贯彻习近平新时代中国特色社会主义思想主题教育。4 月 3 日，学习贯彻习近平新时代中国特色社会主义思想主题教育工作会议在京召开，习近平总书记从新时代新征程党和国家事业发展全局的战略高度，深刻阐述了开展主题教育的重大意义和目标要求，对主题教育各项工作作出全面部署。习近平总书记在会上强调，"这次主题教育是一件事关全局的大事，时间紧、任务重、要求高"。②自此，各级党委（党组）统筹谋划、靠前指挥、指导落实；中央派出指导组，对主题教育开展情况进行督促指导。本年度，学者们聚焦学习贯彻

---

① 李新：《坚持政治引领 强化凝心铸魂》，《支部建设》2023 年第 29 期。
② 习近平：《在学习贯彻习近平新时代中国特色社会主义思想主题教育工作会议上的讲话》，《求是》2023 年第 9 期。

习近平新时代中国特色社会主义思想主题教育和习近平总书记关于党内集中教育的重要论述，同党中央的要求和精神保持高度一致，相关研究紧紧围绕党内集中教育的探索实践，深入研究其发展历程、重要意义、基本特点及经验启示。为党内集中教育融入思想政治教育研究奠定基础。

二是与人民群众的关心关切及现实需要紧密结合。关注实践发展，回应现实需要，是新时代党内集中教育的重要内容，2023 年的主题教育无论是总要求、根本任务，还是重点举措，最终都是为了解决事关党和国家发展全局的实践问题，都是为了回应广大人民群众的急难愁盼。通过回顾本年度的研究进展，可以发现相关研究成果呈现出较为鲜明的问题指向性和实践导向性。学者们以具体问题为研究切入点，在进行学理分析的基础上做了进一步深入研究。比如，学者聚焦主题教育提出的"坚持边学习、边对照、边检视、边整改，把问题整改贯穿主题教育始终，让人民群众切实感受到解决问题的实际成效"[①]，围绕问题整改进行了大量研究，有的学者提出要找准突出问题、抓实整改整治、深挖思想根源、做好建章立制；有的学者提出要将"改"字贯穿主题教育始终，需直面问题、方向不偏、力度不减、长效长治、强化作风，确保问题整改到位。有研究从高等教育、航天、能源等不同行业、不同领域的现状出发，亦有研究结合各地经济社会文化等发展情况，分析存在的问题，研究部署推动主题教育走深走实，推进事业发展的思路举措。

三是与往年的理论及实践研究保持连续。通过梳理本年度与 2022 年度及之前的相关研究成果，可以发现 2023 年度学界针对党内集中教育与思想政治教育的研究延续了以往对于党内集中教育、党内集中教育融入思想政治教育等前沿问题的基础理论研究，在原有研究成果的基础上，学者们继续探讨了党内集中教育的思想政治教育价值，党内集中教育融入思想政治教育的意义、内容和途径等现实问题。比如，较多学者对党内集中教育的研究都延

---

① 习近平：《在学习贯彻习近平新时代中国特色社会主义思想主题教育工作会议上的讲话》，《求是》2023 年第 9 期。

续了以往的基本研究范式，围绕党内集中教育进行探索。对于党内集中教育融入思想政治教育，本年度学界重点围绕党内集中教育融入思想政治教育教材、课程等展开研究。再如，就党内集中教育的思想政治教育价值而言，2023 年度研究者们进一步从世情、国情、党情等视角，论证了党内集中教育的时代价值。另外，针对党内集中教育如何融入思想政治教育也是学界关注的重点，本年度部分学者继续聚焦这一现实问题，集中探讨了党内集中教育融入思想政治教育的路径和方法，在已有研究基础上，持续深入挖掘了党内集中教育推进思想政治教育的元素，探索了构建党内集中教育长效机制的策略。总之，本年度党内集中教育与思想政治教育的研究在已有基础理论研究的基础上，深化了对党内教育的研究，挖掘了党内集中教育推进思想政治教育的资源，探索了党内集中教育融入思想政治教育的路径，形成了系列理论成果，积极推进了该领域研究取得重要进展。

（二）党内集中教育与思想政治教育研究的不足

回顾 2023 年度党内集中教育与思想政治教育的研究成果，也存在一定的局限和不足，主要表现为研究内容上不够丰富、研究方法上不够多元、研究成果上不够深入。

一是研究内容上有待进一步丰富。客观分析本年度的研究成果，我们发现关于党内集中教育与思想政治教育的研究内容不够均衡、不够全面，相关研究存在一定的局限性。一是对习近平总书记关于党内集中教育重要论述的研究不够全面。目前学界对此的研究主要集中在习近平总书记关于党内集中教育重要论述的科学内涵及时代价值上，比如有学者强调其是永葆党的生机活力的重要指南，对马克思主义党建学说作出了原创性重要贡献；也有学者对习近平总书记关于为什么开展党内集中教育、如何开展党内集中教育的重要论述进行了梳理。但是，对其生成逻辑的研究并不多。二是研究的范围还不够全面。关于学习贯彻习近平新时代中国特色社会主义思想主题教育的具体实践研究，多为部分行业、部分领域的短评文、工作总结报告等，学理性的研究成果较少。三是党内集中教育融入思想政治教育的相关研究不多，尤其对融入的路径方法研究阐释不够，有待进一步拓展研究内容，深化研究范围。

二是研究方法上有待进一步多元。通过梳理本年度相关研究成果发现，关于党内集中教育的研究方法有一定局限性，集中表现在以下几个方面。一是理论研究与实证研究存在"两张皮"现象。就 2023 年的研究进展看，有关于党内集中教育的理论研究，有关于某一领域、某一地域的实证研究，但是将理论研究与实证研究相结合的研究成果不多；另外，从不同角度对思想政治教育的研究也很多，但是将党内集中教育与思想政治教育结合研究的并不多。二是研究方法比较单一。对其他学科的借鉴不多，思想政治教育是一门开放且与时俱进的学科，跨学科研究方法是思想政治教育常用的研究方法之一，有利于借鉴应用其他学科知识，拓宽研究视野，当前的研究较多运用的还是本学科的理论研究方法，对教育学、文化学、传播学、信息科学等学科的借鉴不够，对相关领域的发展趋势及前沿动态关注不够。后续研究可更加注重理论联系实际，借鉴相关学科的研究思路和研究方法，探索更加多元的、科学的研究方法。

三是研究成果上有待进一步深入。通过对本年度研究成果的分类梳理发现，相关的研究成果需进一步深化，以实现研究成果的转化应用。一是相关研究成果的系统性不够。目前对学习贯彻习近平新时代中国特色社会主义思想主题教育与思想政治教育的研究并不多，不少学者聚焦于党内集中教育的理论性研究，特别是对党内集中教育的发展历程、基本经验、现实启示等研究，但是如何将党内集中教育的研究成果融入到思想政治教育，工作的结合点在哪里，方法路径又如何，相关研究却不够深入，后续研究需进一步拓展，形成更为系统的研究成果。二是研究成果的转化运用不够。对研究成果的科学转化运用，首先要考虑党内集中教育的成效评价。建立长效机制，推进党内集中教育的制度化、规范化，是新时代党内集中教育关注的重点，但是目前对建立党内集中教育长效机制，推进理论学习常态化、长效化的研究成果并不多，部分关于机制的研究，最后也并未提出真正长效机制建构的路径，最终落入提升党内集中教育规范化、科学化的实践路径研究上。可以判断，关于党内集中教育与思想政治教育的研究虽然取得了一定成果，但对思想政治教育实践的指导作用还未真正发挥出来。

三、党内集中教育与思想政治教育研究的未来展望

基于对 2023 年度党内集中教育与思想政治教育研究现状的梳理、研究特点以及研究局限性的分析，展望未来党内集中教育与思想政治教育研究，应继续加强对习近平总书记关于党内集中教育重要论述的研究，深入挖掘党内集中教育的丰富内涵，不断寻找党内集中教育与思想政治教育的结合点，不断探索党内集中教育融入思想政治教育的方法路径，助力思想政治教育创新发展。

（一）着力加强对习近平总书记关于党内集中教育重要论述的研究

习近平总书记关于党内集中教育的重要论述丰富和发展了中国共产党的党内集中教育理论，是习近平新时代中国特色社会主义思想的重要组成部分，有利于我们深刻认识党内集中教育的重要意义，准确把握党内集中教育的重点任务和主要路径。通过系统梳理和总结本年度习近平总书记关于党内集中教育重要论述的研究成果，不难发现，当前学界对此课题的研究不够完善，需进一步深化拓展。一是需进一步拓展深化研究视角。当前的研究范式呈现一定的固化倾向，研究成果一般以习近平总书记关于党内集中教育的生成逻辑、科学内涵、时代价值的研究理路进行探讨，与以往研究相比区分度不够明显。二是需进一步强化理论对实践的指导。理论研究的目的在于指导实践，解决现实问题。割裂理论与实践，就会陷入主观主义或形而上学，就会让理论研究失去现

实意义。当前理论研究与实践探索的结合不够紧密，对习近平总书记关于党内集中教育的研究还需加强如何指导解决现实问题的实践路径的探索。三是需进一步丰富研究内容。回顾 2023 年度习近平总书记关于党内集中教育重要论述的研究成果，可以发现有的研究用新的形式表现旧的内容，存在重复性问题，研究内容与往年的研究成果大同小异，缺乏创新性。基于此，笔者认为，一方面可以加强学者的学术交流，研究者可以通过学术会议、学术期刊、学术论坛等形式，与其他学者加强交流互动，进而打破学术资源壁垒，减少同质化研究、重复性研究，减少学术资源浪费。另一方面，可以加强同政府和社会组织合作，拓展研究的领域及内容，及时把握某领域或行业的现实动态，推进理论研究和具体实践的结合。另外，还应加强对习近平总书记关于党内集中教育的溯源研究，从马克思主义基本原理、马克思主义中国化研究、思想政治教育等学科视角着手，深化相关理论研究。

（二）深入挖掘党内集中教育的丰富内涵

"在每一个重大转折时期，面对新形势新任务，我们党总是号召全党同志加强学习；而每次这样的学习热潮，都能推动党和人民事业实现大发展大进步。"[1] 结合新时代特点深入挖掘阐释党内集中教育的当代价值，研究其丰富内涵，探讨其优化路径，是顺应形势任务变化和事业发展的需要，也是加强党的自身建设的战略举措。纵观近年学者对党内集中教育的理论研究，为推进党内集中教育实践奠定了基础。但对其内涵的挖掘和阐发还需进一步深化，后续研究可以聚焦于实践发展需要，深入挖掘党内集中教育的丰富内涵。一是持续守正创新。在准确把握党内集中教育内在逻辑的基础上，与时俱进不断补充其科学内涵，推动党内集中教育的理论研究成果更好地指导解决现实问题。二是拓宽研究视野。比如，日新月异的信息技术推动了社会生产的新变革，也拓宽了国家治理的新领域，新时代的党内集中教育也逐渐形

---

① 《习近平谈治国理政》（第一卷），外文出版社 2018 年版，第 401 页。

成了线上线下结合的学习教育方式，对新时代党内集中教育的研究也要结合新兴媒体的运用和新闻舆论工作的特点展开。三是打造学术共同体。可以组织马克思主义学科中对党的政治建设、思想建设或党内集中教育研究具有学术热情及专业研究能力的专家学者，建设专业化的研究团队，申请该领域研究课题，专攻该领域的研究，提升党内集中教育研究的系统性和学理性。

（三）持续强化党内集中教育长效机制建设研究

"制度优势是一个政党、一个国家的最大优势。"[①] 党内集中教育也需要依靠制度建设发挥长效作用。党中央于 2009 年首次印发《2009—2013 年全国党员教育培训工作规划》，推进党内集中教育的制度化、规范化建设。党的十八大以来，党中央始终坚持制度治党，构建了系统完备、科学有效、运行有序的党内集中教育制度体系，学界也围绕党内集中教育长效机制建设，形成了系列研究成果。梳理现有研究成果，笔者认为，推动建构党内集中教育长效机制，还要从以下四个方面着手：一是加强党内集中教育动力机制建构研究。着力探讨影响动力发动的政策因素、精神因素、竞争因素、创新因素等，提升党内集中教育的价值性和引领力。二是加强党内集中教育的协同机制建构研究。探讨各级组织的职责边界及有机联系，细化各单位的工作标准、职责要求、制度安排；探索建立社会、学校、家庭三方协同的党内集中教育机制，根据新时代教育环境和要求的变化，有效整合现有学习资源和支持力量。三是加强党内集中教育的评估机制建构研究。遵循让人民群众满意的原则，根据科学化要求，在完善党内集中教育评价体系、建立党内集中教育成效考评机制、形成有效纠错调整机制等方面加强研究。四是加强党内集中教育的保障机制建构研究。长效机制建构需要持续的动力发动、高效的组织协同、科学的评价反馈，为确保这些制度机制能够运转流畅、安全可控、持续发展，就需要有全面的保障机制，当前还需加强对党内集中教育环境保

---

① 《习近平谈治国理政》（第三卷），外文出版社 2020 年版，第 543 页。

障、制度保障、队伍保障、物质保障的研究，推动各环节有效融合，形成稳定的保障系统。

（四）不断探索党内集中教育融入思想政治教育的结合点

"党的历次集中教育活动，都以思想教育打头，着力解决学习不深入、思想不统一、行动跟不上的问题。"[①] 历次主题教育都是为不断加强党的思想建设，落实全面从严治党，提高党的执政能力水平，都体现了理念目标的一致性和党的建设的连续性、有效性和一贯性。党内集中教育融入思想政治教育是加强思想建党、推进党的自我革命的应有之义，也是推进思想政治教育创新发展的客观要求，深化党内集中教育与思想政治教育研究，需立足大党史观，研究党内集中教育融入思想政治教育的历史经验、现实逻辑、未来趋势，要注重历史的客观性、宏观性、贯通性及辩证性。探讨党内集中教育融入思想政治教育，需要从以下三个方面着手：一是党内集中教育融入思想政治教育的内容研究。准确把握党内集中教育哪些内容可以融入、哪些适合融入以及以何种形式融入等问题，是提高思想政治教育针对性和实效性的关键。二是党内集中教育融入思想政治教育的方法研究。融入的方法路径研究是推进思想政治教育创新发展的重点，方法是融入的中介与桥梁，关系到党内集中教育的作用发挥，关乎到思想政治教育的成效体现，这种融入不是简单的叠加，而是基于思想政治教育内在教育属性，满足党内集中教育需要的关键点。三是党内集中教育融入思想政治教育的评价研究。评价是思想政治教育的重要环节，也是科学评估党内集中教育成效，全面把握教育实效的基础，在党内集中教育融入思想政治教育过程中，加强对评价的研究具有重要意义，研究者可以考量评价对象特点，立足思想政治教育实践，围绕党内学习教育的特殊性、思想政治教育的针对性，持久深入地开展党内学习教育融入思想政治教育的全方位研究。

---

① 《习近平谈治国理政》（第三卷），外文出版社 2020 年版，第 540 页。

第二章　中国式现代化与思想政治教育研究

2023 年度，思想政治教育学界围绕中国式现代化热点话题展开了丰富的研究。习近平总书记在党的二十大报告中明确指出："以中国式现代化全面推进中华民族伟大复兴。"① 聚焦"中国式现代化"这一重大时代课题，学者们从不同学科视阈开展了广泛探讨，掀起了中国式现代化研究热潮。围绕中国式现代化与思想政治教育，2023 年度学者们进一步拓展研究视阈，多维度、多层次开展研究并取得丰硕成果。梳理 2023 年度中国式现代化与思想政治教育的相关研究成果，分析其研究特点和不足，展望其研究趋势，对进一步深化中国式现代化与思想政治教育研究，推动实现思想政治教育高质量发展具有重要意义。

一、中国式现代化与思想政治教育研究年度梳理

学者们将中国式现代化与思想政治教育相结合，进行了积极的学理研究与探讨，形成了系列研究成果。具体包括中国式现代化与思想政治教育内在关系研究、中国式现代化融入思想政治教育研究、中国式现代化的文化价值研究、中国式现代化与当代青年研究等几个方面。

---

① 习近平：《高举中国特色社会主义伟大旗帜 为全面建设社会主义现代化国家而团结奋斗——在中国共产党第二十次全国代表大会上的报告》，《人民日报》2022 年 10 月 26 日。

（一）中国式现代化与思想政治教育内在关系研究

中国式现代化与思想政治教育之间的关系是复杂而多样的。这种关系既表现在直接的影响上，也体现在间接的联系中。2023年度学者们聚焦中国式现代化与思想政治教育内在关系，从目标逻辑、价值逻辑和时代逻辑层面进行了深入探讨。

关于目标方向的一致性。有学者从目标和性质上指出，中国式现代化是中国共产党领导的社会主义现代化，思想政治教育是中国共产党的独特政治优势，中国式现代化与思想政治教育在性质和目标上具有高度契合性。[①] 中国共产党明确以中国式现代化推进中华民族伟大复兴，这是新时代思想政治教育坚守初心使命的目标和内涵所在。[②] 有学者从过程方向上指出，中国式现代化与思想政治教育是一个过程的两个维度，两者统一于实现中华民族伟大复兴的历史进程中，共同见证全体中国人民创造美好生活、推动构建人类命运共同体、开创人类文明新形态的伟大实践。[③] 还有学者从目标设定上指出，思想政治教育要在中国式现代化视阈下积极回应党和国家事业发展的现实需要，围绕党的中心任务，主动承担新的历史使命，科学预设教育目标，为建设社会主义现代化国家提供强大的精神动力与智力支持。[④]

关于价值功能的相互性。思想政治教育与中国式现代化是相辅相成、不可分割的。有学者指出，思想政治教育能赋能中国式现代化，发挥价值引领力、精神推动力、理论指导力以及关键保障力的作用。[⑤] 还有学者指出，思

[①] 陈华洲、刘丽明、彭婷：《中国式现代化推动思想政治教育内容创新研究》，《学校党建与思想教育》2023年第2期。

[②] 王学俭、赵文瑞：《论新时代思想政治教育与中国式现代化》，《思想理论教育》2023年第4期。

[③] 李辽宁：《中国式现代化的思想政治教育意蕴》，《学校党建与思想教育》2023年第21期。

[④] 戎渊：《中国式现代化视域下思想政治教育目标预设探析》，《思想政治教育研究》2023年第39期。

[⑤] 黄蓉生、耿靖：《思想政治教育赋能中国式现代化》，《理论与改革》2023年第1期。

想政治教育在赋能中国式现代化的战略推进的同时，也能以自我赋能推动自身的现代化发展。一方面，中国式现代化需要充分发挥思想政治教育现代化的作用，解决思想政治教育服务国家战略"何以可能"的问题。另一方面，中国式现代化主体的多元性、领域的多维性、发展的动态性，内在要求思想政治教育实现自身的现代化，进而发挥促进"万众一心"、实现"贯穿始终"、推动"同频共振"的积极效能。①

关于发展要求的协同性。中国式现代化与思想政治教育是相互作用、相互联系的，有学者指出，中国式现代化的新形势、新景象给思想政治教育的理念转变、内容优化、方法创新提出新要求。新时代要实现思想政治教育高质量发展，需要在中国式现代化进程中进一步发挥好思想政治教育的重要作用。② 也有学者指出，思想政治教育是客观的历史进程，是现代化发展的内在呼唤，需要获得"现代性"属性，即推动思想政治教育知识形态、价值形态、实践形态、制度形态的现代化。③ 还有学者指出，思想政治教育需要满足中国式现代化的要求，即充分考虑教育对象的多样化，以满足人口规模巨大的现代化要求；坚持以人民为中心的价值立场，凝聚共同奋斗的精神力量，以满足全体人民共同富裕的现代化要求；满足人民对美好生活的追求，提高精神境界，以满足物质文明和精神文明相协调的现代化要求；广泛传播生态文明理念，共建美丽家园，以满足人与自然和谐共生的现代化要求；讲好中国故事，助力构建人类命运共同体，以满足走和平发展道路的现代化要求。④

（二）中国式现代化融入思想政治教育研究

中国式现代化包含了丰富的思想政治教育元素，与思想政治教育在内容

---

① 杨婷：《思想政治教育现代化的赋能方式》，《教学与研究》2023 年第 10 期。

② 赵周鉴、林伯海：《中国式现代化视域下思想政治教育高质量发展论析》，《学校党建与思想教育》2023 年第 21 期。

③ 潘一坡：《思想政治教育现代化的实现方式》，《教学与研究》2023 年第 10 期。

④ 李辽宁：《中国式现代化的思想政治教育意蕴》，《学校党建与思想教育》2023 年第 21 期。

上具有高度的一致性。2023 年度学者们主要围绕中国式现代化融入高校思政课、中国式现代化融入大学生思想政治教育，以及中国式现代化融入思想政治工作进行了比较深入的探索。

关于中国式现代化融入思政课的研究。有学者从融入的意义上指出，要充分利用课堂讲好中国式现代化故事，这既是落实高校思政课立德树人的应然之举，也是彰显高校思政课独特优势的应行之策，更是助推高校思政课改革创新的应有之义。从融入的路径上指出，高校思政课应围绕中国式现代化故事所具有的战略高度、理论深度、实践力度和世界广度，科学设置相关议题，讲清楚中国式现代化的国家意志、思想伟力、叙事密码和全球智慧。[①]也有学者从融入的方法上指出，要从价值引领、厚植情怀、铸魂育人等方面讲好中国式现代化故事，着力探讨高校思政课讲好中国式现代化故事的价值、场域、原则和路径。[②]还有学者指出，高校思想政治理论课教师要担负起讲好中国式现代化故事的使命责任，将中国式现代化理论融入高校思想政治理论课的教学体系和课程体系，引导学生主动投身到实现中华民族伟大复兴的伟大实践中。[③]

关于中国式现代化融入大学生思想政治教育研究。有学者指出，中国式现代化是大学生思想政治教育与时俱进的新内容。中国式现代化融入大学生思想政治教育，有利于帮助大学生强化国家认同、政治认同、价值认同、情感认同和行为认同，以中国式现代化建设为契机，为全面推进经济社会高质量发展提供人才基础。[④]也有学者提出将中国式现代化融入高校"四史"教

---

① 杨慧民、白杨：《新时代高校思政课讲好中国式现代化故事的三维探讨》，《理论导刊》2023 年第 8 期。

② 杨章文：《高校思想政治理论课讲好中国式现代化故事的四重维度》，《宁夏大学学报（人文社会科学版）》2023 年第 45 期。

③ 吕丹红、祖金玉：《高校思想政治理论课如何讲好中国式现代化故事》，《思想教育研究》2023 年第 9 期。

④ 任智萍、张晓：《中国式现代化融入大学生思想政治教育的途径研究》，《中国大学教学》2023 年第 6 期。

育，将中国式现代化核心内容与"四史"的主题主线有机衔接，讲深讲透讲活中国式现代化的本源根魂、理论意蕴、历史逻辑、实践要求和生动故事，帮助引导学生全面把握其精髓要义，进而坚定历史自信、增强历史主动，在新征程上创造新的历史伟业。[①]

关于中国式现代化融入思想政治工作研究。有学者从方法路径层面指出，中国式现代化赋予高校思想政治工作创新发展强劲动力，必须对标中国式现代化的中国特色、本质要求和重大原则，把准高校思想政治工作体系的主要目标、内容要素，切实完善全面支撑中国式现代化的高校思想政治工作体系。[②]也有学者从发展进向层面指出，中国式现代化规定了新时代思想政治工作现代化的方向，国家治理和治理能力现代化更新了新时代思想政治工作现代化的取向，教育现代化确定了新时代思想政治工作现代化的面向。从发展趋势看，思想政治工作将会从实现服务中国式现代化到实现自身现代化，从提高思想政治上的积极性到形成现代思想政治素质，从借鉴性的思想政治教育系统到独立而完整的现代思想政治工作制度。[③]

（三）中国式现代化的文化价值研究

中国式现代化涉及中国文化、中国精神和中国价值观等方面内容，在文化传承、精神引导和价值观塑造等方面赋予思想政治教育新内容和新方法。2023年度学者们对中国式现代化所蕴含的文化思想、精神信仰和价值观念进行了深入的挖掘与探讨，进一步深化了对中国式现代化的理解，也为创新思想政治教育方法提供了重要的理论启示和实践指导。

首先，在文化思想方面。有学者从文化价值视阈指出，中国式现代化具

---

① 张雯、李洋：《中国式现代化融入高校"四史"教育研究》，《学校党建与思想教育》2023年第20期。

② 黄蓉生：《中国式现代化视域下完善高校思想政治工作体系论析》，《思想理论教育导刊》2023年第8期。

③ 宇文利：《中国式现代化视域下新时代思想政治工作现代化的进向》，《思想理论教育》2023年第5期。

有多重价值维度，文化是其应有之义和重要基础。中国式现代化的持续发展有赖于文化转型、文化交融、文化自信、文化自觉、文化自强作为内生动力，为其提供驱动力、革新力、凝聚力、持久力，铸就中国式现代化持续发展的强大动能和广阔想象空间。① 也有学者从文化发展视阈指出，要加强中国式现代化的文化动力，必须坚持文化正确的发展方向，加强中国式现代化的文化叙事，树立正确的文化叙事思维，推动话语创新、路径创新、策略创新，以提升中国式现代化的文化驱动力、传播力与国际影响力。② 还有学者从文化溯源视阈指出，中国式现代化之所以是中国式的，在于马克思主义基本原理同中华优秀传统文化的结合，在于科学社会主义的价值理念同传统文化基本观念的契合。深刻认识传统文化是中国式现代化的中国特色之根；继续推动中国式现代化，需要有效激活传统文化这一现代化建设的精神动力之源；充分发挥中国式现代化的世界历史意义，必须促进文化自信自强，在传统文化传承创新中铸就中国式现代化的话语之魂。③

其次，在精神信仰方面。有学者指出中国式现代化成为新征程上大学生理想信念教育的时代主题，中国式现代化既明确了党和人民在新征程上的奋斗目标，也包含着丰富的马克思主义思想政治教育意蕴，贯穿着党的理想信念教育的要求。④ 也有学者指出伟大建党精神与中国式现代化具有内在逻辑的一致性。伟大建党精神使中国对现代化的探索追求由被动转入主动。在中国式现代化的中国特色和本质要求中，伟大建党精神全面展现了党在新时代新征程推进中国式现代化的历史自信和精神主动，是推进中国式现代化的强

---

① 代玉启、刘妍：《中国式现代化的文化维度》，《吉首大学学报（社会科学版）》2023 年第 44 期。

② 陆卫明、邓皎昱：《中国式现代化的文化维度》，《北京工业大学学报（社会科学版）》2023 年第 23 期。

③ 董彪：《中国式现代化的传统文化根基》，《东北师大学报（哲学社会科学版）》2023 年第 3 期。

④ 陈蕾、陈勇：《中国式现代化：新征程上大学生理想信念教育的时代主题》，《思想教育研究》2023 年第 11 期。

大精神动力。① 还有学者指出要铸强中国式现代化的精神力量，用中国式现代化的伟大成就增强信心，用中国式现代化的美好愿景构筑同心，用中国式现代化的创新理论铸凝民心，用中国式现代化的奋斗精神砥砺人心，凝聚全民族的共识、意志、信念，把精神力量转化为物质力量，为中国式现代化提供不竭的力量源泉。②

最后，在价值观念方面。有学者认为中国式现代化蕴含着丰厚而独特的价值观，是马克思主义价值观、共产党人价值观、科学社会主义价值观、中华优秀传统文化价值观和全人类共同价值在全面建设社会主义现代化国家实践中的整体呈现。③ 也有学者指出，中国式现代化蕴含的价值观是以人民为中心的发展思想。中国式现代化的价值观超越了资产阶级的所谓"普世价值观"，为全人类共同价值的构建奠定了理论基础，提升了社会主义核心价值观的认同度，为提升国际话语权提供了思想基础。④ 还有学者从制度的合理性视角探讨中国式现代化满足人民需要的价值意蕴，指出对社会主义核心价值观的坚定信仰是中国式现代化的方向引领和重要目标，中国式现代化的制度机制所具有的公正性、稳定性、刚性力和可量化评价等优势，使其成为推动核心价值观信仰养成的主要动力。⑤

（四）中国式现代化与当代青年研究

当代青年既是思想政治教育的对象，又是中国式现代化的实践主体与先锋力量。2023 年度学界聚焦中国式现代化与当代青年研究，围绕中国式现代化视阈下青年现状、青年工作、青年发展展开了深入研究。

① 王炳林、马雪梅：《伟大建党精神与中国式现代化》，《山东大学学报（哲学社会科学版）》2023 年第 3 期。

② 骆郁廷：《铸强中国式现代化的精神力量》，《思想理论教育》2023 年第 2 期。

③ 阎树群：《中国式现代化蕴含的价值观》，《人民论坛·学术前沿》2023 年第 8 期。

④ 陈锡喜：《中国式现代化蕴含的独特价值观》，《人民论坛·学术前沿》2023 年第 11 期。

⑤ 徐梓彦：《社会主义核心价值观融入中国式现代化的信仰确立及培育机制》，《南京社会科学》2023 年第 11 期。

一是关于中国式现代化视阈下青年现状研究。有学者分析中国式现代化进程中青年群体的新特征，指出当代青年流动性强，受教育水平高，就业向第三产业转移明显，互联网属性较强。在中国式现代化的新征程上，新时代青年是新型城镇化战略的有力推动者、人才强国战略的人力资本支撑、新发展模式的产业主力军以及文化强国战略的积极践行者。① 也有学者通过调查"青年眼中的中国式现代化"分析了当代青年的现状，指出当代青年对中国式现代化的理解和认知较为全面，对自身在现代化建设中发挥的力量和作用有较高期待，对中国式现代化的世界意义认可度高，对在现代化过程中发挥自身优势贡献青春力量也有着较为普遍的认识，但部分青年对"青年和现代化"的关系存在一定的模糊认知，青年在期盼参与中国式现代化发展之时也产生了一些困惑，这要求要增强党的创新理论的青年化阐释，高度关注青年参与现代化进程中产生的"精神阵痛"，教育青年对现代化进程中出现的新生事物保持高度敏锐，在风险挑战中赢得主动。②

二是关于中国式现代化视阈下青年工作研究。有学者指出，青年是以中国式现代化推进中华民族伟大复兴的中坚力量，青年工作要以历史和时代的宏阔视野推进中国式现代化，需要把青年工作作为战略性工作来认识把握、统筹部署、系统落实，建立完善具有中国特色的青年工作模式。同时要立足中国式现代化新使命，整合国际社会青年工作的有益经验和国内百年来青年工作的实践经验，建立健全中国特色青年工作制度体系。③ 也有学者指出，在中国式现代化视阈下青年工作具有战略性意义。青年的发展关系着中国式现代化的前途命运，青年的综合素质决定了现代化建设的成效，它是一个国家发展水平和发展潜力的重要标志，把青年工作作为战略性工作来抓，就是要通过坚定青年的理想信念、提振青年的精神状态、提升青年的综合素质，

① 廉思：《展现中国式现代化的青年担当》，《人民论坛》2023 年第 9 期。
② 赵橙澎、潘丽莉：《青年眼中的中国式现代化》，《人民论坛》2023 年第 9 期。
③ 陆士桢：《中国式现代化视阈中的青年工作》，《人民论坛》2023 年第 10 期。

提高国家的核心竞争力。①

三是关于中国式现代化视阈下青年发展研究。有学者从发展路径上指出，要以中国式现代化的辉煌成就引导广大青年早立志、立大志，从内心深处厚植对党的信赖、对中国特色社会主义的信心、对马克思主义的信仰。要以中国式现代化的本质要求增强广大青年做新时代中国特色社会主义建设者的志气、骨气、底气。要充分激发广大青年在中国式现代化建设中挺膺担当，引导广大青年坚持中国立场与世界眼光相统一，坚持物质需要与精神追求相统一，坚持仰望星空与脚踏实地相统一。② 还有学者指出当代青年与中国式现代化的关系呈现出三重逻辑，即出场逻辑、在场逻辑和战略逻辑。青年在推进中国式现代化发展过程中既要作为发展动力，也要作为发展目的。③

二、中国式现代化与思想政治教育研究的年度特征与不足

通过对 2023 年度中国式现代化与思想政治教育相关研究的梳理和分析，2023 年度研究成果具有比较突出的特征，同时也存在一些局限性和不足，把握这些研究特点和不足对进一步理解和深化中国式现代化与思想政治教育研究具有积极意义。

（一）中国式现代化与思想政治教育的年度特征

回顾 2023 年度中国式现代化与思想政治教育研究成果，中国式现代化与思想政治教育研究呈现出显著的阶段性特征，具体表现为研究成果更加丰硕、研究视阈更加多维、研究方式更加多样。

一是研究成果更加丰硕。截至目前，学界关于中国式现代化与思想政治教育研究已取得诸多成果，在以中国式现代化推进中华民族伟大复兴的议题

---

① 童建军：《青年工作作为全党战略性工作的实践逻辑》，《思想理论教育》2023 年第 1 期。
② 黄圣博、任志锋：《引导新时代青年在谱写中国式现代化中奋勇争先》，《党建》2023 年第 8 期。
③ 谭杰：《人的现代化：中国式现代化视域下的青年在场》，《中国青年研究》2023 年第 1 期。

上，思想政治教育赋能中国式现代化、中国式现代化与思想政治教育融合发展等问题，已成为学界关注的时代课题。从研究成果的数量上看，整体发文量较往年有显著增长。通过"中国知网"采取高级检索，2023 年度共筛选出 3100 余篇与中国式现代化相关的核心期刊文献，其中紧密结合思想政治教育的研究成果共计 890 余篇，实现了量的合理增长和质的有效提升。不仅如此，本年度相关研究成果形式也丰富多样，报刊理论文章和学术专著等研究成果同样呈现蓬勃发展态势。根据主流官方报刊刊登和网络在售图书统计，本年度报刊发表该领域理论文章共计 40 余篇，出版《中国共产党与中国式现代化》《中国式现代化二十讲》《中国式现代化道路创造人类文明新形态》等学术著作 20 余部，研究内容广泛涉及理论阐释，实践认识、方法创新等，彰显了重要的学术价值。总的来说，本年度研究成果丰富，整体水平较高，极大地推进了该领域的研究进度。

二是研究视阈更加多维。学者们分别从宏观和微观、理论和实践、历史和未来等多学科不同视阈开展研究，丰富了中国式现代化与思想政治教育的研究内容，提高了研究的全面性和科学性。从宏观视角来看，学者们探讨了思想政治教育现代化的构建，阐释了思想政治教育在推进中国式现代化进程中的重要作用。从微观视角来看，学者们深入探讨中国式现代化融入思政课和大学生日常思想政治教育的路径、方法和内容等，提出了一系列具有可操作性的实践策略和方法，为推动思想政治教育实践方法创新提供了重要的思路和借鉴。从理论和实践的维度来看，学者们不仅重视思想政治教育现代化的理论构建，还关注其实践应用的效果，不断探索和创新适合新时代思想政治教育的现代化方法。从历史和未来的视角来看，有学者指出现代化是一种历史叙事。①思想政治教育者要掌握历史主动，把握其发展要求，追问其发展趋向，与时俱进提升教育对象的思想认知能力和精神境界水平。通过多维视阈的研究，学者们更加全面地理解中国式现代化进程中思想政治教育的现

---

① 项久雨：《思想政治教育现代化的叙事方式》，《教学与研究》2023 年第 10 期。

状和发展趋势，揭示其内在规律和问题，进一步深化中国式现代化与思想政治教育研究。

三是研究方式更加多样。2023年度学者们除了注重传统的理论研究和文献综述外，还采用更加多样化和创新性研究方法，更加全面和深入地探讨中国式现代化与思想政治教育的关系和作用。首先，以"中国式现代化"为主题的学术会议空前高涨。例如，由中国教育发展战略学会思想道德建设专业委员会等主办的"中国式现代化与青年的挺膺担当"学术会议、以"中国式现代化视阈下的思想政治教育高质量发展"为主题开展的全国思想政治教育学术研讨会。这些会议不仅为学者们提供了一个交流和探讨的平台，也为推动该研究领域的融合发展提供了重要的思路和方向。其次，通过问卷调查和调研访谈等方式开展的实证研究逐渐呈现。例如，有学者通过网络主流媒体推送调查问卷，利用信息技术筛选有效问卷并进行大数据分析。这些实证研究能够更加科学、准确地发现实际问题，为理论研究和政策制定提供更加有力的支持和依据。最后，将中国式现代化融入思想政治教育的项目化研究初现。2023年度不少学者以"中国式现代化与思想政治教育"为主题，通过立项国家级或省部级项日开展研究，为相关领域政策制定和实践应用提供更加科学、准确的依据，推动了中国式现代化与思想政治教育的深度融合和高质量发展。

（二）中国式现代化与思想政治教育研究的主要不足

2023年度学者们围绕中国式现代化与思想政治教育不断深化和拓展研究作出诸多努力，取得较大研究进展，但同时也存在一些局限和不足，具体表现为研究内容有待聚焦、系统研究有待加强、理论研究有待深化等几个方面。

一是研究内容有待进一步聚焦。学者们从不同视角和学科出发，对中国式现代化与思想政治教育进行了广泛的理论探讨。涵盖哲学层面的价值意蕴阐释、教育层面的培育方法创新、社会层面的价值观融入探寻，以及形态学层面的理论结构分析等。尽管研究内容丰富，但整体上看，重点不够突出，主题不够聚焦，研究内容彼此之间缺乏内在的逻辑性和关联性，难以形成完整的理论体系。此外，由于中国式现代化与思想政治教育研究涉及的主题和领域较为广泛，在研究过程中学者们往往关注不同的要点，使得各个研究领域之间相对独立和分散，缺乏有效的联结点以形成全面的认识和理解。因此在研究的过程中还应明确研究目标，关注研究重点，进一步提升研究的针对性。

二是系统研究有待进一步加强。思想政治教育现代化是中国式现代化的应有之义，要在中国式现代化视阈下实现思想政治教育的高质量发展，需要加强思想政治教育自身的现代化建设，包括思想政治教育方法的现代化、思想政治教育评价的现代化和思想政治教育治理的现代化等方面，以构建起完整的思想政治教育现代化体系。然而，目前的研究成果对于上述研究领域关注不够，整体性研究也有所欠缺。思想政治教育现代化是一项复杂的工程，涉及多元主体，覆盖多个环节，渗透多种元素。对于思想政治教育现代化的研究，不仅需要关注各个要素的构成，更重要的是优化和整合这些要素结构。目前，大部分研究集中在思想政治教育现代化的某个具体要素上，因此需要在系统梳理和整合研究方面下更多功夫。另外，目前还没有形成一个系统化的研究框架和范式。例如，思想政治教育现代化的基本内涵、要素整合以及基本架构等问题都没有得到更深入的研究成果，也没有形成一个更为完善的研究框架，这导致思想政治教育现代化研究的学理建构还不够充分。

三是理论研究有待进一步深化。目前在中国式现代化与思想政治教育现代化研究中，研究成果更多聚焦于实践层面的研究，理论层面的理性辨析和逻辑推演显得不足。一方面，缺乏研究的理论深度。许多成果限于对现象的表层研究，未能深入挖掘思想政治教育的深层次问题。例如，中国式现代化融入思想政治教育研究作为学界关注的重点，其研究成果在意义、内容和途径探索等方面仍然存在一定局限性，相关研究不够深入。在整体研究的内容上亦是如此，缺乏一定的理论深度，需要进一步深化中国式现代化理论研究，厘清中国式现代化与思想政治教育的逻辑关系，深入挖掘中国式现代化所蕴含的育人元素，不断丰富和创新思想政治教育方法。另一方面，缺乏对基本概念的学理性阐释。对于中国式现代化视阈下思想政治教育现代化的基本概念和内涵，缺乏科学的学理分析和明确的概念界定。例如，中国式现代化与中国式现代化道路，思想政治教育现代化与思想政治教育治理等概念解析不清，导致对相关概念的理解产生偏差，从而影响对该问题的准确把握和客观分析。在研究过程中需要进一步加强理论深度，从深层次上探讨中国式现代化与思想政治教育的关系，把握其本质和规律，深化中国式现代化与思想政治教育的理论内涵。

三、中国式现代化与思想政治教育的研究展望

基于对 2023 年度中国式现代化与思想政治教育研究成果的梳理，以及对本年度研究的基本特征和不足的切实把握，可以明晰中国式现代化与思想政治教育研究的发展动向。在中国式现代化进程中，思想政治教育现代化愈发展现出特殊的重要性，前瞻展望中国式现代化与思想政治教育研究，对于探究发展规律、研判发展形势，推动思想政治教育高质量发展具有重要指导意义。

（一）进一步深化中国式现代化进程中思想政治教育现代化的科学内涵

中国式现代化是物质文明和精神文明相协调的现代化，在中国式现代化的进程中，社会主义精神文明现代化占据了举足轻重的地位。作为推动社会主义精神文明现代化的重要力量，思想政治教育需要找准新定位，把握新机遇，迎接新挑战，以自身的现代化全面提升思想政治教育质量和水平，充分发挥其思想引领、政治保障、价值塑造、精神激励等作用。思想政治教育

的现代化是中国式现代化的题中应有之义，深化思想政治教育现代化的科学内涵，关系"中国式现代化究竟需要什么样的思想政治教育"的理论命题，也关系"如何建构中国式现代化进程中的思想政治教育现代化"的实践命题。在新变化新语境中深化思想政治教育现代化的科学内涵，一是要深刻把握"现代化"的科学内涵。现代化是一个多维度、动态的、创新的过程。深入把握思想政治教育现代化的科学内涵，要求全面理解现代化的本质和特征，认识到现代化的复杂性和多样性。中国式现代化进程中思想政治教育现代化不仅涉及教育理念、教育内容、教育方法等方面的变革与创新，也内嵌着实现中国式现代化的目标与价值。深刻把握"现代化"的科学内涵，需要综合考虑各个要素，全面理解"现代化"的丰富内涵和深远影响，才能有效推动思想政治教育的现代化发展。二是要明确思想政治教育现代化的基本概念。中国式现代化视阈下思想政治教育现代化不仅要引入现代科技、文化、教育等手段，使思想政治教育的内容、形式、方法等方面得到更新和完善，更要适应中国式现代化发展的社会需要，紧跟时代步伐，树立先进的、现代化教育理念。这既是思想政治教育现代化的核心，也是推动思想政治教育现代化的重要动力。通过更新教育理念，可以更好地提升教育质量，促进教育创新，增强教育者素质，提高教育效果，在研究中要以培养具有创新精神和实践能力的时代新人为目标。三是要以马克思主义为指导，结合中国的实际情况和时代特征，推进思想政治教育的理论创新和实践创新。党的理论创新为中国式现代化的推进提供了科学的指导思想和实践指南，在中国式现代化发展过程中，思想政治教育现代化必须要跟随党的理论创新而变化。创新是思想政治教育现代化发展的动力源泉，只有不断创新才能使思想政治教育始终保持生机与活力。在中国式现代化发展过程中，需要积极探索新的教育理念、教育方法、教育手段和教育模式，以推动思想政治教育现代化创新和发展。

（二）进一步完善中国式现代化进程中思想政治教育现代化体系建构

思想政治教育现代化是新时代思想政治教育发展的目标遵循，也是中国式现代化进程中思想政治教育发展的必然要求。思想政治教育只有随着时代的发展和实践的深化，不断提升自身的现代化发展水平，才能在服务教育现代化进程中，助力教育现代化的稳步前进。在当前思想政治教育现代化的研究中，学者们容易存在一种误区，即将思想政治教育的某些要素的现代化等同于整体的现代化。这种倾向过于关注单一要素的发展，而忽略了各要素之间的内在联系和整体性。实际上，思想政治教育现代化是一项复杂的系统工程，它不仅是某些要素的现代化，更是一个完整的现代化体系。这个体系包括教育理念、教育内容、教育方法、教育治理、教育评价等多个方面，它们相互关联、相互制约，共同构成了一个有机的整体。因此，要加强思想政治教育现代化的系统性研究。一是要突破传统的思维定式和认知模式，构建系统化、现代化的思想政治教育体系。不断整合和优化思想政治教育现代化体系内各构成要素，重新审视各构成要素的现代化属性，深入挖掘新时代下思想政治教育各要素的功能和特点，将其作为有效联结思想政治教育现代化体系下子系统间的纽带，以增强子系统的创新力和协同力，形成全面深入的系统性研究。二是加强系统性和全球性思维，增强对思想政治教育现代化问题的历史反思和多维省视。在研究过程中要将思想政治教育置于中国式现代化变迁与转型的时代背景之下，梳理其发展的历史进程、分析新时代中国式现代化的特征，进而增强思想政治教育现代化的系统性建构和实践指导。此外，还要以总体性思维把握世界范围内现代化发展的全貌，在中国式现代化视阈下厘清思想政治教育现代化同世界现代化进程中的公民教育之间的内在关联和本质差异，增强思想政治教育现代化理论研究的开放性和时代性特征。三是注重协同共建，加强对思想政治教育现代化发展中的协同研究。构建党委统一领导、党政齐抓共管、各部门分工协作，以及家庭学校社会共同发力的工作格局，这既是思想政治教育多年来形成的传统做法，也是新时代需要不断加强和完善的重要内容。思想政治教育现代化需要坚持与人的社会生活的不同阶段、不同空间、不同方式等相适应，进一步完善全社会协同育人的工作格局。①

（三）进一步聚焦立德树人以思想政治教育推动人的现代化发展

人的全面发展是马克思主义的最高理想，而人的现代化则是人的全面发展的当代形态或时代表达。对于中国式现代化而言，其核心是人的现代化，以人的全面发展为目标，这既是国家现代化的内在要求，也是由中国社会主义本质所决定的。思想政治教育作为一种社会性活动，旨在培养、塑造、提升和发展人，以"现实的人"为逻辑起点和落脚点，承担着培育人的思想观念、确证人的生存价值、建构人的精神世界，促进人自由全面发展的历史任务。因此要加强对人的现代化研究的关注，中国式现代化的关键是人的现代化，而人的现代化关键则是青年的现代化，当代青年作为思想政治教育的对象，通过实现青年的现代化开拓思想政治教育的空间，以思想政治教育的现代化推动当代青年的现代化发展，进而实现作为个体的人的全面自由的发展。在人的现代化研究中，首先，要厘清思想政治教育与人的现代化的关系。这有助于把握思想政治教育在人的现代化历史进程中的价值和作用，人的现代化发展过程是个体在思想观念、价值观念、行为方式等方面与现代社会相适应的过程。思想政治教育正是通过培育人的思想、规范人的行为、树立正确的价值观，推动人的现代化发展。研究过程中要坚持以马克思主义的科学真理为基础，以社会主流意识形态建设为核心，通过思想政治教育的现代化功能发挥其教育实效，在推动人的现代化发展中，培养出更多具有创新精神和实践能力的现代化人才。其次，要把握思想政治教育在人的现代化进

---

① 刘宏达：《中国式现代化进程中完善思想政治教育现代化体系》，《思想理论教育》2023年第2期。

程中的功能定位。思想政治教育在人的现代化进程中起到价值观培育和导向功能，主要包含理想信念的培育、价值目标的确立和秩序规范的遵守等维度。思想政治教育要促进人的自由全面发展，必然要求思想政治教育研究有效破解教育对象存在的思想问题，充分发挥其效能作用，这就要求以新时代中国式现代化发展要求形塑思想政治教育现代化，实现思想政治教育的现代化转型。最后，将人的现代化作为思想政治教育现代化发展的重要任务。加快建构并不断完善现代化思想政治教育体系，是中国式现代化发展的内在要求，更是人思想政治教育的价值旨归。思想政治教育的现代化发展能够更好地促进人的思想觉悟和道德水平的提高，为人的现代化发展提供精神支撑和思想保障，并激发出人们的积极性和创造性，培养人的创新精神和实践能力，增强人的公民意识，积极参与社会治理，实现个体和社会的共同进步。

第三章　社会主义核心价值观研究

2023 年学界在社会主义核心价值观基本理论研究和实践应用研究两大方面都有所突破，围绕党的二十大报告中相关重要论述，在社会主义核心价值观的传播培育、引领融入、广泛践行等方面取得了新的成果。这些新的研究成果既包括在现有研究积淀基础上的理论深化，也包括结合新的时代发展特征与中国改革发展实际进行的实践创新研究。全面梳理 2023 年度的研究成果，分析本年度研究特征并展望未来研究方向，对于推动广泛践行社会主义核心价值观的理论探讨与实践创新实现良性互动具有重要价值。

一、社会主义核心价值观研究的主要年度进展

2023 年，学者们坚持社会主义核心价值观的基础理论研究和实践应用研究双向并重，既讨论了社会主义核心价值观的理论内涵、理论特质、引领作用等重要理论问题，也就制度机制、传播融入、教育教学、载体路径等社会主义核心价值观实践应用问题展开了分析。

（一）社会主义核心价值观的基础理论研究

一种价值观要保持蓬勃的生命力需要扎实的基础理论研究和与时俱进的理论创新。2023 年，学者们通过从规律性、时代性层面对社会主义核心价值观的理论内涵、理论特质、引领作用三个基本理论问题展开了深入研究。

社会主义核心价值观的理论内涵研究。社会主义核心价值观的理论内涵

包括作为一个整体的理论内涵和每个具体价值原则的理论内涵，这始终是社会主义核心价值观研究的重大理论问题。2023 年度学者们在解读经典著作相关文本的基础上，梳理社会主义核心价值观思想源流。有学者认为在马克思、恩格斯语境中，社会主义核心价值观指的是社会主义社会占据主导地位的核心价值理念和共同价值观，它所表征的是人们对客体属性满足主体需要的有用性关系和主体间形成的交往（伦理的与政治的交往）关系的认知和判断，它的建构是人们基于实践活动的现实生活方式的文化积淀和统治阶级价值意识上升为国家意志的互动过程。①

社会主义核心价值观的理论特质研究。从理论内涵到理论特质研究，既反映出社会主义核心价值观理论形态的成熟发展，也反映出相关理论研究的深化和多样化。有学者指出，经过 10 年来的创新发展，社会主义核心价值观已经成为系统完备、逻辑严密、内涵丰富的理论整体，具备了成熟的理论形态，展现出强大的逻辑魅力，彰显着鲜明的理论品格：继承与发展马克思主义价值观，彰显着社会主义核心价值观的先进性品格；批判与超越资本主义核心价值观，彰显着社会主义核心价值观的人民性品格；传承与弘扬中华优秀传统文化，彰显着社会主义核心价值观的民族性品格；根植与推动中国特色社会主义实践，彰显着社会主义核心价值观的实践性品格；支撑与引领全人类共同价值，彰显着社会主义核心价值观的开放性品格。其中，人民性是社会主义核心价值观区别于其他价值观形态的根本特质，是社会主义核心价值观的根本理论品格。②

社会主义核心价值观的引领作用研究。社会主义核心价值观的功能、作用是社会主义核心价值观研究的基本理论问题。2023 年度学界对社会主义核心价值观引领作用的研究持续深入，成果丰富。首先，对文化建设的引领作

---

① 参见陈胜云：《社会主义核心价值观经典溯源》，上海社会科学院出版社，2023 年版。
② 吴潜涛、潘一坡：《新时代社会主义核心价值观建设的成就、经验与展望》，《社会主义核心价值观研究》2023 年第 2 期。

用。有学者指出推动社会主义核心价值观引领文化建设，要着力在推动社会主义核心价值观引领文化建设的体制机制、推动社会主义核心价值观融入法治法规为文化建设提供法治保障、推动社会主义核心价值观引领社会生活各个方面上下功夫，在全社会形成一种弘扬社会主义核心价值观的良好氛围。①

其次，对精神生活共同富裕的引领作用。学者们探讨了社会主义核心价值观在满足人民日益增长的精神文化需要、促进自身精神生活高质量发展方面的地位和作用、社会主义核心价值观对精神生活共同富裕的意义和作用，丰富了社会主义核心价值观功能作用研究的维度和视野。有学者强调，要发挥社会主义核心价值观在促进人民精神生活共同富裕中的价值引领作用，满足人民群众多样化、多层次、多方面的精神文化需求，丰富人民精神世界，实现全体人民物质生活和精神生活都富裕。② 有学者细化引领任务，指出要引领意识形态建设塑造更加坚定的理想信念、引领文化生活建设凝聚更为先进的精神力量、引领思想道德建设培育向上向善的道德修养、引领斗争精神建设锻造敢于斗争的意志品质。③ 有学者指出社会主义核心价值观作为文化生活的价值标尺，能够确保文化生活的充实丰盈、和谐有序和自信状态；作为信仰生活的意义支撑，能够形塑信仰生活的理性认知、精神自觉和惯习图式。④

最后，对人工智能伦理教育的引领作用。有学者提出，随着人工智能的广泛应用，人工智能伦理教育应势而生，人工智能伦理教育的本质是价值观教育。社会主义核心价值观引领人工智能伦理教育是满足人工智能对价值的内生需求、回应人工智能伦理挑战、坚持教育内在引领价值的需要，应坚持以

---

① 邱仁富：《以社会主义核心价值观引领文化建设》，《马克思主义理论学科研究》2023 年第 3 期。

② 黄蓉生：《用社会主义核心价值观引领精神生活共同富裕》，《西南大学学报（社会科学版）》2023 年第 1 期。

③ 燕连福、周祎：《以社会主义核心价值观引领人民精神生活共同富裕的三重向度》，《思想理论教育导刊》2023 年第 4 期。

④ 柏路、乔庄：《心理·文化·信仰：社会主义核心价值观引领精神生活共同富裕的三维向度》，《社会主义核心价值观研究》2023 年第 4 期。

马克思主义为指导，以中华优秀传统文化为创新之源，以国家、社会、公民三维统一为发展旨归的基本遵循。高校应不断拓宽育人阵地、推进多学科教师在人工智能伦理教育中的高质量协同、以社会主义核心价值观引领人工智能伦理教学资源建设和自主知识体系构建。①

（二）社会主义核心价值观的实践应用研究

一种价值观要发挥改变世界的实际作用，就必须坚持理论创新与实践创新的良性互动，实践应用研究是社会主义核心价值观研究的落脚点。2023年度学界关于社会主义核心价值观的实践应用研究多围绕党的二十大报告相关论述和要求展开，以思辨研究成果为主，出现了实证研究成果。

培育社会主义核心价值观的制度机制研究。经过十多年发展，社会主义核心价值观已经上升到依靠体制机制、工作体系建设实现常态化培育的阶段。有学者提出，制度机制所具有的公正性、稳定性、刚性和可量化评价等优势，使其成为推动核心价值观信仰养成的主要动力，并探讨了建构核心价值观融入中国式现代化的信仰确立的制度机制。②有学者侧重于社会主义核心价值观融入国民教育全过程的体制机制建设研究，提出要加强顶层设计，研制完善社会主义核心价值观融入国民教育实施方案；推动大中小学社会主义核心价值观一体化衔接。强化家庭教育，加强家庭在社会主义核心价值观教育中的作用和功能。③2023年度学者们继续探讨社会主义核心价值观的培育机制，从某个意义上可以说也反映出思想政治教育学术共同体和实践共同体在研究和实践过程中对"治理"理念和工作思维的领悟贯彻落实。

社会主义核心价值观的传播研究。2023年度这一分支论域的研究成果较

---

① 田凤娟、妥颖、刘伟：《社会主义核心价值观视域下高校人工智能伦理教育探析》，《思想教育研究》2023年第5期。

② 徐梓彦：《社会主义核心价值观融入中国式现代化的信仰确立及培育机制》，《南京社会科学》2023年第11期。

③ 邱仁富：《以社会主义核心价值观引领文化建设》，《马克思主义理论学科研究》2023年第3期。

为丰富。学者们从传播主体、传播叙事体系、传播效果、传播策略等方面提出了新观点。首先，就社会主义核心价值观传播主体，有学者提出要强化大学生传播社会主义核心价值观的使命担当、主动精神，特别是主动在网络空间传播正能量，宣传弘扬好社会主义核心价值观。要提高大学生传播社会主义核心价值观的能力，包括准确把握传播内容的能力、理论阐释能力和表达能力。① 其次，就社会主义核心价值观传播叙事，有学者提出通过短视频创作、推文制作、直播互动等新兴媒体形式，推动社会主义核心价值观时代化大众化，形成系统的社会主义核心价值观传播叙事体系，增强网络空间主流意识形态话语传播的实效性。② 再次，就社会主义核心价值观传播效果，有学者以高校官方微博为例，认为高校微博粉丝数量、内容发布的特殊时间、以纯文字和"文字＋视频"为代表的内容呈现形式、以情感型和"品性型＋情感型"为代表的文字修辞技巧、线上互动型载体会呈现正向的传播效果。③ 最后，就社会主义核心价值观传播策略，有学者指出全媒体平台的传播主体差异化、内容生产碎片化，以及舆论生态复杂化等特质在一定程度上影响了社会主义核心价值观的传播效果，需要通过打造专业多能团队、创新传播内容、依托智能媒体技术、重视受众信息反馈等策略，提升社会主义核心价值观的传播效能。④ 有学者认为高校媒体要把握社会主义核心价值观的传播方向，从健全传播主体、拓展传播定位、丰富传播内容等方面，探寻有效传播社会主义核心价值观的路径。⑤

　　社会主义核心价值观的融入研究。一是社会主义核心价值观融入法治建

　　① 邓卓明、张娟：《大学生社会主义核心价值观培养研究》，《学校党建与思想教育》2023年第5期。

　　② 田鹏颖：《以系统观念践行社会主义核心价值观》，《社会主义核心价值观研究》2023年第2期。

　　③ 杨果：《高校官方微博社会主义核心价值观传播效果的影响因素及赋能路径——基于启发—系统模型的实证分析》，《湖南师范大学社会科学学报》2023年第5期。

　　④ 姚毅：《全媒体语境下的社会主义核心价值观传播策略》，《新闻爱好者》2023年第5期。

　　⑤ 武慧媛：《高校媒体传播社会主义核心价值观的方向和路径》，《中国高等教育》2023年第11期。

设的研究。有学者指出社会主义核心价值观将最具有中国智慧的道德文化注入法治体系，将道德权威转化为法律权威，使中国特色社会主义法治体系更具有中国文化元素和道德基础。① 有学者阐发了社会主义核心价值观融入司法裁判的三种途径：作为裁判理由发挥说理功能、作为裁判依据发挥广义上的释法功能、在特定情况下作为价值冲突的解决基础。② 二是社会主义核心价值观融入社会发展的研究。有学者指出社会主义核心价值观融入社会发展是推进中国式现代化的实践自觉，确证与彰显了中国式现代化文明标识性、协调互契性与主体创造性的鲜明品格，是中国式现代化文明标识的时代写照、是物质文明和精神文明相协调的运行方式、是人的现代化的主体创生。③ 三是社会主义核心价值观融入日常生活的研究。有学者认为社会主义核心价值观融入日常生活，要顺应日常生活背后蕴含的历史时势，契合社会实践组织实施的合适时机，遵循个体生命成长的合理时序；要广泛融入物质空间的多维场景，转化为精神空间的价值坐标，为人们在交往空间中有效沟通交流提供价值引领，为广泛践行社会主义核心价值观提供空间载体。④ 有学者认为"守正创新"是社会主义核心价值观融入日常生活世界之变应采取的价值立场，社会主义核心价值观必须沉淀为当代中国人日常生活中的内在意识结构。⑤ 四是社会主义核心价值观系统性融入研究。有学者认为社会主义核心价值观"融入法治建设"具有鲜明的规范性，"融入社会发展"具有深刻的长远性，"融入日常生活"具有广泛的普及性，要筑牢社会主义核心价值观"三个融入"的法治基础、社会基础、群众基础，尊重思想建设的思想传

---

① 余玉花、王耀国：《论社会主义核心价值观融入法治建设的中国逻辑》，《思想理论教育》2023 年第 10 期。

② 雷磊：《社会主义核心价值观融入司法裁判的方法论反思》，《法学研究》2023 年第 1 期。

③ 柏路、乔庄：《社会主义核心价值观融入社会发展：推进中国式现代化的实践自觉》，《思想理论教育》2023 年第 10 期。

④ 孟维嘉：《社会主义核心价值观融入日常生活的时空逻辑》，《思想理论教育》2023 年第 9 期。

⑤ 段江波、张厉冰：《社会主义核心价值观融入当代中国人日常生活何以可能？》，《思想理论教育》2023 年第 10 期。

播规律、精神养成规律，在协调创新中实现把社会主义核心价值观融入社会发展的全过程。① 有学者提出，践行社会主义核心价值观要兼顾广度和深度，着力推进社会主义核心价值观乡土化融入乡村振兴战略，制度化融入法治实践，规范化融入社会治理，常态化融入学校教育，生活化融入千家万户。②

社会主义核心价值观的教育教学研究。一方面，关于如何提升认知认同教育的效能。有学者强调要对它的理论逻辑、现实依据、思想根基、实践要求等讲深讲透，增强大学生对社会主义核心价值观的理性认知。要将其与"我"的关系讲清楚，将社会主义核心价值观培养与大学生实际利益需求紧密结合，以此来深化大学生对社会主义核心价值观的认同。③ 有学者认为大学生社会主义核心价值观的认知认同教育以大学生主体的内在需要为逻辑起点，以知识摄取为首要环节，并通过知识内化，将外在的关于社会主义核心价值观的知识融入主体的认知结构和价值结构，并将其内化为主体自身的价值准则和道德规范。④ 另一方面，关于思政课如何教学。有学者以"思想道德与法治"课为例，探讨了社会主义核心价值观教学全面贯彻一体化理念。⑤ 有学者指出把社会主义核心价值观贯穿高校思政课教学，是在遵循思政课教学规律和原则的基础上，回答好"贯穿什么""如何贯穿""谁来贯穿""贯穿效果"四大问题，继而促进教学内容优化、方式方法改进、教师素养提升、育人机制创新。⑥

---

① 孟宪平、李琳：《社会主义核心价值观"三个融入"的理论依据与实践路径》，《思想理论教育导刊》2023 年第 7 期。

② 方兰欣、郑永扣：《广泛践行社会主义核心价值观的时代意蕴与着力点》，《社会主义核心价值观研究》2023 年第 2 期。

③ 邓卓明、张娟：《大学生社会主义核心价值观培养研究》，《学校党建与思想教育》2023 年第 5 期。

④ 席晓丽：《新时代大学生社会主义核心价值观认知认同教育探讨》，《学校党建与思想教育》2023 年第 7 期。

⑤ 杜邦云：《社会主义核心价值观教学全面贯彻一体化理念探讨——以"思想道德与法治"课为例》，《社会主义核心价值观研究》2023 年第 3 期。

⑥ 邓斌、黄金龙：《社会主义核心价值观贯穿高校思政课教学的逻辑理路与实践探索》，《学校党建与思想教育》2023 年第 11 期。

社会主义核心价值观培育践行的载体路径研究。2023 年度学者们关注的社会主义核心价值观的培育载体主要有四类。一是红色资源。有学者提出，应当充分利用革命纪念馆、党史馆、烈士陵园等红色基因库，通过红色文化教育实践基地、社会大课堂实践中心等多种载体和渠道，把社会主义核心价值观的践行融入鲜活的红色资源中。二是节日文化。有学者指出应发挥节日文化的育人功能，促使广大青少年在认知、理解、参与、融入中华节日的过程中加深对中华文化的热爱，从而更加坚定对伟大祖国、中华民族、中华文化、中国共产党和中国特色社会主义的高度认同。① 三是先进典型。有学者指出树立先进典型在社会主义核心价值观落细落小落实过程中，具有具象化核心价值理念、强化认可度、彰显精神实质的独特价值。② 四是活动载体。有学者认为在活动载体运用过程中受教育者更具参与性、互动性和体验性，能够在活动中不自觉、无意识地接受教育的内容，增强教育的接受度和认同感。③

2023 年度学者对社会主义核心价值观培育路径的关注主要在三个方面。一是强调路径的多维。有学者提出，要通过多重渠道、多条途径、多种办法，形成综合治理的效应。将舆论途径、法治途径、日常生活途径、教育途径等整合起来，协调推进，是新时代践行社会主义核心价值观的最好选择。④ 二是强调直播平台。有学者指出应当以构筑互动仪式链条为基本指引，完善外源性规范和内源性规范、建立"德法"兼备的网络治理惩戒制度，以此促进网络直播领域高质量发展。⑤ 三是强调法治路径。有学者分析了法治与社

---

① 阮静：《节日文化育人功能与青少年社会主义核心价值观培养》，《北京社会科学》2023年第 10 期。

② 金莉黎、顾钰民：《先进典型：社会主义核心价值观落细落小落实的重要载体》，《社会主义核心价值观研究》2023 年第 3 期。

③ 参见王艳：《大学生培育和践行社会主义核心价值观的活动载体研究》，光明日报出版社，2023 年版。

④ 田鹏颖：《以系统观念践行社会主义核心价值观》，《社会主义核心价值观研究》2023 年第 9 期。

⑤ 唐旭、谢好佳：《网络直播平台弘扬社会主义核心价值观的路径探索》，《重庆社会科学》2023 年第 2 期。

会主义核心价值观的内在逻辑联系，强调要以嵌入式立法为切入点、以执法权力的运行为关键点、以司法裁判为着力点、以引领示范和法治教育为落脚点，广泛践行社会主义核心价值观。[①] 有学者主张强化刚性约束和监督，用法治手段来解决道德领域的突出问题，依法加强对群众反映强烈的失德行为的整治。用行政手段完善社会诚信系统，加强对失信人员的惩戒措施等等。[②]

值得指出的是，本年度出现几篇实证研究成果。主要对大学生、中学生对社会主义核心价值观的认知认同现状进行了摸底调查。有学者对大学生社会主义核心价值观认同结构进行了实证研究，发现认同影响因素中影响力最大的是家庭环境，影响力最小的是社会环境；学校环境中校园文化和社会实践的影响力均大于思政课堂的效力。[③] 有学者调研了中学生对社会主义核心价值观的核心要义的内容认知、价值认同和实践行动的现状及其关系，发现中学生对国家、社会、个人层面的内容认知、价值认同和实践行动存在差异。[④] 引入调查研究，丰富了社会主义核心价值观的研究方法，有助于提高社会主义核心价值观培育的针对性，但此类研究需要大规模、持续性的进行，保证结论的可信性和准确性。

二、社会主义核心价值观研究的主要年度特征

在中国知网数据库（截至 2023 年 12 月），以"社会主义核心价值观"为关键词，限定时间分别为 2019 年、2020 年、2021 年、2022 年、2023 年，检索得到文献数量分别是 3100 余篇、2500 余篇、2000 余篇、1200 余篇、700

① 李牧、李群弟：《践行社会主义核心价值观的法治路径研究》，《社会主义研究》2023 年第 4 期。
② 邱仁富：《以社会主义核心价值观引领文化建设》，《马克思主义理论学科研究》2023 年第 3 期。
③ 赵诏：《大学生社会主义核心价值观认同结构的实证研究——基于结构方程模型的分析》，《中国人民大学教育学刊》2023 年第 4 期。
④ 邱化民、元静、石垠：《中学生社会主义核心价值观教育调查——认知、认同与践行的培育路径》，《教育科学研究》2023 年第 6 期。

余篇。进一步设置文献来源为"核心期刊"和"CSSCI"，检索得到文献数量分别是500余篇、400余篇、300余篇、200余篇、100余篇。以"社会主义核心价值观"为篇名，限定时间分别为2019年、2020年、2021年、2022年、2023年，检索得到文献数量分别是1800余篇、1300余篇、800余篇、600余篇、300余篇。进一步设置文献来源为"核心期刊"和"CSSCI"，检索得到文献数量分别是230余篇、180余篇、110余篇、110余篇、60余篇。由此可见，近五年社会主义核心价值观的研究成果总量态势有所变化。

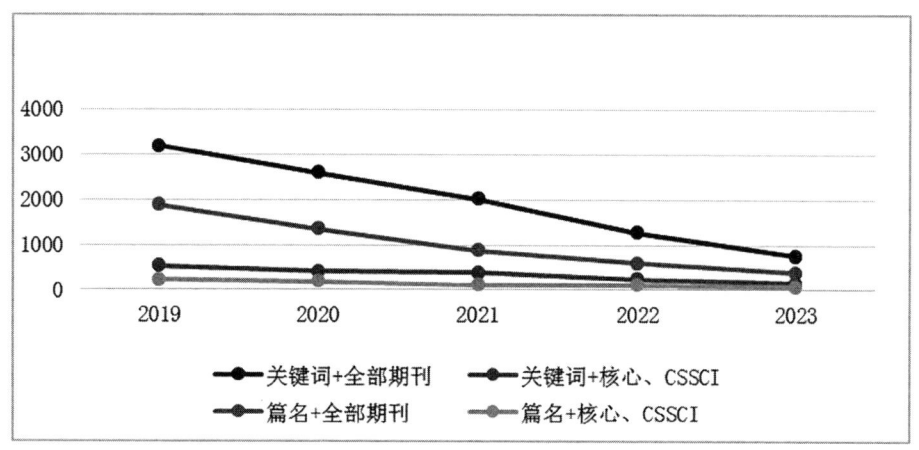

图1　2019—2023年社会主义核心价值观研究文献总量变化趋势折线图

从相关研究成果的关键词分析可知，近五年研究高频热词为"新时代""大学生""文化自信""思政课""立德树人"，随着时间的推进，包括上述关键词的学术研究依旧是学界关注重点。社会主义核心价值观研究成果的关键词变化相对较少，反映出学者研究侧重点相对集中，随着成果的不断丰富积累，研究达到一定的广度和深度，创新性研究的难度提高，这是导致研究成果减少的不容忽视的原因。基于此，2023年度社会主义核心价值观研究呈现出如下主要特征。

（一）及时回应党在思想文化领域的战略部署

积极回应党和国家的战略部署是本年度社会主义核心价值观研究的重要

特征，这使得社会主义核心价值观研究具有浓厚的时代气息。通过整理发现，"日常生活""思政教育""共同富裕""法治建设"等关键词相结合的研究是 2023 年度社会主义核心价值观研究热点。党的二十大报告中明确提出"广泛践行社会主义核心价值观""用社会主义核心价值观铸魂育人，完善思想政治工作体系，推进大中小学思想政治教育一体化建设""把社会主义核心价值观融入法治建设、融入社会发展、融入日常生活"的重要论断。2023 年度研究热点与党的二十大报告中重要论断的关键词链接度较高，比如社会主义核心价值观的"三个融入"的整体性和针对性研究就是对二十大报告号召的热切回应；有关社会主义核心价值观与共同富裕、现代化等相关关键词的持续研究也与党的二十大报告中提出的中国式现代化的概念相关；聚焦实践应用领域的"广泛践行"等相关研究与党的二十大报告中对社会主义核心价值观的培育践行部署相吻合；对思政教育、大中小学思想政治教育一体化建设的深入研究也与党的二十大报告的明确要求相贴切。

（二）凸显社会主义核心价值观研究的历史视野

一是思想史的回溯。通过理论上的追根溯源，回到马克思、恩格斯的经典文本中梳理马克思、恩格斯的社会主义核心价值观思想，既是对理论形态的社会主义核心价值观也是对历史形态的社会主义核心价值观的研究，体现了历史与逻辑相统一的研究方法。二是实践史的回顾。通过重要报告文件的梳理，对近十年社会主义核心价值观建设历史进行了回顾和总结。比如，有学者重点关注了党的十九大报告中提出"培育和践行"到党的二十大报告中强调的"广泛践行"的变化，梳理了社会主义核心价值观的构建过程，重点研究了新发展阶段社会主义核心价值观的行动逻辑。有学者概括梳理了党中央有关社会主义核心价值观的重要论述、意见文件等，指出从"十一五"时期提出社会主义核心价值体系，到"十二五"时期凝炼概括出社会主义核心价值观，再经过"十三五"时期社会主义核心价值观的多领域培育，最终到

"十四五"时期的深入人心以及党的二十大报告提出的广泛践行。还有学者总结了新时代以来社会主义核心价值观建设的成就和经验，将历史研究上升到规律性提炼的层面。三是与传统文化的贯通。学者们探究了中华优秀传统文化与社会主义核心价值观的关系。这些研究夯实了社会主义核心价值观的理论依据、增强了社会主义核心价值观的历史底蕴、凸显了社会主义核心价值观的民族特色，推动了社会主义核心价值观基础理论研究的创新发展。

（三）坚持观照现实深化社会主义核心价值观研究

研究历史是为了明了我们从哪里来、要往哪里去，是为了理解当下，解决当下的问题，更好地走向未来。换言之，回到历史逻辑是为了更好地进入历史前进的逻辑。社会主义核心价值观的实践性内在地要求观照现实，满足当下国家和人民发展的需要。

观照现实首先体现在坚持问题导向。一方面，学者们普遍认为近十年培育和践行社会主义核心价值观已经得到常态化推进，标志着我国社会主义核心价值观建设的显著成效。另一方面，也看到在具体实践中还存在一些亟需加强的空间、亟待解决的问题，制约着社会主义核心价值观建设的效能提升，研究体现了强烈的问题意识和问题导向。比如有学者指出，培育和践行实践中，工作理念与思路、工作队伍建设、参与主体、培育和践行覆盖面、培育和践行方式等方面依然不同程度地存在问题，影响了社会主义核心价值观常态化培育和广泛践行。推进社会主义核心价值观培育和践行常态化，需要在实践中突出形式的日常性和生活化、过程的合理性和有序化、效果的持续性和示范化、手段的保障性和规范化。有学者指出，践行社会主义核心价值观在特定领域和环节还存在一些难点和堵点，需要克服。例如，在农村地区，社会主义核心价值观建设还比较薄弱和滞后，一些不正之风和陈腐观念仍在影响乡村文明建设，成为乡村振兴的掣肘；在社会治理和司法领域，自治、法治和德治的结合和融合问题还比较突出，一些地方法规和治理实践与社会主义核心价值观所倡导的价值理念不相符，甚至背离和抵牾；在教育系统，社会主义核心价值观的全过程、常态化融入与深入人心的目标之间还有不小差距，个别人的失德失范问题经过网络的聚焦和放大，造成极其恶劣的影响；在日常生活中，社会主义核心价值观从一种知识化的价值理念转化为人们的情感认同和行为习惯的自觉程度还不够。这些显然已经成为当前广泛践行社会主义核心价值观所不能忽视的现实问题。

观照现实研究还体现在主动适应挑战。有学者关注了时下热度较高的网络直播平台，分析了其实践过程中的种种问题并提出解决措施。有学者深入思考了全媒体时代下，社会主义核心价值观的传播策略，也有学者集中关注了高校媒体平台社会主义核心价值观的传播效能。在网络飞速发展的今天，这种聚焦眼下实际以问题为导向的研究，提高了研究的时效性，体现了研究的时代性、创造性。

三、社会主义核心价值观研究的未来展望

2023 年学者们围绕社会主义核心价值观的理论内涵、理论特质、引领作用等理论问题以及认同现状、传播策略、践行路径等问题进行了深入探讨，为广泛践行社会主义核心价值观、建设具有强大凝聚力和引领力的社会主义意识形态等提供了富有价值的参考。向后展望，社会主义核心价值观研究需要在习近平文化思想的指导下，坚持守正创新、聚焦"广泛践行"、总结历史经验，进一步提高研究的创新性、针对性、规律性，推动社会主义核心价值观建设打开新局面，助力培育和践行社会主义核心价值观上一个新台阶。

（一）坚持守正创新相统一，进一步提高研究的创造质量

2023 年，习近平总书记在宣传思想工作会议上强调："宣传思想文化工作

面临新形势新任务，必须要有新气象新作为。"①社会主义核心价值观建设作为新征程上宣传思想文化工作的重要组成部分，如何立足新征程展现新作为将是接下来的重点工作。这就要求在社会主义核心价值观研究中要始终坚持守正与创新相统一。

具体来说，一是在基础理论研究中，除了深化研究社会主义核心价值观的逻辑构成、理论内涵、本质要求之外，要深入对社会主义核心价值观三个层面具体内容以及相关概念的分析，明确其生成与构建的逻辑。以习近平同志为核心的党中央结合中国特色社会主义实践的推进，不断提出有关社会主义核心价值观的重要论述，做出相关工作部署，构成社会主义核心价值观理论内涵研究的重要来源。只有不断深化对社会主义核心价值观基础理论的创新研究，结合中国式现代化的进一步发展，明确社会主义核心价值观在新阶段的时代内涵，才能在传播阐释、广泛践行中引导国民特别是当代青年对社会主义核心价值观形成清晰、具体、正确、深刻的认识，也只有在教育全体国民形成正确的认识的基础上，才能引导全体国民强化对社会主义价值观的理性认同，提高"内化于心"的实效。对社会主义核心价值观的研究阐释本身也属于习近平新时代中国特色社会主义思想研究阐释的重要组成部分，所以要放在研究习近平新时代中国特色社会主义思想的整体视域中深化研究。比如，可以深化中国式现代化内涵与社会主义核心价值观内涵的交叉研究，为助推中国式现代化高质量发展提供强大的精神支撑。着力培育和践行社会主义核心价值观是新时代宣传思想文化工作的重要任务，是习近平文化思想"七个着力"要求的重要内容，需要结合习近平文化思想的深刻内涵和实践要求深化社会主义核心价值观研究。

二是在实践应用研究中，提升对新问题、新技术、新潮流的关注度，要

---

① 《习近平对宣传思想文化工作作出重要指示强调 坚定文化自信秉持开放包容坚持守正创新 为全面建设社会主义现代化国家 全面推进中华民族伟大复兴提供坚强思想保证强大精神力量有利文化条件》，《人民日报》2023 年 10 月 9 日。

让社会主义核心价值观的实践应用研究更具有主动性和引领性。尤其是在践行路径的研究上，要持续推陈出新，解决时下遇见的现实问题。加强社会主义核心价值观实践应用创新研究，一方面要继续推进与传播学、社会学、文化学等学科的交叉融合，合理借鉴其他学科的研究范式和研究方法；另一方面要重视对数字技术、全媒体技术、生成式人工智能、元宇宙等对社会主义核心价值观践行所带来的机遇和赋能、影响和挑战，这样才能就一系列新变化作出及时回应和引导，切实提高社会主义核心价值观对技术变革、社会变迁的适应性。比如，当前人们的生活、工作和学习很大部分是在数字时空中展开，数字时空去中心化，主客体边界模糊，"绝对的去中心化，将会削弱主体的主导地位，从而使客体很难在海量数据中保持理性判断和选择，教育的实效性也会大打折扣"。① 这对社会主义核心价值观的培育和传播造成一定挑战，加强对这一类新技术新现象的分析，有助于社会主义核心价值观建设打开新的工作局面。

（二）把握广泛践行新要求，进一步提高研究的针对性

经过十余年发展，社会主义核心价值观得到广泛弘扬和传播，今天广泛践行社会主义核心价值观成为重大课题，标志着由知（入眼入脑）到行（入心、外化于行、广泛践行）的社会主义核心价值观建设侧重点的进阶。只有落脚到广泛践行，才能发挥社会主义核心价值观凝心聚力的实践伟力，才能实现精神变物质的辩证发展过程，社会主义核心价值观才不会仅仅作为一种观念体系而存在，而是能够掌握群众从而变为改变世界的现实力量。

党的二十大报告对"广泛践行社会主义核心价值观"做了专门部署，这是党在新征程上提出的新要求，及时回应国家战略部署，响应广泛践行社会主义核心价值观的新时代号召，首要在深刻理解广泛践行社会主义核心价值观的本质属性和内在要求。党的二十大报告号召的"广泛践行社会主义核心

---

① 冯刚、邢斐：《新时代数字思政的哲学反思》，《学校党建与思想教育》2023年第19期。

价值观"与十九大号召的"培育和践行社会主义核心价值观"最明显的区别在于"广泛"一词，在未来关于社会主义核心价值观的研究中，要重点研究"广泛"的深层含义，明确"广泛"的实践要求，切实提高研究的针对性。

深刻理解"广泛"的深层含义，要把握好"广泛"的时间逻辑。社会主义核心价值观建设十余年来取得了显著成就，为广泛践行社会主义核心价值观奠定了良好基础，后者是一个长期性、渐进性的任务，需要把握好着力培育和践行社会主义核心价值观的时间逻辑。"广泛"的时间逻辑首先体现在个体成长阶段的培育过程中。习近平总书记指出："用社会主义核心价值观铸魂育人，完善思想政治工作体系，推进大中小学思想政治教育一体化建设。"① 从这个角度理解"广泛"的意义，可知广泛践行社会主义核心价值观就是要在个体的各个成长阶段尤其是在学校的各个教育阶段展开全过程培育，将培育和践行社会主义核心价值观融进各个教育阶段的教学目标中，可以引导个体不断深化对社会主义核心价值观的认识、增强对社会主义核心价值观的认同，进而形成正确的价值观，充分掌握践行社会主义核心价值观的内在要求，自觉与国家和社会的发展同向而行。因此，在未来的研究中要继续深化、创新大中小学思想政治教育一体化建设研究，要进一步加强实践对策研究和效果评价研究，推动青年广泛践行社会主义核心价值观。

深刻理解"广泛"的内在要求，要把握好"广泛"的空间逻辑。党的二十大报告提到的社会主义核心价值观"三个融入"的要求集中体现了"广泛"的空间逻辑，那就是践行社会主义核心价值观的领域要广泛，"三个融入"是未来需要持续着力研究的重点之一。从宏观来看，社会主义核心价值观主要包括国家、社会和个人三个层面的价值要求，与经济、政治、文化、社会、生态文明五大领域建设高度契合，对以中国式现代化推动高质量发展提供着引领促进作用。从微观来看，家庭、学校、工作单位以及网络空间等

① 习近平：《高举中国特色社会主义伟大旗帜 为全面建设社会主义现代化国家而团结奋斗——在中国共产党第二十次全国代表大会上的报告》，人民出版社 2022 年版，第 44 页。

诸多生活领域是社会主义核心价值观"内化于心、外化于行"的重要场所，尤其是网络空间，其自身就带有"广泛性"。广泛践行社会主义核心价值观，要多领域齐抓并进，充分利用好文化载体、红色资源、活动载体等，营造良好的社会环境，让社会主义核心价值观成为人民日用而不觉的日常价值观、深层思维结构和行动逻辑。因此，在未来的研究中，要继续加大与文化学、心理学、传播学等相关学科的交叉研究力度，破解知易行难的难题，在社会主义核心价值观融入研究方面做出突破。

此外，习近平总书记在党的二十大上再次强调"社会主义核心价值观是凝聚人心、汇聚民力的强大力量"，进一步研究如何用社会主义核心价值观凝聚最广泛共识，塑造中国精神，打造中国力量，凝聚团结奋斗，铸牢中华民族共同体意识，与文化自信、文化软实力、国际话语权的密切关系等都是有待深入挖掘的"富矿"。

（三）深入挖掘历史资源，进一步提高研究的规律性认识

社会主义核心价值观建设有一个历史过程，从党的十九大报告强调"培育与践行社会主义核心价值观"，再到党的二十大报告中要求"广泛践行社会主义核心价值观"，这期间无论是社会主义核心价值观的基础理论研究，还是实践应用研究，都取得了丰硕成果，社会主义核心价值观建设在回应国家战略部署的主基调下日益成熟。踏上了新征程，党中央对培育和践行社会主义核心价值观提出了新要求，社会主义核心价值观的研究必须也必将进入一个新阶段。未来贯彻落实"七个着力"，特别是着力培育和践行社会主义核心价值观要重点关注提质增效问题，这取决于我们拥有和运用规律性认识的程度和水平，需要进一步总结社会主义核心价值观建设的历史经验，在规律性研究和前瞻性研究上下大功夫。

一方面，总结以往培育和践行社会主义核心价值观、精神文明工作建设的经验，掌握培育践行社会主义核心价值观的有效措施和路径。在总结以往

历史经验时，既要全面又要有针对性，全面是指既要将以往的实践模式进行分类归纳，也要将与之相对应的实践效果展开具体分析；针对性是指要根据不同的研究主题重点关注对应的历史经验，让历史研究落细。

另一方面，挖掘中华优秀传统文化、革命文化中与社会主义核心价值观相吻合的理论资源，加强理论资源应用性研究。中华优秀传统文化和革命文化中蕴含着丰富的理论资源，深入挖掘对内可增强文化自信，对外可提升我国文化国际影响力。新征程上，人民群众的物质生活需要基本满足的前提下，对精神生活的需要越来越高。文化产品、文化场所对人民群众的吸引力越发高涨，近年来河南卫视的传统中国舞节目、各地博物馆和文化遗产等备受大众关注，尤其是青年群体，已经成为各大文化产品的主要消费人群。总结中华优秀传统文化和革命文化中的丰富资源，将其以多种形式应用于培育和践行社会主义核心价值观进程之中，能够有效推动广泛践行社会主义核心价值观。

总而言之，我们要站在服务中国自主知识体系建构的高度推动社会主义核心价值观研究的高质量发展。深化社会主义核心价值观研究不仅是加强思想政治教育学学科体系、学术体系、话语体系建设的必然要求，也是建构中国自主知识体系的内在需要，因为所谓中国自主知识体系一定内蕴自身独立的价值自觉和自信，社会主义核心价值观研究能为其提供价值引领。

第四章　习近平文化思想与思想政治教育研究

习近平总书记高度重视文化建设，"在新时代文化建设方面的新思想新观点新论断，内涵十分丰富、论述极为深刻，是新时代党领导文化建设实践经验的理论总结，丰富和发展了马克思主义文化理论，构成了习近平新时代中国特色社会主义思想的文化篇，形成了习近平文化思想"①。习近平文化思想的提出为思想政治教育学科提供了新的理论遵循，同时也成为思想政治教育学科 2023 年度的一个突出研究热点。2023 年思想政治教育学界围绕习近平文化思想展开了丰富的学理研究，既包括对习近平文化思想的学理阐释，也包括对习近平文化思想在相关实践场域中的应用研究。理解本年度习近平文化思想的研究进展，及时总结研究特点，展望未来研究态势，是推进思想政治教育学科领域深化习近平文化思想研究，更好地以习近平文化思想推进思想政治教育创新发展的重要着力点。

一、习近平文化思想在思想政治教育学科中的研究进展

2023 年度习近平文化思想成为人文社会科学研究中普遍关注的一个重点内容，回顾相关研究内容，虽然习近平文化思想在思想政治教育学科中的研究有待进一步深化，但是在相关学科的研究积累中仍然能够找到诸多滋养。因此，在回顾 2023 年度习近平文化思想在思想政治教育学科中的研究进展

---

① 《习近平对宣传思想文化工作作出重要指示强调 坚定文化自信秉持开放包容坚持守正创新为全面建设社会主义现代化国家 全面推进中华民族伟大复兴提供坚强思想保证强大精神力量有利文化条件》，《人民日报》2023 年 10 月 9 日。

时，坚持开阔的理论视域，希望能够更好地呈现本年度相关研究的总体进展和对思想政治教育学科研究的理论滋养。

（一）习近平文化思想的理论蕴涵研究

首先，探究习近平文化思想的理论精髓。有学者认为"第二个结合"是习近平文化思想的理论精髓，"中国共产党在新时代将中华优秀传统文化摆在推进党的理论创新前所未有的重要高度，明确提出马克思主义基本原理同中华优秀传统文化相结合的'第二个结合'的重大判断，标志着中国共产党理论创新达到了新高度，是又一次的思想解放，是习近平文化思想的重要组成部分"。[①]有学者指出，"第二个结合"是习近平文化思想的核心要义、主体内容和基本方法，具有本源性和统摄性。习近平文化思想以"第二个结合"推进又一次思想解放为显著特征和鲜明标识，对一系列根本性、关键性的重大问题给予明确回答，推进了重大理论创新，实现了重大理论突破。[②]其次，探究习近平文化思想的理论基础。有学者认为，中国共产党在领导人民进行革命、建设和改革的一百多年历程中，始终坚持把马克思主义基本原理同中国具体实际相结合，高度重视把马克思主义基本原理同中华优秀传统文化相结合，探索出一条凝结中国精神、彰显中国价值的中国特色社会主义文化发展道路，形成了中国共产党的文化理论与思想。党的文化理论根植于马克思主义中国化时代化的生动实践，为习近平文化思想的形成发展提供了直接的思想来源。[③]有学者指出，习近平文化思想是对马克思主义文化理论的丰富发展，具有深刻的理论意蕴，它既以内涵丰富的思想高度实现了文化理论观点的创新突破，又明确了新时代文化发展的工作部署；它既以深厚的历

---

① 张明：《"第二个结合"思想解放意义的学理阐释——兼论习近平文化思想的理论精髓》，《天津社会科学》2023 年第 6 期。

② 郭建宁：《深刻领会习近平文化思想的核心要义》，《思想教育研究》2023 年第 11 期。

③ 韩振峰：《习近平文化思想开辟了马克思主义文化理论发展新境界》，《中国高校社会科学》2023 年第 6 期。

史自觉传承发展了中华优秀传统文化的思想精粹，又以宽广的文明胸襟对人类现代文明的中国形态进行了生动体现；它既以深邃的历史眼光完成了对中国共产党文化建设实践经验的凝练总结，又以鲜明的预见性明确了新时代我国文化建设的历史使命。① 最后，探究习近平文化思想的理论特点。有学者认为，习近平文化思想是一个不断展开的、开放式、科学系统的思想体系，必将随着实践的逐步深入而不断丰富和发展。在守正创新中丰富发展文化理论，还要求我们在牢牢坚持"两个结合"的"守正"前提下，面向世界、面向未来，在"人类知识的总和"中博采众长、辩证取舍，推动中国化时代化马克思主义文化理论不断丰富和发展。② 有学者认为，坚持党对文化工作的领导，牢牢把握文化领导权，坚持马克思主义在意识形态领域指导地位的根本制度，坚持中华文化主体立场，坚持以人民为中心的文化发展理念，坚定不移地走中国特色社会主义文化发展道路，是深刻把握和贯彻落实习近平文化思想的本质要求，是推进中国式现代化和担负新时代新的文化使命的核心要义。③

（二）习近平文化思想的内容体系研究

首先，探析习近平文化思想的内容领域。习近平文化思想从其内容和领域来看，涉及对增强文化自信并将其和道路自信、理论自信、制度自信并列为中国特色社会主义"四个自信"的重大意义的论述，对深化文化体制机制改革的论述，对加强文化人才队伍建设的论述，对我国网络安全和信息化工作的论述，对全面繁荣哲学社会科学事业、新闻出版事业、广播影视事业、文学艺术事业等的论述，对弘扬中华优秀传统文化的论述，对推动文化事业发展和发展文化产业的论述，对做好考古工作、搞好历史文化遗产保护工作

---

① 韩喜平：《深刻理解习近平文化思想的理论意蕴》，《湖北社会科学》2023 年第 11 期。

② 沈壮海、刘水静：《深刻把握习近平文化思想守正创新的精神特质》，《光明日报》2023年 12 月 14 日。

③ 韩美群、邹茹澜：《深刻把握习近平文化思想的本质要求》，《决策与信息》2023 年第 12 期。

的论述、对推动各国优秀传统文化在现代化进程中实现创造性转化、创新性发展的论述，等等。① 有学者认为，从习近平文化思想的概念及术语范畴看，习近平是从"中文化"层面对相关问题做出分析的，习近平文化思想的体系结构包括政治层面的文化、社会层面的文化、实践层面的文化和对外交流层面的文化。习近平文化思想是一个完整严谨的科学体系，包含着深刻的历史逻辑、理论逻辑和现实逻辑，体现为对马克思主义文化理论的丰富和发展、对新时代中国特色社会主义文化建设规律的全面把握、对中国文化的归纳和推进。② 其次，探析习近平文化思想的内容结构。有学者认为，相应地，习近平文化思想的内容体系由文化价值观、文化使命观、文化任务观、文化认识观、文化功能观、文化发展观、文化实践观、文化世界观等有机组成。③ 有学者认为，习近平文化思想涉及中国特色社会主义文化建设的方方面面，是一个内涵丰富、逻辑严密的科学理论体系。其中，坚持党对文化的领导权是根基，锚定了当代中国文化前进的正确航向；坚持从文化的深厚历史纵深中把握中国特色社会主义道路的来龙去脉，夯实了"走自己的路"的文化根基；坚持文明交流互鉴，积极吸收借鉴人类文明的一切先进成果，为在建设中华民族现代文明中拓展人类文明新图景提供了根本途径。④ 最后，探析习近平文化思想的具体内容。有学者认为，劳模精神、劳动精神、工匠精神是我国工人阶级和广大劳动群众实现精神上独立自主的生动体现，也是中国共产党人精神谱系的伟大精神之一，成为习近平文化思想的重要组成部分。⑤ 有学者认为，坚定文化自信是中国共产党人的基本文化立场，是习近平文化思想的主要内容之一。回首中国共产党领导文化建设的光辉历程，中国共产

---

① 方世南：《习近平文化思想的理论创新和实践创新》，《学术探索》2023 年第 11 期。

② 孟宪平：《习近平文化思想的体系结构论析》，《江苏社会科学》2023 年第 6 期。

③ 侯勇、柯增金：《习近平文化思想的生成逻辑、内容体系及原创性贡献》，《统一战线学研究》2023 年第 6 期。

④ 张明：《习近平文化思想的理论背景、科学体系与时代价值》，《求索》2023 年第 6 期。

⑤ 乔东：《劳模精神、劳动精神、工匠精神是习近平文化思想的重要组成部分》，《东方企业文化》2023 年第 6 期。

党以高度的政治自觉、思想自觉、行动自觉，义无反顾地肩负起重振中华民族文化自信的历史使命，通过以无产阶级政党使命领导文化自信、用马克思主义最新理论成果指导文化自信、以优秀传统和先进文化涵养文化自信，为坚定中华民族的文化自信作出了卓越贡献，取得了辉煌成就。[①] 文化自信是把握习近平文化思想的价值内核所在，要深刻领悟和自觉贯彻坚定文化自信这一文化主体精神培育的价值目标，在保护传承的历史中坚定文化自信，在思想解放和理论体系的建构中树立文化自信，在时代的创新实践中彰显文化自信，在开放包容的发展中铸就文化自信，始终坚持走中国特色社会主义文化发展道路，激发全民族文化创新创造活力，建设社会主义文化强国。[②]

（三）习近平文化思想的内在逻辑研究

有学者认为，"明体"在于深入领会中国特色社会主义文化的三大组成部分从而形成一致的文化价值取向与发展追求，"达用"在于以"七个着力"为工作抓手深入推进中国特色社会主义伟大实践。通过"明体"可以赋能"达用"并实现"体用贯通"的境界。"明体"的新时代内涵可以赋能宣传思想文化工作以夯实文化领导权，赋能中华优秀传统文化"两创"方针的顺利推进，赋能新闻舆论"四力"提升；"明体"的首要前提即文化认同可以赋能具有强大引领力与凝聚力的社会主义意识形态建设，培育践行社会主义核心价值观；"明体"的首要目标与根本目标可以作为内生动力赋能文化事业产业繁荣发展，加强国际传播与文明交流互鉴。[③] 有学者提出了习近平文化思想蕴含的辩证思维，习近平文化思想既强调做好理论舆论工作，又部署文化和文明创建工作，体现了理论与实践的辩证统一。作为一个不断展开的、开放式的思想体系，习近平文化思想丰富和发展了马克思主义文化理论，蕴含着

---

① 韩致宁：《中国共产党坚定文化自信的实践逻辑》，《学习与探索》2023 年第 11 期。

② 曹劲松：《文化自信：把握习近平文化思想的价值内核》，《南京社会科学》2023 年第 11 期。

③ 程平、施亚伟：《"明体"赋能"达用"以实现"体用贯通"——对习近平文化思想的逻辑探赜》，《石河子大学学报（哲学社会科学版）》2023 年第 6 期。

深刻的辩证思维，包括坚持党性和人民性相统一、坚持历史传承和时代发展相契合、坚持民族性和世界性相融合。① 有学者认为，习近平文化思想是历史逻辑、理论逻辑、实践逻辑的有机结合，其历史逻辑萌芽于 5000 多年的中华文明史，在新中国成立以来中国共产党人的文化建设史中发展，在新时代中国式现代化发展的人类文明新形态中成熟；其理论逻辑来源于马克思主义，来源于对中华优秀传统文化的创造性转化和创新性发展，来源于不断吸收和借鉴人类先进文化成果；其实践逻辑则是加强顶层设计，将文化自信纳入 "四个自信"，制定文化强国战略。② 有学者认为，习近平文化思想立足新时代的历史方位，把握时代特点、聆听时代声音、回应时代要求、承担时代使命，围绕新时代文化建设的时代课题展开，彰显了守正创新的发展特征、人民至上的人本特征、系统科学的辩证特征、自信自立的引领特征以及胸怀天下的开放特征。③

（四）习近平文化思想的原创性贡献研究

有学者指出，习近平文化思想的诸多新论断、新思想和新观点凸显了这一思想的原创性贡献。基于中国特色社会主义文化建设的实际情况，习近平总书记不仅提出了 "建设中华民族现代文明" 的倡议，还要求让全体人民成为中华文化的主体并着力塑造人民的 "文化主体性"，以高度的 "文化自信" 来助力民族复兴和 "铸就社会主义文化新辉煌"，在 "两个结合" 中推进新文化的建设以实现马克思主义的中国化和中华优秀文化的现代化。④ 有学者认为，习近平文化思想深化了对巩固中华文化主体性的认识。习近平文化思想坚持马克思主义文化理论的价值取向，准确把握文化本质，将文化具

---

① 广西马克思主义理论研究和建设工程自治区党校基地：《深刻把握习近平文化思想的使命要求》，《当代广西》2023 年第 21 期。

② 邢国忠、屈靓雅：《习近平文化思想的内在逻辑》，《前线》2023 年第 11 期。

③ 齐卫平、郑天骄：《习近平文化思想的形成逻辑、内在理路和鲜明特征》，《统一战线学研究》2023 年第 6 期。

④ 付文军：《论习近平文化思想的原创性贡献》，《宁夏社会科学》2023 年第 6 期。

有的精神引领和价值构造功能置于整个社会发展的关键位置，体现了"以文化人"在新时代的重要意义，使文化建设和发展在推进中国式现代化进程中的作用更加凸显；创造性地提出文化自信的重要论断，系统回答了新时代我国文化建设的战略地位、战略目标以及战略路径等重大问题，突出文化的地位作用，为建设社会主义文化强国提供价值引领，是强本固基、守正创新、发挥作用的根本遵循；强调历史文化遗产承载着中华民族的基因和血脉，要妥善处理好保护和发展的关系，让历史文脉更好地传承下去。[①] 有学者探讨了习近平文化思想的世界贡献，认为习近平文化思想作为一个庞大的理论体系，虽然发轫于中国，却回应解答了这个时代的文化困境，探讨揭示了未来人类文化的发展趋势，世界眼光和人类胸怀塑造了习近平文化思想的时代性和体系性。与此同时，习近平文化思想极大彰显了不同于西方文化理论的世界性，为当代文化问题治理提供了新的方案。[②] 有学者提出，习近平文化思想的形成意味着作为实在主体的中国特色社会主义文化超越了抽象一般性的文化拘囿，以一种鲜明的自我意识将文化发展的普遍性同中国特定历史传统、现实条件、未来期许相结合，成为一种立足于自身定向的"中国文化"；同时，习近平文化思想的形成标志着以习近平同志为主要代表的中国共产党人对中国文化发展规律认识的真正成熟，以"思想"这一系统性表达将总体性原则贯穿于中国文化的展开过程之中，明体达用、体用贯通，实现文化建设的历史与现实、具体与抽象、普遍与特殊、理论与实践的有机统一。[③] 有学者认为，习近平对马克思、恩格斯文化问题相关论断进行了重构，明确拒绝文化上的全盘西化，使马克思、恩格斯论断中原有的两个要素（一般的文化全球化与西方文化的全球化）与中华文化的自主性达到一种新的平衡。针

---

① 有宝华、张纪、王碧薇：《习近平文化思想的丰富内涵和原创性贡献》，《党建》2023 年第 11 期。
② 姜秀敏、陈麒：《习近平文化思想的生成逻辑及世界贡献》，《中共天津市委党校学报》2023 年第 6 期。
③ 张彦、杨思远：《习近平文化思想的原创性贡献及其逻辑展开》，《内蒙古社会科学》2023 年第 6 期。

对马克思、恩格斯论著中的"观念形态彻底决裂论"，习近平提出了"两个结合"，特别是马克思主义与中华优秀传统文化相结合，造就出一个有机统一的新的文化生命体，让马克思主义成为中国的，中华优秀传统文化成为现代的，让经由"结合"而形成的新文化成为中国式现代化的文化形态。这样，这个有机体中的中华优秀传统文化便不再是原封不动的传统文化——已经由马克思主义的嵌入而发生了必要的决裂；而当中华优秀传统文化这个概念存在于"有机统一的新的文化生命体"中时，便说明了革命并不意味着完全切割文化传统，该保留的依然保留并发展。[①]

（五）习近平文化思想在中国特色社会主义伟大实践中的价值研究

聚焦宣传思想文化工作实践。团结与凝聚人民不仅是党的宣传思想文化工作的实践课题，而且是习近平文化思想的实践观照与目标指向。习近平文化思想中包含丰富的团结与凝聚人民的理论观点，包括以党的创新理论武装全党、教育人民，以"四个讲清楚"构筑中华民族共有精神家园，以文化认同夯实民族团结的根基，以文明交流互鉴实现和平发展。新时代新征程以习近平文化思想为指引，紧密团结与凝聚人民，要求坚持和加强党对宣传思想文化工作的全面领导，把握文化身份建构，赓续党的精神谱系，促进话语创新发展。[②]

聚焦乡村文化振兴实践。有学者指出，习近平文化思想与乡村文化振兴具有深刻的内在联系，两者构成了理论与实践的良性互动，并统一于中华民族伟大复兴。习近平文化思想科学阐释了乡村文化振兴的时代内涵与核心内容，并明确了乡村文化振兴的政治方向、揭示了乡村文化振兴的内在规律、回应了乡村文化振兴的时代之问。在强国新征程中，以习近平文化思想指引

---

① 黄力之：《习近平文化思想对马克思恩格斯文化思想的重构》，《理论与改革》2023 年第 6 期。

② 康秀云、梁志勇：《团结与凝聚人民：习近平文化思想的实践意蕴》，《统一战线学研究》2023 年第 6 期。

乡村文化建设，必须坚持党对乡村地区宣传思想文化工作的领导，铸牢社会主义意识形态；坚持在乡村地区培育和践行社会主义核心价值观，推进乡风文明建设；坚持对乡村地区优秀传统文化进行传承与弘扬，着力赓续中华文脉；坚持推动乡村地区文化事业和文化产业繁荣发展，促进实现农民农村精神共同富裕。①

聚焦城市精神文明建设实践。习近平文化思想与习近平关于城市工作重要论述精神的结合，为中国特色社会主义城市文化发展和城市文明进步提供了方向指引。文化是城市的灵魂，城市文明典范是城市文化发展的高阶形态，是城市文化创新推动城市文明时代跃迁的产物。城市文明典范建设为推动中国式文化现代化进程提供了强大的城市文明驱动力，是实现人民美好生活向往、引领城市高质量发展、推进国家文化自信自强和提升国家国际传播力影响力的重要实践路径。②

聚焦文化事业和文化产业建设实践。习近平文化思想是新时代党领导下的文化建设在实现中国式现代化的新征程中展现出的一系列新观点与新论断，思想内涵丰富，文化论述深刻。这份新时代党领导文化建设实践经验的理论总结，对作为国家文化软实力的新时代中国电影事业的发展也具有重要的指引价值。习近平文化思想以其时代性、思想性与实践性为新时代中国电影事业进一步夯实思想品格，着力提升工业品质，自信展现艺术品位以及积极传播国家品牌提供了科学行动指南，对建设电影强国语境下的新时代中国电影进一步实现思想创生、工业创造、艺术创作、品牌创新，擘画了新方向，聚焦了新使命。③

聚焦文艺工作实践。新时代的中国文艺既依托于民族文化，同时也在努

① 王丹竹、杨玉萍：《论习近平文化思想对推进乡村文化振兴的重大意义和实践要求》，《西北农林科技大学学报（社会科学版）》2023年第6期。

② 李凤亮、涂浩、陈能军：《以习近平文化思想指引城市文明典范建设——以深圳为例》，《深圳社会科学》2023年第6期。

③ 沈鲁、黄叶蕊：《习近平文化思想与新时代中国电影的"四品"建设》，《中国电影市场》2023年第12期。

力探索，形成立足当代语境、兼具民族主体性和文明交互性的新传统，并通过展现"在地""在场"的中国式现代化的文化蓝图和自我形象，对内发挥凝聚民心和弘扬民族精神的文化引导力，对外发挥展示中国式现代化的发展图景和参与世界文明构建的影响力，从而以生动的文艺叙事阐释习近平文化思想的实践性、科学性和前瞻性。①

二、习近平文化思想在思想政治教育学科研究中的特点

习近平文化思想不仅为思想政治教育学科研究提出了理论遵循和实践指向，同时也为思想政治教育学科的研究注入了新的动力。回顾 2023 年度思想政治教育学科研究，习近平文化思想的融入不仅为思想政治教育理论基础研究提供了最新的科学遵循，同时也使思想政治教育学科学理研究更加具有实践导向，拓展了学科研究的理论视野，更加凸显学科研究在中国特色社会主义伟大实践中的意义和价值。

（一）从文化的角度深化思想政治教育学科的理论基础

2024 年是思想政治教育学科设立 40 年。学科发展 40 年来，学界围绕思想政治教育的理论基础展开了丰富的探讨，成为学科学理研究和实践创新的重要遵循。新时代背景下，大中小学思想政治教育一体化建设持续推进，学科的理论基础也需要在习近平新时代中国特色社会主义理论的指导下持续创新，为实践提供更好的理论指引。因此，在理论与实践的双重需求下，思想政治教育学科的理论基础研究也成为学科创新发展的一个重要着力点。习近平文化思想既有文化理论观点上的创新和突破，又有文化工作布局上的部署要求，明体达用、体用贯通，明确了新时代文化建设的路线图和任务书，标志着我们党对中国特色社会主义文化建设规律的认识达到了新高度，表明我

---

① 李明刚：《习近平文化思想在艺术传播领域的生动实践评述》，《艺术传播研究》2023 年第 5 期。

们党的历史自信、文化自信达到了新高度，并在我国社会主义文化建设中展现出了强大伟力，为做好新时代新征程宣传思想文化工作、担负起新的文化使命提供了强大思想武器和科学行动指南。①2023 年思想政治教育学界围绕学习、贯彻习近平文化思想，从文化的角度不断丰富和深化对学科理论基础的研究。

一方面，深化思想政治教育的文化价值研究。党的十八大以来，党和国家把思想政治工作作为治党治国的重要方式，着力固根基、扬优势、补短板、强弱项，提高科学化规范化制度化水平，充分调动一切积极因素，广泛团结一切可以团结的力量，为人民服务，为中国共产党治国理政服务，为巩固和发展中国特色社会主义制度服务，为改革开放和社会主义现代化建设服务。充分彰显思想政治教育在国家治理中的重要作用，就要从多方位理解价值导向。学界结合习近平文化思想，从文化的层面深入分析思想政治教育的内在规律和文化动力，从思想文化大视野理解思想政治教育在人才培养以及中国特色社会主义伟大实践相关环节中的价值，体现出学界对思想政治教育价值导向的文化维度的解读。

另一方面，深化思想政治教育的文化动力研究。有学者指出，人类的全部社会生活在本质上是实践的。在守正创新中开拓文化实践，是实现文化繁荣发展的基础与前提。要在深刻把握文化变迁的本质规律、坚持文化发展的正确方向基础上，进一步发扬开拓创新的进取精神和勇于接受新事物的无畏品格，在实践中着力深化文化体制改革，不断探索文化实践的新路子、新模式、新方法，持续提升文化凝聚力、增强文化创造力、扩大文化辐射力。人民群众的伟大创造是文化创新的不竭源泉。在守正创新中开拓文化实践，必须始终坚持"与人民同向同行"，牢牢立足人民群众鲜活生动的生产生活实践，大力挖掘蕴藏于广大民众之中的智慧和力量，尊重人民首创精神，充分

---

① 《坚定文化自信秉持开放包容坚持守正创新 为全面建设社会主义现代化国家 全面推进中华民族伟大复兴提供坚强思想保证强大精神力量有利文化条件》，《人民日报》2023 年 10 月 9 日。

激发人民群众的文化创造活力。①聚焦文化动力对进一步深化研究思想政治教育创新发展的内生动力具有重要的意义和价值。

（二）从文化的角度把握思想政治教育学科的实践导向

新时代思想政治教育坚持守正创新，不断发挥着在治国理政中的重要作用。但是，思想政治教育也面对着新的实践导向。学校思想政治理论课如何进一步理解青年学生的思想文化特征，增强思想政治理论课的文化蕴涵，发挥课程的文化力量，满足青年学生成长过程中的文化需求和期待；学校日常思想政治教育如何运用文化的力量进一步增强青年学生对中华优秀传统文化、革命文化和社会主义先进文化的自觉、自信与自强，帮助学生在文化的吸引、感召、滋养、凝聚中进一步接受思想政治教育；如何运用文化的凝聚和整合功能，进一步增进大中小学思想政治教育一体化创新发展的动力，进一步提升家庭、学校、社会协同育人的效用；等等。这些都是思想政治教育学理研究和实践创新的现实问题。习近平文化思想的形成，为进一步明确新时代思想政治教育学科研究的实践导向提供了科学指引。

一方面，聚焦思想政治教育的文化环境研究。有学者指出，习近平文化思想不仅继承发展了马克思主义文化理论的精髓，还充分吸收运用了中华优秀传统文化的宝贵资源，标志着我们党对中国特色社会主义文化建设规律的认识达到了新高度，表明我们党的历史自信、文化自信达到了新高度，在我国社会主义文化建设中展现出了强大的伟力。②思想政治教育的诸多要素均与文化环境密切相关，思想政治教育中的主体和客体均生活于文化环境之中，思想政治教育的内容和载体同样也受到文化环境的影响。但是，随着国内多样文化的交流、交融和交锋的日益凸显，如何理解思想政治教育新的文

---

① 沈壮海、刘水静：《深刻把握习近平文化思想守正创新的精神特质》，《光明日报》2023年12月14日。

② 速继明：《更好担负起新的文化使命》，《光明日报》2023年11月16日。

化环境特点，在文化环境中理解思想政治教育主体与客体的思想文化特征和需求，进行有针对性的疏通和引导，并且积极营造具有获得感、幸福感的文化环境，对思想政治教育研究都提出了新的实践导向。学界对习近平文化思想的学理阐释，对进一步把握这些实践导向具有重要意义。

另一方面，聚焦思想政治教育的文化方式研究。有学者认为，任何文化自我只有在与文化他者交往中凸显差异性才能获得清晰的自我认同。文明是文化的积淀，文化塑造着文明。在文明交往中，一个民族、国家的文化所反映的价值追求、精神品质、思维方式、行为习惯等，是其区别于其他国家、民族文化的根本特征和独特标识，这是文化自我最直观的体现。与其他文明相比，中华文明具有连续性、创新性、统一性、包容性和和平性等突出特性。[①]思想政治教育作为人类认识世界和改造世界中的一项实践活动，是人类文化的重要组成部分。在不同的文明国家中，思想政治教育具有不同的历史文化传承与特点。中国共产党思想政治教育的创新发展不仅积极借鉴中华优秀传统文化中的育人智慧，也在革命、改革和建设实践中创新出新的文化成果。学界在理解习近平文化思想的过程中，也在积极从文化的角度反思思想政治教育的作用方式，从价值追求、精神品质、思维方式、行为习惯等方面进一步探索思想政治教育发挥作用的文化规律，进一步夯实思想政治教育文化方式研究的理论基础。

（三）从文化的角度丰富思想政治教育学科的研究视野

思想政治教育学科发展 40 年来积累了丰富的经验，借鉴交叉学科视野深化学科基础理论研究就是一个重要方面。2023 年，思想政治教育学界围绕习近平文化思想，注重从文化的视角深化思想政治教育基础理论研究，成为本年度习近平文化思想与思想政治教育研究的又一个重要特点。

一方面，从文化的角度跳出思政学科看"思政学科"。思想政治教育学

---

① 沈湘平：《构建和坚定当代中国的文化自我》，《思想教育研究》2023 年第 11 期。

科是一个具有突出交叉学科特点的学科，其中涉及诸多与其他人文社会科学学科相关的研究范畴。比如，思想政治教育学科范畴中的主体与客体、内化与外化、疏通与引导、教育与管理、个人与社会等，与教育学、心理学、社会学、管理学、政治学、哲学等学科都有密切的内在关系。学科发展 40 年来这些内容虽然已经有了丰富的研究积淀，但是随着思想政治教育实践的创新发展，以及思想政治教育实践在中国特色社会主义实践中作用的发挥，使得学科研究需要进一步扩充研究视野，跳出学科自己的研究范畴，用更加开阔的实践视野和理论滋养来推进相关基础理论的研究。习近平文化思想为思想政治教育学科基础理论研究提供了一个更加开阔的研究视野，学界在中国特色社会主义文化建设中理解思想政治教育，在思想文化建设创新实践中理解思想政治教育的实践导向，在文化规律中深化对思想政治教育学科基础理论的理解。这些研究不仅拓展了思想政治教育的研究视野，同时也避免了学科自说自话，使思想政治教育工作研究更好地融入中国特色社会主义人文社会科学研究之中。

　　另一方面，从文化的角度深化思想政治教育研究范式。习近平文化思想中蕴含着深刻的辩证思维方法。有学者认为，习近平文化思想在不断开辟马克思主义文化理论中国化时代化新境界中，凸显文化主体性与多样性的辩证统一；在以中华优秀传统文化智慧观照当代文化建设实践中，彰显明体达用与体用贯通的辩证统一；在挖掘中华优秀传统文化与科学社会主义价值观的契合性中，展现知古鉴今与开创未来的辩证统一；在以文化传承、文化自信和文化自觉加强对外宣传中，实现胸怀天下与文明互鉴的辩证统一。[①] 这些辩证思维方法正是思想政治教育学科研究范式守正创新的重要着力点。思想政治教育学科在 40 年的创新发展进程中，不断继续交叉学科的研究范式，创新探索学科自身的研究方法。但是，如何立足学科自身的"学术槽"，在吸收、借鉴相关学科研究范式的基础上实现创新性转化，这需要有更加开阔

---

　　① 荣枢：《习近平文化思想中蕴含的辩证思维方法》，《学习与实践》2023 年第 12 期。

的学术视野和科学的思维方法。2023 年度学界围绕习近平文化思想中蕴含的辩证思维方法，对反思和创新新时代思想政治教育学科的研究范式具有重要意义。

三、习近平文化思想在思想政治教育学科中的研究展望

在思想政治教育学科中深化习近平文化思想研究，发挥习近平文化思想在新时代思想政治教育理论深化和实践创新中的突出价值，需要坚持守正创新，突出问题意识与实践导向。结合学界已有研究基础，以及对习近平文化思想研究不断深入的基础上，思想政治教育学科未来可能会在方法论指导、学校思想政治理论课融入、学校日常思想政治教育创新等方面重点着力。

（一）习近平文化思想对思想政治教育的方法论指导研究

习近平文化思想具有深刻的理论蕴涵，对思想政治教育理论研究和实践创新具有深刻的方法论指导意义。在未来的思想政治教育学科研究当中，学科可能会遵循习近平文化思想持续推进思想政治教育文化蕴涵研究、文化方法研究以及以文化人研究。

首先，以习近平文化思想为遵循，进一步深化思想政治教育的文化蕴涵研究。新时代背景下，思想政治教育学科的科学化研究持续走向深入，在既有理论框架的基础上，需要在理论和实践的结合中进一步深化学科自有的、独特的理论贡献。一方面，要在学理上打通思想政治教育学科与其他相关学科沟通、对话、协作的障碍；另一方面，要在逻辑上讲清楚中华优秀传统文化、革命文化和社会主义先进文化中思想政治教育的内在联系。从这一个角度上，思想政治教育无论是实践的对象性成果、实践过程中的主观心态，还是实践自身，都天然的和生活于这片土地上的人及其创造的文化发生着内在关联。从文化的视角出发，以习近平文化思想为遵循，进一步挖掘思想政治教育的文化蕴涵，对其中蕴涵的中华民族文化心理、价值内核等要素进行深

入研讨，可能是未来一段时间学科研究的一个方向。

其次，以习近平文化思想为遵循，进一步深化思想政治教育的文化方法研究。文化的力量在中国特色社会主义实践中的价值不断凸显，文化自身所具有的凝聚力、感染力、吸引力为思想政治教育方法创新带来了丰富的空间。以习近平文化思想为遵循，从文化的角度理解思想政治教育传统的榜样示范法、理论说理法、仪式教育法等方法的新时代文化呈现，同时挖掘思想政治教育中所蕴涵的人类普遍情感，通过文化熏染和文化感化，实现思想政治教育的显性教育与隐形教育相融合，可能也是未来思想政治教育学科研究的一个方向。

最后，以习近平文化思想为遵循，进一步深化思想政治教育以文化人研究。"关乎天文，以察时变；关乎人文，以化成天下。"以文化人是习近平文化思想中的重要内容，也是新时代思想政治教育创新发展的重要着力点。党的十八大以来，习近平总书记在全国高校思想政治工作会议、全国教育大会、文艺工作座谈会等场合多次强调要坚持以文化人、以文育人，凸显思想政治教育的文化力量。在思想政治教育以文化人研究中，遵循习近平文化思想的方法论指导，未来可能会在"两个结合"中进一步深化以文化人的思想发展史研究、交叉学科学说史研究、思想政治教育以文化人实践的过程要素研究。

（二）习近平文化思想融入学校思想政治理论课研究

习近平文化思想既是学校思想政治理论课教学的重要内容，同时也是学校思想政治理论课教学内容研究的重要理论遵循。在学校思想政治理论课教学研究中，深化习近平文化思想在思政课程与课程思政中的融入，探索习近平文化思想融入大中小学思政课一体化建设路径，可能成为未来一段时间思想政治理论课研究的几个方向。

首先，习近平文化思想融入高校各门思政课程研究。在高校思想政治理论课课程体系中，本科阶段的"习近平新时代中国特色社会主义思想概论""马克思主义基本原理""毛泽东思想和中国特色社会主义理论体系概论""中国近现代史纲要""思想道德与法治""形势与政策"，硕士阶段的"中国特色社会主义理论与实践研究"，博士阶段的"中国马克思主义与当代"，专科阶段的"毛泽东思想和中国特色社会主义理论体系概论""思想道德与法治""形势与政策"等必修课，都有相关章节涉及习近平文化思想的内容，未来相关学科可能会结合各自课程中相关章节、教学点开展教学设计研究、教学内容研究和教学方法研究。

其次，习近平文化思想融入高校课程思政研究。文化不仅是人文社会科学学科的热点话题，同样也是自然科学经常关注的一个现象，文化成为沟通、联结思想政治教育内容和各门专业课程和相关选修课程的一个重要渠道。以习近平文化思想为遵循，结合各门课程的教学内容挖掘习近平文化思想的方法论指导，以及其中的人文精神与文化历史传承，可能成为未来高校课程思政研究的一个方向。同时，以习近平文化思想为遵循，拓展文化视角，进一步创新课程思政教学指南，丰富课程思政资源库，加强文化类课程思政示范课程研究，可能会是未来高校课程思政研究的一个方向。

最后，习近平文化思想融入大中小学思政课一体化建设研究。党的二十大报告提出推进大中小学思想政治教育一体化建设。围绕这一命题，学界已经开展了持续的研究，但是在理论与实践的结合中，如何增进大中小学思想政治教育一体化建设的发展动力，完善大中小学思想政治教育一体化建设的评价标准，打通大中小学思想政治教育一体化建设的协同障碍，仍需要在交叉学科的视野中强化研究。以习近平文化思想为遵循，探讨大中小学思想政治教育一体化创新发展的文化动力，从文化规律的视角探讨大中小学思想政治教育一体化建设的内在规律，通过文化的激励、感染、熏陶探索大中小学思想政治教育一体化建设协同的机制，可能会成为未来一段时间相关领域的一个研究方向。

（三）习近平文化思想融入学校日常思想政治教育研究

新时代学校日常思想政治教育越来越重视文化的力量，在学校"十大育人"机制中持续加强文化研究。遵循习近平文化思想，进一步增进日常思想政治教育创新发展的文化动力，可能会在深化学校文化育人研究、网络育人研究和学生日常管理研究等方面重点着力。

一方面，遵循习近平文化思想，深化学校文化育人研究。党的十八大以来，文化育人成为学校日常思想政治教育的一个重要抓手。但是在实践创新开展中，仍需结合当代学校师生的文化特征和文化需求，仍需开展文化育人的供给侧结构性改革、文化育人的实践载体创新、文化育人的体制机制创新等方面的研究。习近平文化思想中蕴含着丰富的世界观和方法论指导，这对进一步理解高校文化育人的基本规律，把握高校文化育人的内在机理提供了重要的理论指导。在未来的学校日常思想政治教育研究中，学界可能会围绕习近平文化思想的学理阐释，进一步深化学校文化育人的载体研究、需求研究、方式研究、机制研究、管理研究、评价研究等内容。

另一方面，遵循习近平文化思想，深化学校网络育人研究。思想政治教育学科视野中的网络育人绝不是把互联网简单的当作工具，而是要深刻把握互联网思维影响下的思想政治教育主体、客体、介体和环体。这就需要从文化的视角出发，进一步理解网络文化生成的实践基础，理解网络文化生成中的主体，理解网络文化群体规范中的客体特点，以及理解网络文化发展中的基本规律。习近平文化思想对于进一步理解这些内容具有深刻的指导作用。因此，在未来的学校网络育人研究中，习近平文化思想不仅是网络思想政治教育内容研究的对象，同时也是网络思想政治教育实践创新发展方法论指导研究的对象，未来这两个方面都可能会成为一个热点研究方向。

第五章　思想政治教育范畴研究

　　思想政治教育范畴研究是思想政治教育学科成熟完善的必然要求和研究者的理论自觉。2023年，学界在思想政治教育基础理论研究中立足问题意识和实践导向，着力推进思想政治教育学科范畴研究。梳理2023年思想政治教育范畴研究的主要成果，分析已有研究成果的总体特点与问题，把握未来研究的方向与趋势，对于进一步推动思想政治教育范畴及其体系研究，促进思想政治教育基础理论研究的高质量发展具有重要的意义。

一、思想政治教育范畴研究的年度进展

　　任何学科要构建独立自主的知识体系，合理的逻辑范畴结构是必要的前提，思想政治教育范畴是人们在思想政治教育实践的基础上形成的带有规律性的认识成果，也是认识和把握思想政治教育理论和实践的思维工具。2023年度思想政治教育范畴研究的成果主要集中于三个方面，一是以学科设立40年为契机，从发展史维度对思想政治教育范畴研究进行系统梳理和总结；二是继续在理论和实践领域对思想政治教育基本范畴进行深化；三是在已有研究基础上，围绕新时代以来党在思想政治教育领域提出的创新范畴进行深入阐释和凝练。

（一）学科发展史维度的思想政治教育范畴研究

　　一门学科范畴的演变记录了学科体系构建的轨迹。2023年学科发展史维

度的思想政治教育范畴研究，主要集中体现在《思想政治教育学科 40 年发展研究报告》（中国人民大学出版社 2024 年版）一书中。该书以研究报告的形式，系统回顾了思想政治教育学科从建立、发展到成熟的 40 年光辉历程，总结了学科 40 年的发展经验，并对未来学科的研究趋势与走向进行了科学研判和把握。其中，思想政治教育基本范畴研究是报告的重要组成部分。在研究报告中，学者从思想政治教育基本范畴研究综述、思想政治教育基本范畴研究特点分析以及思想政治教育基本范畴研究趋势三个方面进行了充分的论述。

在思想政治教育基本范畴研究综述这一部分，学者通过梳理教材、研究专著、学科元理论研究著作以及学位论文等研究成果，对"范畴与基本范畴的定义及关系，基本范畴的功能与特征，基本范畴的内容与逻辑结构，基本范畴体系的构建逻辑、构建原则与研究方法"[1]进行了归纳。学者认为，关于思想政治教育学范畴和基本范畴的定义，学界已经形成了稳定的共识，即"思想政治教育学范畴是反映和概括思想政治教育本质属性与普遍联系的基本概念"[2]，而思想政治教育学基本范畴则是反映和概括思想政治教育学所研究的特殊领域中各种现象之间最本质、最稳定、最普遍的特性和联系，具有特定的内涵指向。在论述思想政治教育学基本范畴与其他范畴的内在关系的过程中，学者将学界的观点凝炼为纵横关系论、对应—关联关系论以及球体模型关系；关于基本范畴的功能与特征，学者认为从现有研究来看，功能与特征的研究具有较强的共识，功能具体表现为认识功能、方法功能和构建功能三种，特征包括基础性、抽象性、发展性与规定性。基于思想政治教育学基本范畴内容这一视角，学者综合提炼出了以对偶范畴数量命名的一元至九元说，以及灵魂说、思想说、认同说、思想政治教育话语说、他教与自教说、个体与群体说等。同时，学者也对比较思想政治教育学、高校思想政治

---

[1]　冯刚：《思想政治教育学科 40 年发展研究报告》，中国人民大学出版社 2024 年版，第 81 页。
[2]　冯刚：《思想政治教育学科 40 年发展研究报告》，中国人民大学出版社 2024 年版，第 82 页。

教育学、高校本科思想政治理论课教学、思想政治教育生态学、思想政治教育心理学以及民族思想政治教育学等具体分支学科的基本范畴进行了梳理。任何一门学科范畴的提炼都要遵循唯物辩证法的否定之否定规律，正如恩格斯在批判黑格尔关于逻辑范畴观点的神秘性时所指出：人的头脑中的辩证法只是现实世界（自然界和历史）的运动形式的反映。基于这一维度，学者总结了关于思想政治教育基本范畴的提炼逻辑，即：以基本概念重要性为尺度、以挖掘基本概念—赋予学科特性—争鸣达成共识为路径、以上位学科基本范畴为依据以及借鉴相关学科研究成果进行范畴迁移。在基本范畴体系的构建逻辑、构建原则与研究方法这一部分，学者呈现了"起点—中心—中介—成果—终点"和"起因—主体—客体—过程—终点"两种构建逻辑，从一原则至五原则等五种构建原则，以及增强时代性、强化规范性、加强前提性追问、聚焦知识生产、突出发展意识、立足思想政治教育史和提高系统性等研究方法。

研究报告的第二部分对思想政治教育基本范畴研究特点进行了深入的分析，具体表现为：一是研究进展平稳有序，即：始终没有中断并呈现上升趋势，研究团队已经初具集中与传承的发展态势，研究平台不懈支持科研传播和学术争鸣。二是研究内容自主自信，即：主要问题达成共识并有突出成果，学科规范性和科学化水平显著提升，研究视域不断拓展，学术视野更加开阔。三是基本范畴研究存在的主要问题，即：学科规范性仍有较大突破空间，学术争鸣的氛围仍需继续建构，研究成果巩固与教材编写工作仍需深入推进。报告的第三部分，学者对未来思想政治教育基本范畴的研究趋势进行了展望：一要立足学科，加强思想政治教育元理论研究，注重自主发展；二要面向实践，强化思想政治教育基本范畴发展意识，关注内涵式发展；三是鼓励争鸣，夯实思想政治教育基本范畴学术共同体，推动整合发展。总之，在思想政治教育学科成立 40 年这个重要时间节点，从学科发展史的维度对思想政治教育基本范畴这一重要问题域进行梳理和研究，势必有助于今后学界对思想政治教育基础理论，尤其是思想政治教育元问题的研究具有基础性的意义，发挥前瞻性的指引作用。

（二）思想政治教育基本范畴的深化研究

思想政治教育的基本范畴反映了思想政治教育现象和过程中最本质、最普遍、最稳定的特性和关系，是思想政治教育现象本质联系的表征。在思想政治教育范畴体系中，基本范畴具有最本质、最重要、最稳定和最普遍等特征。学界对于基本范畴的研究，始终围绕普遍认可的思想与行为、内化与外化、教育主体与客体、教育与管理、疏通与引导、个人与社会、言传与身教、物质鼓励与精神鼓励这八对范畴展开。2023 年，学界对于基本范畴进行了深化研究，并取得了丰富的研究成果。

关于思想与行为范畴的研究。作为思想政治教育中最原始、最常见、最简单、最抽象，且可以与学科研究对象相互规定的一对范畴，思想与行为无可置疑地成为了思想政治教育基本范畴逻辑体系构建的起点范畴。事实上，伴随学科的不断发展和日臻完善，学界对于理论维度中的思想与行为范畴的研究，已经形成了比较一致的共识。综观 2023 年的相关研究成果，学界关于这对范畴的研究更多的集中于实践视角，尤其是互联网、人工智能这些新环境、新技术对大学生思想行为的影响。有的学者通过实证调研、数据分析的方式，提出大学生群体网络活跃度高，上网目的多元化，网络载体使用多维化，网络参与呈现向上向善、积极有为的行为特征。[1] 还有学者认为网络非理性舆论具有的情绪煽动、对立观点评论、鲜明语言风格和潜在行为指引等特点，这极易干预思想行为尚在形塑期的大学生的社会认识、社会态度、价值观念和行为选择。[2]

---

[1]　姚书志、彭天祥：《大学生网络行对思想政治教育效果的影响——基于西安市 27 所高校的实证分析》，《中学政治教学参考》2023 年 3 月。

[2]　曹正、何佳、张华春：《网络非理性舆论对大学生思想行为影响研究》，《西南石油大学学报（社会科学版）》2023 年第 4 期。

关于主体与客体范畴的研究。学者在《新时代思想政治教育主题论》一书中，系统阐释了新时代思想政治教育主体、客体及其关系。在书中，学者坚持贯彻"以人为本"的研究宗旨，以马克思主义人学之维为理论视角，以马克思主义主客体理论为出发点，对主体、客体以及二者之间的关系进行了阐述。同时，学者还系统论述了新时代多重视角下的思想政治教育主客体关系，具体表现为：一是宏观视角下，主客体统一于现实的人；二是中观视角下，主客体是不平等的，表现为阶级性和政治性；三是微观视角下，主客体之间是平等、互动、多变的关系。最后，学者在目标、伦理、方法、价值四个维度全面分析新时代主体性思想政治教育的基础上，阐释了新时代构建思想政治教育主客体关系体系的学科价值。① 网络思想政治教育主客体关系仍是学界过去一年关注的热点问题。学者从网络运行的特点出发，提出要在变与不变中科学认知和把握网络思想政治教育的主客体关系，尤其是准确掌握主客体政治性与发展性、能动性与受动性、主导性与主体性的共生关系，并以此为基础创制和探索互动转化机制。②

关于教育与管理范畴的研究。教育与管理是思想政治教育基本范畴逻辑结构中的中介范畴之一，在学科体系构建中处于教育原则的重要地位。教育与管理既相互区别又密切联系，二者辩证统一于思想政治教育的具体实践。从区别来看，教育更倾向于以理服人、以情动人的软约束，管理则需要依靠行政、法规、纪律等带有强制性的硬性手段来实施。从统一性上来看，思想政治教育需要管理来规范、调控和保障，管理的作用也必须在教育的引导、强化和支持下才能得以实现。伴随实践的发展和思想政治学科体系的科学化，治理这一概念逐渐融入教育与管理这一范畴。质言之，也就是教育与管理这对基本范畴逐渐向教育与治理转化。如有学者认为基于对治理的原意包

---

① 项久雨：《新时代思想政治教育主题论》，人民出版社 2023 年版，第 63 页。
② 栾纪文、龙方成、吴穹：《新论网络思想政治教育主客体关系的"变"与"不变"》，《思想教育研究》2023 年第 11 期。

括管理和平等协调、多元共治两方面的理解，新时代教育管理学发展应由教育管理转向教育治理。① 还有学者探索了大数据等新兴技术在推动高校教育管理的信息化发展，提升教育管理有效性方面所发挥的作用。

关于内化与外化范畴的研究。基于思想政治教育的过程，内化与外化属于思想政治教育范畴体系中的结果范畴。这对范畴不仅具体展现了作为教育主客体之间交互作用的成果，更为重要的是再现了思想政治教育过程的两个发展阶段。相较于中国传统文化中的"知行合一"说，内化与外化这一对思想政治教育范畴坚持了马克思主义唯物辩证法，摒弃了传统儒家心学思想中的唯心主义观点，提出教育主体通过疏通与引导、言教与身教、物质鼓励与精神鼓励、教育与管理，就能产生一定的思想政治教育成果，即教育客体充分发挥主观能动性将一定社会的思想品德要求内化于心、外化于行的过程。比如，有学者通过研究列宁"灌输论"的原文本意，澄清了国内外理论界对列宁"灌输论"存在的一些误解，并提出这一理论对受众主体性的重视具体表现为：一是重视受众群体的内在理论需求及其内在差异性，二是重视灌输手段多样性，三是重视所灌输内容与群众运动的有效结合。②

（三）思想政治教育重要范畴的创新性研究

习近平总书记指出，"实践没有止境，理论创新也没有止境"。③ 思想政治教育始终以党的创新理论为遵循，坚持理论与实践深度融合，不断实现创新发展。以思想政治教育基本范畴研究深化研究为重点，兼顾重要范畴的创新性研究，是学科理论体系与时俱进、发展完善的客观要求。2023 年，"八个相统一"、内生动力、协同、大中小学一体化等新范畴的多维研究，仍是思想

---

① 孙绵涛、许航：《从管理到治理：新时代教育管理学发展面临的新选择》，《现代教育管理》2023 年第 7 期。

② 卢刚、朱晨鹏：《列宁"灌输论"中关于受众主体性的理论阐释》，《世界社会主义研究》2023 年第 8 期。

③ 习近平：《为实现党的二十大确定的目标任务而团结奋斗》，《求是》2023 年第 1 期。

政治教育界关注的重点。

关于"八个相统一"范畴的研究。习近平总书记在学校思想政治理论课教师座谈会上发表重要讲话时提出的"八个相统一"范畴，是以学校思政课建设为视角，对思想政治教育实践经验的科学凝练，呈现出特殊性与普遍性、逻辑性与历史性相统一的鲜明特征。2023 年，学界对"八个相统一"范畴的研究，仍聚焦于整体性视角和某一具体对偶范畴两个维度。其中，学界对八对重要范畴的研究不仅立足课程教学实践，还对重要范畴之间的逻辑结构进一步展开深度的学理性分析，这对推进"八个相统一"范畴研究的科学化具有重要的意义和价值。比如，有学者基于加涅关于将教学设计界定为"一个系统化规划教学体系的过程"的理论，提出要将"八个相统一"嵌入教学设计的各单元和各要素。还有学者认为"八个相统一"是新时代思政课教学改革创新的深度模式，其中：政治性和学理性相统一是对思政课性质而言的核心要素；价值性和知识性相统一是思政课人才培养的核心因素；建设性和批判性相统一关涉思政课的理论品格与立场问题；理论性和实践性相统一是思政课教学改革发展的必然趋势；统一性和多样性相统一是构建"大思政"格局的具体表现；主导性和主体性相统一是教学实践中师生地位的具体要求；坚持灌输性和启发性相统一是思政教育的基本方法；显性教育和隐性教育相统一是思政课教学改革最有深度的教学模式。[①]

对"八个相统一"中某一具体对偶范畴的研究，依旧是学界研究热点问题。第一，政治性和学理性相统一。学者撰文指出，政治性彰显思政课的功能特性，目的指向青年学生对马克思主义意识形态的认同。学理性则为政治性提供科学支撑，从规律性高度使青年学生获得道德认知，进而转化为道德行动能力。两者统一于道德认知的形成、育人价值的实现，以及"讲道理"

① 李祥：《新时代思政课教学模式改革创新探论》，《中学政治教学参考》2023 年第 39 期。

的本质属性中。[1] 第二，建设性与批判性相统一。学者基于现阶段思政课教学面临的困境，提出坚持建设性与批判性相统一，既呈现马克思主义的基本精神和教学方法的澄明，也实现从"理论彻底"到"掌握群众"的飞跃。[2] 第三，理论性和实践性相统一。学者以教育本质论为学理基础，论证了理论性与实践性相统一不仅符合逻辑规则，更是提升高校思政课吸引力、亲和力和实效性的基本原则之一。第四，灌输性和启发性相统一。学者认为，坚持灌输性和启发性相统一反映了思政课教学的本质与规律，为新时代思政课进一步改革创新发展指明了方向。[3] 还有学者从教学论视域对"高校思想政治理论课灌输性和启发性相统一"内在逻辑合理性进行了论述，并提出了相应的实践路径。

关于协同范畴的研究。协同（synergy）一般是指元素对元素的相干能力，表现了元素在整体发展运行过程中协调与合作的性质。从哲学维度上来看，协同首先是指相互依存的关系，这也是协同的基础；其次，协同具有鲜明的整体性，这就意味着不同部分之间的合作与配合，进而实现共同的目标或效果；再次，协同体现为元素间的动态平衡与相对稳定；最后，协同的目的不是僵化保守、固步自封，而是要实现事物的创新发展。党的十八大以来，以习近平总书记为核心的党中央创造性地将协同范畴应用于思想政治教育的理论与实践，尤其在高校思想政治教育教学中强调要使各类课程与思政课同向同行，形成协同效应。学界围绕协同范畴也进行了多方面的研究。比如，学者通过引入协同学理论，尝试构建战略协同机制、资源协同机制和文

---

[1] 孙明英、曾阳：《思政课政治性与学理性相统一的内在机理与教学策略》，《现代教育科学》2023 年第 2 期。

[2] 王成：《意识形态安全视域下高校思政课教学探赜——基于建设性与批判性相统一》，《中学政治教学参考》2023 年 8 月第 32 期。

[3] 陈金环：《坚持"灌输性和启发性相统一"的思想政治理论课创新教学》，《黑龙江教育·理论与实践》2023 年第 11 期。

化协同机制，以期提升新时代高校课程思政建设质量。① 还有学者提出，党史学习教育与高校思想政治教育在协同育人上具有统一的价值基础，从"主体、内容、载体、平台"四个方面出发，着力构建党史育人与思政育人的"四协同"工作模式，能够实现育人主体、思政课程、"三全育人"体系和网络思政教育等方面的有效衔接。② 基于人工智能内蕴的深度学习、自动推理和专家库系统，学者提出将人工智能嵌入思想政治教育领域，能够在提升思想政治教育协同化进程中发挥技术支撑和桥梁作用。③

关于大中小学一体化范畴的研究。古希腊哲学家亚里士多德认为，范畴是概括经验的结果。马克思主义理论批判地继承了亚里士多德的观点，提出范畴不仅是人类实践经验的概括，更是人类认识不断发展和深化的结果。大中小学一体化范畴的提出，正是我们党和国家在多年的思想政治教育实践中，不断进行理性反思、逻辑抽象的成果。对 2023 年相关学术成果和学术活动进行总结，我们可以发现，围绕大中小学一体化的研究出现了一个小的高潮。一是有学者对学科建立 40 年来大中小学思想政治教育一体化研究成果进行了系统梳理，包括成果回顾、主要进展、问题呈现，并在此基础上对未来的研究趋势进行了展望。二是从宏观维度对大中小学思想政治教育一体化的战略意义、时代价值和建设路径等方面进行了研究，比如有学者提出，党和国家推进的大中小学思想政治教育一体化建设，是基于立德树人的根本任务，遵循思想政治教育规律和学生成长成才规律，科学规划、统筹安排各学段思想政治教育的目标理念、质量标准、教育内容、方法技术、制度保障等方面的系统工程。④ 三是从微观视角对大中小学思想政治教育一体化的具

① 万陈芳：《协同学理论视角下课程思政协同机制的构建研究》，《学校党建与思想教育》2023 年第 12 期。

② 王文强：《党史学习教育与高校思想政治教育协同育人模式研究》，《黑龙江教育（高教研究与评估）》2023 年第 7 期。

③ 胡洪彬：《人工智能时代的思想政治教育研究》，人民出版社 2023 年版，第 122 页。

④ 王易、田雨晴：《推进大中小学思想政治教育一体化建设的思考》，《思想教育研究》2023 年第 3 期。

体侧面进行研究。比如，有的学者通过对大中小学思政课教材中比较集中的道德教育内容进行梳理，凝炼出了大中小学思政课一体化的道德基本理论问题域，即：道德规范的基本认识，社会主义道德的丰富资源以及公民道德建设①。还有的学者从师资队伍一体化建设②、法治教育一体化建设③等方面对大中小学思想政治教育一体化进行了研究。

二、思想政治教育范畴研究的主要特点与问题探赜

纵观研究成果可以发现，2023 年学者在思想政治教育范畴研究领域作出了诸多的尝试和努力，取得了比较丰硕的成果，呈现出一定的年度特征。尽管依然存在一些问题需要不断改进，但这些都是学科科学化进程中必须要经历的过程。

（一）思想政治教育范畴研究的主要特点

党的二十大报告提出了继续推进理论创新的科学方法，即必须坚持人民至上、必须坚持自信自立、必须坚持守正创新、必须坚持问题导向、必须坚持系统观念、必须坚持胸怀天下。这"六个必须坚持"，是新时代中国特色社会主义思想的立场观点方法的重要体现，也是我们进行思想政治教育范畴研究的方法遵循。综合分析 2023 年思想政治教育范畴研究的基本状况，我们可以发现，研究呈现出了一些新的特点。

首先，始终坚持自信自立。习近平总书记指出："拥有马克思主义科学理

---

① 李志强：《大中小学思想政治理论课一体化视域下道德基本理论的澄清》，《思想理论教育》2023 年第 12 期。

② 高静毅、张东方：《大中小学思政课师资队伍一体化建设的实践审思》，《学校党建与思想教育》2023 年第 19 期。

③ 马福运、卢晓涵：《大中小学法治教育一体化建设的问题及对策》，《学校党建与思想教育》2023 年第 7 期。

论指导是我们党坚定信仰信念、把握历史主动的根本所在。"①2023 年，恰逢思想政治教育学科创立 40 年，学者从学科发展史维度对思想政治教育基本范畴研究进行了系统梳理，提出在 40 年的发展历程中，基本范畴研究经历了"否定之否定"的辩证过程，不仅实现了数量的变化和规模的扩张，更是实现了质的飞跃。思想政治教育基本范畴研究已经超越了学科设立初期的纳入式借鉴性研究，而是逐渐回归到范畴的哲学本质与思想政治教育的学科特性，从什么是范畴到范畴是什么，从如何提炼范畴到如何构建范畴体系，从外部关照范畴体系到关注范畴之间的内部联系，这个过程正是思想政治教育学科基础理论研究从实践到理论的自信自立的鲜明体现。② 还有学者提出，建构中国特色思想政治教育学科自主知识体系是新时代思想政治教育学科发展的重要任务，而在这一过程中，凝炼思想政治教育学科的标识性范畴，塑造富有科学性和解释力的范畴体系是往往具有基础性地位和作用。③ 学者还认为，概念范畴、逻辑结构、推理结论是实现学术创新，推进思想政治教育自主知识体系建构的关键要素④，换言之，学者过去一年里在思想政治教育范畴研究领域的深耕细作，尤其是学界多年来的坚守，正是思想政治教育范畴研究自主自信的鲜明体现。

其次，始终坚持问题导向。问题是时代的声音，回答并指导解决问题是理论的根本任务。坚持问题导向，是马克思主义的重要品质。思想政治教育范畴及其体系的构建过程，就是在理论维度不断回答、解决思想政治教育实践中现实问题的过程。思想政治教育范畴并不是先验地存在于主体之中，而

① 习近平：《高举中国特色社会主义伟大旗帜 为全面建设社会主义现代化国家而团结奋斗——在中国共产党第二十次全国代表大会上的报告》，《人民日报》2022 年 12 月 26 日。

② 冯刚：《思想政治教育学科 40 年发展研究报告》，中国人民大学出版社 2024 年版，第 100 页。

③ 叶方兴：《思想政治教育学科视域中的积极性范畴论析》，《马克思主义理论学科研究》2023 年第 6 期。

④ 任志锋、姜泓滢：《思想政治教育自主知识体系建构的依据、方法与切入点》，《思想理论教育》2023 年第 3 期。

是"自然界在人的认识中的反映形式"①，这种反映形式之所以能够成为我们把握思想政治教育本质和规律的"网上扭结"，其根本就在于它们来源于思想政治教育实践，其目标就在于指导实践、解决问题，并不断经受思想政治教育实践的反复检验，进而得到修正、充实和深化。

最后，始终坚持动态开放。思想政治教育范畴的动态性是指研究和构建思想政治教育范畴及其体系时，要把它看成是一个不断变化、发展的过程，这就需要研究者不断吸收反馈信息和调节思维程序，使主观认识与客观实践在发展进程中辩证统一，其实质就是范畴及其体系的守正创新。开放性是指研究和构建思想政治教育范畴及其体系时，必须充分认识其与社会环境系统的相互联系和相互作用。忽视范畴及其体系与社会环境系统的有机联系而进行纯粹的哲学思辨，势必会走向体系的自我封闭和唯心主义的泥沼而无法自拔。坚持动态开放，是思想政治教育范畴研究的显著特征，学者不断拓展学科边界，交叉研究在过去的一年里仍旧呈现出蓬勃发展之势。一是从技术层面来看，以大数据、人工智能等新技术赋能思想政治教育而引发的基本范畴外延的丰富，如有的学者提出，智慧思想政治教育生态是数字技术与教育理念、育人主体与人工智能、课堂实体与虚拟空间的有机融合②，而这一新型教育生态的构建势必会引发教育主客体这一对思想政治教育基本范畴外延的丰富。二是从重要范畴的创新来看，学界对思想政治教育重要范畴的凝练始终抱有开放的态度。思想政治教育范畴研究从来不是关起门来搞研究，更不是纯粹抽象概念的语义游戏。比如，2023 年学界对大中小学一体化、协同等重要范畴的研究依然火热，这也在一定程度上反映了思想政治教育范畴研究的动态开放的主要特征。

---

① 《列宁全集》第 55 卷，人民出版社 1990 年版，第 153 页。
② 张弛：《思想政治教育智能化发展的理想图景和矛盾消解》，《思想教育研究》2023 年第 10 期。

（二）思想政治教育范畴研究的问题探赜

任何一个学科的建设都会经历一个从不成熟走向成熟的过程，这就不可避免地会出现一些问题和不足，需要进一步深化。马克思主义认为，主观辩证法是客观辩证法的反映。思想政治教育范畴研究作为主观辩证法的逻辑形式，产生于思想政治教育实践，始终是对思想政治教育现实要求的反映。2023 年，学界立足思想政治教育的丰富实践，对于思想政治教育范畴这一问题的研究成果颇丰，但也出现了一些问题。

一方面，基础理论的深化研究仍显缺弱。基础理论的深化是思想政治教育范畴体系建构的重要问题域。相较于 2023 年思想政治教育范畴研究的丰富成果，相关的基础理论研究仍处于缺弱状态。比如，对于思想与行为、内化与外化、教育与管理、疏通与引导、言传与身教、物质鼓励与精神鼓励等基本范畴的深化研究，学界关涉的较少，使得思想政治教育范畴研究呈现出不均衡的状态。由分析可知，思想政治教育的基本矛盾没有发生根本性变化是主要原因。进入新时代，思想政治教育的基本矛盾仍然是教育者对受教育者的思想品德要求，即培养德智体美全面发展的社会主义建设者和接班人的社会要求，与受教育者实际的思想品德水平之间的矛盾。范畴是从概念维度对基本矛盾的客观反映，基本矛盾没有发生根本性变化，逻辑思维领域的范畴也保持了相应的稳定状态。但逻辑思维领域的相对稳定，并不意味着思想政治教育范畴的基础理论研究已经完成，而是说要更加充分利用他山之石，不断深化理论研究。其次是研究成果展现平台相对较少。事实上，媒体杂志的刊载量具有一定的导向性，尤其是在大数据时代，作为研究人员能够比较容易地通过数据分析，了解媒体杂志的主题选择偏好。而从纵向来考察，近些年来关于思想政治教育范畴的基础理论研究成果相对较少，这在一定程度上也会让研究者误以为思想政治教育基础理论研究已经相对成熟或过时，从而不愿意涉猎这一领域。

另一方面，关于思想政治教育范畴研究的核心主题不够聚焦。学者普遍认为，目前学界关于思想政治教育范畴研究的成果已经非常丰富，涉及范畴的类型、内在关系、特征与功能等多个方面。但学者也意识到，现有研究成果"在有意无意间规避学科范畴构建的过程性研究，研究结论的操作性和实践性较弱，导致学者们对学科范畴各执一词，形成有异见而无交锋的研究局面。"①范畴研究的核心主题不明确，势必会导致研究力量的分散化，往往容易出现"浅尝辄止"的情况。对于学科范畴研究的一些核心问题，学者们基于不同研究视角，更多的是自身观点的陈述和说明，即便是有共识的成分，学者在引用中也大多是出于论证自身观点的需要，而与其他学者针对不同观点进行讨论、争鸣的情况则非常少。正常的学术讨论和互动是促进学科发展和进步的重要途径，它既可以是学者面对面地思想碰撞，也可以是"笔尖对笔尖"的交锋，正是在这种围绕某一核心主题而进行的长期学术争论中，关于问题的研究才会愈加深入，研究结论的深度和实践性才能得到不断深化。目前来看，2023年学术界关于思想政治教育范畴的研究主题仍呈现出发散性的特征，学术成果关涉的问题域也比较多。同时，一些2022年的热点问题在2023年并未得到持续深化。这些都是我们在进行思想政治教育范畴研究过程中，由于核心主题不明确所引发的一些的问题，值得思考。

三、深化思想政治教育范畴研究的未来展望

持续推进理论创新，深化思想政治教育范畴体系研究，是思想政治教育研究的重要内容，也是思想政治教育学科建设的内生性要求。新征程、新使命、新任务，面对思想政治教育的丰富实践，未来的思想政治教育范畴研究还可以从现代化、自主化、协同化三个方面着手，绵绵用力，久久为功。

---

① 代玉启、罗琳：《思想政治教育学范畴构建内在超越的方法论》，《教学与研究》2023年第5期。

（一）在回应实践中强化范畴研究的现代化

现代化作为一个历史范畴，是人类社会文明发展到一定阶段的产物。同时，现代化还是一个动态和发展的概念，它不仅作为一种结论式的成果呈现，更是作为一种动态变革的过程存在。一般而言，现代化是指在科技革命推动下社会已经和正在发生的转变过程，它不仅涉及经济，还涉及政治、社会、文化、心理等多个方面。思想政治教育范畴研究的现代化是目前学界进行思想政治教育理论研究中亟需关切的一个重要问题域。实现思想政治教育范畴研究的现代化，就是要适应新时代思想政治教育实践的新发展，不断推进思想政治教育范畴及其体系的理论创新，始终保持研究的生机与活力。一是要不断凝练新范畴。进入新时代以来，在党和国家的高度重视下，思想政治教育实践进入了快速发展时期，新概念、新观点不断涌现，在充分肯定和继承原有体系和基本原理的基础上，研究新情况、总结新经验，凝炼新范畴并将其纳入原有范畴体系已经势在必行。在过去一年里，学界围绕大中小学一体化这一新范畴进行了比较充分的研究，不仅有学者从实践操作层面进行了探索，也有学者尝试从理论层面对其作为一种新范畴进行了元理论研究。二是要进行体系的更新与构建。新概念、新范畴的融入，必然引发原有体系架构的应时而变。现代化是进行时而非完成时，实践在发展，就要有适应时代发展，能够容纳范畴体系发展和思想政治教育新理念的开放性架构。比如，新范畴与基本范畴的关系，新范畴在范畴体系中的地位、作用等等。

（二）在学科融合中强化范畴研究的自主化

习近平总书记在视察中国人民大学时指出，"加快构建中国特色哲学社会科学，归根结底是建构中国自主的知识体系"。[①] 在学科融合中强化范畴研究

---

① 《在中国人民大学考察时强调 坚持党的领导传承红色基因扎根中国大地 走出一条建设中国特色世界一流大学新路》，《人民日报》2022 年 4 月 26 日。

的自主化，其一是要凸显思想政治教育范畴研究的学科特性，赋予其独特内涵。范畴是人类对现象世界的内在本质和必然联系进行理性概括的认识成果，是人类获取认识自由的思维工具。严密而精确的范畴体系是学科成熟的标志。思想政治教育作为一门年轻的学科，从创设之日起，就在不断吸收和借鉴教育学、历史学、哲学、心理学等各门学科的一系列范畴形态而逐渐形成了具有思想政治教育学科特色的范畴体系，并在实践的推动下不断赋予范畴体系特有的思想政治教育内涵，从而彰显出范畴体系的思想政治教育特色，这也是思想政治教育范畴研究自主化的过程。进入新时代，随着学科间的融合日益密切和深入，传播学、生态学、治理学、文本学等学科逐渐融入思想政治教育领域，如何在吸收其他学科之长的过程中保持自身的学科特色，是我们必须要关注的问题。其二是要始终保持包容的研究态度。习近平总书记强调指出中华文明具有突出的包容性，这也是中国特色社会主义先进文化的重要表征。强化范畴研究的自主化，并不是要与其他学科划清界限、泾渭分明，而是要始终秉持包容开放的态度，借其他学科在范畴研究中的方法、范式、内容等方面的优势，解决自身研究过程中遇到的理论和现实问题。

（三）在资源整合中强化范畴研究的协同化

思想政治教育范畴研究经过多年的发展，已经形成了比较稳定的研究力量。随着近些年思想政治教育科研队伍的壮大，也有越来越多的学者愿意从事思想政治教育范畴这一基础理论研究。现代人文社会科学研究，早已不再是书斋里的"个人沉思"，尤其是思想政治教育这门凸显实践性的学科，更是要超越"单打独斗"，实现大规模的"军团作战"，这就意味着要在资源整合中不断强化研究的协同化，使多元力量协同配合，多条路径并行推进、持续发力，进而共同化解思想政治教育范畴及其体系构建中遇到的诸多难题。在资源整合中强化范畴研究的协同化，我们可以尝试从以下几个方面着手：其一是积极推动跨领域合作。通过与其他领域专家共同开展研究项目，促进不同领域之间的交流与融合，提升研究水平。其二是建立协同机制。通过明确研究目标、任务分工、进度安排等方式构建协同机制，加强团队成员之间的沟通与协作，确保研究工作的有序进行，进而不断提升研究效率。其三是共享资源平台。通过搭建资源共享平台，将研究所需的资料、数据、技术等资源进行有效整合，可以有效避免重复劳动，提高研究效率，同时也可以加强团队之间的信任与合作。其四是促进学术交流。定期组织相关的学术交流活动，邀请思想政治教育范畴研究方面的专家学者进行交流与讨论，分享研究成果和经验。通过学术交流，可以激发创新思维，促进思想政治教育范畴研究的深入发展。

第六章　思想政治教育方法研究

2023 年，学界对思想政治教育方法及其相关研究保持了较高的热情，并产生了许多具有代表性的成果，为思想政治教育学科的发展奠定了坚实的基础。本年度，学者们在不断深化思想政治教育方法理论问题研究的同时，也结合新时代热点问题进行了深入研究。梳理现有的思想政治教育方法理论观点，有助于把握当前的研究现状，加深研究认识，拓展研究视角，优化研究内容，明确研究趋势，为新时代思想政治教育发展奠定方法论基础。

一、思想政治教育方法研究的年度进展

2023 年度学界发表了《人工智能视域下思想政治教育方法创新研究》等学术著作以及百余篇关于思想政治教育方法研究的相关论文。与思想政治教育方法相关的研究课题获得国家社科基金年度项目、国家社科基金高校思想政治理论课研究专项、教育部人文社会科学项目、省市哲学社会科学规划项目的批准立项。此外，学界还召开了包括"第四届思想政治教育基础理论研究高峰论坛"在内的十余场全国性学术论坛。通过梳理总结，相关研究成果主要分布在三个方面，即思想政治教育方法的基础理论研究、特殊时空背景下的思想政治教育方法研究以及不同领域下的思想政治教育具体方法研究。

（一）思想政治教育方法的基础理论研究

马克思主义作为思想政治教育学科建立和发展的理论基石，为思想政治

教育方法研究提供了科学的世界观和方法论。2023 年度，学界对思想政治教育方法的基础理论研究主要集中在马克思主义经典著作、思想政治教育方法的理论与实践等方面。

一是关于思想政治教育方法的基础理论研究。首先，从概念内涵中阐述思想政治教育方法。有学者基于思想政治教育方法的内在结构，认为"思想政治教育方法是教育者在受教育者的协同下，在为解决人的思想行为问题的活动过程中所采用思路与原则、手段与方式及其操作程序与操作技巧的总和，其内在结构由思路原则方法、手段方式方法和操作技术方法等方面构成，呈自上而下地层次性分布。"① 其次，从现实问题中探索思想政治教育方法。有学者基于现实中人们对自己的客观评价以及他人对自己的直观评价中存在的现实问题，提出一种新的"反向内省"的教育实践方法，旨在消解教育对象在接受思想政治教育时的抵触心理，实现对自身问题的积极反思。② 最后，从研究方法中创新思想政治教育方法。有学者重点分析了田野调查作为思想政治教育研究方法的重要性、适应性、有限性与实践性的问题，从主体思想认知、注重方法规训、培育研究团队、科学理路创新等方面推动思想政治教育研究方法守正创新、思维方式转换和科学知识增长。③ 还有学者指出，思想政治教育与治理研究相结合，在研究视点深化中形塑交互视域，使思想政治教育与治理在属性交互阐释中获得双向厘定，从而在交互视域中拓展融合研究议题域，以研究方法的深化变革，促进思想政治教育与治理深度融合。④

二是关于思想政治教育基本理论的方法研究。首先，思想政治教育发生

---

① 谭林：《再论思想政治教育方法的概念内涵及内在构成》，《思想政治教育研究》2023 年第 39 期。

② 高德胜、季岩：《反向内省：新时代思想政治教育的方法创新》，《思想教育研究》2023 年第 8 期。

③ 侯勇、肖洋：《扎根中国"田野"的思想政治教育学探索——作为思想政治教育学研究方法的田野调查》，《思想教育研究》2023 年第 7 期。

④ 王俊斐：《思想政治教育与治理融合研究的方法变革向度》，《湖北社会科学》2023 年第 1 期。

问题中的方法研究。有学者阐述思想政治教育发生的方法与路径，一方面，采取马克思主义实证科学方法，将"从前思考法"与"从后思考法"相结合，将逻辑抽象同历史具体相结合，立足人类社会历史，寻找打开思想政治教育的"钥匙"；另一方面，强调思想政治教育发生问题的研究范式必须要回归到人类社会实践活动中。① 其次，思想政治教育形态问题中的方法研究。有学者基于思想政治教育"术""道""学"三形态，认为"术"体现着思想政治教育实践应用与方法论之维，经历了从"感性之术"到"理性之术"再到"作为方法论之术"的演进和发展过程。② 再次，思想政治教育评价问题中的方法研究。有学者基于实效性评价在思想政治教育中的作用，强调辩证处理思想政治教育实效性评价结果科学化的方法，即辩证处理定性评价与定量评价、过程性评价与结果性评价、自我评价与社会评价等关系。③ 还有学者提出构建鲜明时代特征和学科特色的思想政治教育评价体系，探索思想政治教育增值评价的动态评价方法。④ 最后，思想政治教育自主知识体系中的方法研究。有学者认为推动建构思想政治教育自主知识体系，必须坚持问题导向，增强问题意识，把研究解决事关党和国家长治久安的关键问题作为出发点；把研究分析时代变革提出的深层问题作为增长点；把聚焦破解思想政治教育学科发展的突出问题作为着力点。⑤

　　三是关于思想政治教育研究方法的基础理论研究。2023 年度学者们仍然在跨学科研究方法方面有着积极的探索。有学者从马克思主义实践观的角度，主张在思想政治教育研究中运用实证方法克服主观局限，通过充分借鉴

---

①　栾淳钰、陈镜宇：《"逻辑"与"时间"：思想政治教育发生探源》，《学校党建与思想教育》2023 年第 17 期。

②　杨威、田祥茂：《思想政治教育的"术""道""学"》，《教学与研究》2023 年第 3 期。

③　史巍、秦瑞苹：《论思想政治教育实效性评价的若干基础问题》，《思想理论教育导刊》2023 年第 8 期。

④　谭亚莉、李影：《思想政治教育增值评价的内涵审视、价值检视与实践透视》，《思想教育研究》2023 年第 4 期。

⑤　任志锋、姜泓滢：《思想政治教育自主知识体系建构的依据、方法与切入点》，《思想理论教育》2023 年第 3 期。

和合理运用社会学等学科的实证研究方法，通过田野调查、社会科学实验室等直接观察法进行实证研究。^①有学者基于高校思想政治教育"生活叙事"的扎根理论为叙事活动解决问题，即通过经验观察与问题发现对生活现场观审，通过概念提取与问题分析对现场文本型构，通过理论建构与问题解决实现对文本研究的超越。^②

（二）特殊时空背景下的思想政治教育方法研究

进入新时代，思想政治教育的实践方式、现实环境都发生了一些转变，特别是新时代全面开创数字化、信息化、智能化的新局面，思想政治教育也要因事而化、因时而进、因势而新。在新时代，以互联网、新媒体、大数据等为代表的特殊时空背景下分析和探索思想政治教育方法，是 2023 年度思想政治教育方法研究关注的重要领域之一。

一是大数据时代背景下思想政治教育方法的研究。有学者聚焦思想政治教育信息分析方法，提出把握和优化思想政治教育信息分析全过程必须正确认识信息分析对象、构建系统的信息分析运行机制、准确把握信息分析过程的发展方向。^③有学者聚焦思想政治教育质量评价方法，明确从传统到技术、从经验到精准、从滞后到动态的优化，遵循科学性、精准性和动态性的基本原则，使用协调多种评价方法、继承传统创新、打破数据使用障碍。^④还有学者基于前沿技术赋能高校思想政治教育，利用思想政治教育实时过程评估

---

① 董雅华、舒练：《建构中国特色思想政治教育学科自主知识体系论析》，《思想理论教育》2023 年第 2 期。

② 李祺：《高校思想政治教育生活叙事的扎根理论及其认知解析》，《中国人民大学教育学刊》2023 年第 10 期。

③ 陈步云、厉晓妮：《大数据时代思想政治教育信息分析方法的理论思考》，《学校党建与思想教育》2023 年第 9 期。

④ 刘嘉圣、刘晗平：《大数据时代思想政治教育质量评价研究》，《学校党建与思想教育》2023 年第 7 期。

和结果评估的技术优势，推动高校思想政治教育评价向精准化转变。①

　　二是数字化时代背景下思想政治教育方法的研究。有学者以数字技术为驱动探索思想政治教育方法论，包括构建数字时代思想政治教育方法论研究体系，创新数字时代思想政治教育新思维、新认知、新方法，探索数字时代思想政治教育方法论变革可能产生的与思想认知、技术条件、数据壁垒、法律制度和伦理道德相关的各种问题，积极应对思想认知的变化，突破技术壁垒，提供法律保护，重建伦理道德价值观。② 有学者运用数字思维与技术进行教育方法创新，前提是精准的学情分析，关键是多样态的活动方式，实践指向前瞻性的教育决策。③ 有学者以数智化的思维为思想政治教育方法注入新元素、新生机与新活力，这体现在思想政治教育方法的数智化选择、应用与评价。④ 还有学者从数字交往的"数据"核心原则与"技术逻辑"导向的逻辑特征出发，厘清思想政治教育数字异化与方法限度，创新塑造人与物的要素融合关系、建构人与人的信任融合关系、推进数字话语与数字身份的全面建构关系。⑤ 还有学者通过数字技术促进优秀传统文化融入大中小学思想政治教育，其方式方法包括创新教育方式、增强实践体验、优化实践教学方法。⑥

　　三是中国式现代化背景下思想政治教育方法的研究。有学者指出应更加注重科学思维培养、科学理论借鉴、科技发展成果应用以及科学化水平稳步

---

① 敖永春、王鹤天：《大数据视域下高校思想政治教育精准化评价的特征》，《学校党建与思想教育》2023 年第 15 期。

② 刘亮：《数字化时代思想政治教育方法论创新研究》，江西财经大学博士学位论文，2023 年 6 月。

③ 徐稳、葛世林：《数字化技术赋能思想政治教育的三维探析》，《思想教育研究》2023 年第 3 期。

④ 黄河：《数智技术背景下思想政治教育创新发展的机遇、隐忧与进路》，《河海大学学报（哲学社会科学版）》2023 年第 25 期。

⑤ 杨赫姣：《数字交往中思政教育方法限度与逻辑创新》，《山西财经大学学报》2023 年第 45 期。

⑥ 周春芳：《以数字技术推动中华优秀传统文化融入思想政治教育》，《社会科学家》2023 年第 8 期。

提高；更加注重提高思想政治教育主体与客体互动的现代化水平；更加注重综合施策，标本兼治，统筹运用经济、法律、技术、行政、社会管理等多种方法以及舆论监督的协调运用，促进思想政治教育方法的多元化、协同化、全面现代化。①

（三）不同领域下的思想政治教育具体方法研究

思想政治教育正处于一个备受期待的新时代，因面临着多领域的影响而出现新形势、新变化、新发展。在思想政治教育过程中，需要采取相应的手段和方法来实现特定的目标，它们构成了思想政治教育方法体系的重要内容。2023 年度，学界从不同视域展开对思想政治教育具体方法的研究，并取得了丰硕成果。

一是"大思政课"视域下思想政治教育方法的研究。新时代"大思政课"理念贯彻落实要求我们及时观照社会大课堂，结合时代背景与现实问题不断挖掘新鲜的教育资源，培养中国特色社会主义时代新人。有学者在"大思政课"的框架下，基于传统乐教思想，充分运用了音乐润物细无声的特点及其内蕴的育人功能，创新思想政治教育方法，包括甄选公共区背景音乐，渗透思政元素的渗透式教育；组织校园红歌传唱，激发情感共鸣的熏陶式教育；开展沉浸式音乐党课，重温初心使命的沉浸式教育。②

二是"大历史观"视域下思想政治教育方法的研究。在建党百年历史背景下，考察各个历史时期青年爱国主义教育方法样态具有重要意义。有学者基于中国特色的青年爱国主义教育方法演进，提出以近代中国新兴产物探索构建方法体系、以国家政权力量全方位重塑方法样态、以开拓进取意识激发

---

① 阿剑波：《新时代中国式思想政治教育现代化发展的内涵、问题与推进对策》，《云南大学学报（社会科学版）》2023 年第 22 期。

② 王玲、袁田：《"大思政课"视域下"以乐化人"的思想政治教育方法研究》，《思想政治教育研究》2023 年第 39 期。

方法发展活力、以新时代思想旗帜开启方法发展新征程。[①] 有学者认为，红色经典阅读是新时代爱国主义教育的重要方法，要策划红色经典阅读主题、整合红色经典阅读资源、创新红色经典阅读模式。[②]

三是高校思想政治教育方法的研究。有学者基于党的十八大以来高校思想政治教育方法演进历程，指出思想政治教育方法体系的协同性凸显、信息技术综合运用增强、典型示范教育手段丰富、文化意蕴彰显。[③] 有学者基于思想政治教育一般方法论符合"高校"环境而展开思想政治教育研究，创新提出高校思想政治教育"部门方法论"，其结构包括教育主体"培养灌输"与"自主建构"、教育过程"意识形态宣教"与"学术科研探索"以及教育对象"学校教育"与"社会教育"等范式之间的张力，在高校适用教学场所选择方法、教学媒介使用方法、课程体系设计方法。[④] 有学者基于高校思想政治教育获得感话语方法，提出坚持以理服人、以情感人、以趣动人、以文化人的统一。[⑤] 还有学者基于协同育人意识和能力，提出丰富课堂教学方法，采用启发式教学法、案例教学法、对比分析法等推进形成高校思想政治教育协同育人格局。[⑥] 还有学者认为，日常思想政治教育科学化方法创新要立足大学生日常生活具体情境，应坚持理论性与实践性、传统性与现代性、暂时性与持久性、主导性与主体性、实用性与艺术性相结合。[⑦]

---

① 温静、吴一凡：《青年爱国主义教育方法的百年演进》，《思想政治教育研究》2023 年第 39 期。

② 程琼：《红色经典阅读：新时代爱国主义教育的重要方法》，《学校党建与思想教育》2023 年第 13 期。

③ 王帅：《党的十八大以来高校思想政治教育方法演进的时代特征》，《学校党建与思想教育》2023 年第 5 期。

④ 刘晓峰：《高校思想政治教育"部门方法论"：渊源、构造与适用》，《黑龙江高教研究》2023 年第 41 期。

⑤ 彭杰：《提升高校思想政治教育获得感的基本话语方法》，《学校党建与思想教育》2023 年第 11 期。

⑥ 陈武元、吴彬：《推进高校思想政治教育协同育人的路径探析》，《中国高等教育》2023 年第 1 期。

⑦ 梁靖、金昕：《大学生日常思想政治教育科学化的理想样态与实现路径》，《学校党建与思想教育》2023 年第 3 期。

二、思想政治教育方法研究的年度特点

思想政治教育方法研究为深化思想政治教育研究提供了科学有效的支撑，是推动思想政治教育学科发展创新的重要保障。2023 年度思想政治教育方法研究，一方面具备紧扣时代脉搏、回应社会关切、聚焦重点领域的典型特征；另一方面，也存在需要进一步深化基础理论研究、突出时代特征、构建内容体系、提升实践应用等问题。

（一）思想政治教育方法研究的年度特点

2023 年度，思想政治教育方法研究成果颇丰，研究质量也有所提高。与以往相比，本年度的相关研究呈现出紧跟时代脉搏、重视基础研究、聚焦重点领域等鲜明特点。

一是紧扣时代脉搏。2023 年度，思想政治教育方法的研究成果主要集中于新时代思想政治教育创新发展和思想政治教育方法动态发展所面临的新问题、新领域、新阶段两大方面。在相关研究中，紧跟时代脉搏是一个鲜明的特点，这主要体现在三个方面。其一，根据新时代思想政治教育方法动态变革面临的新形势、新问题、新要求，从思想政治教育发生、形态、评价和自主知识体系等维度，增强思想政治教育方法论体系研究的整体意识，构建新时期思想政治教育的新格局；其二，数智化时代的到来，在推动思想政治教育方法创新发展方面显示出新的价值。运用"大数据""数字化""数智化""中国式现代化"等具有鲜明时代特征的词语，研究阐释特定时代赋能思想政治教育的现实际遇，探索新时代思想政治教学方法的创新发展；其三，提出"反向内省""部门方法论"等具有鲜明时代特征的概念，推动思想政治教育方法的理论与实践创新。

二是重视基础研究。深化理论研究是解决一切现实问题的基础。2023 年度，思想政治教育方法研究的另一个突出特点是对基础理论的研究更加夯

实，主要体现在三点：一是持续密切关注经典著作中有关思想政治教育方法的理论。相关研究从经典文本中考察与挖掘关于思想政治教育方法的重要论断，揭示马克思主义作为思想政治教育方法的精神实质与现实要求，并从中汲取破解时代命题的思想养分与精神动力。二是从元理论中探究思想政治教育方法的理论。相关研究从学界关于思想政治教育方法概念的界定与分析重新解读思想政治教育方法的概念内涵及内在构成；从思想政治教育发生探源思想政治教育发生问题的方法与路径等等。三是从学科发展中探索思想政治教育方法的理论。相关研究从比较思想政治教育发展中阐述比较方法的审视与方法论建构以及比较思想政治教育研究的视角问题。

三是聚焦重点领域。纵观 2023 年度思想政治教育方法的研究成果，可以发现相关研究涉及多个领域，研究领域更为广阔，同时也逐渐聚焦于关键问题或主题。从重点领域看，相关研究既有"新时代""大数据""数字化""数智化"等高热度研究视角，也有"扎根理论""田野调查""治理"等跨学科专业视角；从实践应用的角度，相关研究探索了特定时间、空间和时事背景中重大现实问题的方法与路径探究，如大中小学、青年思想政治教育的创新方法，以及入学4日常思想政治教育的方法实践；从学科建设的角度来看，相关研究体现在对跨学科方法的借鉴上，如学者从社会学、管理学、教育学等吸收方法资源，丰富和拓展思想政治教育方法研究领域。

（二）思想政治教育方法研究的不足之处

2023 年度思想政治教育方法研究成果颇丰，但仍然存在着基础理论研究待深化、时代特色研究待突出、内容体系研究待完善、实践运用研究待提升等亟需弥补的不足。

一是基础理论研究待深化。任何理论都是人们在实践活动中对客观世界的认识、理解和评价。理论研究的深度在一定程度上反映了人们对这一问题的思考和探索程度。本年度，尽管学者们对思想政治教育方法的基础理论研究有所关注，并进行了积极的探索，但总体而言，思想政治教育方法的基础理论研究领域仍有进一步深化和拓展的空间。首先，对马克思主义经典著作中思想政治教育方法的研究和阐释有待深化。马克思、恩格斯经典著作中关于思想政治教育方法的思想资源极其丰富，探索马克思、恩格斯思想政治教育方法的本质要求与内在逻辑，有助于进一步夯实思想政治教育方法的理论基础。其次，思想政治教育方法的基本理论建构研究有待深化。目前，学界对思想政治教育方法的理论建构大多以马克思主义理论为指导，或借鉴其他学科的相关理论进行研究，还缺乏对思想政治教育方法元理论、元问题的研究，迫切需要从理论、历史、实践等角度加强对思想政治教育方法基本理论的建构。

二是时代特色研究待突出。时代特色是某个时代独有的、最突出的特点，是区分其他时代的重要标志。2023 年度，思想政治教育方法研究的一大特点是探索和挖掘紧扣新时代特色的思想政治教育方法，但相关研究还不够丰富。首先，思想政治教育方法研究紧扣时代热点有待突出。本年度，学界对思想政治教育方法发展所面临的新阶段、新形势、新问题进行了突出研究，特别是基于大数据时代、数字化时代等时代际遇进行了思想政治教育方法的理论探索。但整体上看，对新时代思想政治教育方法的形态、特点及其运用原则等相关内容还缺少较为深入的解读。其次，思想政治教育方法研究较少回应国家对思想政治教育方法运用的现实需要。本年度，学界关于思想政治教育方法研究涵盖了思想政治教育理论与实践方法的创新，还运用跨学科的研究视角探索新时代思想政治教育方法。但整体上看，这些研究对国家要求思想政治教育方法创新程度还远远不够，需要继续加强研究。

三是内容结构体系待完善。随着信息化、数字化、智能化时代的发展以及思想政治教育领域新发展、新问题、新要求的不断出现，思想政治教育方法内容体系的研究空间更加广阔。当前相关研究主要是对思想政治教育方法某一内容的点状研究，对思想政治教育方法的内容体系结构和要素结构的系统建构研究不足，特别是对思想政治教育方法内容体系中的深层次问题还缺乏应有的独特性和深度性的思考和研究，以及思想政治教育方法内容结构的功能、适用主体的针对性有效性等问题尚未深入探讨。因此，学界在研究思想政治教育方法时，需要以内容体系结构和要素结构的系统建构为重点，努力构建一个以总体方法、一般方法、具体方法为抓手的内在逻辑体系。

四是实践运用研究待提升。思想政治教育方法研究既是一个理论问题，又是一个实践问题。实践的发展为理论的生成与演进构造了生存土壤。2023年度，学界在对思想政治教育方法理论研究的基础上，还加深了对思想政治教育方法的实践对象、实践范围等方面的研究，但相关成果还不够丰富，需要进一步加强。首先，实践研究主要集中在高校领域。无论是高校思想政治教育方法的探索，还是高校思想政治理论课教学方法的研究，都只是高校层面的关注。今后还需要进一步提升对其他学段思想政治教育方法的系统研究。其次，实践研究更多体现在思想政治教育方法的实施路径上，但多数也是泛泛而谈，对思想政治教育方法的实践生成研究还不多，对思想政治教育方法在新时代的创新应用研究也缺少针对性。在随后的研究中，有必要同时关注传统和现代思想政治教育方法的实践运用问题。

三、思想政治教育方法研究的未来发展趋势

通过回顾 2023 年思想政治教育方法及相关研究发现，本年度的思想政治教育方法研究与往年相比，呈现出紧跟时代脉搏、重视基础研究、聚焦重点领域等鲜明特点。同时，也面临着基础理论研究待深化、时代特色研究待突出、内容体系研究待完善、实践运用研究待提升等方面的困难和不足。展望未来，有必要持续深挖基础理论、完善层级体系、推动实践发展、突出研究方法创新等研究。

（一）深挖思想政治教育方法的基础理论

思想政治教育的目标能否实现和实践的有效性，离不开思想政治教育方法的理论研究。不断深化对思想政治教育方法基础理论的探索，是新的历史条件下思想政治教育学人的使命和任务。未来，需要我们继续深入研究思想政治教育方法的基础理论，突出理论深度。其一，论析概念内涵和外延。思想政治教育方法理论不仅源于马克思主义理论，而且源于对思想政治教育元理论和元问题的探索。在此基础上，深入分析思想政治教育方法的内涵和外延。其二，加强理论思维和素养。思想政治教育方法理论研究的动力来自于对现实问题的回应和引导。因此，未来的理论研究需要关注新时期思想政治教育面临的新问题和新挑战，加强思想政治教育方法的本质要求和内在逻辑研究，着力为解决现实问题提供强大的理论思维和时代价值。其三，增强学科自觉与自信。思想政治教育方法的理论研究也需要建立在学科自觉和自信的基础上，从思想政治教育学科发展的角度审视思想政治教育方法的理论逻辑，体现思想政治教育学科的学理性。此外，有必要在理论体系建设方面弥补现有研究的不足。在后续的研究中，全面反思和构建思想政治教育方法的理论体系。

（二）完善思想政治教育方法的层级体系

尽管现有的思想政治教育方法研究相对丰富，但思想政治教育方法研究水平仍有待提高。尤其是新时代促进思想政治教育的重大变革，必然引发思想政治教育方法的重大创新和发展，因此必须建构新时代更加完善的思想政治教育方法体系。加强思想政治教育方法的体系研究有助于推动思想政治教育方法的全面创新，推进思想政治教育主渠道、主阵地的方法研究，不断拓展思想政治教育方法的研究视角。其一，从对象体系上看，基于不同教育对象的思想政治教育方法不仅以一般规律性进行整体研究，而且针对不同教育对象进行有针对性的研究，不仅以大学为重点，也重视中小学生、农民等思想政治教育主体。其二，从内容体系上看，聚焦思想政治教育方法体系的完善、发展与创新，审视思想政治教育方法理论体系的概念、结构、层次，把握思想政治教育方法的构建原则，关照思想政治教育方法理论的形成、变化和发展规律，力争站在系统本源上进行思考和追寻。其三，从方法体系上看，立足教育学、心理学、管理学、社会学等跨学科视角探索思想政治教育方法也是一大趋势。以跨学科的研究视角，从思想政治教育的基本原理与现实问题出发，探索思想政治教育的方法体系。总之，思想政治教育的方法体系作为思想政治教育的重要组成部分，能够为思想政治教育理论建构和实践活动提供指引。

（三）推动思想政治教育方法的实践发展

任何理论研究最终都必须回归实践，并接受实践的检验。思想政治教育方法的实际应用和发展取决于它们能否解决问题及其针对性、可行性和有效性。因此，无论从何种角度和维度研究思想政治教育方法，最终目的都是解决思想政治教育中的实际问题，提高思想政治教育的实效性。不可否认，学界对思想政治教育方法的研究在实践工作中发挥了重要作用，增强了思想政治教育的整体性和有效性，但思想政治教育方法的实践应用仍有进一步研究的空间。总体而言，提高思想政治教育方法的实践有效性是思想政治教育方法研究的趋势。未来，思想政治教育研究应坚持守正创新的原则，特别是现代信息技术充分融入人们的生产生活，智能技术不仅成为生产生活必不可少的工具和载体，也驱动着人们的生产方式、生活方式和思维方式不断变化。今后，我们需要以马克思主义理论为指导，加强数字技术驱动下的思想政治教育方法研究，利用信息技术促进思想政治教育方法的实践运用更加个性化、数据化、具象化。这既可以提高思想政治教育的实效性，又可以减轻思想政治教育者的沉重负担，实现思想政治教育科学化、智能化、智慧化发展。

（四）突出思想政治教育研究方法的创新

思想政治教育作为一种科学的教育理论和实践活动，思想政治教育研究方法必然要紧跟时代发展和社会变革的步伐，主动拥抱新时代，迎接新方法。正如习近平总书记在全国高校思想政治工作会议上指出："要运用新媒体新技术使工作活起来，推动思想政治工作传统优势同信息技术高度融合，增强时代感和吸引力。"① 未来，在数据化、数字化、数智化的驱动下，教育者、教育对象、教育环境等因素将发生新的情况和变化。思想政治教育方法的适应性和针对性会降低，以往的思想政治教育方法所达到的教育效果也会下降，因此，新时代推进思想政治教育研究方法的改革创新是每一位思想政治教育学人都应该主动承担的重中之重。这需要明确两点，其一是专注于从线到面的研究。思想政治教育研究方法已从单一维度的线性研究转向跨维度的综合研究。例如，采用跨学科的方法来解决思想政治教育方法应用中遇到的实际困难，或者通过面的研究来补充思想政治教育方法研究单一的不足和缺陷。其二是注重从粗到细的研究。当代思想政治教育研究方法不再单纯强调概括性和代表性，而是能够深入触及和分析社会现实问题的复杂方面，着眼于解决国家需要的现实问题。因此，新时代必然会带动思想政治教育研究方法的创新，实现信息革命时代思想政治教育实效性的提高，推动思想政治教育走向科学化、智能化。

---

① 习近平：《把思想政治工作贯穿教育教学全过程 开创我国高等教育事业发展新局面》，《人民日报》2016 年 12 月 9 日。

第七章　思想政治教育治理研究

2023 年，着眼思想政治教育治理的研究继续发力，在以往相关研究的基础上持续推进，形成了具有一定规模的研究成果。思想政治教育治理的理论与实践研究命题，伴随着国家治理现代化发展的理论与实践进程也在逐步发展。思想政治教育作为国家治理的重要组成部分，在推进国家治理现代化的时代背景下，须积极谋求自身发展的时代契机，结合国家治理战略部署深入到各领域的智慧与实践，不断拓宽自身守正创新发展的思路与路径，与时俱进地作出适应性变革与创新性发展。因此，结合国家治理现代化的宏观背景、各领域治理研究的积极成果，以及自身发展的复杂性特点，思想政治教育将治理的研究视域与分析框架纳入自身理论与实践发展的研究范畴，以治理埋念、思路、逻辑，积极探索分析、解决与应对思想政治教育的新情况、新问题与复杂实践，这对于思想政治教育工作而言，既是回应党和国家对思想政治教育发展新期待和新要求的积极尝试，也是其自身守正创新的一次积极探索。由此，关于思想政治教育治理的研究，不断结合党和国家的战略任务安排、中国发展实际和世界发展大势，不断关注青年学生特征和思想政治教育守正创新的客观需求，在近几年形成了具有一定数量且质量较高的研究成果。梳理 2023 年思想政治教育治理研究进展，把握其中蕴含的研究特点，展望未来的研究发展趋势，对于进一步推动思想政治教育治理及其相关研究的持续发展具有重要的价值意义。

一、思想政治教育治理研究的成果进展

2023 年度，关于思想政治教育治理研究的成果比较丰富，反映出学界对思想政治教育治理研究命题的热切关注与积极探索。梳理 2023 年度思想政治教育治理的相关研究成果进展，其重点主要集中在"治理"与思想政治教育的耦合性研究、思想政治教育视域下的具体治理问题研究、思想政治教育治理理论及其深化发展研究等方面。

（一）"治理"与思想政治教育的耦合性研究

在思想政治教育的理论与实践研究中，融合已有的具有影响力的治理理论、治理实践成果等，探索思想政治教育守正创新发展的更多可能性与可行性，尤其是着眼国家治理和社会治理与思想政治教育的内在联系，探讨思想政治教育在治理方面所具备的更多可能性与价值功能，始终是学界关注的一个重要论域，这也导致围绕思想政治教育与"治理"理论与实践耦合性研究的成果数量在整体上比较丰富，同时，仍呈现出良好的发展态势。在 2023 年度，关于"治理"与思想政治教育耦合性的研究也在以往研究的基础上持续深化，进一步结合国家治理现代化的时代背景和发展诉求，继续探讨治理理论与思想政治教育融合发展的可能性与可行性，以及治理实践对思想政治教育的启发指导与期待要求等各种发展性问题。

关于治理理论与思想政治教育的融合发展，有学者结合福柯的治理理论对思想政治教育的启发，指出："在福柯的治理理论视域下，个体本身就是治理的对象，国家可以通过对人口的治理，实现对社会治理众多参与主体的塑造，而思想政治教育正是一种举足轻重并且行之有效的治理技术。治理所面对的是具有积极性的主体，而非被动的客体，福柯生命政治学所提倡的便是在个体全面发展的过程中，进一步巩固国家理性自身存在的合理性。于是在思想政治教育的作用下，多种途径的理论教学与实践教育使受教育者作为治

理对象，其综合素质不断提升，政治共识不断凝聚。"① 也有学者进一步从方法论的角度探讨思想政治教育与治理深度融合的思路与方法，指出："思想政治教育与治理融合研究表现出的方法论自觉，导引着研究方法的变革理路。融合研究应以社会事实为切入点，充分运用科学抽象法揭示和考察融合事实的生成与呈现，并使其在总体性社会事实中确证自身。继而提升研究复杂融合事实的学科交叉自觉，找准融合研究的学科交叉点，从中凝练和建构起融合研究的学科交叉范畴群。最后，在研究视点的深化中形塑交互视域，让思想政治教育与治理在属性交互阐释中获得双向厘定，进而在交互视域中拓展融合研究的议题域，以研究方法的深化变革推进思想政治教育与治理的深度融合。"②

关于治理实践对思想政治教育的启发指导与期待要求，有学者结合技术治理实践对思想政治教育发展的作用、困境与突破，提出"技术治理的开放性、隐匿性和高效性有助于彰显思想政治教育的柔性治理功能，激活数字化语境下的隐性育人潜能，增强思想政治教育的批判辩护功能。然而，思想政治教育与技术治理的耦合发展亦面临价值困境、思维困境和功能困境的梗阻。究其原因，技术赋权转向技术越界，教育权威在实践中弱化；技术逻辑超越育人逻辑，人的主体性在实践中被遮蔽；技术赋能转向技术悬浮，教育效能在实践中递减。基于此，思想政治教育与技术治理的深度耦合应以'关系澄明'为前提、以'解蔽主体'为核心、以'人机协同'为关键，促进思想政治教育发挥最大效能"。③ 也有学者结合高校治理实践中思想政治教育的价值实现，指出"大学生思想政治教育若要在高校治理结构中发挥最大化的功能，就应当从寻求大学生思想政治教育与高校治理结构的有机结合，发

---

① 郝琦、李锐钰：《论福柯治理理论对思想政治教育的实践指导》，《延安大学学报（社会科学版）》2023 年第 3 期。

② 王俊斐：《思想政治教育与治理融合研究的方法变革向度》，《湖北社会科学》2023 年第 1 期。

③ 冯琳、倪国良：《思想政治教育与技术治理耦合发展的现实困境及其超越》，《江淮论坛》2023 年第 3 期。

挥高校思想政治教育队伍和大学生在高校治理结构中的积极作用、在高校治理效果评估中重视大学生思想政治教育因子的考评等方面着力，维护高校治理环境稳定有序、保证高校治理措施有序推进、助力高校治理效能综合提升，切实推进高校治理能力现代化进程。"① 还有学者基于国家治理现代化对思想政治教育的功能期待与要求，提出"中国式国家治理现代化的一个鲜明特征和显著优势就是注重以马克思主义为指导，重视发挥思想引导的'软治理'作用。思想政治教育是中国共产党的宝贵经验和重要法宝，在党领导人民开创伟业的百年实践中始终发挥着动员群众、教化育人、化解矛盾、凝聚共识、汇聚力量的'生命线'作用。思想政治教育与国家治理二者在思维理念、目标指向上的高度契合性、协同性和一致性，为思想政治教育在国家治理现代化进程中继续发挥'生命线'作用提供了可行性并指明了方向。"②

（二）思想政治教育视域下的具体治理问题研究

思想政治教育的实践性特点，促使直面思想政治教育实践，解决思想政治教育实践中的具体问题始终是思想政治教育学界研究的热点和焦点。同时，"治理"以其自身的主动性、反思性特点，在解决复杂的思想政治教育具体问题中，表现出突出优势，因而运用治理理念思维解决思想政治教育领域的具体问题，逐渐成为学界探讨思想政治教育治理研究的重要方向。2023年度，关于思想政治教育视域下的具体治理问题研究，其成果数量逐渐形成一定规模。在研究内容上主要聚焦于两个方面，一方面是观照社会治理中的具体问题，进一步分析研究思想政治教育发挥功能与创新发展在社会治理中的必要性与可能性；另一方面是聚焦网络时代背景下，思想政治教育实践发展的新情况与新问题，以治理理念思维探索分析和解决思想政治教育具体问题

---

① 胡敏：《论高校治理结构中大学生思想政治教育的价值实现》，《中学政治教学参考》2023年第4期。

② 上官苗苗：《思想政治教育功能在国家治理现代化中的运用探析》，《重庆邮电大学学报（社会科学版）》2023年第5期。

的策略和方法。

关于思想政治教育在社会治理中的功能与创新发展研究，有学者围绕提升社会治理效能的时代需要指出，思想政治教育"可通过激发并凝聚不同治理主体力量，助推社会治理主体的共建，提升主体效能；通过引领政治方向发展、推动制度政策落地、促进矛盾冲突化解，助力社会治理过程的共治，提升过程效能；通过增强社会治理的获得感、幸福感和安全感，助于社会治理成效的共享，提升结果效能。"[1] 也有学者聚焦思想政治教育与社会治理共同体建设的内在一致性，认为，思想政治教育融入社会治理共同体建设，有助于拓展思想政治教育功能并提升有效性；化解当前社会治理共同体建设核心矛盾，推动新时代思想政治教育和社会治理创新。同时，思想政治教育与社会治理共同体建设具有价值一致性、现实互需性和内容耦合性，这构成思想政治教育融入社会治理共同体的内在逻辑基础。新时代，要持续巩固提升思想政治教育的引领力、组织力、感召力与协调力，夯实社会治理共同体建设价值基础，强化社会治理共同体建设主体协作，激发社会治理共同体建设的内生动能，推动社会治理共同体建设成果共享。[2]

关于网络思想政治教育的治理实践问题研究，有学者聚焦网络思想政治教育中的情绪传播问题，提出积极的治理逻辑与实施进路，认为："情绪传播在网络媒介中呈现出感染速度极快、群体情绪极化、主观情绪信息多、话语方式丰富等特点，在时空、情感、治理等维度上与网络思想政治教育存在着高度的关联与契合，在教育时机、议程设置、环境涵养，以及教育认知、教育引领、社会动员等方面对网络思想政治教育产生着重要影响。发挥情绪传播对网络思想政治教育的积极作用，需要从情绪监测与结构优化、境脉施教与心态治理、叙事创新与意见领袖、情绪素养与情感共同体等方面协同治

---

[1]　陈倩：《新时代思想政治教育提升社会治理效能的三维向度》，《学校党建与思想教育》2023 年第 19 期。

[2]　刘莉：《思想政治教育融入社会治理共同体建设透视》，《中学政治教学参考》2023 年第 20 期。

理。"① 也有学者关照高校网络舆情治理问题，指出："媒介技术的高速发展使网络空间和舆论环境发生了复杂变化，大学生作为高校网络舆情的主体，正处于世界观、人生观、价值观的形成时期，情感充沛但往往缺乏理性判断能力……高校要充分借助教育管理机构、校内各部门、师生群体、新闻媒体等多方主体的力量，在强化网络舆情监测、完善网络舆情研判、构建网络舆情预警机制、规范网络舆情应对四个方面加强合作，精准把握高校舆情工作的'时度效'。"② 还有学者与时俱进地以算法介入网络思想政治教育工作为切入点，提出治理式吸纳"产消者"的创新举措，他认为"算法时代网络思想政治教育治理式吸纳'产消者'是指网络思想政治教育行动者对算法应用多元主体中的活跃'产消者'进行多维度地整合、规制和吸收，以将其纳入网络思想政治教育行动格局'为我所用'。"同时，基于算法介入网络媒介对网络思想政治教育的多维挑战，主张应从主体行动—内容供给—价值认同维度采取"三位一体"的立体化举措，通过合作式吸纳"产消者"主体行动以优化网络思想政治教育的行动结构，批判式整合"产消者"内容以实现网络思想政治教育内容创新供给，互动式引领"产消者"认同以推进网络思想政治教育价值认同建构，推进算法时代网络思想政治教育的路径创新。③

（三）思想政治教育治理理论及其深化发展研究

随着"治理"思想和研究在思想政治教育领域的逐渐深化发展，学界对于思想政治教育治理理论及其深化发展的研究也更加聚焦，近几年，不仅有关于思想政治教育治理理论的专著，如《高校思想政治教育治理论》《高校思想政治教育治理引论》等陆续出版，也有研究高校思想政治教育治理理论

---

① 杨宏伟、赵文辉：《网络思想政治教育中的情绪传播及其治理：逻辑·效应·进路》，《思想教育研究》2023 年 7 月。

② 韩清怡、叶定剑：《协同治理视域下高校网络舆情治理研究》，《领导科学论坛》2023 年第 10 期。

③ 周胜强：《算法时代网络思想政治教育的创新路径探究——以治理式吸纳"产消者"为视角》，《内江师范学院学报》2023 年第 9 期。

与实践问题的系列专著不断涌现，为学界深化研究思想政治教育治理理论作出有益探索。整体上，呈现出与国家治理现代化时代命题和思想政治教育守正创新客观需求的积极呼应。2023 年度，关于思想政治教育治理理论及其深化发展的研究成果数量亦有增多，在以往更具专门化、科学化研究的基础上，研究内容也逐渐深化拓展，主要围绕思想政治教育自身治理理论的整体性和发展性研究，以及聚焦高校场域的思想政治教育治理理论深化研究等维度展开。

关于思想政治教育治理的整体性和发展性研究，有学者着眼于思想政治教育治理的表现形态，认为厘清思想政治教育治理的表现形态是思想政治教育治理研究的重要任务。并指出思想政治教育治理形态表现为：在教育对象上增强文化自觉与文化自信、在教育方法上善于以文化人和以文育人的"文化治理形态"；完善精神谱系、发挥精神引领作用、克服精神"缺钙"风险的"精神治理形态"；明确价值导向、培育价值自觉、树立价值自信的"价值治理形态"；在个体层面加强心理问题疏导和心理健康教育，在社会层面培育自尊自信、理性平和、积极向上的社会心态的"心理治理形态"。坚持以系统思维把握思想政治教育治理形态，汁重整体和各个形态内部的优化趋向，推动思想政治教育治理各形态共同发展并产生整体大于部分之和的协同效应。① 也有学者关照思想政治教育治理研究的现状与视域，结合可考数据作出整体性分析与反思，指出：近年来国内学界关于思想政治教育治理的主要研究视角有国家治理体系、社会治理功能、高校治理和网络空间治理。我国思想政治教育治理研究的视角多元性和理论丰富性都值得肯定，但仍然存在本体研究欠缺、概念界定不清和研究方法单一等不足之处，需要增进本体研究、准确界定概念以及深化治理路径研究。②

---

① 游志纯：《论思想政治教育治理的表现形态》，《华北电力大学学报（社会科学版）》2023年第 2 期。

② 邹煜：《思想政治教育治理研究的现状、视域与展望》，《长春师范大学学报》2023年第 9 期。

关于聚焦高校思想政治教育治理理论的深化研究，有学者深化探索增进高校思想政治教育治理动力的命题，以损失厌恶效应视角为切入点指出："损失厌恶效应是决策者决策过程中的一种心理现象，即人在面对等量的损失和获得时，损失的痛苦感要超过获得的快乐感。损失厌恶效应对于理解和增进高校思想政治教育治理动力具有积极意义。以需求理论、人的全面发展理论、遵循规律性认识理论为理论驱动力，深刻理解高校思想政治教育工作中安于现状的矛盾与张力，巧用逻辑思维、借助网络思维、注重即时反馈，有利于提升高校思想政治教育治理的应变力。"[①]

二、思想政治教育治理研究的特点与不足

2023 年度，思想政治教育治理的相关研究整体比较丰富，在研究内容的丰富性和研究的深度上也都有所提升。但是与 2022 年相比，在思想政治教育治理功能方面的研究成果数量略有减少，而聚焦"治理"与思想政治教育耦合性、思想政治教育视域下具体治理问题，以及思想政治教育自身治理理论发展的研究成果逐渐增多，整体上呈现出了一些新的研究特点。科学把握这些新的研究特点，同时，审慎分析和总结这些研究中存在的不足及其原因，对于进一步深化发展思想政治教育治理研究，推动思想政治教育守正创新具有重要意义。

（一）思想政治教育治理研究的基本特点

思想政治教育治理研究作为一个在整体上还比较新的理论命题，与其相关的理论研究成果在总体数量方面不是非常丰富，但也呈现出逐具规模和持续发展的态势。纵观 2023 年度的思想政治教育治理研究成果，主要呈现出对"治理"与思想政治教育的耦合性研究持续深化，对思想政治教育视域下

---

① 王振、徐晓丽：《损失厌恶效应视角下增进高校思想政治教育治理动力的思考》，《学校党建与思想教育》2023 年第 7 期。

的具体治理问题的研究进一步发展，以及对思想政治教育治理理论及其深化发展的研究持续深入的特点。

一是对"治理"与思想政治教育的耦合性研究持续深化。2023 年度，学界围绕思想政治教育与"治理"理论及实践的耦合性研究持续深化，成果数量可观，通过对治理理论与思想政治教育融合发展的可能性与可行性，以及治理实践对思想政治教育的启发指导与期待要求等不同维度的探索和阐释，进一步推进了思想政治教育治理研究的系统性建构和可持续性发展。在这些研究成果中，尤为突出的是，诸多研究成果都切实关照到国家治理现代化的时代背景和各领域新兴的治理实践，同时也能以开放的视野，吸纳西方可借鉴可为我们所用的治理理论，探讨思想政治教育守正创新发展的可行思路与有效路径。从党的十八届三中全会提出"推进国家治理体系与治理能力现代化"的战略目标，到党的十九届四中全会对国家治理体系和治理能力现代化整体进程作出更为系统深入的战略安排，国家治理现代化已然成为中国社会发展的重要议题，而国家治理现代化的理论和实践命题在思想政治教育治理研究论域中也始终是焦点和热点。本年度学界的研究也持续关照到国家治理现代化对思想政治教育的启发指导与发展诉求，对思想政治教育在国家治理进程中的角色定位、功能作用及其与国家治理在各方面的内在一致性等方面进行了研究，形成了一些具有时代特色的研究成果。一方面，这些研究成果有效促进了思想政治教育治理研究与国家治理现代化的良性互动，为思想政治教育治理研究能够进一步融入国家治理现代化的思想理念作出了积极探索；另一方面，也充分展现了思想政治教育学界的研究者们始终保持着对时代和实践发展的敏感度，始终紧扣国家治理现代化的时代背景和实践课题，秉持与时俱进的学术品格，持续深化对思想政治教育治理的研究。

同时，2023 年度思想政治教育学界，在整体上，仍展现出将多学科治理研究的理论精粹、已有实践与思想政治教育治理自身发展研究的融合性进一步增强的良好态势。一方面，学界对已有治理理论与思想政治教育治理理论研究的深度融合，诸如福柯的治理理论、协同治理理论，以及治理在方法论维度上对思想政治教育创新的变革意义等呈现出更加积极的探索。另一方面，学界对治理实践的关注也凸显出更具学理性审视的特点，在研究中对已有治理实践，诸如技术治理实践、高校治理实践结构等对思想政治教育治理实践的启发指导既有理论的拔高，也有更深层次的思考与探索。

二是对思想政治教育视域下的具体治理问题研究有进一步发展。思想政治教育治理归根到底还是要落实到思想政治教育的具体实践之中，关注具体的思想政治教育实践工作。基于思想政治教育实践工作的复杂性，思想政治教育领域内实际上一直都存在治理实践，只是未曾提炼出系统的治理观点和理论。因而，关注思想政治教育视域下具体治理问题的研究，也是本年度思想政治教育治理研究的重点方向。同时，治理的实践与观点，一方面以社会治理的形式发展成熟；另一方面，又以网络时代的舆论治理、情绪治理与技术治理等诸多理念思路与实操路径展示出来，这些具体的治理问题又与思想政治教育视域有着深刻的内在联系，因而充分把握这些实践所投射的治理思想资源，将这些思想精粹融入到思想政治教育治理研究，以及进一步解决思想政治教育视域下的具体治理问题之中，也是本年度思想政治教育治理研究的重要路径。本年度对思想政治教育视域下具体治理问题的研究，主要表现出对社会治理实践、网络思想政治教育治理实践的持续重视和关注，承接以往研究的特色，在研究中充分融入了思想政治教育对社会治理的价值功能与二者相互滋养的互动关系，融入了对网络时代思想政治教育领域具体实践问题的审视，在社会治理共同体建设、功能提升、网络舆情治理、以治理方式解决网络思想政治教育相关问题等层面都进行了一些阐述和论证。多年来，社会治理的理论命题和相关研究，随着时代和实践的发展逐渐丰富起来，为思想政治教育领域研究治理问题提供了丰富的资源和素材，因而思想政治教育学界对于社会治理的理论与实践也十分关注，并围绕思想政治教育在社会治理方面的价值功能、思想政治教育与社会治理的内在联系等内容形成了一些研究成果。

同时，网络时代、大数据、算法应用的飞速发展，也为思想政治教育的功能发挥和价值实现提供了并存的机遇与挑战，因而这些场域的治理问题也受到学界的关注，并形成了一些研究成果。2023 年度思想政治教育视域下的具体治理问题研究也持续关注了社会治理、网络思想政治教育的场域。首先，为探寻思想政治教育与社会治理的内在逻辑关联，进一步发挥思想政治教育在社会治理方面的特殊价值功能作出了更深层次的探索；其次，也为思想政治教育沿循和借鉴社会治理的理念思维来优化自身治理问题的研究创造了更多可能性；最后，还为进一步解构网络时代思想政治教育的多维治理逻辑、思路和方式方法作出了积极有益的探索。

三是对思想政治教育治理理论及其深化发展的研究持续深入，研究成果有所增加。近年来，学界对思想政治教育治理理论的研究逐渐发展起来，既在研究内容上有所深化，也在研究成果数量上实现了一定的增长。随着思想政治教育治理理论研究的逐渐深入，学界对思想政治教育治理理论及其深化发展的研究也更加重视，并逐渐趋于系统化、专门化、科学化，与以往相比，不仅产出了越来越多专门研究思想政治教育治理问题的学术文章，也出现了聚焦高校思想政治教育治理研究的学术专著，这对于形成思想政治教育治理研究的科学理论，有效推进思想政治教育治理体系与治理能力现代化而言，具有重要意义。2023 年度，思想政治教育治理研究仍然重视自身理论研究的学理建构，以及研究内容和研究论域的深化发展，凸显出更加重视对思想政治教育治理基础理论的进一步研究，以及研究论域进一步拓展的重要特征。一方面，是着眼于思想政治教育治理研究的学理建构和理论探索，在以往分析思想政治教育治理的生成逻辑、基本内涵、理论渊源和时代特征等的基础上，进一步分析思想政治教育治理的表现形态、研究论域；另一方面，是聚焦思想政治教育治理研究问题的微观视角，围绕推进思想政治教育治理实践发展的重要议题，在以往探讨风险评估、危机应对、治理能力建设、法治化发展等多个维度的基础上，对思想政治教育治理的动力增进等问题作出了进一步的积极探索。这些研究既展现出学界对思想政治教育治理问题研究的更加重视，以及思想政治教育治理理论研究的更加系统化与专门化，也体现出在国家治理现代化发展大势下，学界对思想政治教育守正创新理论命题的深刻把握。整体上，思想政治教育治理理论及其深化发展的研究成果在逐渐增多，并随着实践发展和理论研究的不断深入在持续发展。

（二）思想政治教育治理研究的主要不足

2023 年以来，思想政治教育治理研究成果取得了一定程度的进展，但同时也表现出一些局限和不足。客观审视并冷静分析目前这一命题研究所存在的局限与不足，对于持续推进思想政治教育治理的相关研究具有一定的价值意义。回顾 2023 年以来思想政治教育治理的相关研究成果，在以下几个方面需要进一步地完善和深化研究。

一是在结合多学科视域推动思想政治教育治理研究创新发展方面仍有较大空间。与往年相比，本年度协同多学科视域下的治理思想理念来分析研究思想政治教育问题的研究成果有所减少，但聚焦思想政治教育视域下的具体治理问题研究的成果有所增多，这既反映出思想政治教育治理研究的专门性和独立性有所增强，也反映出对其他学科治理思想理念的关注度有所下降。在思想政治教育自身治理理论研究还不够成熟壮大的情况下，其他学科的治理研究智慧与成果仍有较大挖掘空间和借鉴价值，因而基于交叉学科视野的积极意义，结合多学科视域推动思想政治教育治理研究的创新发展仍有较大空间。同时，思想政治教育本身是一个具有中国特色的学科，因而思想政治教育治理的研究命题也应当具有鲜明的中国特色，这就需要思想政治教育治理理论既能以中国式的话语表达恰如其分地解读和阐释出来，也需要思想政治教育治理研究能充分吸纳中华优秀传统治理智慧，展现对中国社会发展的适应性和中华优秀文化传统的传承性。因此，思想政治教育治理研究的创新发展空间不仅包含多学科的治理智慧和思想理念，更包含中华优秀传统治理智慧和治理的相关理论成果，而这些治理智慧和理论成果仍需进一步挖掘、论证和吸纳。虽然近年来，基于思想政治教育治理研究的专门化系统化程度有所提升，在中华优秀传统治理智慧的挖掘和论证方面有所进展，但是本年度的思想政治教育治理研究，对中华优秀传统治理智慧的关注和宝贵思想资源的挖掘还是稍显不足，着力此方向的研究成果也较少。然而，基于中华优秀传统文化中的治理智慧对思想政治教育治理研究的重要价值，以及各学科治理思想理念在思想政治教育治理研究中的重要作用，未来的思想政治教育治理研究，还须持续关注中华优秀传统治理智慧，以及多学科治理思想理念的发展性研究成果，及时积极地与思想政治教育治理研究进行科学的逻辑关联与有效的相互借鉴，以形成更多有价值、有深度的研究成果，进而为提升思想政治教育治理理论研究的深度和广度作出有益探索。

二是思想政治教育治理的基础理论研究仍需进一步深化，学理建构仍需继续加强。从近两年的研究成果来看，思想政治教育治理的基础理论研究和学理性阐释都有所进展。学术文章和学术专著都关注到了思想政治教育治理的基础理论研究和学理性建构。在此基础上，2023 年度，思想政治教育治理理论命题的研究也有一定的深入，但因此理论命题的研究总体时间尚短，所以，从整体上看，思想政治教育治理的基础理论的研究仍需进一步深化，学理建构也还需继续加强。作为一个意义重大的理论和实践命题，思想政治教育治理的基础理论研究和系统化学理建构，是推进思想政治教育治理研究长效发展的题中应有之义和必然趋势。然而，客观分析本年度在思想政治教育治理方面的研究，在基础理论研究深度、广度和系统性方面仍有待进一步增强。思想政治教育治理的基础理论研究是形成思想政治教育治理系统性学理建构的基础性工程。目前，在思想政治教育治理的基础理论研究方面有一定的研究成果，诸如对思想政治教育治理的理论渊源、基本内涵、价值意义、基本原则、主体问题和动力问题等都进行了积极地探索和阐释，但是整体上，这些理论探索还处于初步研究阶段，相关理论也尚未在学界达成更高的公认度。同时，关于思想政治教育治理研究的基本范畴、治理的内在规律、治理与治理现代化的相互关系等问题，也尚未在学界形成更为深入系统的研究成果，以及思想政治教育治理理论的研究论域的广度也仍须进一步挖掘和拓展，等等。由此可以发现，思想政治教育治理的基础理论研究深度和广度都还有待进一步深化，为思想政治教育治理研究奠定坚实学理基础的工作还须进一步推进。此外思想政治教育治理理论研究的系统化学理建构仍需继续加强。虽然2022年已出现对思想政治教育治理问题进行系统研究的学术专著，但就本年度的思想政治教育治理理论研究而言，研究成果仍然较为分散，尚未在一个系统化的理论研究框架下继续展开深入研究，诸如围绕思想政治教育治理基础理论的主要论域、基本范畴、内在规律以及基本范畴之间的逻辑关联等重要问题的进行更为深入系统地研究，这也反映出思想政治教育治理研究的学理建构仍需继续加强。

三是推动思想政治教育治理现代化发展的研究力度和研究水平仍需进一步提升。近年来，结合国家治理现代化发展的时代课题，以及国家治理体系与治理能力现代化研究命题的不断发展，思想政治教育治理研究中也呈现出对思想政治教育治理体系与治理能力现代化发展的重视与关注，也形成了一些研究成果。但是就2023年度的研究成果而言，关于思想政治教育治理现代化的研究成果几乎没有。整体上，本年度的研究成果或是重视分析治理与思想政治教育的耦合性，或是从思想政治教育的某些具体实践出发，分析具体的治理对策，再或是聚焦于思想政治教育治理理论的整体或某个方面进行研究，都未能关注到思想政治教育治理现代化发展的实践需要。然而，推动思想政治教育治理现代化发展是思想政治教育治理研究的题中应有之义和重要内容，因而对思想政治教育治理现代化发展的相关研究还需进一步推进，相关研究水平也需进一步提升。实际上，思想政治教育治理现代化发展不仅是理论的关切，更是实践的需要，因而对思想政治教育治理现代化的研究离不开对思想政治教育治理实践的关注。实际上，思想政治教育治理实践一直存在于思想政治教育的具体实践工作之中，是我们开展思想政治教育治理现代化研究的重要实践资源，需要切实把握好由治理实践到治理理论的思维转化和凝炼升华。然而，目前在对思想政治教育治理实践经验提炼拔高和治理规律深化探索等方面都还处于较为表面的认知和总结阶段。这是由于思想政治教育本身就是一个复杂的系统，内含于其中的治理实践一方面不易被察觉，另一方面在思想政治教育的复杂系统中，思想政治教育理论研究者和实践工作者的双重身份也不容易集中于同一位学者身上，而理论研究者和实践工作者如果没有更为畅通的沟通与合作渠道，也很难保障思想政治教育治理由实践到理论跃升的顺利实现。因此，在未来的思想政治教育治理研究中，要进一步关注思想政治教育治理现代化的实践需要，把握思想政治教育治理研究的实践导向，增强对思想政治教育治理实践经验的提炼拔高能力，同时进一步加强思想政治教育理论研究者和实践工作者的沟通合作，为促进思想政治教育治理实践与理论研究的良性互动提供有力保障，以整体上提升思想政治教育治理现代化发展的研究水平。

三、思想政治教育治理研究的未来展望

思想政治教育治理的理论研究虽然启动时间较晚，但从近几年来思想政治教育治理的相关研究成果进展及整体研究态势来看，这一理论命题将会成为一个持续的研究热点。"治理"作为一种内容丰富的研究框架，是新时代国家发展各个领域的研究热点，也是各种人文社会科学领域都在关注的研究热点，也自然而然地受到了思想政治教育领域的关注和重视。基于近年来思想政治教育治理相关研究进展的基本特征，未来学界关于思想政治教育治理的相关研究还须沿循以下几个研究趋势不断深化发展。

（一）进一步协同多学科视域推动思想政治教育治理的创新发展研究

以交叉学科视域审视思想政治教育治理研究的发展，是推动思想政治教育治理研究更进一步的重要一环。"治理"是一种组织框架，诸如此类的概念框架，提供一种语言和一个参照系，可借以考察现实，并且导致理论家提出否则未必会提出的问题，从中就有可能获得别的框架和观点未必能导致的深刻见解。理论框架有能力促使人们致力以求更多范式。[①] 将"治理"框架与思想政治教育有机融合，发展思想政治教育治理研究的理论和实践命题，不能陷入封闭的自我阐释、自我论证之中，需要始终以开放的发展的视野，发挥交叉学科视域在问题研究中的优势，既充分借鉴吸纳各学科在"治理"研究方面的有益成果，也积极保持对与思想政治教育相关的各学科发展的关注度和敏感度，以形成思想政治教育治理研究的新灵感与新思路，进一步深化思想政治教育治理理论和实践命题的研究，不断推动思想政治教育治理研究与时俱进地创新发展。

一方面，始终保持开放的视野和包容的态度，观照多学科"治理"发展问题的相关研究成果，协同多学科视域充分吸纳各学科在"治理"研究方面的有益成果，以不断促进思想政治教育治理研究的创新发展。要善于把握其他学科"治理"研究的思想精华，在保持思想政治教育学科特色的基础上，充分发挥交叉学科视野的优势，将已有的"治理"研究成果，与思想政治教育治理研究进行关联性分析，并运用具有思想政治教育学科特色的话语进行合理地阐释和表达。目前，"治理"研究在政治学、社会学、教育学等学科领域业已形成一定的研究经验和研究成果，这些经验和成果对于思想政治教育治理研究具有重要的借鉴和启发价值。因此，在思想政治教育治理研究中，可以深挖这些领域已有研究成果的智慧和精华，将其中与思想政治教育治理命题具有高度相关性和深刻契合性的成果进一步分析梳理出来，结合思想政

---

① 俞可平：《治理与善治》，社会科学文献出版社 2000 年版，第 34 页。

治教育治理研究的理论和实践命题进行深层次地解读和应用，在保持思想政治教育学科特色的基础上，实现对这些其他学科"治理"研究成果的有效借鉴和充分吸收，进而为思想政治教育治理理论与实践研究的深化发展提供重要动力。同时，可以积极关注各学科在"治理"研究方面的新进展和新情况，在思想政治教育治理的研究中始终保持对其他学科"治理"研究的关注度和敏感度，既以多学科视域下"治理"研究的新发展来积极催生不同学科与思想政治教育学科的思维火花，产生出更具创新价值的思想政治教育治理研究成果，也充分观照思想政治教育治理研究对其他学科"治理"研究的影响和贡献度，在相互影响和交叉贡献中审视已有研究成果，进而不断完善自身的理论与实践研究，进一步促进理论与实践的创新发展。

另一方面，这种开放包容的视野和态度，也不只局限于对"治理"问题的关照，"治理"视域下的问题是丰富的发展的，因而也要积极保持对与思想政治教育相关的各学科和本学科发展的关注度和敏感度，以促进形成思想政治教育治理研究的新灵感与新思路。比如，与思想政治教育发展密切相关的大数据信息、中华优秀传统文化研究、思想政治教育质量评价等命题，这些与思想政治教育治理研究命题也有不同程度的关联和契合性，可以为思想政治教育治理研究发展带来新的思考。基于思想政治教育治理的动态性和过程性和受多种因素影响的变化性，要保障其实施成效及其稳定性，就涉及对思想政治教育治理的实施过程进行监督监测的问题，以及时反馈其中可能存在的不足和问题，同时通过评价的方式来客观审视其中可能存在的不足和问题，并及时地加以改进和纠正。基于此，发展对思想政治教育治理效能的评价和监督机制，是思想政治教育治理自身发展的重要路径。但就客观条件而言，由于思想政治教育治理本身所具备的复杂性，要对其进行效能评价和监督监测具有一定的难度，而思想政治教育质量评价、大数据信息等的发展，可以为思想政治教育治理视域下的效能评价问题提供更多的理论资源和实践思路，因而关照与思想政治教育相关的各学科及本学科的研究进展与成果，充分吸纳与治理研究有高度契合性的有益因素，也是促进思想政治教育治理研究创新发展的重要路径。

（二）进一步深化对思想政治教育治理的学理性研究

深化对思想政治教育治理的学理性研究，是思想政治教育治理研究命题能够长效性发展的重要路径。近年来，关于思想政治教育治理理论的研究，在学理性和系统性方面都有所提升，为思想政治教育治理的学理性建构奠定了一定基础。但基于命题研究的长远性和可持续性，不断深化对思想政治教育治理的学理性研究，尤其是进一步深化对思想政治教育治理的基础理论研究，同时促进思想政治教育治理学理体系建构的进一步发展完善，仍然是思想政治教育治理研究未来发展的重要方向和必然趋势。

客观上，思想政治教育治理实践比较复杂，而思想政治教育治理理论研究发展的时间也较短，所以在思想政治教育治理的基础理论研究、将治理实践凝炼升华为治理理论等方面有待进一步发展完善。同时，基于这些方面都尚待发展完善，目前思想政治教育治理研究的学理性建构仍需进一步发展完善。在未来的思想政治教育治理研究中，要持续深化思想政治教育治理基础理论的研究，进一步增强思想政治教育治理研究的学理性，以不断提升思想政治教育治理研究的科学化，进而助推思想政治教育治理研究的学科化发展。

一方面，思想政治教育治理的基础理论是思想政治教育治理研究进行学理性建构的重要基石。因而深化思想政治教育治理的学理性研究，就需要深刻认知和把握思想政治教育治理基础理论研究的重要性，进一步深化对思想政治教育治理基础理论的研究，以不断增强思想政治教育治理研究的学理性，夯实思想政治教育治理研究的理论基础。整体上，近年来的思想政治教育治理研究在基础理论研究方面有所突破和发展，尤其是聚焦高校思想政治教育治理的内涵、原则、方式，理论来源等问题已经有一些探讨。但是，关于思想政治教育治理基础理论的其他方面，诸如思想政治教育治理的基本内涵和特征，思想政治教育治理研究的基本范畴，思想政治教育治理的内在规律、思想政治教育治理的动力、过程等具备基础性和根源性的研究问题还未有进一步的研究和发展，而对这些问题的深化研究是增强思想政治教育治理研究学理性的重要层面，在未来研究中还须进一步深化发展。

另一方面，深化对思想政治教育治理的学理性研究，还须着眼于思想政治教育这个复杂系统和思想政治教育的客观实践，在深化思想政治教育基础理论研究的基础上，有效贯穿思想政治教育治理研究的学理逻辑，推动对思想政治教育治理理论研究的系统化发展，进一步促进思想政治教育治理学理体系建构的发展完善。实际上，思想政治教育治理实践，一直存在于思想政治教育工作之中，只是基于时间发展的限制和实践向理论转化的难度，还未形成更成熟系统的思想政治教育治理理论。因而，在思想政治教育治理研究中，有效贯穿研究的学理逻辑，进一步提高从思想政治教育治理实践到理论跃升的学理思维能力，就十分重要。思想政治教育学科是一个实践性较强的学科，思想政治教育治理的学理探讨也依托于思想政治教育治理实践的变化发展情况。而思想政治教育治理实践渗透于思想政治教育的具体工作之中，受到实施主体、接受对象和环境场域等多种因素的影响，既饱含着特殊性，也有一定的普遍性。因此，思想政治教育治理研究的学理性建构，还须坚持治理研究中的问题导向，以思想政治教育治理实践为基础，总结和分析治理实践中形成的科学经验，并将具备特殊性的实践经验，概括上升为具有普遍意义的理论认识，并通过具有学理性的话语表达出来。当然，这个层面的深化发展，不仅需要思想政治教育研究者的学理逻辑和思维能力提升，也需要思想政治教育实务工作者与理论研究者的协同合作。同时，思想政治教育治理的学理建构，离不开系统化的思想政治教育治理理论体系。因而要不断推动思想政治教育治理理论的系统化体系化发展。就目前的研究成果来看，可以说，在一定程度上为思想政治教育治理理论体系的系统化发展奠定了良好基础，但也存在研究成果和视野较为分散，研究的覆盖面不够广、研究的深度不足等特点和局限。因此，要进一步增强思想政治教育治理研究的系统性，在系统梳理与整合现有研究成果，挖掘和关注更多新的有意义的研究视角，诸如思想政治教育治理话语体系研究等方面积极发力，以不断推动形成系统化的思想政治教育治理理论体系，进一步发展完善思想政治教育治理的学理性建构。

（三）进一步加强思想政治教育治理现代化发展研究

近年来，关于思想政治教育治理研究的发展已然进入到更加深入系统的阶段，但整体上，学界对于思想政治教育治理研究的理论与实践主要聚焦于治理研究视域和治理研究本身，围绕思想政治教育治理现代化发展的进一步研究成果较少。而思想政治教育治理现代化发展，是研究思想政治教育治理命题的重要价值诉求。思想政治教育治理作为国家治理的重要组成部分，在国家治理现代化时代命题和价值追求的期待下，思想政治教育治理的现代化发展，既是思想政治教育治理发展的内在要求，也是在未来一段时期内，思想政治教育治理研究的一个重要方向和趋势。

实际上，思想政治教育治理研究本身也蕴含着对现代化发展的追求，就思想政治教育治理而言，其现代化特征突出体现为协同性、制度化和效能化发展。首先，思想政治教育作为一个复杂的系统工程，包含着各种复杂多样的内容和要素，这些内容要素在思想政治教育的复杂系统中共同发挥作用，既影响着思想政治教育目标的实现，也影响着其成效的发挥，因而促进这些内容要素形成良性的协同互动关系，是思想政治教育治理现代化发展的重要内容。其次，思想政治教育治理本身也内蕴着对制度建设和制度安排的要求，为促使各要素协同发力、有序运行，需要建立共同认可的制度规则安排，而被实践验证是好的制度安排就有必要确定下来成为常态化的制度，并与时俱进地优化完善，这样的制度化发展也是思想政治教育治理现代化发展的重要路径。同时，思想政治教育治理是一种长期性和动态性的过程，这个过程受到多种因素的影响而具有一定的变化性，这就导致思想政治教育治理的实施成效无法恒定不变。因而要保障思想政治教育治理的实施成效及其稳定性，实现思想政治教育治理的效能化发展，也是思想政治教育治理现代化发展的重要目标。基于此，思想政治教育治理在未来一段时间内，要围绕思想政治教育治理现代化发展的研究命题，进一步加强对思想政治教育治理要素协同性建构，制度化发展和效能化发展的研究。

首先，进一步加强对思想政治教育治理要素协同性建构的研究，可以尝试从多个维度解构思想政治教育治理要素之间的关系，围绕要素之间的某种关联性和共通性，对治理要素协同关系的建立和发展策略进行系统研究。一方面，从表象层面把握思想政治教育各要素间的连接关系，以之为基础展开研究。比如，从横向连接关系切入，可以研究校内外环境的横向协同，思政课程与专业课程的横向协同以及思政工作队伍内部的横向协同，等等；从纵向连接关系切入，可以对大中小学不同学段思政教育的纵向协同以及思想政治教育各层级之间的纵向协同等展开研究。以这些要素的表象连接关系为研究起点和基础，进一步加强对思想政治教育治理各要素的协同性研究，以不断促进思想政治教育治理实践要素的协同联动，为推进思想政治教育治理现代化发展提供助力。另一方面，从本质层面解构思想政治教育各要素间的共通性，以之为依据对不同性质要素进行分类研究，把握不同性质要素之间的协同关系。比如，将思想政治教育治理的资源解构为不同性质类型的资源来进行针对性研究。在人力资源方面，可以着重分析思政工作队伍内部，比如党政干部、辅导员队伍和思政课教师之间的协同关系，也可以研究思政课教师与专业课教师之间的协同关系等；在物质资源方面，可以进一步研究政府、学校、家庭和社会物质资源的协同关系，或是思想政治教育工作所关涉的不同层级机构物质资源的协同性等；在环境资源方面，可以重点把握校内外环境资源的协同关系，以及课堂内外环境资源的协同关系等。以不同性质类型资源的相互关系为切入点，畅通思想政治教育治理各要素协同关系的研究思路，进一步加强对思想政治教育治理要素协同性的研究，进而推动思想政治教育治理现代化研究。

其次，进一步加强对思想政治教育治理制度化发展的研究，可以围绕思想政治教育治理制度化发展的要求和趋势，对思想政治教育工作整体性的制度规则建设及各具体领域的制度规则完善进行深入研究。一方面，考量思想政治教育治理全局，科学把握思想政治教育治理现代化与制度化发展的内在一致性，在治理主体的责任、界限，治理手段和方法在实施过程中的条件、边界，以及衡量治理成效的相关条件标准等方面，作出进一步地研究探索；另一方面，关注思想政治教育治理所涉及的具体领域，比如队伍建设、课程思政建设、思政课改革和日常思想政治教育等，以治理视域重新审视在这些具体领域中已形成的较为成熟的制度安排，科学把握这些制度安排的积极意义，予以重视贯彻，同时也可以根据思想政治教育治理实践的发展状况，推动建立更符合时代与实践发展要求的新的制度安排，切实沿循思想政治教育治理的制度化发展的路径，推动思想政治教育治理的现代化发展。

最后，进一步加强对思想政治教育治理效能化发展的研究，可以聚焦思想政治教育治理实践，围绕思想政治教育治理效能评价实施与发展的可能性，探索建构思想政治教育的治理效能评价体系的思路与策略。首先，围绕思想政治教育治理效能评价研究的理论命题，进一步深化对思想政治教育治理效能评价体系整体建构方案和思路的研究，以形成对评价体系建构的宏观指导和建议。比如，在思想政治教育治理效能评价的整体目标、实施原则和方式方法选取等方面，作出进一步的研究探索等。其次，关注思想政治教育治理效能评价实施的具体场域，结合思想政治教育治理具体领域的实践情况，进一步确定评价实施的方式、标准，以及实施的范围和限度，等等。比如，聚焦思想政治教育队伍建设层面，进一步发展对思想政治教育队伍成员绩效评价的研究；围绕思想政治理论课的改革创新，进一步加强对思想政治教育教学成效和教学资源配备水平等基础性评价的研究；针对日常思想政治教育活动，进一步推进在合格性评价和特色性评价方面的研究；等等。总体上，兼顾理论研究和实践操作的动态平衡，在理论与实践的良性互动中，进一步深化对思想政治教育治理效能评价的研究。最后，要重点结合新时代大数据发展的潮流和趋势，研究依托大数据信息推动思想政治教育治理效能评价发展的有效路径。大数据信息技术的高速发展是新时代的显著特色之一，各领域各学科都在寻求与大数据融合发展的可能性与可行性，思想政治教育领域在与大数据信息技术融合发展方面，也产生了丰富的研究成果。因而，思想政治教育治理研究也须把握发展契机，探索大数据技术在思想政治教育治理效能评价体系建构和发展方面的重要价值，谋求通过大数据技术解决治理效能评价的可行路径。比如，借助大数据信息技术的超级算法、数据整合等优势，将评价对象的信息收集、对比等操作更高效化，等等。整体上，进一步结合大数据信息技术，拓展思想政治教育治理效能评价的思路和路径，不断深化对思想政治教育治理现代化发展的研究。

第八章　思想政治教育形象研究

毋庸讳言的是，思想政治教育形象是一个新问题。面对新时代新征程里我国国家形象建设和中国共产党形象建设日益紧迫的现实要求，思想政治教育所承担的"展形象"职责使命及被赋予的"治党治国的重要方式"的社会地位，共同呼唤了思想政治教育形象理论命题的"出场"，即思想政治教育形象是国家形象和政党形象的构成要素，也是国家形象建设和政党形象建设的重要抓手，因而是有时代气息的理论生长点。同时，思想政治教育形象归根结底在于强调人的感受和美之体验，这实则是中国共产党思想政治教育逾百年实践探索和近四十年理论探讨的价值旨归，因而既往思想政治教育理论研究中不乏对思想政治教育形象的相关探讨。由北京师范大学冯刚教授主持的教育部 2022 年高校思想政治理论课教师研究专项重大课题攻关项目"高校思政课的公众形象塑造研究"课题立项之后，关于思政课形象、思想政治教育形象的相关研究进一步展开，相关学术会议陆续召开，一系列研究成果正式发表。梳理 2023 年度思想政治教育形象研究进展，把握主要特点，剖析不足之处，展望未来趋势，是思想政治教育以更好的形象迎接思想政治教育学科 40 年、助力中国式现代化实现的应有之义。

一、思想政治教育形象研究的年度进展

作为一个既"新"又"旧"的理论命题，相较于之前的研究，思想政治教育形象研究的关注热度、成果数量、体系完善程度等在 2023 年均实现了较大

攀升。其根本原因在于国家现代化建设层面、个体全面发展层面、思想政治教育自身发展层面思想政治教育形象塑造重要性的凸显，主要原因是在学界持续努力下思想政治教育形象研究的理论框架已初步成型，直接原因则是由北京师范大学思想政治工作研究院院长冯刚教授主持的教育部高校思想政治理论课教师研究专项重大课题攻关项目"高校思政课的公众形象塑造研究"的推进。总体视之，本年度思想政治教育形象研究集中在思想政治教育形象基础理论、高校思想政治理论课公众形象、思想政治教育工作者形象三个方面。

（一）思想政治教育形象基础理论研究向纵深发展

顾名思义，基础理论研究是所有理论研究中起到奠基作用的部分，决定着理论研究问题域的全部内容与界限，故而必须首先探究、持续探究、深入探究。2023 年，学者们坚持问题导向、遵循历史规律、总结学界观点、结合时代要求，进一步探讨了什么是思想政治教育形象、塑造什么样思想政治教育形象、怎么样塑造思想政治教育形象等元问题，推进了思想政治教育形象基础理论研究向纵深发展。

一是通过文献综述反思思想政治教育形象基础理论的研究。回顾思想政治教育形象研究发展脉络，我国思想政治教育形象研究发端于 20 世纪 80 年代，当时以《思想政治工作研究》《教育与现代化》《高校德育研究》（原《学校党建与思想教育》）为代表的核心期刊杂志刊发了若干围绕思想政治工作者形象的学术论文，主要是基于经验总结论述了"思想政治工作者树立什么样形象""怎么样树立思想政治工作者形象"等问题。可以说，思想政治教育形象实践应用研究是早于思想政治教育形象基础理论研究发展的，一直到近年仍是学者们主要聚焦产出成果的领域，思想政治教育形象基础理论研究就相对成为了思想政治教育形象研究的弱区短板。同时，由于思想政治教育形象基础理论支撑乏力，又在一定程度上导致了现今思想政治教育形象实践应用研究的创新性、自洽度、说服力日渐式微，同质化研究也在相当局面上存在。2023 年，有学者深刻认识到这一问题，系统回顾了学界关于思想政治教育形象相关研究，特别是思想政治教育形象基础理论研究，并在此基础上围绕什么是思想政治教育形象进行了深入思考。他将学界现有的思想政治教育形象内涵的界定分成过程评价论、意义表达论、效果体验论、客观表征论四种方案，并指出仅"以思想政治教育实践过程这一局部现象为对象的形象认知"的"形象理解方案是有缺陷的"，从而提出正确的理解方案：第一步，应从概念史角度梳理、诠释"形象"与"思想政治教育"的核心内涵，尤其是在实现中西形象理论有机融合的基础上，获取清晰的形象内涵；第二步，应在此基础上，确证作为评价性、社会性概念的思想政治教育形象，从内在本质维度与外在表现维度的统一中廓清思想政治教育形象的内涵，推出新概念方案；第三步，应从结构分析视角深入思想政治教育形象的内里，明确思想政治教育形象的内部构成要素——思想政治教育主体形象、理论形象、实践形象、学科形象、话语形象等，把握各要素在整个结构关系中所占据的位置及其功能，明晰各要素相互之间的关系机理。[①]

二是引入生成视角探析思想政治教育形象基础理论的研究。以往的思想政治教育形象研究往往是基于既成视角分析问题，缺少对思想政治教育生成问题的分析，更没有从思想政治教育形象生成进一步推论思想政治教育形象建构策略、思想政治教育形象优化路径等，从而可能导致思想政治教育形象的概念模糊或者内容不够周延，影响到思想政治教育塑造路径选择的科学性和有效性。简而言之，"思想政治教育形象如何生成"作为一个基础问题没得到足够关注，作为一种研究视角也未能有机融入思想政治教育形象研究。基于此，本年度学者们引入生成视角有力推动了思想政治教育形象基础理论研究乃至整个研究的发展。有学者基于生成视角阐述了思想政治教育形象具有客观性与主观性并存、一般性与特殊性叠加、外显性与内隐性融合的特质，提出了"思想政治教育形象的直接生成逻辑与间接生成逻辑分别建构了思想

[①] 张建晓：《思想政治教育形象建设研究的回顾与反思》，《青年学报》2023 年第 5 期。

政治教育的内在形象与泛在形象"。他将思想政治教育形象生成分为内在生成和外在生成，其中，内在生成体现于主体交互中的具身认知、现实生活中的释疑解惑以及道德实践中的价值判断，外在生成体现于典型意义符号的象征、社会运行形态的迁移以及国家政党形象的映射，并在此基础上提出了思想政治教育形象提升策略，主要包括增强思想政治教育的亲和力、激活思想政治教育的价值认同、展现思想政治教育的现实效应等。[①]

三是基于主体间性厘清思想政治教育形象基础理论的研究。思想政治教育形象塑造机理问题，即从学理层面分析什么是思想政治教育形象塑造、塑造什么样的思想政治教育形象、怎么样塑造思想政治教育形象，其与思想政治教育形象的内涵问题和生成问题联系紧密，思想政治教育形象塑造实际上是基于思想政治教育形象内涵对思想政治教育生成的优化与作用，所以也是极其重要的思想政治教育形象基础理论问题。进言之，思政课自我形象建构与他者形象认知是辩证统一的关系，主要表现为二者间存在主体间性矛盾、二者具有相同价值旨归、二者成为互相发展条件，因而思政课形象塑造本质是思政课自我形象建构与他者形象认知保持动态平衡，具体应在消弭认同壁垒、增讲认知共识、提升对话能力、完善对话场域方面予以着力。[②]

（二）高校思想政治理论课公众形象成为焦点论域

作为学校思想政治教育的主渠道，高校思想政治理论课是思想政治教育形象重点展示和思想政治教育形象受众主要关注的"窗口"。2023 年，教育部高校思想政治理论课教师研究专项重大课题攻关项目"高校思政课的公众形象塑造研究"全力推进，中国教育发展战略学会思想道德建设专业委员会

[①] 邵颖：《思想政治教育形象的生成逻辑与提升策略》，《思想教育研究》2023 年第 1 期。

[②] 张青、张波：《论思政课自我形象建构与他者形象认知的统一》，《湖南大学学报（社会科学版）》2023 年第 6 期。

年会汇集了 200 余名专家学者研讨新时代高校思政课公众形象塑造，①《中国远程教育》《湖南大学学报（社会科学版）》《思想政治课教学》刊发了系列主题文章，这反映出高校思想政治理论课公众形象俨然成为思想政治教育形象研究的焦点论域。本年度高校思想政治理论课公众形象研究主要包括以下两个方面。

一是关于高校思想政治理论课公众形象塑造价值的研究。纵览既有研究成果，高校思想政治理论课公众形象塑造价值问题由于其不证自明的特点，反而遭到一定程度的忽视，有待进一步深化论证和全面展现，从而丰富高校思想政治理论课公众形象塑造研究内容，增强高校思想政治理论课公众形象塑造实践的自觉性、主动性和积极性。有学者从理论和实践两个方面揭示了高校思想政治理论课公众形象塑造的价值意蕴。一方面，高校思政课公众形象塑造对于理论体系建设、立德树人阐释、研究范式奠基具有理论价值；另一方面，高校思政课公众形象塑造的实践价值表现为增进社会认同、增强传播效果、增添发展动力。②

二是关于高校思想政治理论课公众形象塑造目标的研究。高校思想政治理论课公众形象塑造目标研究旨在弄清楚塑造什么样的高校思想政治理论课公众形象的问题。本年度，学者们从不同视角对这一关键问题进行了分析回答。有学者充分考察了党和国家、社会、个人等不同层面对高校思政课的形象期待，提出要塑造总结历史经验、立足现实问题和把握未来世界的社会主义意识形态"捍卫者"和"发展者"形象，塑造为国为民的"发声者"和社会主流价值观的"引领者"形象，塑造求知求学道路上的"传道授业解惑者"、引导适应社会变化的"意识形态建设者"及"危机预防者"形象。③

---

① 《新时代高校思政课公众形象塑造研讨会在西华大学召开》，中国社会科学网，2023 年 12 月 11 日，https://www.cssn.cn/skgz/bwyc/202312/t20231211_5705252.shtml。

② 冯刚、杨小青、张智：《新时代高校思政课公众形象塑造的理论探赜》，《中国远程教育》2023 年第 6 期。

③ 武传鹏：《高校思政课公众形象评价体系构建探赜》，《湖南大学学报（社会科学版）》2023 年第 6 期。

（三）思想政治教育工作者形象研究紧贴时代创新

在思想政治教育形象研究中，思想政治教育工作者形象研究呈现出发轫较早、发展较快、成果较多的特点。这是因为思想政治教育工作者形象是思想政治教育整体形象的基本构成，研究思想政治教育工作者形象是出于精准作用要素以优化系统的需要，更为重要的是因为思想政治教育工作者作为"人"的特殊地位，一定意义上而言，思想政治教育形象就是思想政治教育工作者的行为及其结果的形象。2023 年，部分学者持续关注了教育工作者特别是思想政治理论课教师和高校辅导员在开展思想政治教育过程中所展现出来的形象，实现了思想政治教育工作者形象研究的与时俱新。

一是关于思想政治理论课教师形象的研究。良好的思政课教师形象既有利于获取课程受众、社会公众的好感和支持，也有利于提升思政课教师的荣誉感和使命感，吸纳更多人才加入，从而不断增强思想政治理论课的思想性、理论性和亲和力、针对性，培养担当民族复兴大任的时代新人。本年度，学者们积极响应新要求、适应新技术、采用新方法、提出新观点，思政课教师形象研究得到创新发展。有学者充分把握新的历史条件，全面探讨了思政课教师形象特质，一方面着重理论分析，从党和国家相关要求、社会主义人才培养现实需求、学科专业及课程特定中进行了总结；另一方面注重实践考察，针对思政课教师年度影响力人物和"网红"思政课教师两大群体，提炼出优秀思政课教师的共同特质，并且进一步强调要以思政课教师身份意识的巩固增强形象认同度，以思政课教师综合素质的提升增强形象塑造力，以优秀思政课教师事迹的推广增强形象感染力。[①] 在 2023 年 12 月 1 日至 3 日举办的新时代高校思政课公众形象塑造研讨会上，有学者以《新时代思政课教师公共形象塑造的三重维度》为题，从自我塑造、舆论塑造和认知塑造三个维度系统，创新阐述了新时代高校思政课教师公众形象塑造的多维路径；

---

① 高静毅：《思政课教师形象的多维审思与塑造》，《思想政治课教学》2023 年第 7 期。

还有学者以《高校思政课数字人形象塑造》为题，聚焦"数实融合"，着重探讨了数字信息时代高校思政课教师形象塑造的新样态和新场域。

二是关于高校辅导员形象的研究。作为高等学校教师队伍和管理队伍的重要组成部分，辅导员是开展大学生思想政治教育的骨干力量。他们不仅是高校学生日常思想政治教育和管理工作的组织者、实施者和指导者，实现日常思政、思政课程、课程思政同向同行，也是青年朋友的知心人、热心人、引路人。质言之，辅导员与大学生的交往互动的经常性、生活化、全时性，决定了辅导员形象会对大学生思想品德的形成和发展产生重要影响。本年度，部分学者聚焦高校辅导员形象研究，着重探讨了信息网络时代的新背景下高校辅导员网络形象及其塑造问题。有学者针对网络媒介下高校辅导员网络形象塑造陷入的困境，即在缺场交往与在场缺位的错置、职业形象与自我形象的交织、现实自我与理想镜像的冲突、理性引导与情感传播的张力，提出了要从辅导员网络形象自我塑造的意识、能力、规划和技术手段出发实现超越。[1] 有学者分析了全媒体时代高校辅导员媒介形象的特点，面对媒介形象存在对全媒体的认知偏差、"圈层化"日益凸显、职业定位模糊等问题，从技术赋能、坚守主责、构建平台等方面提出了优化策略。[2]

二、思想政治教育形象研究的年度特点与不足

综览 2023 年思想政治教育形象研究成果可以发现，本年度思想政治教育形象研究充分符合思想政治教育形象作为一个新的理论命题的阐证趋势和发展规律。其中，既有基础理论研究，也有实践应用研究；既有整体系统研究，也有局部要素研究；既有现实问题研究，也有应然状态研究。总体而言，2023 年思想政治教育形象研究呈现出了三个"相结合"的主要特征，同

---

① 武昕：《媒介化生存下高校辅导员网络形象自我塑造的困境与超越》，《高校辅导员学刊》2023 年第 4 期。

② 王倩：《全媒体时代高校辅导员媒介形象构建》，《传媒论坛》2023 年第 20 期。

时存在一些不足，有待改进和深化。

（一）思想政治教育形象研究的年度特点

一是思想政治教育形象塑造研究和思想政治教育自身发展研究相结合。回顾思想政治教育形象研究历史，思想政治教育形象塑造研究和思想政治教育自身发展研究的关系始终处于一种动态变化当中。思想政治教育形象塑造问题诞生于思想政治教育自身发展问题域，随后应在学者们共同努力下逐渐形成相对独立的问题域，同思想政治教育自身发展问题域转化成为彼此交织的关系。但是思想政治教育形象塑造研究一直以来同思想政治教育自身发展研究的区分并不显著，多是仅对"形象"做了直观浅显的理解，其所推导的形象塑造目标同自身发展方向近无差别，形象塑造路径也与自身发展路径"不谋而合"。不可否认的是，二者之间的确联系紧密，因为思想政治教育形象是作为对象化活动的思想政治教育的存在方式，思想政治教育形象塑造研究是以"形象"视角检视并促进思想政治教育自身发展的理论研究。思想政治教育形象塑造研究必须通过廓清核心概念、建构分析思路、形成研究范式等方式独立出来，在和思想政治教育自身发展研究相结合中实现共同深化。本年度思想政治教育形象研究充分显示出这一复杂的"相结合"特点。尽管学界对思想政治教育形象概念的界定仍未达成完全一致，但皆认识到思想政治教育形象的主客同构性，并将其融贯于形象结构、形象问题、形象优化等问题分析中。其中，客观性决定思想政治教育形象塑造要把握客观变量，加强"自我"形象建构，着力思想政治教育自身建设，而主观性则决定思想政治教育形象塑造要把握主观变量，注重"他者"形象认知，特别是要开展思想政治教育形象传播和形象评价实践，又以此同思想政治教育自身建设区别开来。

二是思想政治教育整体形象研究与思想政治教育局部形象研究相结合。在思想政治教育形象研究论域中，"思想政治教育"不仅是指通常意义上由思想政治教育主体、思想政治教育客体、思想政治教育介体、思想政治教育环体等要素有机构成运作的教育工作实践活动，还指向思想政治教育学科建设实践活动、思想政治教育理论生产实践活动，因此思想政治教育形象是一个复杂系统。2023 年，思想政治教育形象研究既立足整体、系统谋划，又层层剖析、精准聚焦，为新时代思想政治教育形象塑造提供了有力指导。其中，整体形象研究主要集中探讨了思想政治教育形象的生成逻辑，尤其是"社会运行形态的迁移"和"国家政党形象映射"等跳出思想政治教育系统的观点，进一步凸显出思想政治教育形象的整体性；局部形象研究主要是指高校思政课公众形象这一重要局部形象的研究的深化，学者们对高校思政课公众形象的价值意蕴、影响变量、定位设计、传播推广、评价体系等问题作出了回答和阐释，且又进一步细分了高校思政课公众形象系统，深化高校思政课公众形象理论与实践的同时，也对思想政治教育整体形象的理论与实践具有积极意义。

三是思想政治教育形象研究反思与思想政治教育形象研究拓新相结合。作为思想政治教育基础理论研究的组成部分，相较于本质、功能、过程、方法、内容等问题，思想政治教育形象研究尚处于论题提出阶段。然而即便如此，本年度学者们仍进行了回顾与反思，发现当前思想政治教育形象研究存在"分析思路有待明晰、概念基础有待夯实、深层逻辑有待敞开、时代诉求有待回应"等问题，需要"寻求理论支援以明确分析思路、阐释核心概念以夯实理论基础、深化问题思考以缝补逻辑裂隙、关注评价优化以回应时代诉求"。[①] 这既为未来思想政治教育形象研究奠基铺路，也彰显出思想政治教育学者的"理论良心"，共同直接优化着思想政治教育理论形象。与此同时，2023 年思想政治教育形象研究积极拓新，呈现着鲜明的时代特征，表现为将新时代新征程党的中心任务及其对思想政治教育的战略部署充分融贯，加强习近平新时代中国特色社会主义思想，特别是习近平文化思想及思想政治教

---

① 张建晓：《思想政治教育形象建设研究的回顾与反思》，《青年学报》2023 年第 5 期。

育相关论述的理论指导，洞察思想政治教育形象受众的新期待和新变化，把握新技术新媒体的"双刃"影响，在基础理论方面创新推进了形象理论内涵的丰富、生成逻辑的完善、内容结构的梳理、塑造机理的剖析等，在实践应用方面从不同视角出发创新提出了可行有效的形象塑造路径。

（二）思想政治教育形象研究的不足之处

一是思想政治教育形象塑造实践研究多，而思想政治教育形象内涵理论研究少。长期以来，思想政治教育形象基础理论研究滞后于思想政治教育形象实践应用研究，这一矛盾在本年度仍旧没有得到完全疏解。思想政治教育形象塑造实践是思想政治教育形象研究的出发点和落脚点，理应得到学界充分重视和热烈研讨。然而思想政治教育形象塑造实践研究能否持续提出系统周延的、科学合理的、行之有效的路径方法，离不开思想政治教育形象内涵理论研究的深化完善。2023 年，思想政治教育形象研究对思想政治教育形象内涵界定及其理解这一核心问题论证得不够多、不够透、不够深。不够多是指本年度只有少数学者论及思想政治教育形象内涵，多数研究沿循依照前有观点研究其他问题，这显然与核心概念的研讨应呈现为主导性和多样性相统一发展趋势是不相符合的；不够透是指目前学界在对思想政治教育形象的进行内涵界定时，已基本明确形象感知主体所指，但对思想政治教育形象感知对象的具体把握却不尽相同，有待进一步厘清论证；不够深是指思想政治教育形象研究作为典型的跨学科研究，没有充分借鉴心理学、美学、阐释学、传播学中的形象理论，思想政治教育形象仍然停留于简单的直观感受和判断。正因如此，思想政治教育形象的构成要素、影响变量等问题也很难作出准确解答，思想政治教育形象内涵理论研究亟待加强。

二是思想政治教育应然形象创造研究多而思想政治教育实然形象改造研究少。思想政治教育形象塑造问题，是思想政治教育形象研究必须回答、无法回避的关键议题和热点话题。要充分探究塑造什么样形象和怎么样塑造形象两个基本问题，首先需实现思想政治教育形象塑造这一概念的廓清。早在有意识、有计划的思想政治教育形象塑造实践铺展开之前，思想政治教育形象作为一种特殊的群体意识形式就已自发形成。进言之，思想政治教育形象塑造并非是从零开始、从无到有的建构，而是指对实然形象进行应然建构的实践活动。在此过程中，应然形象对实然形象具有规约作用，实然形象对应然形象发挥反馈作用。2023年，思想政治教育形象塑造研究主要集中在思想政治教育应然形象的内容结构与创造路径分析，有学者立足了国家、社会、个体不同层面，有学者采用了教育学、政治哲学、心理学不同视角，描绘了思想政治教育应然形象，为思想政治教育形象塑造明确方向、提振自信、激发动力。但同时思想政治教育实然形象研究却相对稀少，本年度学界忽视了对现阶段思想政治教育给社会公众留下了什么形象感知、取得了哪些成就、存在着哪些短板等问题的探讨，缺少围绕思想政治教育形象的实证调研。长远看来，这会影响到思想政治教育应然形象设计的科学性，影响到形象塑造路径选择的针对性和有效性，思想政治教育实然形象改造研究亟待深化。

三是当前学校思想政治教育形象研究多而其他时空思想政治教育形象研究少。前已论及，思想政治教育形象里的"思想政治教育"，从实践形式来看，并非仅是教育工作实践，还囊括学科管理实践、知识生产实践等；从时间角度来看，并非局限于形象受众当下具身认知到的思想政治教育，另内蕴着其对思想政治教育的历史理解即思想政治教育历史形象；从空间角度来看，其也并非只存在于高校，而是广泛存在于社会各领域，中共中央、国务院印发的《关于新时代加强和改进思想政治工作的意见》明确指出，要不断加强企业思想政治工作、农村思想政治工作、机关思想政治工作、学校思想政治工作、社区思想政治工作、网络思想政治工作，共同推进思想政治工作的大格局。[①]本年度学界围绕新时代高校思政课公众形象进行了一定程度上

_____

① 《中共中央 国务院印发〈关于新时代加强和改进思想政治工作的意见〉》，《人民日报》2021年7月13日。

充分论证和广泛讨论，有力促进了思想政治教育研究聚焦、深化、夯实，但却没有推进其他领域思想政治教育形象研究和思想政治教育历史形象研究，这实际上反映出思想政治教育形象研究尚不成体系的问题，思想政治教育形象研究的论域、思路及方法亟待完善。

三、思想政治教育形象研究的未来进路

形象问题是思想政治教育实践发展的重要动力之一，也是理论探索中具有永恒意义的主题之一。思想政治教育形象研究目前处于起步阶段，相关研究成果的少数量、经验化同这一问题的重要性、必要性总体是不相匹配的。2023 年，得益于教育部高校思想政治理论课教师研究专项重大课题攻关项目"高校思政课的公众形象塑造研究"的助推，思想政治教育形象研究的关注度、聚焦度、深度得到提升，而其体系化、创新性、实践性仍有待加强。面向未来，思想政治教育形象研究应坚持理论与实践相结合、坚持历史与现实相结合。

（一）深化思想政治教育形象基础理论研究

对于思想政治教育形象这样一个新的理论命题来说，思想政治教育形象基础理论研究围绕思想政治教育形象内涵、本质、生成、构成等元问题展开，其重要性不言而喻。深化思想政治教育形象基础理论研究，是开拓思想政治教育形象研究论域，推进思想政治教育形象理论和实践发展的必然要求。一是充分挖掘思想政治教育形象有关思想资源。马克思主义是思想政治教育的理论基础，故应回到马克思主义经典著作当中去，获取思想政治教育形象研究理论观点、分析思路及研究方法等方面的支撑。譬如，以实践为基础的能动的革命的唯物主义反映论有助于对思想政治教育形象生成机制的理解。同时，心理学、美学、阐释学、传播学等学科对形象的研究起步较早、已成体系，以及源远流长的中国文化的尚象传统，也都是思想政治教育

形象研究须领悟转化的理论借鉴。二是科学界定思想政治教育形象这一核心概念。目前学界对思想政治教育形象的理解，对思想政治教育形象感知主体的感知对象问题论证得不够充分，还未厘清其是如何从个人或者群体的直观感受上升为公众的意志表达的问题，前者对应形象的构成问题，后者对应形象的生成问题，这也侧面印证核心概念模糊的消极影响，凸显了思想政治教育形象概念廓清的紧要和重点。三是系统搭建思想政治教育形象理论研究框架。理论研究的体系化程度反映着理论研究的成熟水平。思想政治教育形象研究归根结底是回答什么是思想政治教育形象、塑造什么样思想政治教育形象、怎么样塑造思想政治教育形象的问题，故而应在马克思主义、相关学科以及中华优秀传统文化的理论支持下和核心概念准确厘定的基础上，形成以思想政治教育形象的基本内涵、主要特征、价值意蕴、生成机制、构成要素、历史发展、现实状况、塑造路径等为主要内容的理论体系，这需要学术共同体接续努力。

（二）加强思想政治教育形象塑造实践研究

思想政治教育形象塑造实践是整个思想政治教育形象研究的热点。学者们从不同角度不同层面探索了思想政治教育形象塑造的路径方法，以期树立良好的思想政治教育形象，在促进思想政治教育自身发展中，实现人的全面发展和社会发展进步。然而在当前思想政治教育形象塑造实践研究中，学者们没有深刻认识到应然形象和实然形象之间的矛盾是贯穿始终、决定其他具体矛盾、指向塑造内生动力的主要矛盾，这是今后思想政治教育形象塑造实践研究的着力之处。一是研判各方期待深化思想政治教育应然形象研究。思想政治教育应然形象是基于其自身性质和规律的基础上并在可能的条件下的理想呈现，是人们基于实然形象对思想政治教育作出的科学的形象期待。因此，要全面调查把握思想政治教育形象期待，充分考量尊重不同个体、组织的对思想政治教育的各种需求，但同时不能一味迎合，而是应对这些形象期待予以研判分析和整合分类，从而描绘出科学合理的思想政治教育应然形象。二是坚持以问题导向开展思想政治教育实然形象研究。思想政治教育实然形象是思想政治教育形象的现实表征，是人们对思想政治教育的现实呈现所形成的实际印象和判断。思想政治教育实然形象研究主要是探讨思想政治教育形象现实状况特别是存在的问题，并对问题展开归因分析的理论研究。目前思想政治教育实然形象研究还比较少，今后应加大研究力度，坚持定性分析和定量分析相结合，坚持理论演绎和实证调研相结合，坚持宏观审视和微观剖析相结合。三是加强思想政治教育形象塑造路径的有效性研究。探索有效的塑造路径是思想政治教育形象塑造实践研究的核心。思想政治教育形象塑造要处理好应然和实然的关系，坚持目标导向与问题导向相结合，在追求理想形象中解决遇到的困难问题，在改造实然形象中朝既定目标稳步迈进。总体而言，既要凝聚全社会各领域资源及力量塑造思想政治教育形象，又要强调思想政治教育者作为形象塑造主体的主导地位；既要"勤修内功"又要"宣传推广"；既要精准着力每个形象元素，又要立足宏观视角把握要素间关系，增加彼此间的互补效应。

（三）拓展思想政治教育形象发展历史研究

在今后一个阶段，思想政治教育形象发展历史研究是思想政治教育形象研究需要大力拓展的内容，这是因为研究思想政治教育形象发展历史具有重要意义。一方面，习近平总书记指出："历史研究是一切社会科学的基础"。[①]历史事实、历史脉络和历史经验可以增加思想政治教育形象基础理论的科学性和说服力，也为思想政治教育形象塑造实践提供底气和参考；另一方面，思想政治教育历史形象深刻而直接地影响着当前人们对思想政治教育的印象和评价，是思想政治教育形象传播的重要素材。拓展思想政治教育形象发展历史研究，一是研究内容总体上应以"存在状态—表现样态—结果性态"为

---

① 《习近平致信祝贺中国社会科学院中国历史研究院成立》，《人民日报》2019年1月4日。

框架考察思想政治教育形象的变迁脉络，其中存在状态指向思想政治教育角色地位，表现样态指向思想政治教育实践形态，结果性态指向思想政治教育功能作用。也就是说，既要还原历史事实、描述历史典型，又要梳理历史成就、总结历史经验，还要承认历史失误、阐明历史教训；具体上应根据理论和实践需要开展专题历史研究，如高校辅导员形象发展历史研究、高校思政课公众形象发展历史研究、思想政治理论课教师形象发展历史研究等，在细化中深化思想政治教育形象发展历史研究。二是思想政治教育形象具有客观性和主观性并存的特点，决定思想政治教育形象发展历史研究需注重同思想政治教育自身发展历史研究的区别与联系，应当主要采用文献研究法和调查研究法，要大量搜集、鉴别、整理各种思想政治教育形象相关的历史文献，必要时可对之前思想政治教育的亲历者进行走访调查，尽量获取一手信息，以还原呈现出客观真实的思想政治教育形象发展历史。

第九章　思想政治教育话语体系研究

　　话语是人们在长期社会实践活动中形成的能够体现价值观念的语言符号，是思想政治教育从理论阐释到实践转化的重要媒介，也是思想政治教育由观念倡导向意识形态权力跃升的重要载体。思想政治教育话语发展紧跟党的理论创新，在话语样态、话语形式、话语内容等方面又受到信息传播技术的深刻影响，围绕话语和话语体系的研究一直是思想政治教育领域的研究热点。本章梳理 2023 年思想政治教育话语研究和话语体系研究的相关成果，分析其规律特点，把握其趋势动向，以期对推动该领域研究的持续深入提供启发与思考。

一、思想政治教育话语体系研究的年度进展

　　2023 年度围绕思想政治教育话语及话语体系的研究热度基本保持稳定，以"思想政治教育""话语"为主题词在中国知网检索发现，该主题的期刊论文发表总量与上一年度基本持平，其中 CSSCi 刊与核心论文数量增加了19 篇。学位论文成果数量较之上一年度有一定比例的下降，由 234 篇减少至 161 篇，但博士论文数量仅减少了 25 篇。本年度围绕该主题的研究在国家级科研项目上也有斩获，其中包括国家社科基金一般项目 1 项，课题名称为"思想政治教育话语体系创新研究"；教育部人文社会科学研究规划基金项目 2 项，课题名称分别为"数字时代网络圈群的思想政治教育话语传播研究"和"中国式现代化视域下高校思想政治教育话语体系创新研究"。此外，

还有 3 部学术专著公开出版，分别为人民出版社的《中国共产党思想政治教育话语体系构建研究》、上海交通大学出版社的《思想政治教育话语权研究》和河北人民出版社的《新时代高校思想政治理论课话语体系创新研究》。经梳理分析，本年度研究成果的相关研究论域主要集中在以下几个方面。

（一）思想政治教育话语基础理论研究

基础理论研究是对概念、内涵、范畴、要素、结构、功能等基本问题的探讨，是推动研究走向深入的基础和前提。2023 年围绕思想政治教育话语的基础理论研究涉及话语分析的功能结构、话语建设的逻辑把握等向度。有学者提出，思想政治教育话语分析的功能结构呈现三维化，即政治话语的主导性和学理性、学术话语的建构性和传播性和生活话语的主体性与实践性。思想政治教育话语分析需要从系统、关联、动态的视角进行把握，促成政治话语、学术话语、生活话语之间的动态构成，着力构建"话语—权力"的动力机制、"话语—价值"的平衡机制和"话语—行动"的治理机制[①]。针对思想政治教育话语建设应遵循怎样的原则路径、如何从整体上进行把握这一问题，有学者提出把握话语权与提升话语力是高校思想政治教育话语建设的双重逻辑，提升话语力需从以下四个方面着力：坚持理论创新，提升话语解释力；强化议题设置，提升话语吸引力；调试话语表达，提升话语说服力；优化话语传播，提升话语辐射力[②]。有学者提出，融媒体时代高校思想政治教育话语在理论逻辑、历史逻辑和实践逻辑的交互统一中生成和不断演进，并呈现出新的时代特征：话语主客体从主体性到主体间性，话语内容从理论话语到大众话语，传播模式从单向灌输到双向互动，话语生态从现实场域走向虚实结合，在这一背景下，高校要做好思想政治教育话语创新必须因事而化、因时

---

① 冯游游：《思想政治教育话语分析的功能结构与实现机制》，《贵州社会科学》2023 年第 7 期。
② 陈振媚：《提升话语力：高校思想政治教育话语建设的着力点》，《黑龙江高教研究》2023 年第 9 期。

而进、因势而新，即强化话语价值引领、推动话语要素与时俱进、技术变革赋能话语传播[①]。

（二）思想政治教育话语发展困境与优化路径研究

该论域一直是思想政治教育话语研究当中成果丰富、数量占比较高的一类，从 2023 年度的相关研究成果来看，这一特征仍然较为明显。有学者提出，人工智能为思想政治教育话语实践塑造全新发展图景的同时，也使得话语转化在间性、语境、交往、内容等维度面临技术力量"遮蔽"的风险，需要从数据要素管理、智能场景治理、算法运转规则以及技术理性纠导等方面入手，多向度、多领域实现思想政治教育话语发展与人工智能内在运转逻辑的有机统一[②]。有学者认为，网络圈群中高校思想政治教育话语传播面临着空间上"多元场景"与"信息茧房"并存、话语结构由"宏观严谨"转向"碎片脱序"、话语资源因"信息过载"引发"信息成瘾"、话语内涵由"情感至上"转向"群体极化"等现实挑战，面对话语传播凝聚力被分化、话语体系完整性被解构、话语资源吸引力被稀释、话语内涵主导力被削弱的现实挑战，高校应该通过实现圈群内外话语联动、理性规约与利益疏导结合、多元协作与协同引导贯通、改善表达与情感嵌入融合等策略不断提升、优化思想政治教育话语的传播途径[③]。有学者聚焦微传播时代的高校思想政治教育话语转向，认为微时代思想政治教育话语转向面临引领力不够、交往性较弱、创新力不足等现实困境，需要从多方面进行优化和创新，具体路径如话语出场从定向阐发转向动态交互、话语叙事从宏大笼统转向微小精炼、话语表达

[①]　赵冬鸣、张蓓蓓：《融媒体时代高校思想政治教育话语的逻辑、特征与优化路径》，《学校党建与思想教育》2023 年第 5 期。

[②]　陈国华、郑磊：《"遮蔽"与"解蔽"：人工智能时代思想政治教育话语转换及其应对》，《理论导刊》2023 年第 2 期。

[③]　孙旭红、顾琪：《高校思想政治教育话语传播的现实挑战及优化策略——大学生网络圈群视角》，《高校教育管理》2023 年第 2 期。

从大水漫灌转向精准滴灌，话语输出从刻板印象转向柔性鲜活[①]。有学者提出，人工智能与思想政治教育话语建构在议题设置、内容生产、信息传播方面的双向嵌入特征为二者融合发展提供了内在逻辑与价值前提，要全面掌握人工智能技术的特点和优势，加快推进思想政治教育话语的时代建构，必须确立价值目标，坚持思想政治教育话语建构方向，强化内容供给，推进算法优化，不断增强新时代思想政治教育话语的育人效能[②]。有学者认为，推荐算法建构的拟态环境日渐成为影响思想政治教育话语发展的全新场域，要完成思想政治教育话语从"追逐算法"到"驾驭算法"的转变，思想政治教育者需主动介入算法，依托算法技术优势，赋能话语内容"聚流量"、话语议题"强关联"、话语客体"达共识"、话语资源"续投放"、话语评估"精研判"，逐步构建思想政治教育话语发展的智能图景[③]。有学者关注到智媒时代的信息窄化问题，认为其引发的"信息偏食""信息投喂""信息圈层"和"信息裹挟"等负面效应在限制话语主体思维和行为的同时阻隔着思想政治教育话语的传播与建构，思想政治教育需要从话语优化的角度予以辩证思考和科学应对[④]。

（三）思想政治教育话语应用研究

这里指面向某类具体的思想政治教育话语展开分析或思想政治教育话语修辞、话语方法、话语传播、话语实践类相关研究。本年度思想政治教育话语应用研究主要涵盖大学生网络爱国话语、思想政治理论课话语和思政课教

---

① 严敏：《微传播视域下大学生思想政治教育话语转向研究》，《学校党建与思想教育》2023年第4期。

② 蹇昊：《人工智能时代思想政治教育话语建构策略》，《学校党建与思想教育》2023年第23期。

③ 张雅楠、陈春燕：《规训与突围：基于推荐算法的思想政治教育话语困境与应对》，《理论导刊》2023年第9期。

④ 谭天：《信息窄化与话语优化：思想政治教育话语发展的再思考》，《理论导刊》2023年第3期。

师话语三类，研究成果虽数量不多，但也有可圈之处。如有学者指出，当代大学生网络爱国话语具有图像化、娱乐化和"二次元"形象化等存在样态，既要挖掘、正视这一话语创新表达的多重价值，也要强化正面引领，防范话语失序的风险，同时充分借鉴吸收，探索将网络爱国话语的有益元素融入爱国主义教育话语[①]；有学者从高校思政课教学话语认同度这一视角切入，通过实证研究发现，高校思政课教学话语认同度受内外部各种复杂因素的影响。其中，教师状态是最重要的外部因素，大学生获得感是最关键的过程性因素，不同个体的课程卷入情况在一定程度上影响了其对教学话语的认同度。由此，提升高校思政课教学话语认同度要分别从话语主导向度、话语受众向度和话语过程向度等三方面下功夫，切实提升大学生的价值卷入和情感投入，并通过改善其心理感受和学习体验来增强其课程学习的获得感[②]。有学者提出新时代研究生思政课教师话语创新的三维向度，即通过教学话语语境历史与现实的弥合、课程话语语境显性与隐性的结合、个人话语语境宏观与微观的重合来实现语境融合；通过教学话语内容事实与价值的共生、课程话语内容学术与政治的共在、个人话语内容理论与生活的共存来实现内容统合；通过教学话语方式刚性与柔性的并济、课程话语方式单一与多样的并蓄、个人话语方式有形与有态的并融来实现方式合用[③]。

　　思想政治教育话语的修辞研究仍然受到不少学者的关注。有学者深入分析、阐释思想政治教育话语修辞的理论表述功能、情感调控功能和行为导向功能，认为思想政治教育者在教育过程中通过有意识、有目的地创设、运用修辞话语丰富教育内容的表达，增强话语的亲和力、感染力、说服力以及鼓

　　① 崔聪：《当代学生网络爱国话语的存在样态、多重价值与引导策略》，《思想政治教育研究》2023 年第 2 期。

　　② 许祥云、刘慧芳：《高校思想政治理论课教学话语认同度研究》，《黑龙江高教研究》2023年第 5 期。

　　③ 熊华军、魏星星：《新时代研究生思政课教师话语创新的三维向度》，《学位与研究生教育》2023 年第 1 期。

动力^①。有学者分析习近平在语言运用方面展现出的独特话语风格和语言艺术，认为该语言艺术为丰富思想政治教育话语内容提供了重要素材、为提升思想政治教育话语认同提供了生动指导、为增强思想政治教育话语美感树立了良好典范，对思想政治教育话语优化具有独特的价值意蕴^②。有学者提出，在思想政治教育话语修辞活动中常会遇到诸如修辞幻象与话语失真、言难尽意与话语隔阂、修辞悖论与话语遮蔽等困境。对此，思想政治教育话语修辞要坚持"存真""去隔"和"降蔽"，即以事实为底线，以理性为主导；克服言意矛盾，消解语言冲突；坚持修辞明理，促进话语融合，确保修辞话语既符合话语修辞的内在规律，又能体现思想政治教育的基本精神与价值^③。

有学者总结提炼出提升高校思想政治教育获得感的基本话语方法，包括坚持以理服人，以思想政治引领为核心把道理讲透彻；善于以情感人，用情理交融的话语方式凝心铸魂；注重以趣动人，用喜闻乐见的语言风格浸润思想政治教育内容；善于以文化人，用历史文化要素"化"刚性直白话语为柔性渐进话语^④，为思想政治教育主体的话语实践提供了指导；有学者从情感视角切入研究思想政治教育话语体系创新，提出以情感凝聚话语目标、以情感浸润话语内容、以情感互动活化话语表达，通过增强思想政治教育话语的适应力、说服力、转化力，使学生爱听、听得懂、听了有效，解决入耳、入脑、入心、入行的问题^⑤。

基于话语传播的研究视角也有不少成果产出。数字化生存为思想政治教育话语传播构建了一个多元、开放的场域，话语应用也随之出现新的特征。

---

① 刘先锐：《试论思想政治教育话语修辞及其功能》，《思想政治教育研究》2023 年第 2 期。
② 郑洁：《习近平语言艺术对思想政治教育话语优化的启示》，《学校党建与思想教育》2023 年第 5 期。
③ 徐益亮、路丙辉：《思想政治教育话语修辞的价值意蕴、现实困境与应对理路》，《思想教育研究》2023 年第 11 期。
④ 彭杰：《提升高校思想政治教育获得感的基本话语方法》，《学校党建与思想教育》2023 年第 11 期。
⑤ 王丹：《新时代高校思想政治教育话语体系创新的情感向度》，《思想教育研究》2023 年第 10 期。

视觉文化的兴盛不断激活且放大了图像所具有的话语功能，有学者敏锐捕捉到新时代思想政治教育话语"图像转向"这一实践样态，并从理论、历史和现实出发探寻其背后的推动逻辑，从叙事、解码与运行等不同维度勾画出这一转向实践中的矛盾张力，继而提出坚持图文互嵌以明确思想政治教育图本价值指向、多维建构以丰富思想政治教育图本时空意涵、同频共振以提升思想政治教育主体识图创图能力的具体路径[①]。有学者从深入分析思想政治教育话语传播的场域特征和内在矛盾入手，提出数字化时代思想政治教育话语传播的实践策略，包括平衡互动关系，重构话语权威；强化技术伦理，保障话语送达；善用数字资本，创造话语内容；回归现实的人，诠释话语含义[②]。

（四）思想政治教育话语权研究

话语权是话语研究中的核心议题，也是思想政治教育发挥意识形态引领作用的关键。本年度围绕思想政治教育话语权的研究视域既有宏观上的整体分析，也有针对具体话语内容的微观聚焦，呈现出不同的研究风格与视角。有学者对中国共产党思想政治教育话语权的特征展开研究，对其"寻根把脉"的理论性、"与时俱进"的时代性和"守正创新"的实践性特征予以考察和阐释，为党的思想政治教育话语权建设提供了有益启示[③]；有学者关注到大众媒体环境下爱国主义话语权的功能发挥及其现实挑战，认为大众媒体的泛娱乐化冲击弱化了爱国主义教育话语权，具体表现为削弱了爱国主义教育话语权的支撑力、降低了爱国主义教育话语权的感染力、稀释了爱国主义教育话语权的凝聚力，而要破解这一困境，需要大众媒体摒弃自身泛娱乐化倾向、坚持正确舆论导向、充分利用爱国主义公益广告、促进媒体融合发展多

---

① 赵本燕：《逻辑·张力·路径：新时代思想政治教育话语的图像转向》，《理论导刊》2023年第2期。

② 邱程、彭启福：《数字化生存时代思想政治教育话语传播的实践策略》，《理论导刊》2023年第9期。

③ 韩伟：《中国共产党思想政治教育话语权的特征》，《中学政治教学参考》2023年第28期。

措并举以不断提升爱国主义教育话语权①。有学者提出，要立足思想政治教育学科建设以提高学术话语创新能力，占据意识形态斗争前沿以提高学术话语批判能力，把握新时代社会语境以提高学术话语阐释能力，以此来全方位提升思想政治教育学术话语能力②。

（五）中国共产党思想政治教育话语内容研究

党的思想政治教育话语研究是思想政治教育话语研究的独特视角，也是话语研究理论创新的一个生长点。有学者提出，中国共产党思想政治教育话语内容发展变迁的驱动力来自党在不同历史时期的主要任务及其变化，以革命、建设、改革和复兴为不同主导风格的思想政治教育话语内容在历史演进中持续守正创新，内蕴了坚持党的领导、遵循马克思主义、关注世界视野、密切联系群众、将"理论"转"舆论"等鲜明话语主旨，彰显出思想政治教育话语内容的政治高度、思想深度、传播广度、服务温度和拓展维度等。新时代思想政治教育话语内容创新转译需要廓清迷雾，夯实话语内涵建设；满足需要，激发话语内容认同内生动力；协同创新，打造话语内容场域联动格局；深度挖掘，开发话语内容创新资源；媒体融合，拓展话语内容传播广度；设置议题，立足内容共识赢得国家话语权③。

二、思想政治教育话语体系研究的特色与不足

纵观 2023 年思想政治教育话语与话语体系研究，相关研究成果在数量上保持着相对稳定的势头，研究视域具有一定的承继性，在研究深度与广度方面取得了一定进展，年度成果在已有研究的基础上稳中有进，围绕话语能

---

① 李红军、龙飞：《大众媒体泛娱乐化背景下爱国主义教育话语权的提升策略》，《学校党建与思想教育》2023 年第 8 期。
② 高飞：《论思想政治教育学术话语能力建设》，《马克思主义理论学科研究》2023 年第 6 期。
③ 魏荣、赵燕飞：《中国共产党思想政治教育话语内容的发展历程与未来建设向度》，《学校党建与思想教育》2023 年第 5 期。

力、话语体系创新等问题的探讨也更为深入。

（一）研究成果的特色总结

具体而言，本年度围绕思想政治教育话语及话语体系的研究呈现如下特征：

1. 话语研究的实践导向与问题导向持续彰显

话语是思想政治教育实践的重要媒介与载体，是教育双方实现沟通、对话的桥梁。话语传播能否及时、有效地触达受教育者，是思想政治教育发挥功能作用的关键。网络技术的深入发展使得人与人之间的交往方式日趋虚拟化、复杂化，随着现代信息技术的不断发展和传播媒介的迭代升级，思想政治教育的话语传播面临前所未有的现实挑战，泛娱乐化、信息茧房、媒体融合等交错叠加，进一步弱化了思想政治教育话语的引领力与交往性。在这一背景下，思想政治教育话语研究始终坚持实践导向与问题导向，密切关注信息技术发展尤其是人工智能、算法推荐等信息技术带来的潜在风险与挑战，敏锐识别话语传播环境的变化特征，深度剖析话语传播与思想认知形成的内在规律，密切结合话语体系建设的时代背景与现实语境，为思想政治教育话语创新发展、构建思想政治教育话语体系寻找解题之道。

2. 研究对象多元，切入视角微观具体

思想政治教育话语主体的多元性与话语类型的多样化为话语研究提供了多种选择和进路。从年度成果梳理来看，研究对象涵盖了思想政治理论课话语、思想政治教育学术话语、思想政治教育叙事话语、大学生网络爱国话语等不同话语类型，同时涉及思想政治教育教师、学者、辅导员等多种不同话语主体，体现出学界对话语研究主客体的全面把握。与此同时，研究视角的切入也呈现出微观具体的特征，例如，从修辞话语的功能性视角分析思想政

治教育话语表达效果，从以理服人、以情感人、以趣动人、以文化人的基本话语方法分析思想政治教育获得感；从大学生群体话语圈层现象分析微传播时代思想政治教育话语转向；从情感向度看新时代高校思想政治教育话语体系创新。这些具体微观的视角切入，一方面体现出研究者对思想政治教育话语实践的细微观察，另一方面也是思想政治教育适应话语环境与场域变化、及时调整自身运行方式的经验自觉，凸显出思想政治教育话语实践的多样性与多维性。

（二）研究不足之处

2023 年度，思想政治教育话语和话语体系研究在成果数量上基本保持稳定，在学术专著出版、国家级课题立项上也有所斩获，展现出良好的发展势头，然而该领域中的研究短板仍然不能小觑，如果不及时加以关注和补齐，必将造成掣肘之势。其研究不足之处至少包含以下几个方面。

1. 理论增量与创新程度仍显薄弱

理论创新是社会发展和变革的先导，也是推动研究走向深入的支撑与前提，理论创新方面的进展与突破对学术研究有直接的推动作用。如有学者提出了"思想政治教育学术话语能力"这一概念，认为思想政治教育学术话语能力是指思想政治教育主体运用一定科学规范的学理性概念、范畴和表述开展思想政治教育话语实践活动的本领，它由思想政治教育学术话语创新能力、学术话语批判能力和学术话语阐释能力构成。这一概念界定及其内涵分析为准确把握和理解思想政治教育学术话语能力提供了理论指导，也为提升思想政治教育主体学术话语能力提供了明确的方向指引，是年度研究中的特色成果。然而，这类亮点成果从数量上看仍是少数，整体而言，思想政治教育话语研究的理论增量与创新程度仍显薄弱。梳理年度研究成果不难发现，现象描述和对策应用性研究成果居多，这一方面能够体现思想政治教育学科的实践属性和研究者的问题意识，但从另一方面看，也使得理论运用与创新不足、学理性弱的短板凸显。已有研究中重复性研究、同质性研究占有一定比例，在研究视角、研究方法上缺乏新意，不少论述浮于表面，重现象描述，轻学理探究，在讲透、讲深方面有待加强；在理论阐释方面，鲜见高水平、有深度的把握与解读，这在相当程度上限制了思想政治教育话语研究的理论增长与创新，使得思想政治教育话语研究长期囿于微观、中观的研究视域，话语体系研究缺乏宏观视野上的理论指导，学理性、思想性支撑不足。

2. 相对统一的研究范式仍未形成

研究范式是研究共同体进行科学研究时所遵循的共同模式与框架，是研究者们对某一具体研究领域基本理论、观点、方法以及目标、规范的共同认可。自话语研究被引入思想政治教育视域当中，围绕话语研究的成果一直保持相对稳定的数量，且有不少研究专著陆续出版，然而围绕这一热点议题的相对统一的研究范式仍是"犹抱琵琶半遮面"，尚未形成。研究成果分散，研究界限模糊，研究概念通用、混用等现象仍普遍存在，话语研究与话语体系研究间的对话和关照也没有形成良性、长效的学术互动与支撑。数量众多的研究者从不同的视角进入，在话语研究这个内涵丰富、体量巨大的学术矿藏中挖掘开垦，却也在不觉间陷入了"只见树木不见森林"、各自为政的研究局面。以高校思想政治教育话语为例，其至少包括理论话语、教学话语、生活话语、网络话语等不同话语样态，而在具体研究中，不少研究者都是一概而论，并未加以区分，实际上，不同的话语具有不同的内在逻辑和教育功能，应遵循不同的创新发展路径。理论话语以学术性知识阐释和理论性知识灌输为主要特征，以系统完整的宏大叙事为主要结构，具有高度的抽象性、思辨性和概括性；教学话语则具有启发性、准确性、节奏性、情感性等特质，善于在循循善诱中深化学生对理论知识的理解与吸收；生活话语是学生社会生活情境的映射，通俗易懂，简洁直白，具有高效的日常交流功能，也更符合大众化的语言习惯；网络话语以丰富多样的网络语言文化为蓝本，涵盖文字、图像、符号、表情、动图等多种话语样式，是大学生群体中最为流行的话语类型，对大学生的认知和表达有着潜移默化又深远持久的影响，是近年来思想政治教育话语研究的重要对象。要切实提升思想政治教育话语影响力，必须坚持具体问题具体分析，根据不同类型话语研究对象的特点采取有针对性的研究方法与进路，并在概念表述上尽量严谨、准确，在研究方法和理论借鉴上达成共识，努力形成话语研究的统一范式，推动研究走向深入。

3. 话语体系研究仍未形成规模与合力

梳理分析本年度的研究成果可见，围绕话语研究的成果居多，聚焦话语体系研究的成果寥寥，这一特点在往年的研究回顾中也有体现。不少研究冠以话语体系研究的标题，但其实际内容仍然围绕具体、现实的思想政治教育话语展开，缺乏面向话语体系建设这一系统问题的理论与实践探索。已有研究成果或聚焦思想政治教育话语发展的现实困境、存在问题，或着眼思政课话语、思想政治教育叙事话语等具体话语，鲜有对话语体系建设的整体关照与宏观把握。概言之，研究成果中具体研究较多，整体把握的较少，对思想政治教育话语体系的研究不仅数量上不占优势，兼具学理性与思想性的高水平研究成果更是远远不足。话语体系建设是一个系统性工程，需要有宏阔的理论视野和科学的顶层设计，从当前的研究视域来看，占据较多比重的成果为思想政治教育话语研究，而非思想政治教育话语体系研究。换句话说，对话语体系的研究还未成体系，也没有形成一定的规模与合力。不少学者对思想政治教育话语体系这一概念还缺乏统一的共识，对思想政治教育话语体系的基本内涵仍然仁者见仁、智者见智，有学者认为话语体系是指在一定的社会情境中言语传播的运用范式，即承载说话群体的主观意志和思想的完整有序的话语建制，也有学者认为话语体系是话语的具体阐述方式，它承载着个体、国家和民族特定的价值观念。对思想政治教育话语体系的科学认识与把握需要在借鉴多学科理论的基础上，结合思想政治教育实践规律和特色不断深入探索。

"不管怎样类型的话语体系，如果没有学术底蕴或学术底蕴相对不足，尽管有时也可能在社会上流行一段时间，但因为缺少学术内涵、学术底蕴以及学术支撑系统，缺乏思想界、知识界、学术界的总体性认同，因而最终结果将是昙花一现、行之不远。"[①] 作为一个体系化的存在，思想政治教育话语体系应该是与思想政治教育学科体系、学术体系相一致、相匹配的完整体系，至少包含生成、运行、功能发挥、效果评估等多重要素和结构，同时具有特定的形成发展规律、建设原则和目标指向。思想政治教育话语体系是思想体系、知识体系、文化体系和价值体系的外在呈现与表达，它与学科体系、学术体系之间的关系不能割裂或无视，对思想政治教育话语体系的研究，必须立足宏阔的理论视野，用好理论思维、历史思维和体系化思维，这对研究者的理论功底提出了较高要求，也在一定程度上限制了话语体系研究成果的产出。

三、思想政治教育话语体系研究的趋势与走向

思想政治教育话语体系研究是思想政治教育学科建设中的一个不可忽视的理论增长点，从历年来的研究成果数量来看，围绕该领域的研究基本保持着较为稳定的热度，以思想政治教育话语和话语体系研究作为学术方向的学者数量也不断增多，小规模的学术共同体已经形成。话语体系研究在思想政治教育学科发展中的地位和作用进一步获得确认，基本达成共识。基于本年度思想政治教育话语研究的基本特点，预测未来该领域的研究可能呈现如下趋势与走向。

---

① 吴汉全：《话语体系初论》，人民出版社 2020 年版，第 210 页。

（一）坚持问题导向推动理论创新

智能媒体时代，思想政治教育话语传播面临多场域并存的现实挑战，与此同时，泛娱乐化思潮影响下话语表达的符号和方式也都在不断丰富变化，为思想政治教育话语的"触达"乃至"入脑入心"带来未知和变数。思想政治教育要运用话语等多种方式体现理论说服力、增强价值引领，通过话语交往实现主客体间的思想交流，促进教育目的的实现。要发挥思想政治教育的功能作用、提升思想政治教育的实效性，必须活用话语，用活话语，掌握科学有效的话语方法，在把握规律性、体现时代性上下功夫。将经验总结与理论建构统一起来，将学术研究与现实关照结合起来，坚持以问题导向推动理论创新，进一步深化思想政治教育话语体系建设的必要性、可行性、规律性、时代性等认识论研究，思想政治教育话语体系的内容、要素、功能、结构等本体论研究，以及思想政治教育话语体系建设的方法论研究。在理论创新的研究进路上，或不断总结实践经验与规律，提出相关的新理念、新视角、新主张、新论断，或不断补充、修正、完善已有的理论研究，或进行相关的学术论证、逻辑论证以及思想文化上的诠释与解读，立足话语实践探寻规律性的认识与方法，为思想政治教育话语研究和话语体系构建提供有力的学理性支撑。

（二）跨学科的研究视野有待进一步拓展深化

思想政治教育话语研究视域广泛，可供借鉴、参照的理论资源丰富，研究方法多样，在很大程度上保证了思想政治教育话语研究的可持续性。然而，从近几年的成果数量统计来看，其研究热度的下降已现端倪。未来，围绕这一领域的研究想要继续保持相对较高的学术热度，必须借助跨学科的理论视野，在研究方法、研究视角等方面推陈出新，找到新的理论增长点和研究切入点，不断增强知识供给，避免陷入重复、低效的研究状态。哲学、语言学或可成为可供挖掘的重要学科资源。话语在主体间性视域的思想政治教育主客体关系建构中扮演着重要角色，主客体间的交往实践活动大多离不开一定的语言系统而展开。思想政治教育话语是建构思想政治教育主客体关系的必要中介，借鉴哲学、语言学的相关理论与方法，从主体间性视域研究分析话语在思想政治教育实践中的功能性作用，可以为话语研究提供新的研究视域。

（三）立足新时代构建多维立体的思想政治教育话语体系

当前，建设中国特色社会主义哲学社会科学话语体系的新命题为当代中国的哲学社会科学研究指明了方向。在这一时代背景下，建设思想政治教育话语体系既是响应建设中国特色社会主义哲学社会科学的理论呼唤，也是提升新时代思想政治教育实效性的实践追求。立足新时代，思想政治教育话语体系建构要有前瞻性思考、全局性谋划和整体性推进，要以马克思主义及马克思主义中国化重要成果为指导，以中国改革发展鲜活实践为基础，以中华优秀传统文化为支撑，以中国特色社会主义理论创新为关键，以文字、图像、音乐、艺术等多种样态为表现形式，构建包含学术（理论）话语、大众话语、网络话语、叙事话语等多维立体的思想政治教育话语体系。党的二十大报告明确指出，"加快构建中国特色哲学社会科学学科体系、学术体系、话语体系"，作为话语体系建设当中最具中国特色、经验传承的重要组成部分，思想政治教育话语研究共同体要以更高的学术追求与使命担当为自觉，立足新时代构建多维立体的思想政治教育话语体系，筑牢思想政治教育话语发展的根基。

第十章　思想政治教育内生动力研究

2023 年 7 月，习近平在全国生态环境保护大会上强调，要处理好"外部约束和内生动力的关系，要始终坚持用最严格制度最严密法治保护生态环境，保持常态化外部压力，同时要激发起全社会共同呵护生态环境的内生动力"，① 突出了内生动力的关键价值。在思想政治教育学科迎来 40 周年之际，越来越多学者关注到内生动力，提出发挥其推动思想政治教育内涵式高质量发展的关键作用。2023 年度学者们围绕思想政治教育内生动力形成了一系列研究成果，总结年度研究进展，明晰年度研究特征，把握未来研究趋势，对进一步深化思想政治教育内生动力研究具有重要意义。

一、思想政治教育内生动力研究的年度进展

经过对 2023 年度思想政治教育内生动力相关研究的梳理总结可以发现，既有聚焦思想政治教育内生动力的专题研究，也有从需要维度和矛盾维度切入的思想政治教育内生动力相关研究，还有从经济发展、乡村振兴等多维度出发探讨内生动力的相关研究，取得了一定的研究成果。

（一）思想政治教育内生动力专题研究

思想政治教育内生动力的专题研究是学者们十分关注和集中探讨的核心

---

① 《习近平在全国生态环境保护大会上强调 全面推进美丽中国建设 加快推进人与自然和谐共生的现代化》，《人民日报》2023 年 7 月 19 日。

主题。本年度学者们围绕思想政治教育内生动力进行了专题探讨，既有思想政治教育整体发展中的内生动力探讨，也有具体视域中思想政治教育内生动力的相关研究，进一步丰富了思想政治教育内生动力的理论内容。

一方面，思想政治教育整体发展中的内生动力探讨。本年度学者们立足思想政治教育整体发展，聚焦内生动力这一主线，对思想政治教育内生动力进行了梳理总结和理论探讨。有学者将内生动力概括为思想政治教育学科 40 年发展的基本经验，认为在思想政治教育学科 40 年的发展历程中，在理论与实践的深度融合中，思想政治教育持续创新发展的内生动力不断增强，从思想政治教育学科的核心组成部分出发进行了内生动力探讨，强调不断增强学校思想政治理论课、学校日常思想政治教育工作以及思想政治工作协同的创新动力，聚焦思想政治教育内生动力进行了集中探讨。^①同时，思想政治教育内生动力也受到学界的关注和重视，2023 年 12 月 16 日由北京师范大学思想政治工作研究院和安徽师范大学马克思主义学院共同主办的"第四届思想政治教育基础理论研究高峰论坛"在芜湖召开，会议以思想政治教育内生动力为核心议题，有学者就思想政治教育内生动力的价值意蕴进行了专题探讨，提出内生动力既是思想政治教育主体性激发的关键要素，也是思想政治教育理论深化的重要着力点，还是思想政治教育可持续发展的力量源泉。学者们立足思想政治教育基础理论整体，围绕推动思想政治教育发展的内生动力进行了深入探讨。

另一方面，具体视域中思想政治教育内生动力的相关研究。本年度也有学者立足思想政治教育的具体视域，对思想政治教育内生动力进行了多维探讨。有学者聚焦接受主体对其内在接受动力开展研究，提出动力要素与动力系统、目标优化与路径优化、方法多样性与提升实效性统一的接受动力原则，以及在优化高校思想政治教育环境中创设接受文化、着力激发高校思想

---

① 冯刚：《思想政治教育学科 40 年创新发展的历程与经验》，《南京大学学报（哲学·人文科学·社会科学）》2023 年第 4 期。

政治教育接受合动力的生成等接受动力优化路径，推动高校思想政治教育接受动力的优化。[①] 有研究者着眼思想政治教育数字化这一视角探讨了内生动力，指出思想政治教育数字化转型的内在动因源于思想政治教育本身所具有的主动求新、主动求变、主动突破等内在特质，对内生动力进行了深入剖析。[②] 有研究者聚焦思想政治课程，认为思想政治课程发展与创新需将思政元素贯穿人才培养全过程，积极构建融入式与渗入式教育模式，实现思政教育与专业教育有机融合，推动思想政治课程内生动力转化为内生力量，促进各育人主体加强协作，满足新时代学习者成长诉求，对思想政治课程内生动力进行了构建。[③] 学者们结合思想政治教育具体领域，对内生动力进行了不同维度的探讨，进一步丰富了思想政治教育内生动力理论。

（二）需要维度思想政治教育内生动力相关研究

需要作为人内心具有主导作用的精神意志，是探究内生动力的重要维度。本年度学者们既注重发掘需要中蕴含的思想政治教育内生动力，也探讨了需要在思想政治教育发展中的内生动力作用发挥。

一方面，需要中蕴含的思想政治教育内生动力发掘研究。学者们深刻认识到需要中蕴含的动力属性，着力发掘思想政治教育主体需要中的内生动力蕴涵。有学者提出应当从面向人的需要深化至面向个体需要，进一步发挥需要所具有的破解思想政治教育个体化困境、推动思想政治教育高质量发展的动力作用。[④] 有学者认为思想政治教育需要是指人对思想政治教育相关知识、价值观念以及实践活动的一种摄取状态，提出深化思想政治教育需要研究，

① 张欣：《新时代高校思想政治教育接受动力的优化》，《学校党建与思想教育》2023年第18期。

② 刘映芳：《思想政治教育数字化转型：内涵、动力与路径——基于辩证分析视角》，《思想理论教育》2023年第10期。

③ 张翾：《当代思想政治课程内生动力构建》，《中学政治教学参考》2023年第17期。

④ 赵本燕、王建新：《新时代思想政治教育面向个体需要的多维审思》，《河海大学学报（哲学社会科学版）》2023年第6期。

是提升思想政治教育实效性的重要力量。^①学者们在肯定需要动力价值的基础上，对需要中蕴含的思想政治教育内生动力蕴涵进行了深入描述。

另一方面，需要在思想政治教育发展中的内生动力作用发挥研究。学者们着眼思想政治教育发展实际，着力分析需要作为内生动力在推动思想政治教育发展中的作用发挥。有学者关注到学生成长发展需求，对当前学生的特点与需求进行了总结概括，提出正视、回应和关切学生的成长发展需求，促使其发挥主观能动性，激发学习积极性、创造性，推动青年学生自我教育、朋辈间教育，进而发挥促进高校思想政治教育工作高质量开展的动力作用。^②有学者表达了相似的观点，认为教育者应更加切实地关心受教育者的现实需求，加强符合时代要求的思想政治教育内容供给，使思想政治教育能够适应新时代发展需求和教育对象的现实需要，从而达到教育对象的利益诉求与社会集体利益要求的同向同频，以实现思想政治教育有效发展。^③有学者着力分析了需求在思想政治教育数字化发展中的动力作用，在把握信息社会发展、国家数字建设、教育转型目标、学生成长规律、课程创新机遇等多维需求的基础上，强调了其以教育高质量发展为目标推动思想政治教育数字化的作用发挥。^④学者们基于对需要的内生动力属性确证，从不同视角分析了需要在思想政治教育发展中的内生动力作用发挥。

（三）矛盾维度思想政治教育内生动力相关研究

矛盾作为事物之间相互作用、相互影响的一种特殊状态，推动着事物的发展进步。着力揭示思想政治教育内在矛盾的动力属性，是学者们深化思想政治教育内生动力研究的重要维度。本年度学者们聚焦思想政治教育基本矛

---

① 孙梦婵：《论思想政治教育需要》，《思想政治教育研究》2023年第2期。

② 荣华伟：《高校思想政治教育的历史逻辑与创新发展》，《江苏高教》2023年第9期。

③ 阮一帆、马翔飞：《以人的全面发展思想引领新时代思想政治教育》，《中南民族大学学报（人文社会科学版）》2023年第3期。

④ 王丽鸽：《思想政治教育数字化发展的生成动因、态势特征与创变展望》，《思想理论教育》2023年第5期。

盾、思想政治教育智能化发展矛盾以及特定视域中思想政治教育矛盾，开展了思想政治教育内生动力相关研究，形成了丰富的研究成果。

首先，聚焦思想政治教育基本矛盾的内生动力相关研究。本年度学者们围绕思想政治教育运行发展过程中的基本矛盾，探究了其对思想政治教育作用发挥的内在推动作用。有学者认为，随着"美好生活需要"的出场，"个体发展需要"日益成为思想政治教育关注的焦点，"社会发展要求"依然是思想政治教育基本矛盾的焦点，新时代思想政治教育要着眼矛盾，处理好基本需要与发展需要、真实需要与虚假需要、个性需要与共性需要的辩证关系，防止个体的原子化、片面化、物化发展，实现真正的关心人、尊重人、塑造人。① 有学者认为思想政治教育系统内圈层、中圈层、外圈层的系统运行构成了实践体系矛盾的运动，反矛盾的实践推动着实践体系矛盾的发展，促进矛盾向内生动力转化，加强实践体系矛盾的研究能够为推动思想政治教育矛盾研究的持续发展带来有益促进。② 学者们围绕思想政治教育实践中的基本矛盾开展理论探究，深化了思想政治教育内生动力的相关研究。

其次，聚焦思想政治教育智能化发展矛盾的内生动力相关研究。思想政治教育与网络技术、数字技术的深度融合是思想政治教育在新的时代发展背景下需要回应和破解的现实问题。有学者着眼网络思想政治教育，认为随着我国社会主要矛盾的转化，其主要矛盾已经转化为网民对高质量内容供给的需求同网络文化产品丰富度不高、阐释性不足之间的矛盾，表现为教育者的主导性与受教育者的自主性之间的矛盾、教育者施教角度的单调性与受教育者结构的多元化之间的矛盾，教育者内容供给的单一性与受教育者需求多样性之间的矛盾、表达话语政治性与需求生动性之间的矛盾以及传播规律与效果评估之间的矛盾，破解矛盾需要坚持以人为本的原则，优化内容供给结构

---

① 王艳：《论新时代思想政治教育基本矛盾的焦点》，《思想教育研究》2023年第8期。
② 陈启超：《思想政治教育矛盾的实践体系之维检视》，《思想教育研究》2023年第9期。

及培养网络意见领袖。① 有学者着眼思想政治教育的智能化发展，认为由于数字技术与思想政治教育主体的交互作用受多重要素影响，因此，相应的矛盾也会接踵而至，构成了制约思想政治教育智能化发展的阻碍，推动思想政治教育智能化应深入了解智能化发展中思想政治教育的发生机制，从筑基、赋能和融合等层面探讨有效解决矛盾的实践策略。② 学者们围绕思想政治教育与新技术融合发展中的矛盾问题开展理论探讨，深化了思想政治教育内生动力的相关研究。

最后，聚焦特定视域中思想政治教育矛盾的内生动力相关研究。着眼矛盾问题，从特定视域探究推动思想政治教育发展的动力功能，能够有效助力思想政治教育的守正创新。有学者基于损失厌恶效应视域，提出深刻理解高校思想政治教育工作中安于现状的矛盾与张力，跟进不断完善的高校思想政治教育质量评价体系之变，应对多样复杂的决策环境之变，面对高校意识形态工作特点之变，需要巧用逻辑思维、借助网络思维、注重即时反馈，有利于提升高校思想政治教育治理的应变力。③ 有学者认为在融媒体环境下，大学生思政教育面临着主流话语权威被冲击、主体价值判断被干扰、文化育人效能被弱化、施教质量提升受到制约等困境，培育大学生思政教育内生动力应在矛盾问题的解决中，全面践行强化主流意识形态建设、优化媒体信息传播渠道、发挥校园文化育人效能、创新思政教育模式等有效路径，④ 等等。学者们聚焦损失厌恶效应、融媒体环境等不同视角开展理论探究，深化了思想政治教育内生动力相关研究。

① 李金华、康亚玮、田克：《新时代网络思想政治教育矛盾及其化解研究》，《黑河学院学报》2023 年第 2 期。

② 张驰：《思想政治教育智能化发展的理想图景和矛盾消解》，《思想教育研究》2023 年第 10 期。

③ 王振、徐晓丽：《损失厌恶效应视角下增进高校思想政治教育治理动力的思考》，《学校党建与思想教育》2023 年第 7 期。

④ 戴兴青：《融媒体视域下大学生思政教育内生动力培育研究》，《新闻研究导刊》2023 年第 19 期。

（四）多维视角下内生动力相关研究

基于不同视角探究内生动力的基础性、深层次推动作用，是学者们深化内生动力研究的重要着力点。本年度学者们聚焦乡村振兴、中国式现代化以及经济发展等问题，形成了内生动力的一系列研究成果，为深化思想政治教育内生动力研究提供了思路，扩展了视野。

首先，乡村振兴视角下内生动力的相关研究。实施乡村振兴战略既是建设现代化经济体系的重要基础，也是实现全体人民共同富裕的必然选择。有学者提出乡村振兴是中国式现代化道路的一部分，人的现代化是其重要因素，内生动力的提升即是人的现代化的过程，从超常规的精准扶贫过渡到常规的乡村振兴，需要完善乡村振兴的市场机制，提升乡村居民的能力和主体性，发挥资源优势，在多元的乡村振兴格局下，增强乡村的内生发展动力。[①]有学者认为新时代以来，中国共产党在推进实施乡村振兴战略的过程中，逐步形成了一个从"外源"到"内生"的实践逻辑，需要通过重塑乡土文化认同、保障参与权以及挖掘优势和潜能实现对农民的赋权增能，从而培育形成农民的主体性品格和主体性地位，最终激发农民参与乡村振兴的内生动力。[②]有学者认为改革开放以来，在经济体制改革和社会结构变迁的背景下，我国乡村通过实行家庭联产承包责任制、发展乡镇企业、农民工进城务工经商、农业规模化经营、城乡融合发展等不同路径，发展的内生动力得到极大解放和提升，立足中国式现代化的乡村振兴进入新阶段，也要继续下大力气培育内生动力。[③]学者们立足提升乡村振兴内生动力的现实着力点开展理论探究，从不同视角深化了内生动力基础理论。

---

① 王晓毅、梁昕、杨蓉蓉：《从脱贫攻坚到乡村振兴：内生动力的视角》，《学习与探索》2023年第1期。

② 陈秀红：《从"外源"到"内生"：新时代中国共产党推进乡村振兴的实践逻辑》，《中共中央党校（国家行政学院）学报》2023年第2期。

③ 李培林：《乡村振兴与中国式现代化：内生动力和路径选择》，《社会学研究》2023年第6期。

　　其次，中国式现代化视角下内生动力的相关研究。中国式现代化作为党领导的社会主义现代化，是全面推进中华民族伟大复兴的光明大道。有学者认为中国式现代化是中国共产党带领人民艰苦奋斗进行实践的重大成果，全面推进中国式现代化，应强化主体自觉、增强内生动力，不仅要激发人民的主体意识，还要推进人民的主体认同，更要推动不同群体的主体参与，实现人民从知到情再到行的转化，凝聚人民共识，形成强大的群体合力。^①有学者聚焦中国式现代化进程中城市功能的嬗变问题，提出城市功能嬗变的内生动力主要包括民众需求升级、市场经济发展、全方位对外开放和社会公平正义，激发其内生动力需要坚持中国共产党的领导、坚持以人民为中心、贯彻新发展理念，通过城市功能的优化完善推进中国式现代化持续、健康发展。^②学者们立足现实问题，针对提升中国式现代化内生动力的有效策略开展理论探究，深化了内生动力基础理论。

　　最后，经济发展视角下内生动力的相关研究。内生动力作为推动经济建设发展的关键要素，是学者们研究经济发展问题的重要着力点。有学者认为在数字经济从消费互联网向产业互联网转型的重要阶段，持续增强的创新能力、实体经济升级的巨大需求、丰富的数字化场景和数据资源将成为中国数字经济高质量发展的重要推动力，推动数字经济实现高质量发展，需重视内生动力的有效激发，加强数字基础设施建设、数字科技创新、实体经济数字化转型、前沿数字技术产业转化和数字经济治理。^③有学者聚焦亚洲经济发展，提出为了更好发挥亚洲对全球经济复苏的引领作用，可以从中国影响力、亚洲区域经济一体化、基础设施和数字经济等四个方面认识和把握亚洲经济发展的内生动力，从而在续写"亚洲奇迹"的同时，推动亚洲经济的强

---

①　刘丽明：《主体自觉：推进中国式现代化的内生动力》，《湖北第二师范学院学报》2023年第10期。

②　张登国：《中国式现代化进程中城市功能嬗变的内生动力》，《北京社会科学》2023年第11期。

③　李晓华：《中国数字经济发展的内生动力》，《人民论坛》2023年第17期。

劲复苏和世界经济的可持续发展。^① 学者们从不同方面着力探究了增强经济发展内生动力的策略途径，深化了内生动力基础理论。

二、思想政治教育内生动力研究的年度特征

本年度学者们在思想政治教育内生动力的认识探索中，注重与现实问题结合、突出实践性，与经典问题承接、体现延续性，与热点问题相连、彰显时代性，思想政治教育内生动力研究呈现出鲜明特征。

（一）与现实问题结合，突出实践性

思想政治教育内生动力是理论统一于实践的重要命题，既具有深层的理论性，反映思想政治教育各要素的互动关系及其规律，同时也展现突出的实践性，指导思想政治教育的有序运行和发展进步。开展思想政治教育内生动力研究，需要坚持理论深化和实践探究相结合，以发展的思想政治教育内生动力理论指导实践，以发展的思想政治教育内生动力运行实践深化理论。本年度思想政治教育内生动力研究坚持与现实问题结合，呈现突出的实践性特征，注重在融媒体视域、人的全面发展工作、思想政治教育数字化进程等现实情境中，探讨思想政治教育发展存在的实际问题，以及思想政治教育内生动力在其中发挥的重要作用，进而在与现实问题的深度结合中，以突出的实践性丰富思想政治教育内生动力研究成果。

一方面，思想政治教育内生动力研究注重与现实问题相结合，在问题破解中将研究引向深入。与现实问题结合，就是将思想政治教育内生动力置于具体情境中加以审视，以内生动力助力思想政治教育现实问题的破解，并在现实问题的探讨中丰富拓展思想政治教育内生动力理论体系。本年度学者们将内生动力与思想政治教育数字化转型中发展不平衡不充分等问题相结

---

① 关雪凌：《正确认识和把握亚洲经济发展的内生动力》，《人民论坛·学术前沿》2023 年第 15 期。

合，与高校思想政治教育接受主体的接受动力不足等问题相结合，与融媒体环境下大学生思想政治教育内生动力受到冲击等问题相结合等，在这些现实问题情境中探讨思想政治教育内生动力具有的价值、发挥的作用、破解问题的方式、提升的路径等内容，不断拓展思想政治教育内生动力研究的广度和深度。

另一方面，思想政治教育内生动力研究以实践性为重要导向，注重将研究成果落实落地。突出实践性，强调内生动力研究与思想政治教育建设发展实践相结合，注重发挥内生动力蕴含的推动促进思想政治教育建设发展的功能作用，进而拓展思想政治教育内生动力研究。本年度学者们注重将内生动力研究与40年思想政治教育学科发展实践相结合，与思想政治理论课建设实践相结合，与大学生思想政治教育实践相结合等，在参与思想政治教育建设发展实践中，探讨思想政治教育内生动力发挥的作用及其方式、产生的效果、优化的路径等内容，进而总结关于思想政治教育内生动力的规律性认识，实现思想政治教育内生动力的理论与实践良性互动，更好指导思想政治教育建设发展实践的有效开展。

（二）与经典问题承接，体现延续性

内生动力作为根源性的推动力量，贯穿思想政治教育发展始终。以历史思维审思思想政治教育运行发展的内生动力，既有内部各要素协同互动生发内生动力的过程共性，也有不同发展时期内生动力的阶段特性。本年度思想政治教育内生动力研究紧扣时代特征，着眼破解并有效承接思想政治教育内生动力的经典问题，围绕内生动力的矛盾与需要维度，既坚持从基本问题、热点问题着手开展理论探讨，也坚持从不同视角以及具体问题切入进行理论探索，进而在相互推动中实现思想政治教育内生动力研究的深化发展。

一方面，思想政治教育内生动力研究聚焦内生动力矛盾维度有待回应的理论命题，开展了深入系统的阐释。矛盾贯穿事物发展全过程，蕴含着推动事物持续运行的内在力量，不仅对事物内部其他各要素有着促进带动作用，同时也对外部因素有着吸收转化作用，是事物发展的根本动因。因此，聚焦内生动力矛盾维度破解思想政治教育内生动力相关问题，不仅是深化相关理论研究的关键，也为把握推动思想政治教育革新发展的策略路径提供有效支撑。本年度学者们聚焦内生动力矛盾维度有待回应的一系列问题，立足不同视域，结合具体实践，围绕思想政治教育运行发展中的基本矛盾，深入剖析了制约思想政治教育内涵式发展的多维因素，并在厘清其作用关系的基础上提出破解矛盾、推动发展的策略方法，从不同维度进一步完善和深化了矛盾维度思想政治教育内生动力的相关理论。

另一方面，思想政治教育内生动力研究聚焦内生动力需要维度有待回应的理论命题，开展了深入系统的阐释。需要作为人的"内在规定性"，反映了人期待向往的心理倾向，本身蕴含着鲜明的动力属性，是推动思想政治教育发展的内在力量。围绕需要维度解析思想政治教育内生动力的丰富蕴涵是学者们探究的经典问题，形成了丰硕的研究成果。本年度学者们聚焦内生动力需要维度，在吸收借鉴前人研究成果的基础上，从需要对思想政治教育内生动力的多维激发功用以及对应策略等方面，深刻揭示出需要作为思想政治教育内生动力的构成要素，对思想政治教育主客体内在动机的调动与激发作用，进而在相关问题的有效厘清以及深化拓展中，进一步完善和深化了需要维度思想政治教育内生动力的相关理论。

（三）与热点问题相连，彰显时代性

思想政治教育内生动力生成于内部各要素的相互作用，是一个面向广泛、内涵丰富的重要命题，并且随思想政治教育要素的变化发展不断与时俱进，展现突出的时代性。在思想政治教育要素互动中，不断地涌现思想政治教育热点问题，逐步被学者们所关注和研究，其中多涉及思想政治教育内生动力的探讨，形成了相关的研究成果。本年度思想政治教育内生动力呈现与热点问题相连，彰显突出的时代性特征，关注思想政治教育学科 40 年发展的历程和经验问题、思想政治教育数字化转型问题、思想政治理论课程建设问题、人的全面发展问题等研究热点，探讨思想政治教育内生动力蕴含其中的丰富内涵和作用发挥，进而在坚持时代性中助力破解热点问题以拓展思想政治教育内生动力研究。

一方面，思想政治教育内生动力研究注重与热点问题相结合，在热点探讨中深化认识。思想政治教育内生动力研究与热点问题相结合，既是内生动力与时俱进的本质特性所致的必然趋向，也是热点问题所蕴含的动力要求提出的必然结果，两者在结合中相互助力、相互启发，进一步拓展思想政治教育基础理论研究。本年度学者们在探讨思想政治教育学科 40 年发展的经验总结中，在发掘思想政治教育数字化转型的动力支撑中，在探究思想政治理论课建设守正创新中，在促进大学生思想政治教育质量提升中等，结合这些思想政治教育理论与实践的热点问题，探讨思想政治教育内生动力丰富的内涵、运行的机制、推动发展的方式等内容，持续深化对思想政治教育内生动力的认识。

另一方面，思想政治教育内生动力研究坚持以时代性为重要原则，注重研究持续与时俱进。以时代性为重要原则，是指思想政治教育内生动力研究始终坚持与时俱进，注重与思想政治教育热点前沿问题结合，在相辅相成中深化研究，以反映思想政治教育发展的现状和成因，实现思想政治教育内生动力研究的守正创新。本年度学者们注重将内生动力研究与新时代思想政治教育对象的需要变化结合，与新时代思想政治教育矛盾的改革更新相结合，与思想政治教育智能化发展的前沿命题相结合，与融媒体环境下大学生思想政治教育创新发展相结合等，在以内生动力为主线、以热点问题为现实情境的探讨中，把握思想政治教育内生动力的要素更新、机制升级、方式拓展、路径创新，进一步丰富和拓展了思想政治教育内生动力的研究成果。

三、思想政治教育内生动力研究的研究展望

在梳理把握本年度研究成果和归纳总结研究特征的基础上，展望思想政治教育内生动力的研究动向，是深化拓展研究的关键。夯实基础理论、审思40年发展历史、推进实践转化，是未来思想政治教育内生动力研究深化的重要着力点和突破口。

（一）以系统思维丰富拓展思想政治教育内生动力基础理论

思想政治教育内生动力研究始终坚持理论与实践相结合，具有深厚的理论蕴涵和实践意义。基础理论涉及思想政治教育内生动力研究中一系列基础性、根本性问题，是思想政治教育内生动力理论与实践发展的根基。立足思想政治教育内涵式高质量发展新阶段，坚持以系统思维深化拓展思想政治教育内生动力基础理论研究具有重要的价值意义。

第一，深化拓展思想政治教育内生动力的内涵特质研究。内涵特质作为对事物本质属性及其基本特征的揭示，是认识把握相关事物需要厘清的首要问题。以系统思维科学审视思想政治教育内部各要素的相互作用，进而有效把握思想政治教育内生动力的丰富内涵及其基本特征，是深化思想政治教育内生动力研究的重要维度，更是立足思想政治教育学科发展40年积累的丰硕成果，进一步深化思想政治教育内生动力研究的着力点。第二，深化拓展思想政治教育内生动力的价值意涵研究。内生动力是贯穿思想政治教育发展始终、协同内部各要素共同参与的关键力量，研究和激发思想政治教育内生动力具有重要的价值意义。在深化拓展思想政治教育内生动力研究中，需要坚持以系统思维把握内生动力对思想政治教育主体性激发以及各环节优化等维度的关键作用，进而全面把握思想政治教育内生动力的价值意涵。第三，深化拓展思想政治教育内生动力的基本要素研究。思想政治教育内生动力是一个多层次、结构化的有机系统，在厘清内生动力系统构成要素的基础上明

晰其复杂结构，是思想政治教育内生动力研究需要破解的关键问题。立足现有研究成果，坚持以系统思维探究思想政治教育内生动力的基本要素问题，能够进一步立体化揭示内生动力在思想政治教育领域的丰富蕴涵。第四，深化拓展思想政治教育内生动力的形成机制研究。思想政治教育内生动力的生成发展不是一蹴而就的，而是在一系列常态化机制引导下逐渐革新演进。认识探究思想政治教育内生动力的形成机制，对于全面把握内生动力的形成演进过程，进而有效找准内生动力激发策略具有重要作用。因此，面向未来研究，坚持以系统思维探赜思想政治教育内生动力生发、转化、凝聚等机制，能够深化对思想政治教育内生动力形成机制的认识把握。第五，深化拓展思想政治教育内生动力的激发策略研究。把握内生动力的丰厚蕴涵，关键在于激发提升思想政治教育内生动力。立足对思想政治教育内生动力一系列关键问题的把握，坚持以系统思维从不同视角和维度探究思想政治教育内生动力的提升策略，能够有效深化思想政治教育内生动力研究。

（二）开展思想政治教育学科 40 年发展内生动力研究

思想政治教育内生动力不是在某一个阶段突发形成的，而是贯穿思想政治教育发展始终，发挥着推动促进的支撑作用。深化对思想政治教育内生动力的研究需要坚持唯物史观，以历史思维把握思想政治教育发展中的内生动力产生形成和作用发挥，进而丰富对思想政治教育内生动力的规律性认识，同时更好把握未来发展中内生动力的基本趋势和工作重点。2024 年是思想政治教育学科设立 40 年，在 40 年的学科发展历程中积累的丰富的思想政治教育理论与实践，是思想政治教育内生动力作用发挥的结果呈现，其中蕴含着思想政治教育内生动力的线索和脉络。把握思想政治教育学科 40 年这一关键契机，以内生动力为主题主线，对学科 40 年发展历程进行系统梳理和深度总结，深刻揭示思想政治教育内生动力的关键价值和丰富内涵，多维构成及其历史表现形式，形成过程以及作用发挥机制，发展趋势和有效提升路径，坚持在逻辑与历史相统一中系统开展思想政治教育学科 40 年发展内生动力研究。

立足思想政治教育学科 40 年发展历程开展内生动力研究是一项系统工程，应当从以下几个方面下功夫。第一，加强思想政治教育学科 40 年发展内生动力的历史演变研究。内生动力贯穿思想政治教育学科发展始终，并随着学科建设实践的演进，其内在蕴涵和构成要素也发生变化。以思想政治教育学科 40 年发展历程为基础，以内生动力的内涵与构成审思为主线，把握思想政治教育内生动力的历史演变，将进一步深化对思想政治教育内生动力的本质认识。第二，加强思想政治教育学科 40 年发展内生动力的运行机制研究。思想政治教育学科 40 年发展历程中蕴含着丰富的内生动力生发形成和作用发挥的历史实践，展现了思想政治教育内生动力的运行过程。坚持理论思维在现象实践中把握本质规律，总结概括思想政治教育内生动力的一般性运行机制，以指导内生动力在思想政治教育现实实践中的有效开展。第三，加强思想政治教育内生动力的发展趋势研究。立足思想政治教育学科 40 年发展历程探讨内生动力，关键在于从中把握规律性认识，以把准思想政治教育内生动力的发展趋势，进而更好指导教育实践。坚持以整体思维审视 40 年学科发展历程中思想政治教育内生动力的发展趋势，从中预测内生动力的未来走向，在准确把握中充分发挥其推动思想政治教育发展的积极作用。

（三）推动思想政治教育内生动力研究的实践转化

思想政治教育内生动力是以推动促进的动力支撑作用有效发挥为根本指向的实践命题，开展和深化思想政治教育内生动力研究终将落脚到推动学科建设和教育实践中，才能实现其内在价值。当前，思想政治教育内生动力研究还处于经验总结和规律把握的前期阶段，重在立足思想政治教育发展实践开展内生动力的理论概括，深化对思想政治教育内生动力的本质认识。在此基础上，着力推动思想政治教育内生动力研究的实践转化，成为未来研究工作的重点内容。坚持实践指向，依托制度建设、环节设计、模式构造等方式，推进思想政治教育内生动力理论指导和融入思想政治教育运行发展实践，在落实落地中实现思想政治教育内生动力研究的实践转化。

着力推动思想政治教育内生动力研究的实践转化，需要通过制度建设、环节设计和模式构造来落到实处，以充分发挥促进思想政治教育建设发展实践的重要作用。第一，依托制度建设推动思想政治教育内生动力的实践转化。在对思想政治教育内生动力的规律性把握中，我们着力认识揭示思想政治教育内生动力的有效运行和作用发挥机制。以此为指导，通过制度建设将思想政治教育内生动力有效运行和作用发挥所需的政策、平台、队伍等条件要求确定下来，以保障思想政治教育内生动力的常态化有效运行。第二，依托环节设计推动思想政治教育内生动力的实践转化。思想政治教育内生动力融汇于教育要素相互作用的各个环节中，这些环节也成为我们促进强化思想政治教育内生动力的重要着力点。既要注重增强教育环节延续性，以促进思想政治教育内生动力的生成转化，也要关注评价等重点环节，依托实体环节切实发挥思想政治教育内生动力的推动促进作用。第三，依托模式构造推动思想政治教育内生动力的实践转化。思想政治教育内生动力的有效运行和作用发挥是多个教育要素共同参与的结果，那么保障思想政治教育内生动力的落实落地，则需要系统协同的模式加以支撑。着力构造多教育要素参与、涵盖生成转化运行全过程的思想政治教育内生动力模式，在模式的持续性运用中将思想政治教育内生动力的实践转化落到实处。

第十一章　思想政治教育质量评价研究

2023 年是聚焦思想政治教育高质量发展的一年，高质量发展也是思想政治教育研究的重要目标导向。中共中央、国务院印发的《深化新时代教育评价改革总体方案》提出，教育评价事关教育发展方向，有什么样的评价"指挥棒"，就有什么样的办学导向。对思想政治教育进行质量评价，既是检验和改进思想政治教育质量的核心任务，又是落实"立德树人"根本任务的重要抓手，更是提升思想政治教育治理水平的应有之义。在以往年度的研究基础上，2023 年度学界对思想政治教育质量评价相关领域的研究依然保持热度不减。通过梳理本年度思想政治教育质量评价的研究成果，分析研究的特点与不足，展望未来研究趋势，把握思想政治教育质量评价的内在规律，助推思想政治教育质量评价的持续性发展，具有深远意义。

一、思想政治教育质量评价研究的成果述要

2023 年度学界围绕思想政治教育质量评价展开了全面而深入的研究。通过对学界相关文献的查阅和梳理，2023 年度思想政治教育质量评价研究成果大致包括了思想政治教育质量评价内涵与现状的研究、思想政治教育质量评价具体实践的研究、思想政治教育质量评价改革创新的研究等几个方面。

（一）思想政治教育质量评价内涵与现状的研究

随着我国教育改革发展的宏伟蓝图不断铺陈，我国教育事业取得历史性

成就、发生格局性变化，思想政治教育质量评价在数智化和"大思政"建设的宏观背景下对其内涵与外延的研究逐渐涌现。2023年度学界针对思想政治教育质量评价的内涵与现状的研究取得了较为丰硕的研究成果。

1. 数智化时代思想政治教育质量评价的内涵研究

思想政治教育既是理论又是方法，数字化转型为思想政治教育质量评价带来新的契机，有学者从方法论角度探究思想政治教育质量评价，对其进行理性审思，认为思想政治教育质量评价从功能上经历了由工具性导向到目的性导向的发展过程，从方法上经历了由单一评价到数字赋能的发展过程。[①]有学者指出大数据时代下数据驱动的思维方式、数据互动的交互方式、数据支撑的技术方式等为思想政治教育质量评价带来新的机遇，推动思想政治教育质量评价方法逐步向技术型、精准型、动态型发展。同时，大数据赋能思想政治教育质量评价方法的信息收集、数据分析、效果测算，充分体现了大数据赋能思想政治教育质量评价的科学性、精准性、动态性的原则。[②]有学者基于人的全面发展需要，提出思想政治教育数字化转型评价的本质内涵，即人们对数字技术与思想政治教育融合过程中的介入程度、实施效度、呈现状况、价值效用等进行事实判断和价值评估。[③]有学者提出，数字时代下催生出的智能技术不断应用到思想政治教育质量评价中，促进思想政治教育质量评价内容客观化、评价模型科学化和评价反馈专业化，但亦有其内在限度。[④]

---

① 冯刚、邢斐：《新时代数字思政的哲学反思》，《学校党建与思想教育》2023年第19期。

② 刘嘉圣、刘晞平：《大数据时代思想政治教育质量评价研究》，《学校党建与思想教育》2023年第7期。

③ 赵丽涛、于露远：《思想政治教育数字化转型评价及其优化路向》，《思想理论教育》2023年第5期。

④ 陈科、谢佳琼：《智能技术赋能思想政治教育质量评价的优势、限度与进路》，《思想理论教育》2023年第12期。

2."大思政"视域下思想政治教育质量评价的内涵研究

"大思政"视域下思想政治教育质量评价关注课程思政质量评价和"大思政课"建设过程中的质量评价问题。有学者基于有效教学理论指出课程思政建设质量评价有广义和狭义之分。广义内涵是指学校或第三方对学校课程思政建设的整体质量进行评价；狭义内涵则是指如何评价某一门课程的课程思政建设的质量。研究指出，应基于有效教学理论，把握核心要素，即教学目标、教学内容、教学方式、学习结果等，以此确定评价指标和评分标准，同时运行质量评价体系。[①] 也有学者仍然从教育数字化出发，提出教育数字化是驱动教育现代化和实现教育高质量发展的重要战略。指出要从教育内容、教育对象、教育形式、教育评价等方面推进"大思政课"高质量建设。[②] 在新时代背景下提升思政课教学质量，有三个重要测度指标，即知识传授的科学性、教学内容的思想性以及思想价值的引导性。科学进行思政课教学质量评价，能够更好地激发学生学习的热情和教师教学的积极性、增强学生的获得感和教师的成就感。[③]

3.思想政治教育质量评价现状问题的研究

聚焦当前思想政治教育质量评价的现状与问题，有助于为评价的持续改进提供问题导向式解决思路。有学者指出，当前高校思想政治教育评价还存在大量非标准化、主观评定式的评价方法，需要利用大数据、人工智能、算法推荐、区块链等前沿技术赋能高校思想政治教育评价，实现高校思想政治

---

① 李艳：《基于有效教学理论的高校课程思政质量评价体系构建研究》，《广西社会科学》2023 年第 7 期。

② 刘星焕、何玉芳：《以数字化赋能"大思政课"建设的内在机理、现实梗阻及实践路径》，《理论导刊》2023 年第 10 期。

③ 王淑芹、李凌莉：《思政课教学质量评价的思考》，《学校党建与思想教育》2023 年第 17 期。

教育评价从经验主义到数据主义、从传统粗略化到技术精准化的转变。[1]有学者指出，当前我国高校思想政治教育工作质量评价体系尚未建立健全，并存在静态、孤立评价的情况，弱化了评价的系统性；相对单一的结果导向忽略了教育过程性评价，忽视了思想政治教育评价应当考量的多元化价值；评价技术、手段的单一性削弱了评价的客观性。[2]还有学者运用系统思维，从理论契合、实践遵循、现实诉求、政策驱动等多个层面来分析系统思维对构建思政课评价体系的意义。研究指出，当前很多高校对思政课评价的特殊性、复杂性、规律性认识不够，存在评价缺乏体系、评价主体弱化、评价目标偏离等问题。[3]有学者聚焦高职院校课程思政评价，分析当前高职院校课程思政评价难的形成机理和关系辨析，提出从评价共识、评价目的、评价标准、评价范围、评价效益五个方面来破解高职院校课程思政评价难。[4]

（二）思想政治教育质量评价具体实践的研究

思想政治教育质量评价对于思想政治教育创新发展具有重要价值，但是同时也是一个复杂而系统的工程，需要在实践中不断探索和完善，从而确保思想政治教育质量评价的科学性和实效性，推动思想政治教育质量评价创新发展。2023 年度学界对思想政治教育质量评价具体实践的研究集中在评价指标体系、评价实施路径、评价体系构建等方面。

---

[1]　敖永春、王鹤天：《大数据视域下高校思想政治教育精准化评价的特征》，《学校党建与思想教育》2023 年第 15 期。

[2]　刘华：《推动高校思想政治教育提质增效的着力点》，《学校党建与思想教育》2023 年第 16 期。

[3]　张盼：《系统思维视域下新时代高校思政课评价体系构建》，《教育与考试》2023 年第 4 期。

[4]　褚金星：《高职院校课程思政评价难的机理分析与破解之策》，《中国职业技术教育》2023 年第 5 期。

1.思想政治教育质量评价指标体系的研究

思想政治教育质量评价指标体系的科学构建是确保评价活动开展的核心关键。相比较于上一年度，本年度学界对于思想政治教育指标体系的研究更加丰富，形成了较为丰硕的研究成果。有学者聚焦高校思政课质量评价体系构建，立足于科学性、实用性、全面性、个体性、独立性、可比性、封闭性与开放性等原则，从方向、方法、内容、过程、效果五个维度出发，搭建评价体系的基本框架。具体包括课程目标、课程活动、教师教学能力、课程反馈、课程效果评价。通过对评价体系动态调整与综合监控提升课程质量与实现课程功能。[①] 构建科学的教学质量评价体系是进一步提升高校思政课教学质量的必然要求。遵循宏观上深入把握新时代高校思政课教学评价体系构建的指导思想、中观上正确处理新时代高校思政课教学评价体系构建的内部张力、微观上大力落实新时代高校思政课教学评价体系构建的思路细则三重逻辑，进行新时代高校思政课教学评价体系构建，可以更好地促进新时代高校思政课教学发展。[②] 有学者通过梳理和分析已有高校课程思政质量评价相关研究，在过程评价与结果评价相结合、教师评价与学生评价相结合、课内评价与课外评价相结合的原则下确定评价指标、计算指标权重、建立评分体系，设立 5 个一级权重指标、15 个二级权重指标。[③]

2.思想政治教育质量评价实施路径的研究

有学者聚焦思政课教学质量评价的具体实施问题，提出应依托于当前数字化建设推进教学质量评价的数字化发展，一是要贯穿跨界融合的数字化思

---

① 徐彦秋：《高校思想政治理论课质量评价体系构建探究》，《江苏高教》2023 年第 10 期。
② 赵志业、赵延安：《新时代高校思政课教学评价体系构建的三维探究》，《中国大学教学》2023 年第 4 期。
③ 程晓丹、齐鹏：《高校课程思政质量评价的现状思考与体系重构》，《江苏高教》2023 年第 7 期。

维，形成数字化评价空间共识；二是优化数字技术与评价深度融合的关系网络，建设教学质量评价共同体；三是构建评价数据生态化治理模式，实现评价精准供给。[①] 也有学者聚焦于具体某一课程的课程思政评价的实施路径，针对高校体育课程思政进行质量评价，提出高校体育课程思政质量评价的具体实施路径，即强化体育教师课程思政育人意识、构建高校实施体育课程思政的组织体系、提高体育教师课程思政能力、科学设计体育课程思政教学体系，建立健全课程思政建设质量评价体系，明确评价标准精准化、评价主体多元化、评价方式多样化，发挥质量评价在高校体育课程思政中的"指挥棒"作用。[②] 还有学者聚焦"大思政课"指出，数字化技术可以实现"大思政课"教学评价数字化、指标化、显性化，同时动态记录教师"教"与学生"学"的情况，使得"大思政课"教学评价更加客观、科学、精准。[③]

3.思想政治教育质量评价体系构建的研究

思想政治教育评价体系的构建是实践层面落实评价活动的重要依托。基于系统的评价体系构建思路，有学者指出，思政课教学质量评价体系改革是应对新时期社会转型的必然举措、顺应高等教育大众化的应然之策、网络信息技术快速发展的势所必然。教师与教育管理者应明确评价原则、细化评价指标，提升评价的科学性与客观性，以此构建思政课教学质量评价体系。[④] 有学者指出智慧教学新技术的机智性、便捷性、高效性等特点为高校思政课教学质量提升赋能。高校思想政治理论课智慧课堂线上教学质量评价应发挥实时化反馈、开

---

① 陈静：《思政课教学质量评价的数字化建设》，《思想政治课教学》2023 年第 6 期。

② 高泳、牟铁成：《我国高校体育课程思政的现实困境与实现路径研究》，《黑龙江高教研究》2023 年第 6 期。

③ 刘星焕、何玉芳：《以数字化赋能"大思政课"建设的内在机理、现实梗阻及实践路径》，《理论导刊》2023 年第 10 期。

④ 赵艳：《论思政课教学质量评价体系构建》，《中学政治教学参考》2023 年第 20 期。

放化模式与数据化呈现的优势，提升实时评价的有效性。① 有学者聚焦高校思政课公众形象评价体系构建，提出构建高校思政课公众形象评价体系需要在明晰其内涵特征和时代背景下，积极探索合适的评价原则、评价内容、评价方法和评价标准以奠定评价体系的框架性内容，并在此基础上总结现阶段评价体系特征，使其在理论创新与实践需求上不断丰富和完善。②

（三）思想政治教育质量评价改革创新的研究

基于新时代教育评价改革的现实诉求，2023 年度学界对思想政治教育质量评价的研究紧扣新时代教育评价改革总体方案的要求，围绕思想政治教育质量评价的改革创新，在评价方法创新、大中小一体化质量评价、评价学科视域的创新等方面涌现出了重要研究成果。

1. 思想政治教育质量评价方法改革创新的研究

本年度思想政治教育质量评价方法改革创新的研究取得了较大进展。有学者对思想政治教育增值评价的生成、界限以及限度进行了深入探究，指出思想政治教育增值评价在"势"这一外因与"需"这一内因的相互作用中生成。思想政治教育增值评价与其他学科增值评价有着求真与向善的质性界限、精准与模糊的量性界限；思想政治教育增值评价自身的限度具体表现为时间延展与空间杂糅的时空限度、面具遮蔽与经验判断的主观限度、模型建构与结果解读的测量限度。③ 还有学者认为思想政治教育增值评价是依据一定价值尺度和教育培养目标，系统运用多种分析手段和统计方法，对思想政治教育过程中人的思

① 刘娜、刘博：《高校思想政治理论课智慧课堂线上教学质量提升研究》，《思想教育研究》2023 年第 3 期。

② 武传鹏：《高校思政课公众形象评价体系构建探赜》，《湖南大学学报（社会科学版）》2023 年第 6 期。

③ 陈华洲、贠婷婷：《论思想政治教育增值评价的生成、界限及限度》，《思想理论教育》2023 年第 10 期。

想政治素质的发展情况进行多维度分析、多层次比较和多方位判断，以揭示思想政治素质的"净增值"和思想政治教育活动的"生成量"。① 有学者深入研究了智能技术赋能思政课综合评价，提出实现智能技术赋能思政课综合评价，要把握和厘清智能技术诸多优势，通过建立智能技术平台、运用智能技术方法和创建应用场景，开展思政课综合评价。同时，要从理念、制度、技术和人力等层面推进智能技术与思政课综合评价的融合发展。②

2. 大中小思想政治教育一体化质量评价研究

随着大中小思政课一体化建设的持续推进，对于思政课一体化质量评价的研究持续涌现。有学者提出，大中小思想政治教育一体化评价可以通过完善共评机制，同时思想政治教育成效评价体系以"六个是否共同"为评价标准，建立多元主体的评价体系，强化科学全面的评价导向，促进提能增效的评价运用。③ 还有学者结合大中小学思政课一体化教育的特点，引入 CIPP 评价模型，在厘清模型内涵的基础上，对 CIPP 模型与大中小学思政课一体化评价的适切性进行分析，从背景评价、输入评价、过程评价、结果评价四个方面构建大中小学思政 体化评价体系。④ 也有学者聚焦于职业院校课程思政一体化问题进行前沿性研究。研究指出，探索构建国家顶层设计理念下的中高职一体化课程思政育人成效评价体系——多维度、多层次、全程化、系统化的科学评价体系，完善课程思政与思政教育大格局融通有机的评价机制，反思现行教育评价指标体系依据的教育学理论，研究教育评价价值，从

①　谭亚莉、李影：《思想政治教育增值评价的内涵审视、价值检视与实践透视》，《思想教育研究》2023 年第 4 期。

②　李怀杰：《智能技术赋能思想政治理论课综合评价的逻辑理路与实践策略》，《思想理论教育》2023 年第 5 期。

③　谢俊丽：《大中小思想政治教育一体化建设存在的问题与对策》，《学校党建与思想教育》2023 年第 22 期。

④　许瑞芳、张岩：《基于 CIPP 模型的大中小学思政课一体化评价研究》，《思想政治课研究》2023 年第 3 期。

而构建多元教育理论为基石的职教课程思政评价指标体系，完善职教课程思政与职教课程融通有机的评价体系和办法。①

3. 交叉学科视角下对思想政治教育评价的研究

有学者指出，当前思想政治教育交叉学科评价存在共性与个性的学科评价困惑，交叉学科的独特性引发学科分类复杂、评价标准难以拆分等问题。因此，要内外联动开展学科评价的系统谋划，遵循学科发展规律，完善学科评价机制；丰富思想政治教育交叉学科的评价指标，尤其是要关注思想政治教育交叉学科产生的非学术性影响，即研究成果对解决当前社会问题所作的新贡献，打破现有评价范式进行全新尝试。② 还有学者提出要把社会热点和前沿问题引入思想政治教育学科建设中，把大数据应用到思想政治教育评价中，实现思想政治教育与技术之间的交叉、渗透、融合，促进学科理论与实践的双向互动，以彰显出思想政治教育学科建设的时代感，实现学科继承性与发展性的统一。③

二、思想政治教育质量评价研究的特点与不足

《深化新时代教育评价改革总体方案》中规划了教育评价改革的目标是到 2035 年，基本形成富有时代特征、彰显中国特色、体现世界水平的教育评价体系。在这一宏观目标导向下，近年来思想政治教育的质量评价工作在国家整体教育评价体系构建过程中不断明晰坐标方位、深化改革创新动力，取得了较大进展。随之而来的是近年来针对思想政治教育评价研究的炙手可热。为深挖思想政治教育质量评价的理论根基和回应新时代教育评价改革的

---

① 王晓华：《中高职一体化课程思政育人成效评价体系研究》，《现代职业教育》2023 年第 9 期。

② 张驰：《系统思维视域下思想政治教育交叉学科的发展机理与研究创新》，《思想理论教育》2023 年第 8 期。

③ 郑敬斌、李佳乐：《新文科背景下思想政治教育学科建设的定位、目标指向与路径选择》，《思想理论教育》2023 年第 6 期。

现实诉求，彰显思想政治教育的地位和作用，2023 年度思想政治教育质量评价相关研究继续沿循思想政治教育理论与质量评价理论双轨齐下的发展脉络，学术成果数量稳中有升，学科研究范式开拓创新，研究的深度与广度有所提升。研究主要聚焦于思想政治教育质量评价理论内涵的研究、思想政治教育质量评价具体实践的研究、思想政治教育质量评价改革创新的研究等三个方面。相关研究在进行经典理论问题领域研究的基础上，进行了大量前沿性研究。深刻把握 2023 年度思想政治教育质量评价研究新的特点、总结其中的不足及其原因，同时对其改进深化，对进一步提升思想政治教育质量评价研究深入具有深远影响。

（一）思想政治教育质量评价研究的特点

思想政治教育质量评价是一个持续发展的命题，同时也是一项系统性、长期性的任务，其对于思想政治教育的改革与发展、管理与决策，都有至关重要的作用。本年度思想政治教育质量评价相关研究成果质量整体得到了较大提升，由此证明学界对于思想政治教育质量评价命题进行了更加深入而前沿的聚焦性探索。纵观 2023 年度思想政治教育质量评价研究成果，其特点主要集中在研究对象、研究思路、研究内容、研究主题、研究视野等几个方面。

1. 研究对象更加具象深入

本年度思想政治教育质量评价研究对象更加精准聚焦于教育强国建设的重大关切和新时代教育评价改革诉求。本年度关于思想政治教育质量评价的相关研究更加聚焦教育高质量发展战略实施过程中思想政治教育质量评价的意蕴和价值。对于加快建设教育强国过程中促进思想政治教育高质量发展，以此作为思想政治教育质量评价开展的强大动力达成了较为一致的认识。同时，本年度对于思想政治教育质量评价的研究论域较之于以往年度更加清晰可见。以往年度针对思想政治教育质量评价的研究更多是理论价值和目标原则层面的宏观探讨较为丰富，而本年度则是将这些宏观问题研究得更加具象化和深入化。如针对思想政治教育质量评价改革创新的研究就具体到了评价方法的改革创新，并且聚焦于诸如增值评价这样的具体方法的深入探讨。这对于提升思想政治教育质量评价的实效具有较强的针对性和可操作性。对大中小思想政治教育一体化质量评价的研究也是极具前沿性和具象性的研究领域，对于当下推进大中小思政教育和思政课一体化建设具有极强指导意义。对思政课质量评价研究的理论关照与实践印证相结合的研究思路进一步聚焦，思政课教学质量评价聚焦于教师"教"与学生"学"的综合性教学效果评价、评价体系构建、评价测度指标与数字化背景下思政课教学质量评价的转型等具象领域。

2. 研究思路进一步凸显学理性与实践性的有机统一

本年度相关研究更多运用到了相关学科的基础理论和研究框架进行构思和论证，进一步凸显了研究的学理性，如运用系统论、有效教学理论、数字化思维等理论基础和研究框架分析思想政治教育质量评价问题。在此基础上结合时代发展诉求剖析了当前思想政治教育质量评价的现状困境和实践路径等，这既为思想政治教育评价高质量发展厘清了学理逻辑，又为思想政治教育质量评价指明了实践方向，体现了研究思路的学理性与实践性的有机统一。同时学界还在研究思路中引入了交叉学科思维元素，立足交叉学科研究视野探索思想政治教育质量评价研究视角和范式的创新。如对思想政治教育质量评价体系的建构中，综合运用理论研究和实践研究的方法，在厘清理论基础上充分剖析现状问题从而构建思想政治教育质量评价体系，进一步提升思想政治教育质量评价水平。总之，本年度相关研究从理论和实践的思路出发，延续了对思想政治教育质量评价相关命题的持续探索与关注，为丰富与发展思想政治教育质量评价的理论和实践命题提供了丰厚滋养。

3. 研究内容更具前沿性和创新性

本年度对于思想政治教育质量评价的研究整体上呈现出更趋前沿的显著特征。无论是对课程思政质量评价的研究，还是针对大中小思想政治教育一体化质量评价，抑或交叉学科视角下的探索研究等都体现出了明显的前沿性特征。思想政治教育质量评价活动使得整个思想政治教育活动形成完整闭环。近年来，在思想政治教育研究领域的课程思政建设和大中小一体化建设的有益探索本身就是思政教育改革创新的客观要求。学界本年度对于相关领域的质量评价研究更是将研究聚焦于更为前沿的评价论域，这不仅有力回应了新时代教育评价改革的时代诉求，也是对新时代思想政治教育守正创新的真实关照。如学者从有效教学理论视角下的课程思政评价体系构建与明确课程思政具体指标，到诸如体育课程内部的课程思政质量评价的具体实践都体现了重要的实践创新价值，有力助推了课程思政建设研究的深化。

4. 研究主题更加富有时代性

伴随着数智化时代下大数据、人工智能技术的逐渐成熟和普及，本年度关于思想政治教育质量评价的研究中涌现出了大量体现这一时代诉求的研究成果。相关研究中有关于数字化和智能化时代思想政治教育质量评价的价值意蕴和全新内涵的理论探究，也有数字化和智能化赋能思想政治教育质量评价实践层面的应用探究。对于思政课教学质量评价更是立足当下智慧教学建设进行积极有益的探索。相关研究极大丰富了新时代思想政治教育质量评价的理论和实践内涵。正如《关于深化新时代学校思想政治理论课改革创新的若干意见》中所强调，要大力推进思政课教学方法改革，提升思政课教师信息化能力素养，推动人工智能等现代信息技术在思政课教学中应用。实际上无论是思政课教学质量评价还是整个思想政治教育质量评价对于信息化和智能化等现代信息技术都有理论探究和实践应用的广阔空间。

5. 研究视野进一步开阔

在以往年度的基础上本年度思想政治教育质量评价的研究视野进一步开阔。首先，相关研究的政策视野和格局立意高远。本年度相关研究积极回应新时代教育评价改革所提出的要求，改革的方向要坚持科学有效，改进结果评价，强化过程评价，探索增值评价，健全综合评价，改革方法上要注重结果评价与增值评价相结合。本年度对于这一政策要求的具体落实给予了充分关注。如对思想政治教育增值评价进行了积极探讨，既从理念层面对思想政治教育质量评价进行了深入探究，又从具体实践层面对思想政治理论课质量评价进行了技术赋能层面的创新研究。其次，相关研究的学科视野和格局开阔。本年度学界还跳出了思想政治教育学科，从交叉学科视角展开相关研究，针对当前思想政治教育交叉学科评价面临的现实问题，积极探索思想政治教育质量评价中的创新形式，这是打破现有传统评价范式的全新尝试，充分展现了学界对思想政治教育质量评价研究的广阔视野与探索精神。

（二）已有研究的不足

2023 年度思想政治教育质量评价研究成果丰硕，研究特色鲜明，但是同时也表现出一定的不足与局限。审慎分析思想政治教育质量评价工作的不足，既是助推学界持续研究的动力来源，又是学界寻求新的学术生长点的重要线索。本年度思想政治教育质量评价研究的成果大致存在以下几点不足：

1. 理论研究深度可进一步挖掘

2023 年度学界针对思想政治教育质量评价研究从整体来看，基础理论研究有待进一步挖掘。本年度针对思想政治教育质量评价的理论研究大多是基于数智化时代和"大思政"建设等实践诉求进行的全新理论阐释。虽然研究具有重要的前瞻性和实践指导意义，但是从思想政治教育学科的元理论视角进行的学理层面的深入探究尚不丰富。实践层面的关照固然重要，理论层面的追根溯源和学科归旨深挖更是研究需重点关注的领域。此外，在大数据和人工智能赋能思想政治教育质量评价的理论逻辑和价值逻辑的研究中，部分研究还仅仅停留在问题的表象层面，尚有进一步挖掘的空间。比如智能技术赋能思想政治教育质量评价背景下评价转型的基本规律、基本要素及其逻辑关系等，都可以进行更加聚焦和深入地探究。而对于"大思政"教育质量评价问题的探究主要聚焦于思政课和课程思政视角进行，实质上除了"大思政课"之外，"大思政"中所包含的诸如日常思想政治教育的质量评价问题同样值得关注和研究。

2. 研究广度尚需进一步拓展

思想政治教育的质量评价是一个内涵多维度、多层面、多方向的庞大体系。本年度开展的实践类相关研究大多聚焦于思政课、课程思政的质量评价，对这之外的研究论域关注则还有较大空间可开展拓展性研究。从研究方法来看，相关成果大多是思辨和经验总结类研究，学理探究和实证量化研究方法运用得较少，这也为学界提供了进一步的研究空间。从研究内容上看，虽然本年度基于大数据和人工智能的创新视角展开的思想政治教育质量评价研究逐渐涌现，但研究的深度和广度仍可进一步提升。如对新技术赋能背后思想政治教育质量评价的价值逻辑和理论逻辑探究的研究成果尚不丰富。对新时代教育评价改革背景下思想政治教育新型评价理念、评价内容和评价方法的机理性深入研究尚不丰富。从教育评价理论、学生的认知规律、教育规律视角对思想政治教育质量评价的深层理论研究可在未来研究中持续推进和加强。从研究的前瞻性来看，虽然本年度涌现出了丰硕的前沿性研究成果，但是对思政课改革创新中特别关键的一些问题开展的质量评价研究尚不多见。如针对大中小学思政课和大中小学思想政治教育一体化展开的研究还有进一步挖掘的空间。可在数智化时代的技术革新背景下对该问题开展更具实践指导意义的内涵与外延质量评价的前瞻性研究。此外，本年度针对思想政治教育质量评价的研究大多聚焦于普通高校，对于其他学段和教育类型的思想政治教育或思政课教学质量评价关注较少。鲜有针对小学或中学的思政教育进行专门研究，有少量针对职业院校的思想政治教育质量评价展开的研究。

3. 研究的理论与实践互动性需进一步彰显

思想政治教育质量评价研究既是一个需要从理论层面进行深入学理探究的重要领域，又是一个指导新时代思想政治教育守正创新的实践命题，更是一个需要理论关照实践、实践印证理论的互动性话题。从本年度针对思想政治教育实践的研究大多从具体的某个领域或层面切入进行有针对性的研究，而上升到思想政治教育价值逻辑层面的提炼以及教育规律的升华和提炼则有更多拓展的空间，可见当前思想政治教育质量评价实践到理论高度的提升难度较强。思想政治教育质量评价理论是推进思想政治教育评价实践的重要指导。在思想政治教育质量评价研究中，理论与实践的结合是双向的、互动的，任何一方的存在与发展都必须在与对方的结合中才能实现。实践观念是实现理论与实践结合的中介，是理论内涵、实际情况和实践目的三者结合的产物，思想政治教育质量评价理论能够指导具体实践，但不能直接指导实践，必须化作具体的功能、方针政策和路径方法才能作用于具体的思想政治教育实践活动。理论研究的实践指导意义是需要做到理论与实践的良性互动才能实现。而本年度相关研究在此方面略显不足，今后可继续深挖理论与实践的结合点，以切实增强思想政治教育质量评价的实效性。

三、思想政治教育质量评价研究的趋势与展望

思想政治教育质量评价是推动教育发展的重要手段，是评估思想政治教育质量优劣的"试金石"，思想政治教育质量评价"为了什么"、评价内容"包括什么"、评价方法"如何使用"、评价结果"有何作用"实质上是评价

环节中关乎评价导向、评价内容、评价方法、评价效果的核心环节。2023 年是贯彻党的二十大精神的开局之年，是"十四五"承前启后的关键一年。展望未来，在新时代推进教育现代化，建设教育强国的国家战略部署落实的驱动下，对思想政治教育质量评价的关注和研究将得到持续推进和不断深化。

（一）进一步增强理论与实践的互动，提升思想政治教育质量评价研究的科学性

理论研究和实践研究的同步推进是今后思想政治教育质量评价研究的一大趋势。并且二者的共同推进需要基于良性互动的基础之上的同向同行和同频共振。深化基础理论的研究既是推进思想政治教育质量评价研究深化发展的内在要求，也是必然趋势。一方面深化基础理论研究要从思想政治教育基本原理、教育评价理论角度探寻思想政治教育的理论根基，为思想政治教育质量评价研究提供深厚理论滋养。不能将教育评价理论与思想政治教育理论简单叠加重合研究，需从学理层面进行深入研究，推演其中的内在逻辑。另一方面深化基础理论研究结合当前实践发展，坚持问题导向，从宏观上把控对基础理论问题的研究。以思想政治教育质量评价中的实践为基础，总结与升华具有普遍意义的理论认识。就目前的研究成果来看，既为思想政治教育质量评价体系构建奠定了良好的基础，也存在一些研究成果相对分散的问题，因而，要深化思想政治教育质量评价基础理论研究，还必须整体梳理研究成果，赋予其新的时代理论内涵，以期实现思想政治教育质量评价高质量发展。理论联系实际既体现了思想政治教育质量评价发展的规律，又能全面回应思想政治教育评价高质量发展过程中的理论逻辑与现实问题。从理论和实践方面共同推进，探寻在推进教育现代化和国家治理现代化的背景下，如何高效提升思想政治质量，如何发挥好评价这一指挥棒，发挥好思想政治质量评价以评促建、以评促改的功能都将成为后续研究持续关注的重要内容。

（二）进一步体现深度与广度的结合，提升思想政治教育质量评价研究的完善性

研究兼顾深度和广度的结合是思想政治教育质量评价研究需要坚守的一大准则。深度研究关注的是对某一具体理论或实践问题论域的聚焦式深度挖掘；广度研究则是对相关问题论域和话题的全方位多角度系统分析。二者的有机结合和共同推进对于构建系统完备的思想政治教育质量评价研究体系具有重大意义，也是学界今后研究的大势所趋。一方面，通过研究深度与广度有机统一，将进一步彰显思想政治教育质量研究的系统向度。如对思想政治教育质量评价环节中的评价导向、评价理念、评价原则、评价内容、评价方法、评价保障、评价效果等关键环节的具体要素要进行整体性把握，提升研究的系统全面性，确保研究中不遗漏核心要素，挖掘其内涵与外延的全貌，勾勒轮廓，细致刻画。从交叉学科的广度和多元化研究方法中创新思想政治教育质量评价研究，必然会成为今后关注的热点。另一方面，对于重大研究价值的具象问题，应当进行聚焦而深入的具象精准研究，以小见大，揭示思想政治教育质量评价学理层面的理论依据、普世价值和一般规律，以及实践层面的方法论意义和技术路径依赖。同时，对于国家战略和教育方针的回应性和阐释性研究也应当持续注重从范围广泛的研究内涵中发掘深层次规律和机理，体现思想政治教育质量研究的系统完善性逻辑进路。

（三）回应时代发展与国家战略考量，体现思想政治教育质量评价研究的创新性

数智化时代的来临，每一个领域或学科都在寻求与科技发展相结合的可能性和可行性，思想政治教育质量评价研究也不例外，未来研究要把握契机，谋求通过大数据和人工智能等技术手段解决思想政治教育质量评价实践中的现实困境。大数据信息收集、抓取、超级算法等科技手段与工具将进一

步提升思想政治教育质量评价的科学性。人工智能既为思想政治教育带来了前所未有的发展机遇，即有可能出现的评价便捷性和智能化，但同时也对思想政治教育带来了技术伦理层面的空前挑战。这些内容都可以成为学界持续研究的生长点，值得持续进行关注和深入研究。此外，深刻把握教育强国建设的宏观背景以及思想政治教育质量评价研究前沿问题与之相契合和因应的研究论域。如思想政治教育质量提升及评价如何对于党的二十大报告所提出的教育、科技和人才一体化战略、拔尖创新人才自主培养等宏观目标的重大价值和赋能逻辑都是非常值得研究和关注的，以期后续相关研究能取得丰硕成果。在时代大趋势和国家战略的因应逻辑中，进一步深化对思想政治教育质量评价的宏观研究、中观研究与微观研究，在守正创新中进一步提升思想政治教育质量评价的严谨性与实效性。

展望未来，思想政治教育质量评价作为一个较为前沿的研究论域，立足数智化时代背景和教育强国建设的国家战略考量，势必涌现出更为丰硕的研究成果。基于本年度对思想政治教育质量评价研究的梳理，对于研究深度和广度有待提升、研究的理论与实践互动性有待增强等现实问题，学界将持续从科学性、完善性和创新性提升的三个重要维度出发，持续加强对思想政治教育质量评价研究的理论和实践互动、深度与广度结合、时代与国家诉求考量等方面的研究。尤其正视大数据、人工智能等技术手段给思想政治教育质量评价带来的机遇与挑战，深度剖析理论机理和价值逻辑，凸显技术赋能的实践逻辑。相信未来会有更多高质量的研究成果涌现，丰富思想政治教育质量评价的理论和实践，在我国推进教育强国的战略与国家治理体系和治理能力现代化的过程中发挥重要作用。

第十二章　网络思想政治教育研究

2023年7月，习近平总书记对网络安全和信息化工作作出重要指示指出，"深入贯彻党中央关于网络强国的重要思想，切实肩负起举旗帜聚民心、防风险保安全、强治理惠民生、增动能促发展、谋合作图共赢的使命任务"，①为网络思想政治教育的有效开展提出了要求、指明了方向。2023年度网络思想政治教育仍然是学界广泛关注的热点命题，从不同维度聚焦网络思想政治教育的理论和实践问题进行了深入探索，形成了体现发展性的研究成果。分析把握年度研究进展、研究特点和研究趋势，是进一步深化网络思想政治教育研究的关键着力点。

一、网络思想政治教育研究的年度进展

2023年度网络思想政治教育研究，既有着眼网络思想政治教育的基础理论研究，也有聚焦网络技术与思想政治教育的融合研究，还有关注网络思想政治教育的现实问题研究，以及基于多维视角的网络思想政治教育相关研究，形成了系列重要研究成果。

（一）网络思想政治教育基础理论研究

基础理论研究是学者们开展网络思想政治教育研究的重点内容，学者们

---

① 《习近平对网络安全和信息化工作作出重要指示强调 深入贯彻党中央关于网络强国的重要思想 大力推动网信事业高质量发展》，《人民日报》2023年7月16日。

既围绕网络思想政治教育整体内容进行理论探究，也聚焦网络思想政治教育具体要素开展深入探讨，进一步阐明了网络思想政治教育的一系列基础理论问题，深化了网络思想政治教育研究。

围绕网络思想政治教育整体内容的理论探究。本年度学者们聚焦理论勘察、现实建构与价值把握等维度，着眼网络思想政治教育的整体内容进行系统探究。有学者认为，网络思想政治教育是互联网逻辑和网络化秩序下思想政治教育的一种新样态，其中技术作为支持力，构成网络思想政治教育的基本维度和实践的基本要素，价值作为主导力和技术协同共进，构建了网络思想政治教育的基本格局，同时在强化网络思想政治教育现实构建中，需要瞄准关系和依靠连接，不断提升技术支持力和社会保障力。[1] 有研究者从现存问题出发探讨了网络思想政治教育的价值提升，提出目前网络思想政治教育存在指向性落空的现象，表现为教育过程和内容呈现未能及时反馈人们休闲娱乐需求、自主性需求和平等交流需求，致使个体自我价值与社会价值出现错位。对此，网络思想政治教育应从满足网络主体快乐学习的期待、拓展自主性需求的自由空间、平衡教育主客体关系等方面积极回应受教育者的需求体验，进而促进个体自我价值与社会价值的统一。[2] 学者们面向网络思想政治教育整体内容，在理论审视和现实考察结合中进行了深入探讨。

聚焦网络思想政治教育具体要素的理论研究。本年度学者们聚焦网络思想政治教育的主客体、路径、内容等要素开展了具体研究，进一步丰富了网络思想政治教育的基础理论体系。有学者聚焦网络思想政治教育的主客体关系，提出从网络运行的特点出发，教育主客体身份互认、互动模式和相互转化发生重要变化。从思想政治教育本体理论和主客体哲学追问透视，网络思想政治教育政治属性、主体主导地位和客体主体地位始终没有改变，从

---

① 卢岚：《网络思想政治教育的理论勘察与现实建构》，《学校党建与思想教育》2023年第18期。

② 陈宪章、许意强：《网络思想政治教育价值提升的需求考量》，《学校党建与思想教育》2023年第18期。

"变"与"不变"把握了网络思想政治教育主客体的新特点。[①] 有学者聚焦网络思想政治教育内容，认为新时代高校网络思想政治教育的内容建设，要始终坚持问题导向、坚持守正创新，坚持以习近平新时代中国特色社会主义思想为核心，重点围绕"打造渗透式内容、构建多维度内容、塑造人设化内容"等具体路径进行内容深耕，以优化当前高校网络思想政治教育工作。[②] 有学者聚焦网络思想政治教育创新路径，提出高校网络思想政治教育内容供给和平台建设要在战略上实施网络"思政平台"+"平台思政"，战术上实施"生活＋思政""学习＋思政""社交＋思政"。要从现阶段的构建内容供给、平台建设和队伍建设"三位一体"的工作格局，转向创新内容、延展平台、赋能教师、培育技术和完善制度的"五位一体"的体系建设，阐述了网络思想政治教育创新发展的系统路径，[③]等等。学者们从不同要素出发，对网络思想政治教育基础理论开展了纵深探索。

（二）数字技术与思想政治教育融合研究

数字技术与思想政治教育融合是本年度网络思想政治教育研究的一个重点方向，学者们主要聚焦数字思政以及人工智能、大数据等数字技术与思想政治教育的深度融合开展了研究探讨。

数字思政的基本问题研究。立足教育数字化转型的时代背景，作为思想政治教育科学化发展的内在选择和高质量发展的重要着力点，数字思政被学界广泛关注和研究。2023 年 6 月，由北京师范大学思想政治工作研究院、西华大学党委宣传部、西华大学马克思主义学院联合主办的"从大流量到正能量——'数字思政'的理论架构和实践探索"学术研讨会在成都举行，会上，北京师范大学思想政治工作研究院院长冯刚教授以《关于"数字思政"的局

---

① 栾纪文、龙方成、吴穹：《新论网络思想政治教育主客体关系的"变"与"不变"》，《思想教育研究》2023 年第 11 期。

② 莫伶、徐成芳：《新时代高校网络思想政治教育内容建设》，《社会科学家》2023 年第 5 期。

③ 铁铮、杨涛：《高校网络思想政治教育创新路径与对策》，《中国高等教育》2023 年第 Z3 期。

限与突破》为题作主旨报告，阐述了数字思政的基本概念、现存局限和突破路径，回答了数字思政的基本问题。电子科技大学马克思主义学院院长吴满意教授、西华大学党委副书记张力教授等专家学者围绕"数字思政"的相关问题进行了深入探讨。8 月，在呼和浩特召开的"'数字思政'与新时代高校思想政治工作前沿问题"专题研讨会上，冯刚教授作了题为《"数字思政"的理论与实践》的主旨报告，从数字思政的生成背景、基本内涵、实践运用、哲学反思四个方面阐释了数字思政的理论意蕴与哲学逻辑。与此同时，学术界也围绕数字思政的一系列基本问题开展学理探讨。有学者在把握数字思政内涵特质的基础上，提出数字思政能够助力提升思想政治教育的针对性和实效性，促进构建完善思想政治教育数字空间，有力推动思想政治教育深层次变革。[1] 有学者围绕数字技术为思想政治教育带来的深刻变革，从本体论、认识论、方法论等角度对数字思政开展哲学反思，促使人们对数字思政的认识更加科学与理性。[2] 有学者基于数智融合驱动思想政治教育创新发展的着力点，探讨了思政数据治理底座、思政数智化"码力"、"大模型 + 思政应用"等实现数智融合的发展要件。[3] 有学者基于数字思政，从历史性、现实性、发展性三重向度出发，揭示了数字技术形塑思想政治教育空间的出场逻辑、序构景观、理性审思等基础议题。[4] 有学者从"三全育人"视域出发，探讨了新时代数字思政的主体域联通、时间域贯通和内容域融通等问题。[5] 学者们围绕数字思政的一系列基本问题展开学理探究，进一步丰富了网络思想政治教育理论。

---

[1] 冯刚、聂小雄：《"数字思政"的生成背景、基本内涵和实践运用》，《西华大学学报（哲学社会科学版）》2023 年第 5 期。

[2] 冯刚、邢斐：《新时代数字思政的哲学反思》，《学校党建与思想教育》2023 年第 19 期。

[3] 刘晓玲：《数智融合驱动下思想政治教育的创新发展探析》，《西华大学学报（哲学社会科学版）》2023 年第 5 期。

[4] 汪斌：《数字技术形塑思想政治教育空间的三重向度》，《西华大学学报（哲学社会科学版）》2023 年第 5 期。

[5] 曹海燕、杨玲玲：《"三全育人"视域下新时代数字思政的运行机制研究》，《池州学院学报》2023 年第 5 期。

人工智能与思想政治教育的融合研究。学者们在肯定人工智能与思想政治教育融合的价值与可能的基础上，对人工智能与思想政治教育融合的方式路径等进行了多维探讨。有学者在阐明人工智能对网络思想政治教育具有的提升话语"说理"有效性和促进话语"生活化"渗透等功能的同时，分析了存在的"智能依赖""资本僭越"以及"技术过载"等问题，提出从确立价值前提、创新协作模式、打造数字平台以及推进制度供给等方面进行人工智能赋能网络思想政治教育话语实践探索。[①] 有学者认为人工智能嵌入思想政治教育是历史发展的必然趋势，也是落实高校立德树人根本任务、实现人工智能高质量发展的现实需要，分析了人工智能嵌入思想政治教育面临着价值导向模糊、教师角色弱化、多方协同不足等新的挑战，提出高校应加强人工智能在思想政治教育中的主流价值融入，打造智能素养较高的思想政治教育师资队伍，构建多方协同的人工智能思想政治教育体系等路径。[②] 有学者提出人工智能具有技术属性和社会属性，认为在技术向度上，人工智能赋能思想政治教育要聚焦"精准"，构建以内容逻辑、技术逻辑和主体逻辑展开的"精准思政"形式。在社会向度上，人工智能赋能思想政治教育要聚焦"智慧"，构建立足智能生活、增强智能思维、实现虚实融通的"智慧思政"形式。[③] 学者们深入探究了人工智能与思想政治教育融合的价值、现存问题和优化路径，进一步丰富了网络思想政治教育理论。

大数据与思想政治教育的融合研究。学者们注重将大数据技术与思想政治教育有机融合，进一步拓展网络思想政治教育的内涵与外延，取得了一定研究成果。有学者认为大数据技术的发展为高校思想政治教育确立了全新的思维方式，提供了新时代的教育模式、方法和手段，利用大数据技术，可智能获取网络行为痕迹、智能描绘立体画像、智能构建教育资源数据库、智能

① 崔聪：《人工智能赋能网络思想政治教育话语实践论析》，《思想理论教育》2023 年第 3 期。

② 张彪、周卫东：《人工智能嵌入思想政治教育的逻辑进路与实践策略》，《学校党建与思想教育》2023 年第 20 期。

③ 万光侠、焦立涛：《人工智能赋能思想政治教育双重向度》，《思想教育研究》2023 年第 5 期。

精准推送教育内容，对于推进新时代高校思想政治教育创新发展具有重要作用。[①] 有学者肯定了算法推荐对于思想政治教育的功能价值，能够在精准把握网络用户思想动态的基础上，实现海量网络信息的精准推送、精准匹配，同时指明了算法推荐也带来削弱主体、去中心化、信息茧房、碎片传播等诸多问题和挑战，提出要加强制度创新、技术创新、引导创新，真正做到指导算法、用好算法、提升算法，推进网络思想政治教育高质量发展。[②] 学者们围绕大数据技术与思想政治教育融合的多维可能进行了深入探讨，从中拓展了网络思想政治教育研究。

（三）网络思想政治教育现实问题研究

关注并回应现实问题作为开展科学研究的出发点和落脚点，是深化认识、找准突破口的必然选择。重视对现实问题的分析探讨是学者们研究的重点话题。本年度学者们围绕具体现实问题，聚焦网络思想政治教育中的价值引领、舆情治理和效果提升等方面开展学理研究，形成了丰富的研究成果。

首先，网络思想政治教育中的价值引领研究。重视对青年学生进行价值引导是新时代开展网络思想政治教育实践的有效着力点。有学者以网络群体极化现象为切入，认为群体极化的形成并非一蹴而就，其历经"同质性思维萌发—导向性信息初构—主流性观点汇聚—偏激性认知形成"四个生成阶段，破解网络群体极化要充分发挥网络思想政治教育的价值引领功能，将群体认知引领至"客观性"与"主流化"，并引领网民价值解读、价值判断、价值选择与价值转化。[③] 有学者认为网络文化能为青少年提供丰富的精神食粮、拓展价值创造空间、深化价值体验，同时，信息茧房容易导致价值认知

---

①　李英震、周兴华：《运用大数据技术实现高校思想政治教育智能化》，《中南民族大学学报（人文社会科学版）》2023 年第 7 期。

②　骆郁廷、肖天乐：《算法推荐视域下的网络思想政治教育创新》，《思想理论教育导刊》2023 年第 10 期。

③　刘社欣、唐时娇：《网络思想政治教育价值引领：群体极化的破解之道》，《理论导刊》2023 年第 5 期。

极化，多元思潮侵蚀容易引发价值判断弱化，感官享乐沉溺容易造成价值体验肤浅化，强化青年学生的价值引导，需要协同整合"大思政"价值场域，精准提升价值判断力，助推价值体验升华为价值行动。[①] 学者们基于网络思想政治教育中价值引导所面临的矛盾问题，剖析了价值引导的有效策略，进一步深化了网络思想政治教育研究。

其次，网络思想政治教育中的舆情治理研究。舆情治理作为网络舆情治理主体针对舆情生发各环节、全过程进行监控、分析、应对与管理的实践活动，是营造风清气正舆论环境的必然前提。有学者认为网络舆情在某种意义上丰富了高校思想政治教育内容、创新了教育手段、拓宽了教育主体，网络舆情对高校思想政治教育权威地位、教育效果及教育环境造成巨大影响，要充分利用网络舆情创新思想政治教育，革新教育理念，有效发挥网络技术与网络资源优势，丰富思想政治教育内容，创新教育形式。[②] 有学者认为情绪传播在教育时机、议程设置、环境涵养，以及教育认知、教育引领、社会动员等方面对网络思想政治教育产生着重要影响，发挥情绪传播对网络思想政治教育的积极作用，需要从情绪监测与结构优化、境脉施教与心态治理、叙事创新与意见领袖、情绪素养与情感共同体等方面协同治理。[③] 学者们在肯定网络舆情治理作用功能的基础上，探究了舆情治理的有效进路，进一步深化了网络思想政治教育研究。

最后，网络思想政治教育中的效果提升研究。着眼网络思想政治教育实践中的现实问题，在破解矛盾中提升质量效果是学者们开展网络思想政治教育研究的重要方面。有学者聚焦大中小学思想政治教育一体化网络衔接平台建设，认为其面临着网络平台运营主体松散、网络平台信息共享亟须加

---

① 张燕、刘莹莎：《网络文化对新时代青少年价值观的影响及教育策略》，《人民教育》2023年第 Z1 期。

② 孟凡平、赵佳宾：《网络舆情对高校思想政治教育的挑战及应对》，《中学政治教学参考》2023 年第 9 期。

③ 杨宏伟、赵文辉：《网络思想政治教育中的情绪传播及其治理：逻辑·效应·进路》，《思想教育研究》2023 年第 7 期。

强、网络平台用户的互动性欠缺、网络平台的推广效果有待提升等挑战，应着眼不同学段学生成长发展需求，做好大中小学各学段的梯度衔接，从两个维度、四大模块构建大中小学思想政治教育一体化网络衔接平台。[①] 有学者针对思想政治教育面临的信息"快餐化"和网络环境复杂化、教育主体"异化"等风险，提出优化网络思想政治教育实效需要构建网络与思想政治教育融合的理论和方法论，加强对相关科研和学术交流平台的投入支持，从顶层设计上强化制度管理，并坚持教育主体"人"的地位不动摇。[②] 有学者面对高校网络思想政治教育算法塑造风险，认为有效化解算法塑造的风险应当引入算法学术概念对算法现象的学理、逻辑、理性和批判立场展开分析，并提出超克路径。[③] 学者们围绕具体矛盾问题探究了网络思想政治教育效果提升的有效路径，进一步深化了网络思想政治教育研究。

（四）多维视角下网络思想政治教育研究

立足不同思维视角开展相关研究，能够更加全面深入把握研究问题。本年度学者们基于不同的思维视角探究了网络思想政治教育中的相关问题，在深化相关研究的同时也形成了丰富的研究成果。

首先，基于特定思维意识探究网络思想政治教育的相关问题。学者们结合学科特色，从不同思维视域出发对网络思想政治教育开展了理论探讨。有学者基于分众思维，在有效剖析分众思维与高校网络思想政治教育内在耦合的基础上，认为以受众差异性和需求度推动精准思政，要在高校网络思想政治教育中构建"双维度"擎架，实现意义旨归的价值理性与智能分众的工具理性的统一，构建"三要素"协同，依托网络虚拟场域的现实表征，实现施

[①] 尚爻、王向珍、刘芳：《大中小学思想政治教育一体化网络衔接平台建设探析》，《学校党建与思想教育》2023 年第 4 期。

[②] 葛园、韩璞庚：《网络对思想政治教育影响的二重性及其优化路径》，《学校党建与思想教育》2023 年第 8 期。

[③] 贾德辉、卢瑞瑞：《迈向"算法学术"：高校网络思想政治教育的算法塑造风险及其化解》，《湖北社会科学》2023 年第 8 期。

教侧、受教侧、守门人的协同共进。① 有学者基于辩证思维，审思意识形态治理问题，认为推进网络空间意识形态治理，应明晰治理边界，完善治理方式，健全治理机制，提升治理效果，进而推动互联网这个"最大变量"真正成为维护我国网络意识形态安全的"最大增量"。② 学者们基于特定思维视角探究了网络思想政治教育提质增效的策略路径，进一步深化了网络思想政治教育研究。

其次，立足网络发展探究网络思想政治教育的相关问题。基于对数字技术融合思想政治教育所引发变革的综合审思，学者们从不同角度开展了理论探究。有学者通过剖析算法对智媒时代网络思想政治教育的价值意蕴，并探究其在网络思想政治教育中面临技术扩张、权力失序和效度失守等困境，进而提出要以立德树人为导向、主流意识形态为遵循、成人成才为目标，不断推进算法在智媒时代网络思想政治教育中的转型升级发展。③ 有学者认为网络文化既契合青少年求乐的青春天性，吻合广大青少年对"自我"的预设与期待，也会引发其自我认同危机，不利于中国特色社会主义核心价值观的形塑。思想政治教育要积极引导网络文化创新发展，需确保网络文化发展的正确政治方向，大力建设一批蕴含思想政治教育资源的网络文化作品，实现对网络文化的自觉引导。④ 学者们立足网络发展中思想政治教育面临的挑战与机遇开展学理探讨，进一步深化了网络思想政治教育研究。

最后，着眼高等院校探究网络思想政治教育的相关问题。聚焦新时代高校在推进网络思想政治教育实践与建设中的现实困境，学者们探究了其创新机制、实践路径等问题，形成了相应的研究成果。有学者着眼西部高校，通

---

① 张翔、曹银忠：《论分众思维在高校网络思想政治教育中的运用》，《学校党建与思想教育》2023 年第 20 期。

② 竞辉：《以辩证思维引深网络空间意识形态治理》，《理论探索》2023 年第 6 期。

③ 庞祎晔、钱嫦萍：《智媒时代网络思想政治教育的价值意蕴与提升路径》，《大连理工大学学报（社会科学版）》2023 年第 1 期。

④ 昝玉林、涂美焕：《网络文化视域下青少年思想政治教育刍议》，《思想政治教育研究》2023 年第 2 期。

过分析新时代西部高校"精准化"网络思想政治教育的多重特质，提出推进网络思想政治教育实践优化创新要正视话语冲突，明确精准化的网络思政教育主体，改善话语输出，打造精准化的网络思政教育内容，提升话语实效，实现精准化的网络思政教育接受。[①] 有学者着眼新时代民族院校，在探究当前高校网络思想政治教育建构思维、教育主体和话语权的转向为民族院校带来新挑战的同时，认为民族院校网络思想政治教育机制创新，在目标维度要以铸牢中华民族共同体意识为主线的融入机制，在管理维度要以"五个认同"为中心的协同育人运行机制，在能力维度要以提高民族院校大学生信息素养为重点的能力培养机制，在话语维度要以提升民族院校网络思想政治教育话语权为核心的保障机制，在传播维度要以"构筑中华民族共有精神家园"为主题的教育宣传机制。[②] 学者们着眼新时代高校网络思想政治教育创新发展的机制与路径开展学理探讨，进一步深化了网络思想政治教育研究。

二、网络思想政治教育研究的年度特征

经过对研究成果的梳理可以发现，本年度网络思想政治教育研究呈现研究视野宽广、研究内容丰富、研究持续深耕、研究主题精深、研究坚持问题导向、研究成果突出实践性的鲜明特征。

（一）视野宽广，研究内容呈现丰富性

网络思想政治教育研究因为互联网的普惠性、包容性、开放性、发展性，不断涌现出新的研究视角、研究对象，逐渐形成新的研究分支，以宽广的研究视野不断拓展网络思想政治教育研究体系。基于此，网络思想政治教育的研究

---

① 杨茂、吕明阳、热纳提·热黑木江：《新时代西部高校"精准化"网络思政教育实践研究》，《民族学刊》2023 年第 4 期。

② 徐晓美、郭芮：《新时代民族院校网络思想政治教育：挑战、困境与机制创新》，《民族教育研究》2022 年第 6 期。

内容能够不断积累丰富，在持续的交叉融合中网络思想政治教育研究的理论与实践都得以进一步拓展，实现研究成果的丰富和创新。本年度网络思想政治教育研究坚持以宽广的视野接续开展，在研究内容上呈现突出的丰富性，聚焦教育要素的新发展深化网络思想政治教育基础理论，探究新兴网络技术与思想政治教育融合的可能与实现，聚焦教育实践中的现实问题促进网络思想政治教育提质增效，注重以多维视角推动网络思想政治教育的交叉研究，进而在研究内容的丰富拓展中，取得了丰硕的网络思想政治教育研究成果。

一方面，网络思想政治教育研究注重向内探寻，研究把握自身理论与实践中的新发展和新问题。向内探寻是网络思想政治教育研究中的重要方向，以历史的眼光审视自身的发展变化，坚持问题导向发现和解决实际问题，进而在深化认识和自我完善中发展网络思想政治教育研究。本年度学者们向内探究的网络思想政治教育研究表现在，向内着眼各教育要素，聚焦网络思想政治教育主客体、教育内容、教育路径等方面的新发展，深化对网络思想政治教育基础理论的规律性认识，同时向内着眼教育现实问题，关注网络思想政治教育中的算法塑造风险、网络群体极化、网络舆情挑战等问题，在寻找解决路径中丰富网络思想政治教育研究。

另一方面，网络思想政治教育研究注重向外拓展，把握思想政治教育与网络技术结合以及多维视角审思下的新可能。向外拓展是网络思想政治教育的重要研究路径，运用不断发展的网络技术、结合不同学科不同理论的新研究视角，在深度结合中拓展网络思想政治教育的研究视野。本年度学者们向外拓展的网络思想政治教育研究表现在，学习运用不断发展的网络技术，探究其与思想政治教育融合的可能与价值，提出运行开展的有效路径，以发展的网络技术拓展网络思想政治教育研究，同时结合吸收不同学科不同理论的研究视角，通过新思维、新理念、新角度审思网络思想政治教育，实现在原有认识基础上的守正创新，网络思想政治教育的研究内容和研究成果得以进一步丰富。

（二）持续深耕，研究主题体现精深性

网络思想政治教育是学者们持续关注的关键命题，特别是随着互联网的多维深度融入，网络思想政治教育的相关研究不断走向精深，研究成果愈发精炼，研究认识持续深化。当前研究网络思想政治教育这一经典命题，需要在持续深耕上下功夫，寻找网络思想政治教育研究体系的生长点和突破口，以不断深化的规律性认识丰富网络思想政治教育基础理论。本年度网络思想政治教育研究彰显了持续深耕的原则和要求，在研究主题上呈现突出的精深性，注重实现原有研究基础上的发展和突破，聚焦网络思想政治教育中主客体关系"变"与"不变"的新思考，教育内容的特殊性探究，教育路径的创新发展，教育价值的挖掘提升等等，以精深视角和思维审视网络思想政治教育经典研究主题，进而实现网络思想政治教育研究的新突破。

一方面，网络思想政治教育研究成果由多向精发展，在研究主题上进一步精炼化。随着互联网的飞速发展及其对人的思维方式和行为习惯的深刻改造，网络与思想政治教育的深度融合一直是学界关注并持续研究的关键命题，产出了众多的研究成果。在研究深入过程中，经过总结、归纳、整合，网络思想政治教育的研究主题逐步精炼化，研究成果追求精品。本年度学者们集中在网络思想政治教育的基础理论、网络技术与思想政治教育融合研究以及网络思想政治教育现实问题等研究主题，在核心领域重点发力，形成了一定高质量的研究成果，展现了网络思想政治教育研究由多向精转变的重要一步，反映了研究高质量发展的演进方向。

另一方面，网络思想政治教育研究呈现由浅入深的鲜明趋向，在规律性认识的积累中逐步走向深入。网络思想政治教育研究是对网络与思想政治教育融合的规律性认识不断深化的过程，由载体、环境逐步发展到思维、理念，深入网络思想政治教育本质的认识持续积累，总体而言由浅入深的发展历程趋向明显。本年度学者们尝试从新的视角对网络思想政治教育研究经典

主题再创新，新论网络思想政治教育主客体关系的"变"与"不变"，新时代网络思想政治教育的理论勘察与现实建构探索，新时代网络思想政治教育内容、价值、发展路径的改革创新等等，都力求立足网络思想政治教育原有基础理论，实现研究思想认识上更深一层的发掘，以及研究成果上更高质量的产出，进而将网络思想政治教育研究不断引向深入。

（三）问题导向，研究成果突出实践性

网络思想政治教育作为网络与思想政治教育深度融合的产物，既有丰厚的理论蕴涵，也有鲜明的实践导向。随着网络思想政治教育研究的不断深入，一系列基础性理论、专门性范畴、原生性话语、关键性议题逐渐建构完善，有效推动着网络思想政治教育的革新发展。本年度网络思想政治教育研究坚持问题导向，既有效回应网络思想政治教育发展演进中的理论问题以指导实践，也着力破解网络思想政治教育实践运行中的具体问题以推动相关实践，进而在理论问题与现实问题的关系厘清与共同突破中，实现网络思想政治教育研究的深化发展。

一方面，网络思想政治教育研究切实围绕发展演进中的理论问题及其对实践的多维指导，有针对性地进行了深入阐释。理论问题作为网络思想政治教育研究中一系列需要着力回应的基本问题，涉及网络思想政治教育的基本内涵、内在规律、运行机制等各个层面。回应和厘清相关理论问题具有重要的价值意义，是深化网络思想政治教育研究的着力点。本年度学者以网络思想政治教育的理论问题为指向，系统审思网络思想政治教育的理论蕴涵、逻辑进路及其现实建构，深入探究网络思想政治教育的价值意蕴和实践路径，同时也围绕网络思想政治教育的各个内在要素，聚焦教育主客体、内容方法以及环境载体等维度进行针对性的理论探究，为有效开展网络思想政治教育实践提供了多维指导。

另一方面，网络思想政治教育研究着力破解实践运行中的具体问题及其

对相关实践的多维推动，有针对性地进行了分析探讨。实践是对理论研究的检验和实现，是科学研究的落脚点。网络思想政治教育研究需要着眼实践，才能有效发挥网络思想政治教育提升育人实效的价值作用。因此，重视与解决网络思想政治教育实践问题，是学者们提升认知和深化研究的重点。本年度学者们聚焦网络思想政治教育实践运行中的具体问题，探究网络技术与思想政治教育深度融合的现实状况、多维挑战、逻辑进路、实践策略等具体问题，分析网络思想政治教育中面临的群体极化、青年价值观引导、网络舆情应对治理、算法塑造风险与化解等现实问题，回应网络思想政治教育的系统搭建与平台建设等实际问题，从不同方面着力破解网络思想政治教育实践运行中的一系列问题，有效推动着网络思想政治教育发展完善。

三、网络思想政治教育研究的研究展望

基于对研究成果的系统梳理和研究特征的切实把握，可以更加明晰未来网络思想政治教育的研究动向。立足现有研究基础，网络思想政治教育研究仍需在总结研究范式、推动多维融合、强化问题意识上下功夫，进而不断将研究内容引向深入。

（一）深入总结网络思想政治教育研究范式

当前网络思想政治教育研究经过几十年的发展，已经取得了长足的积累，深入总结网络思想政治教育研究范式成为现阶段研究的重要任务。一般而言，研究范式是指科学共同体的成员所共同拥有的研究传统、理论框架、研究方式、话语体系等，[①]是经过长期研究而积累的、针对某一学科的学术探索模式。这一研究范式的形成和运用，对于科学研究的系统开展具有指导意义，能够有效提升研究的严谨性、规范性和科学性。当前立足网络思想政治教育研究实践，梳理归纳网络思想政治教育研究理论，以全局观念和系统思

---

① ［美］托马斯·库恩：《科学革命的结构（第四版）》，北京大学出版社 2012 年版，第 8—9 页。

维整体把握网络思想政治教育研究，深入总结涵盖研究传统、理论框架、研究方式、话语体系的网络思想政治教育研究范式。

立足网络思想政治教育研究的理论与实践，聚焦研究范式的几个着力点，深入总结和推动形成网络思想政治教育的研究范式。第一，深入总结网络思想政治教育研究的优良传统。优良传统是研究范式中对网络思想政治教育研究经验的升华，对提升研究的延续性具有重要作用。梳理总结网络思想政治教育研究中的思维方式、研究环节等，以优良传统的形式延续践行。第二，深入总结网络思想政治教育研究的理论框架。理论框架是研究范式中对网络思想政治教育理论的系统构建，支撑起研究的整体脉络。着力在厘清网络思想政治教育研究现有理论框架的基础上，重点把握理论发展规律和接续生长点，以繁荣网络思想政治教育理论体系。第三，深入总结网络思想政治教育研究的基本方式。研究方式是研究范式中对网络思想政治教育研究技巧的总结，是经过长期实践得出的经验认识。坚持与时俱进原则，以现有研究方式为基础，在技术和实践发展中进一步总结和丰富网络思想政治教育研究方式。第四，深入总结网络思想政治教育研究的话语体系。话语体系是研究范式中对网络思想政治教育研究成果的表达呈现，反映研究的风格样貌。总结探寻网络思想政治教育的特有话语风格和表达习惯，以助力思想和理念的更好传递，形成有效的网络思想政治教育研究输出范式。

（二）继续推进网络思想政治教育多维融合

网络思想政治教育是多重蕴涵且持续发展的网络与鲜活的思想政治教育的深度融合，带有深刻的交叉性底色，同时彰显鲜明的发展性。交叉性奠定了推进网络思想政治教育多维融合的基调，发展性则提出了持续多维融合的现实要求。在不断发展的网络与思想政治教育中，应当坚持以与时俱进的多维视角、思路、理论等审思网络思想政治教育，着力在多维融合中发现新问题、找到新方向、实现新突破。

立足网络思想政治教育研究基础，面向新的发展阶段，着眼多维融合视角应在以下几个方面下功夫。第一，坚持以多维视角深化网络思想政治教育研究。在网络和思想政治教育发展进程中，不断生成着审视网络思想政治教育的多维视角。无论是智媒时代、融媒体时代、数字时代等，或是丰富多元的先进信息技术，还是思想政治教育各要素在网络中发生的巨大更新变革，都将网络思想政治教育引入新的视角加以研究，实现研究情境与空间的拓展、研究内容与方法的升级。第二，坚持以多维思路深化网络思想政治教育研究。随着网络思想政治教育研究的不断深入，学者们对网络的认识也经历了从载体到空间，直至思维方式的深化过程。深刻认识网络对于思想政治教育运行开展以及研究探讨的思路变化，准确把握网络思想政治教育中各要素特别是主客体思维方式和行为习惯的改变，进而以贴近实际和反映规律的思维认识深化网络思想政治教育研究。第三，坚持以多维理论深化网络思想政治教育研究。遵循网络思想政治教育的交叉学科特性，在深化研究中应当借鉴和运用相关理论加以审思，实现网络思想政治教育理论融合。无论是过往探索中分众理论、扎根理论、符号互动理论等的探索借鉴，还是未来科学领域出现的具有启发意义的相关理论，都需坚持开放态度和融合意识，着力探索理论指导下网络思想政治教育研究的生长点和突破口，在深度融合中实现网络思想政治教育的新发展。

（三）着力增强网络思想政治教育问题意识

问题意识作为对某一问题或现象的关注和思考，是指"思维的问题性心理，即人在认知过程中常常会遇到一些不明白的问题或者是现象，并且由此会产生疑问、探求的心理状态"。① 在科学研究中，对问题的深入思考和持续探究是推动研究进行的重要动力。坚持问题意识不仅有助于研究者明确研究

---

① 章小朝：《高校思想政治理论课教学的问题意识与专题化教学》，《思想理论教育导刊》2015 年第 10 期。

方向和目标，还可以强化研究者的创新思维和想象能力，从而在找准问题、把握问题、破解问题中推动相关研究的深化发展。网络思想政治教育是理论统一于实践的重要议题，立足现有研究基础深化网络思想政治教育研究，需要切实增强问题意识，着力破解制约网络思想政治教育革新发展的一系列问题，进而从不同维度不断夯实网络思想政治教育研究。

一方面，在着力回应热点问题中深化网络思想政治教育研究。热点问题是指受到广泛关注、引起热烈反响或讨论的话题，研究回应热点问题有助于在解疑释惑中提升网络思想政治教育效果。围绕网络思想政治教育研究一系列热点问题，聚焦网络思想政治教育有效性，探究如何通过网络技术手段传播思想政治观念、提升人们思想政治素质等问题；聚焦网络思想政治教育理论体系构建，探究如何有效结合网络特点规律，构建科学规范的网络思想政治教育理论体系以推动实践工作；聚焦网络思想政治教育模式与策略，探究网络视域下如何更好调整优化教育模式与策略，进而更加有效地引导启发教育对象；聚焦网络思想政治教育心理机制，探究如何更好理解把握教育对象的心理机制，进而提升网络思想政治教育的接受度和影响力等等。在进一步回应厘清相关热点问题中，我们能够深化网络思想政治教育研究。

另一方面，在有效破解难点问题中深化网络思想政治教育研究。难点问题通常指在某一领域或情境中难以解决或处理的问题，往往具有一定挑战性。着眼网络思想政治教育，着力破解网络思想政治教育中技术应用与伦理问题平衡、教育对象的差异性与教育内容的个性化、育人实效动态评价等一系列难点问题，能够更加全面深刻理解剖析网络思想政治教育，是未来深化网络思想政治教育研究的重要维度。总的来说，增强问题意识，坚持问题导向，在着力回应热点问题和有效破解难点问题中，能够进一步深化拓展网络思想政治教育研究。

第十三章　思想政治理论课建设研究

2023 年，思政课建设依然是学界关注的热点问题，研究数量持续攀升，研究视野不断拓宽，涌现出许多新成果，展现了思政课建设进入内涵式发展阶段后党和国家对思政课建设提出的新要求，一线思政课教师和专家学者对思政课改革创新的新思考，以及学习者对思政课的新期待。在思想政治教育学科发展 40 年之际，全面梳理学界研究脉络，总结反思学界研究进展，科学把握未来研究趋势，是思政课学术研究和课程建设继续走向深入的内在要求。

一、思想政治理论课建设研究聚焦与进展

党的十八大以来，学者们以习近平总书记关于思想政治教育重要论述精神为指导，深入探讨了思政课建设的政策、理念、主体、课程、教学、评价、形象、话语、功能等问题，其中既有对标党和国家新要求、新方案进行的学理审思和设计，也有基于思政课建设现实问题的分析和研究，既有思想政治教育学科持续关注的经典问题，也有思政课建设发展过程中出现的新情况、新问题，体现着我国思政课建设的特殊规律和现实样态。为清晰呈现本年度思政课建设研究的主要内容、主要特征和实际进展，现从以下七个方面重点进行梳理：

（一）思政课课程本质等基本内涵探究逐渐深入

思政课的本质问题是思想政治教育的基本理论问题，也是思政课教学遵

循的规律性问题。① 习近平总书记指出："思政课的本质是讲道理"，这一论述源于思想政治教育"理论掌握群众"的本质定位，② 揭示了马克思主义理论是最讲道理的本质，③ 是思政课课程性质的最新确证。"道"与"理"是辩证统一的关系，④ 思政课生成于"道"与"理"合成的世界之中，是道与理、价值与事实、应然与实然的统一，⑤ 思政课讲道理之本质的目标表现为思想解读、理论说服和价值引领，⑥ 路径依循为"以论说理""以行见理""以事析理""以境释理"，⑦ 丰富的道理内涵主要包括马克思主义"真道理"、中国特色"新道理"、历史"大道理"、人生修养"实道理"，⑧ 具体包含人类社会发展规律的道理、中国共产党的治国理政道理和个人成长成才的道理，⑨ 要从政治性出发讲党治国理政的道理，从教育性出发讲学生成长发展的道理。⑩ 要深刻把握马克思主义无神论的核心内容，讲深、讲透和讲活马克思主义无神论的本质之理、学理之理和事实之理。⑪ 要坚持政治性与学理性相统一的原则，发挥教师和学生的"双主体"作用，注重师生互信构建。⑫ 思政课讲道

---

① 兰美荣、卢黎歌：《论"思政课的本质是讲道理"》，《北京工业大学学报（社会科学版）》2023 年第 3 期。

② 李俊峰：《理解"思政课的本质是讲道理"的三个维度》，《江苏高教》2023 年第 3 期。

③ 韩喜平、于甜子：《用理讲好思政课》，《学校党建与思想教育》2023 年第 5 期。

④ 兰美荣、卢黎歌：《论"思政课的本质是讲道理"》，《北京工业大学学报（社会科学版）》2023 年第 3 期。

⑤ 孙菲、孙迎光：《思政课生成于"道"与"理"合成的世界之中》，《河南师范大学学报（哲学社会科学版）》2023 年第 6 期。

⑥ 兰美荣、卢黎歌：《论"思政课的本质是讲道理"》，《北京工业大学学报（社会科学版）》2023 年第 3 期。

⑦ 陆永胜、毛明娟：《新时代"思政课的本质是讲道理"的四个维度》，《南昌大学学报（人文社会科学版）》2023 年第 4 期。

⑧ 李俊峰：《理解"思政课的本质是讲道理"的三个维度》，《江苏高教》2023 年第 3 期。

⑨ 杜玉霞：《"思想政治理论课的本质是讲道理"初探》，《理论观察》2023 年第 7 期。

⑩ 张荣军、张溪：《"思政课的本质是讲道理"的价值意蕴与实践指向》，《学校党建与思想教育》2023 年第 3 期。

⑪ 杨威、袁璐：《新时代高校思政课加强马克思主义无神论教育的价值意蕴、核心内容与实践理路》，《科学与无神论》2023 年第 2 期。

⑫ 张荣军、张溪：《"思政课的本质是讲道理"的价值意蕴与实践指向》，《学校党建与思想教育》2023 年第 3 期。

理本质的实现关键在教师，要重点从观念层面解决教师的重视问题、从战略层面解决教师的适应问题、从战术层面解决教师用心教的问题、从实施层面解决教师的保障问题。[1] 凸显实践导向的时代性、实践格局的广阔性、实践体系的协调性、实践智慧的辩证性、实践策略的创新性，立足时代讲道理、胸怀天下讲道理、协调一体讲道理、思维辩证讲道理、创新方法讲道理。[2] 深究学理以讲深道理、透彻说理以讲透道理、协同互动以讲活道理，[3] 总之，"用学术讲政治"是新时代思政课高质量发展的必然要求。[4] "思政课的本质是讲道理"的论断自 2022 年提出以来广泛影响着一线思政课教师和思政专家学者们的教育教学和理论研究，与其相关的较为系统、深入的成果在本年度涌现出来，牵引着一大批学者、师生更加深入地思考思政课的功能地位、内涵本质等思政课建设的基础理论问题，是新时代思政课建设研究的重点课题之一。

（二）课程建设目标设定更加追求高质量高水平

思政课建设目标包含政策目标、发展目标、育人目标等，具体体现在思政课课程政策制定、课程体系建设、教学活动实施、课程主体发展等多个方面。学者们往往通过解读政策文件、研判发展趋势、把握主体发展需求等综合设定新时代思政课的建设目标。其一，对标国家相关政策文件的要求，思政课必须紧紧围绕立德树人关键课程和重要任务的定位，重构思政内容丰富的教学体系、创新灵活多样的教学方法、创设教与学关系和谐的教学环

[1]　兰美荣、卢黎歌：《论"思政课的本质是讲道理"》，《北京工业大学学报（社会科学版）》2023 年第 3 期。

[2]　李俊峰：《理解"思政课的本质是讲道理"的三个维度》，《江苏高教》2023 年第 3 期。

[3]　杜玉霞：《"思想政治理论课的本质是讲道理"初探》，《理论观察》2023 年第 7 期。

[4]　瞿理铜、王淼、谢庆：《高校思想政治理论课教师"用学术讲政治"探析》，《湖南工业大学学报（社会科学版）》2023 年第 4 期。

境，推进思政课改革创新，坚守其政治性。① 站位"国之大者"高度观照新时代思想政治理论课建设，② 在当前阶段更多地体现为系统全面地阐述"两个结合"的深刻内涵，比如党坚持和发展马克思主义本体维度"真理行"、空间维度"本土化"、时间维度"时代化"的丰富道理。③ 其二，基于课程主体发展需要，思政课建设要注重主体审美感知，在"美育"中引导"德行"，实现"美"与"德"之间的良性循环。要讲透讲活"大道理"，把握"大先生"、锚定"担大任"、解决"大问题"等要素，从而培养德智体美劳全面发展的堪当民族复兴大任的时代新人和中国特色社会主义的合格建设者和可靠接班人。④ 其三，着眼思政课建设历程，新时代思政课建设要努力实现内涵式、时代化发展。在教学方面处理好"微小"与"宏大"的辩证关系，⑤ 坚持主导性和主体性相统一，锚定好思政课落实立德树人的根本任务。⑥ 鉴于大数据技术对思政课的深度赋能，⑦ 思政课要努力实现数字化、智慧化转型，勇于打破课堂时空边界、传统教材边界、线性学习边界、考核评价边界，⑧ 这是解决思政课浅层学习难题、推动数字智能技术与思政课融合贯通、契合新时

---

① 黄玖琴、王德召：《灌输与启发相统一：高校思政课教学方法的交互逻辑》，《贵州社会科学》2023 年第 7 期。

② 张建明：《"国之大者"视域下加强新时代思政课建设的实践进路》，《河南大学学报（社会科学版）》2023 年第 6 期。

③ 田歧立：《高校思政课讲"两个结合"的道理蕴涵及实践策略》，《河南大学学报（社会科学版）》2023 年第 4 期。

④ 张建明：《"国之大者"视域下加强新时代思政课建设的实践进路》，《河南大学学报（社会科学版）》2023 年第 6 期。

⑤ 唐忠宝：《高校思政课教学中"微小"与"宏大"的辩证关系》，《思想理论教育导刊》2023 年第 2 期。

⑥ 耿俊茂：《高校思想政治理论课教学改革坚持主导性和主体性相统一的理论与实践》，《思想理论教育导刊》2023 年第 11 期。

⑦ 孟晓东、杨洪泽：《基于大数据技术视角的高校思政课精准施教研究》，《学校党建与思想教育》2023 年第 14 期。

⑧ 刘洋、吕小宁：《高校思想政治理论课数字化建设的边界意识》，《思想理论教育导刊》2023 年第 11 期。

代大学生个性特点与成长发展需求的理性选择。① 由此可见，中国式教育现代化必然要求思政课建设集中凸显历史、理论、实践的高度统一，② 思政课建设目标整体趋向更高质量、更高水平。而思政课高质量建设必须贯彻马克思主义中国化最新成果，在把握"变"与"不变"关系中提高实效性，坚持理论联系实际的马克思主义学风，善用系统分析思维迎接挑战、推进改革，③在"守正"与"创新"有机统一的基础上发挥思政课教学的思想性、理论性、亲和力和针对性。④ 有学者将新时代思政课建设目标概括为"两性一度"（即高阶性、创新性和挑战度）；⑤ 也有学者认为，要建设兼具思想性、理论性、亲和力和针对性的思政课"金课"。⑥ 相较以往的思政课建设研究，学者们在思政课建设目标的设定新增了"大"的格局、"美"的向度、"精"的要求，对新时代高品质思政课的建设提出了期待，提供了思路启发。

（三）课程体系建构更加追求功能结构的完整性

思政课是包含着内在逻辑关联的一系列课程所构成的课程群，⑦ 为确保思政课课程体系规范功能、整合功能和协同功能的充分发挥，⑧ 要融合思政课课程设置的横向协同逻辑和纵向贯通逻辑。思政课课程建设的纵向贯通集中体

① 潘莉、任凤梅：《数字智能技术赋能高校思政课深度学习研究》，《思想理论教育导刊》2023 年第 9 期。

② 李伟弟、柏一兰：《新时代高校思政课改革创新的出场逻辑、现实困境与路径探赜》，《国家教育行政学院学报》2023 年第 8 期。

③ 张建晓：《改革开放以来高校思政课高质量建设的历史探索与现实启示——以 J 省为例》，《湖北社会科学》2023 年第 2 期。

④ 滕飞、马瑞：《推进新时代高校思政课教学守正创新的现实向度》，《中国高等教育》2023年第 6 期。

⑤ 崔建霞：《高校思政课"两性一度"的本质要求——以"马克思主义基本原理"课为例》，《思想理论教育导刊》2023 年第 9 期。

⑥ 李红革、李笃：《以"八个相统一"引领中学思政课"金课"建设探析》，《学校党建与思想教育》2023 年第 2 期。

⑦ 贾晓旭：《整体性视域下高校思政课知识体系的构建》，《学校党建与思想教育》2023 年第 4 期。

⑧ 李亚美：《高校思政课课程体系构建探析》，《学校党建与思想教育》2023 年第 1 期。

现在大中小学思政课一体化的推进上。有学者认为，大中小学思政课是一个系统，大中小学思政课一体化建设更是一项系统工程，推进一体化建设应坚持系统观念。大中小学思政课是多要素组成的系统，概括来说包括课程、内容和教学三个基本要素，具有结构逻辑、过程逻辑和社会逻辑三重逻辑。[①]构建一体化大中小学思政课课程体系，最为关键的是要坚持辩证的思维方式，正确处理大中小学思政课课程体系一体化内含的整体性与层次性、普遍性与特殊性、衔接性与差异性、协同性与创新性的辩证统一关系。[②]融入理论引领，挖掘育人理念，秉持思政小课堂与社会大课堂相统一、生活化叙事与权威性阐释相统一、区域性资源与时代化特质相统一原则，着力构建"课程化""活动化""立体化"的教学实践路向。[③]统筹推进大中小学思政课一体化建设，需着力在各个学段的"接棒区"上下功夫、做文章，抓住大中小学思政课的阶段性和进阶性，推动师资队伍建设、完善相关机制、整合课程资源，真正做到既"守好一段渠"，又"跑好接力棒"，推动大中小学思政课有效衔接、有序对接。[④]遵循思政课建设规律和青少年成长规律，注重分学段、分层次、分要素一体，实现合策、合力、合势一体，运用系统思维对大中小学思政课各方面、各层次进行整体规划、统筹安排、系统推进；着力加强党的领导，配齐建强思政课教师队伍，促进思政课数字化建设。[⑤]要积极从健全基层体制机制、强化高校引领带动作用、完善跨学段教学环节一体化、加强跨学段师资一体化和丰富跨学段社会实践一体化等方面探寻破解路

① 孙其昂：《论大中小学思政课的三重逻辑》，《学校党建与思想教育》2023 年第 7 期。

② 黄冰凤、徐秦法：《大中小学思政课课程体系一体化需处理好的几对关系》，《广西社会科学》2023 年第 6 期。

③ 李尚宸、徐玉：《新时代大中小学思政课一体化建设：理论嵌入、基本原则与实践路向》，《中国高等教育》2023 年第 1 期。

④ 吴优、张健华：《统筹推进大中小学思政课有效衔接》，《中国高等教育》2023 年第 17 期。

⑤ 徐艳国：《推进大中小学思政课一体化建设的思考》，《中国高等教育》2023 年第 Z3 期。

径，①总之，在凝聚纵向合力上更加注重思政课各个学段作用力的精准衔接。②北京市在相关研究与实践中注重思政课一体化建设政策设计和机制创新，注重思政课教研学段衔接和区域协作，注重思政课一体化课堂教学结构改革和实践体验，新样态特征显著。③在思政课课程体系构建的横向逻辑上：要着眼课程主体协同合作，构建系统完善的制度机制、运行机制、监督机制和激励机制，进而形成科学完整的领导干部进高校讲思政课常态化机制体系。④要强化"破解难题"的视野，在增强课程标准的完整性、把握课程内容的进阶性、提升课程评价的实效性上努力有新突破，在凝聚横向合力上更加注重思政课建设各个发力点的精细运行。⑤整体上看，构建结构合理、功能完备的思政课课程体系，关键要解决各学段内部的系统性与学段之间连贯性的矛盾、教学内容的递进性与重复性的矛盾、各学段教学方法的独特性与趋同性的矛盾、师资的共享性与独立性的矛盾。⑥由此可见，随着思政课课程体系的不断完善和优化，学者们对思政课课程体系的研究也从"该设置什么课程"升级到"如何优化课程体系内部逻辑"以更好地实现对受教育者的价值引领、思想引导、道德培育和知识传授，从独立学段的课程体系研究升级到跨学段的课程体系建构，着眼课程功能的全效发挥，从更高层次上、更高水平上、更完整的教育链条上探索课程体系的优化方案。

---

① 李延太、徐国亮：《高校跨学段思政课一体化建设：价值、挑战与路径——以推进马克思主义大众化为视角》，《社会科学家》2023年第9期。

② 沈壮海、刘灿：《多重视野中的大中小学思政课一体化建设及其突破》，《马克思主义与现实》2023年第2期。

③ 谢春风、殷蕾：《我国大中小学思政课一体化建设新样态的分析与启示》，《中国教育学刊》2023年第4期。

④ 张振芝：《论领导干部进高校讲思政课常态化机制建设》，《湖北社会科学》2023年第3期。

⑤ 沈壮海、刘灿：《多重视野中的大中小学思政课一体化建设及其突破》，《马克思主义与现实》2023年第2期。

⑥ 张帆、邵献平：《大中小学思政课一体化建设略探》，《学校党建与思想教育》2023年第2期。

（四）课程建设多维路径探索更加追求科学有效

与以往研究相比，本年度学界对思政课课程建设的路径探索更加关注科学性和实效性，具体体现在：

其一，思政课建设方案、模式、方法研究更加多样。思政课建设方案、模式、方法研究的多样化体现了学界对思政课建设路径的深度思考和差异化关注，是激活思政课建设路径研究活力，增强思政课建设科学性、有效性的重要前提。多样的课程建设方案、模式、方法研究主要有高中思政课议题式教学路径探索[①]、高中思政课综合学习模式建构[②]、高职院校思政课建设研究[③]、高校思政课实践教学品牌活动打造[④]等，学者们或聚焦某省思政课建设经验[⑤]，或结合某行业特色进行同类型学校思政课程建设研究[⑥]……析出了空间性教学模式[⑦]、分众教学模式[⑧]、问答式教学模式[⑨]、"半月谈集体备课"形式[⑩]等多种思政课教学模式。关注思政课建设的差异性，因地制宜、因校制宜、因课制宜探索思政课建设方案、模式、方法，是思政课建设进一步科学化的真实写照。

其二，课程建设路径探索的需求导向更加鲜明。思政课建设理论研究中

---

① 陈瑜：《高中思政课议题式教学的三维路径》，《中国教育学刊》2023 年第 7 期。

② 孙杰：《高中思政课综合学习：内涵要义、价值意蕴与实践范型》，《天津师范大学学报（基础教育版）》2023 年第 3 期。

③ 余思瑶：《费曼学习法在高职院校思政课的应用研究》，《教育学术月刊》2023 年第 9 期。

④ 丁昀：《高校思政课实践教学的困境及其破解》，《学校党建与思想教育》2023 年第 14 期。

⑤ 张建晓：《改革开放以来高校思政课高质量建设的历史探索与现实启示——以 J 省为例》，《湖北社会科学》2023 年第 2 期。

⑥ 李正军：《行业特色型高校思政课实践教学创新探析》，《中国高等教育》2023 年第 Z3 期。

⑦ 刘海滨、潘可礼：《高职院校思想政治理论课空间性教学模式探析》，《扬州大学学报（高教研究版）》2023 年第 6 期。

⑧ 董芯茜、周智年：《新时代高校思政课分众教学论析》，《学校党建与思想教育》2023 年第 16 期。

⑨ 杨果：《"思想道德与法治"课问答式教学模式的价值意蕴与立体优化》，《中国高等教育》2023 年第 9 期。

⑩ 胡伟国、李培芬：《高职院校思政课"半月谈集体备课"形式的创新与实践》，《思想理论教育导刊》2023 年第 8 期。

的需求导向主要体现在对学习者认知特点和成长需求的关注和重视上。有学者基于国家大学生学情调查（NCSS）对不同背景大学生思政课学习满意度的现状和影响机制进行研究①，也有学者对民办高校大学生思政课学习认同度满意度需求度进行研究②，指出思政课建设应努力激发大学生深度学习的积极性③。在学习者认知特点和接受习惯方面，有学者基于对新时代大学生的特点分析将其称之为"平视一代"④，并有针对性地提出了思政课建设路径，比如平衡供需匹配，推进"大思政课"内容优化；凸显主体角色，激发"大思政课"内生活力；广拓创新思维，延展"大思政课"实施渠道；回归实践转化，善用"大思政课"推动发展，⑤比如坚持政治性和教育性相统一、学理性和通俗性相统一、精准性和情景性相统一的原则，通过聚焦典型性比喻说理、鲜活性语言艺术、生动形象等推进思政课教学创新。⑥体现了思政课建设对学习者接受水平、认知特点、学习习惯的尊重的关照。

其三，融合新媒体新技术建设思政课的思路更加成熟。融合新媒体新技术开展思政课建设是信息时代思政课建设发展和改革创新的必然趋势，自然也成为学界关注的热点问题。相较于往年学者们思政课在线课程建设的相关探索，本年度研究呈现出明显进展，从在一般意义上探讨"互联网＋"理念、线上与线下相结合的教学模式，到结合 5G 技术、AR、VR 等信息技术打造

① 温聪聪、史秋衡：《不同背景大学生思政课学习满意度的现状和影响机制探析——基于国家大学生学情调查（NCSS）》，《教育学术月刊》2023 年第 8 期。

② 张文婷：《民办高校加强"大思政课"建设的意义与路径》，《思想理论教育导刊》2023 年第 5 期。

③ 陶磊、李貌：《关于思政课在线学习资源建设的思考》，《学校党建与思想教育》2023 年第 21 期。

④ 傅慧芳、白茂峰：《上好平视一代"大思政课"的时代意涵和实践基点》，《学校党建与思想教育》2023 年第 3 期。

⑤ 傅慧芳、白茂峰：《上好平视一代"大思政课"的时代意涵和实践基点》，《学校党建与思想教育》2023 年第 3 期。

⑥ 王雅丽：《新时代高校思政课教学用好"比喻说理"探析》，《思想理论教育导刊》2023 年第 5 期。

融合虚拟场景体验、教师数字素养、思政教育智慧终端①、双向互动"学习共同体"②、立体教材、学科资源库、数字画像③、"语料库"④于一体的思政课建设新模式，新媒体新技术与思政课教学的深度融合将思政课建设推进到数智时代。深度融合的背后是学者们对思政课数字化转型的深入探究，具体包括对思政课数字化建设的科技采择边界、工具理性边界、课程实践边界、信息分发边界的重构⑤。整体上看，学界对思政课建设路径的探索更显成熟，在体现思政课建设时代性的同时也将思政课推向科学高效、立体多维的建设阶段。

（五）课程建设资源开发与整合的界域大幅推扩

本年度思政课课程资源开发整合的界域大幅度推扩，关键推动力量是大思政课建设相关成果的大量产出。2021 年 3 月 6 日，习近平总书记提出："'大思政课'，我们要善用之"，从"思政课"到"大思政课"，一字之差的概念创新将思想政治教育的视野推扩至全景之维，将思想政治教育的课堂拓展至公共之域，将思想政治教育的使命寄托在大众之肩，同时也将思想政治教育的资源铺设于实践之境。学者们纷纷围绕"大思政课"建设，探索开门办思政的学理依据和现实路径。在课程内容资源上，学者们认为中国特色社会主义的伟大成就为思政课讲好道理提供了最为丰富的资源，⑥要积极推进党的

---

① 黎博、戴成波、谭超：《高校思政课数字化转型的现实困境与优化路径》，《学校党建与思想教育》2023 年第 14 期。

② 王颖、黎家成：《高校思政课混合式教学优化路径探析》，《学校党建与思想教育》2023 年第 8 期。

③ 操菊华、熊娟：《人工智能赋能思政课教学的三重审视》，《学校党建与思想教育》2023 年第 12 期。

④ 樊姗姗：《系统科学视野下"虚拟仿真＋思政课"亲和力提升路径探析》，《系统科学学报》2024 年第 2 期。

⑤ 刘洋、吕小宁：《高校思想政治理论课数字化建设的边界意识》，《思想理论教育导刊》2023 年第 11 期。

⑥ 韩喜平、于甜子：《用理讲好思政课》，《学校党建与思想教育》2023 年第 5 期。

二十大精神融入思政课建设,[①]重点融入"两个结合"和"开辟马克思主义中国化时代化新境界","六个必须坚持"和"推进理论创新","三件大事"和"人民主体","中国式现代化"和"中心任务","大党独有难题"和"两个伟大革命"等理论。[②]在课程管理资源上,学者们认为要制定新时代"大思政课"校本制度,[③]努力形成共建共享共育思政资源合力[④],增强大使命、树立大格局、拓宽大视野,通过建好"大师资"、搭建"大平台"、开展"大活动"、构建"大机制",[⑤]加强思政课"三全育人"、协同联动、集成管理、综合评价。[⑥]在课程人力资源上,学者们认为辅导员也是"大思政课"建设的教育者、协调者,承担着"大思政课"建设的开拓者、评价者等角色。[⑦]此外,也有学者认为,应抓住数字化发展新机遇,打造"大思政课"数字教育新样态。[⑧]在学者们达成"要用活公共场域,打造思政课大课堂;盘活社会资源,汇聚思想政治教育大能量;激活人才动能,培育思想政治教育大师资"之共识的过程中,思政课课程建设资源整合的界域在事实上已经被扩大。

(六)课程建设存在问题的分析和研判更加深刻

梳理思政课建设过程中存在的问题并全面分析其产生原因,是历年思政

①　马秋丽、尹昱珺:《党的二十大精神融入"马克思主义基本原理"课的三重维度》,《思想理论教育导刊》2023年第7期。

②　马秋丽、尹昱珺:《党的二十大精神融入"马克思主义基本原理"课的三重维度》,《思想理论教育导刊》2023年第7期。

③　郑安阳:《新时代高校"大思政课"校本制度制定研究》,《思想教育研究》2023年第2期。

④　张建明:《"国之大者"视域下加强新时代思政课建设的实践进路》,《河南大学学报(社会科学版)》2023年第6期。

⑤　秦晓华:《"大思政课"视域下思政课实践教学改革的困境与出路》,《学校党建与思想教育》2023年第13期。

⑥　李红革、李笃:《以"八个相统一"引领中学思政课"金课"建设探析》,《学校党建与思想教育》2023年第2期。

⑦　耿品:《"大思政课"建设中高校辅导员的角色定位与实现路径》,《思想教育研究》2023年第11期。

⑧　彭庆红:《数字化推动"大思政课"建设的依据、原则与路径》,《思想理论教育导刊》2023年第11期。

课建设研究的主要内容之一。本年度研究中，学者们认为思政课各门课程教学之间缺乏必要的协同整合与有机联结的问题，[①]德育功能相对弱化、教学内容缺乏联系、探究学习流于形式、学段衔接不够顺畅，[②]导致课程实施过程中出现思想认知、行为感知和管理协同三重困境。[③]在思政课实践教学方面，教师实践教学经验相对缺乏，实践教学还未形成系统科学的评价体系和反馈机制。实践教学整体设计和资源整合尚待优化、大学生多样化需求亟待满足、地方区域特色有待加强等推进梗阻。[④]在思政课数字化建设方面，由于思政课建设边界意识的模糊和缺失，思政课数字化建设不同程度地存在意识形态风险、育人功能减弱、实践教学失衡、信息茧房显现、学生隐私危机等一系列未形之患。[⑤]由于在线学习资源建设与应用缺乏有机联系、学习资源供给力量较为单一、学习资源建设缺乏"用户体验"视角，[⑥]思政课数字化转型和高质量发展受到了阻碍。不难发现，学者们在分析思政课建设问题时能从微小的要素、局部和环节中跳出来，从思政课建设大格局中审视制度、机制、体制的不足，对思政课建设问题及其原因探析更显深刻。

（七）思政课建设主体的协同合作研究越发全面

思政课建设主体包括领导主体、决策主体、执行主体和参与主体等，思政课教师是典型的主体构成。学者们在研究中普遍认为，要增强思政课教师

---

① 贾晓旭：《整体性视域下高校思政课知识体系的构建》，《学校党建与思想教育》2023年第4期。

② 江舟、陈美兰：《新课标背景下初中思政课法治教育的反思与改进》，《天津师范大学学报（基础教育版）》2023年第2期。

③ 李伟弟、柏一兰：《新时代高校思政课改革创新的出场逻辑、现实困境与路径探赜》，《国家教育行政学院学报》2023年第8期。

④ 丁昀：《高校思政课实践教学的困境及其破解》，《学校党建与思想教育》2023年第14期。

⑤ 刘洋、吕小宁：《高校思想政治理论课数字化建设的边界意识》，《思想理论教育导刊》2023年第11期。

⑥ 陶磊、李貌：《关于思政课在线学习资源建设的思考》，《学校党建与思想教育》2023年第21期。

的政治素养、专业素养、职业素养、人文素养、情感素养，[①]尤其
是包含政治定力、教育活力、科研实力、道德魅力的核心素养，[②]通过价值赋
能在身份认同中生成全面素质、通过理念涵育在终身学习中提升理论素养、
通过实践历练在教学实践中锤炼业务能力、通过制度推动在强化效能中创新
培育机制，[③]不断提升思政课教师参与课程建设的能力，如包含课程执行力、
决策力与创新力的课程领导力。[④]也有一部分学者认为，高校思政课建设的
主体也包括辅导员。高校辅导员在"大思政课"建设中扮演着组织者、实施
者、教育者、协调者、开拓者、评价者等角色，要为完善制度保障、健全工
作机制、强化队伍协同、提升角色素养，切实推动高校思政课高质量发展。[⑤]
基于此，探索了思政课教师与辅导员工作双向融合的路径，认为要通过学
校、学院以及教师多个层面的协同发力，构建思政课教师和辅导员在思政课
建设中的协同育人机制。此外，有学者提出要建立思政课建设的师生共同
体，以"师""生"主体间内在关系的重塑，消除主体间原则主导下的关系
异化，超越二元主体对立的关系共同体，激活多重育人主体共同参与。[⑥]整
体上看，学者们关于思政课"由谁来建"的认识更加全面，不仅包含对主体
有谁的思考，还对不同身份主体在思政课建设中的职责功能、不同类型主体
如何协同合作等问题进行了更全面的探究。此外，学界围绕思想政治教育学
科建设 40 周年主题，对党的创新理论与思想政治教育、思想政治教育规律

---

① 罗广、郭国祥、冯秋珍：《以社会实践研修为抓手提升思政课教师讲道理的能力》，《学校
党建与思想教育》2023 年第 9 期。

② 彭恩胜、傅琛：《新时代高校思政课教师核心素养的构成要素探析》，《学校党建与思想教
育》2023 年第 8 期。

③ 刘登攀：《高校优秀思想政治理论课教师生成的根本遵循、内在机理与培育路径》，《思想
教育研究》2023 年第 7 期。

④ 张黎娜：《新时代思政课教师课程领导力的实践转向》，《学校党建与思想教育》2023 年
第 9 期。

⑤ 耿品：《"大思政课"建设中高校辅导员的角色定位与实现路径》，《思想教育研究》2023
年第 11 期。

⑥ 王丽丽：《关系·对话·情感：高校思想政治理论课中师生共同体的构建路径探析》，《黑
龙江高教研究》2023 年第 12 期。

研究、思想政治教育学科内涵与定位研究、思想政治教育基本范畴研究、思想政治教育本质研究、思想政治教育价值与功能研究、思想政治教育内容研究、思想政治教育过程研究、思想政治教育对象研究、思想政治教育载体研究、思想政治教育话语研究、思想政治教育模式研究、高校思想政治理论课建设研究等近三十个专题的研究进行了系统回顾、总结和分析，[①] 其中许多与思政课建设密切相关的内容也从一定侧面反映出学界对思政课建设的关注和思考，为思政课课程建设和理论研究提供了莫大助益。

二、思想政治理论课建设研究特点、不足与困境

本年度思政课建设研究继续坚持理论与实践相结合，时刻以学生成长成才为中心，站稳为中心工作服务的思想政治教育立场，思想政治教育学科一贯的优良学风、教风、研风在新的一年有新的呈现和发展。

（一）能及时跟进党的理论创新

始终和马克思主义中国化前沿保持高度一致，为马克思主义的当代性注入灵魂，是思政课建设研究一贯的优良品质。本年度思政课建设研究对党的理论创新的及时跟进集中体现在学者们以习近平总书记关于思政课建设、思想政治教育、教育的重要论述为指导，以点带线，以线成面，以面扩体，不断将新时代思政课建设研究推向深入。这一特点集中体现在以下几条研究线路中：其一，围绕"思政课的本质是讲道理"展开思政课本质问题研究。自从 2022 年习近平总书记提出"思政课的本质是讲道理"的论断后，学界对于思政课本质的研究逐渐增多并在 2023 年迎来小高峰，从思想政治教育的本质研究到思政课本质探索，体现了学界对思政课的深层次认识。其二，围绕"大中小学思政课一体化""大中小学思想政治教育一体化"展开思政课课程体系研究。习近平总书记在全国学校思政课教师座谈会上的讲话中提出

---

① 冯刚：《思想政治教育学科 40 年发展研究报告》，中国人民大学出版社 2024 年版，第 1—4 页。

了大中小学思政课一体化命题，党的二十大报告指出要推进大中小思想政治教育一体化建设，大力推动了学者们对现有思政课课程体系的审视和思考，产出了一大批关于助力大中小学思政课一体化建设的研究成果。其三，围绕"'大思政课'，我们要善用之"展开思政课资源整合研究。以往学界对思政课建设资源的挖掘、开发、整合、利用研究虽在数量上占比也不小，但整体上零星散落，缺乏系统思维和大局观念。自习近平总书记指出"'大思政课'，我们要善用之"之后，学界针对思政课建设资源的研究更显系统性、全局性、整体性和协同性，大大助推了思政课建设大格局、大课堂、大能量、大师资的形成。其四，围绕"四有好老师""六个要""教育家精神"展开思政课教师形象研究。这是本年度思政课建设研究领域出现的新特点，即融合传播学视野，从他者视角审视思政课教师队伍建设的现实着力点。其五，围绕"八个相统一"展开思政课课程建设规律性研究。自 2019 年 3 月 18 日习近平总书记提出思政课建设要坚持"八个相统一"之后，学界便将其作为思政课建设和学术研究的重要遵循，在课程内容建设、教学模式探索、教学方法选择、课程资源整合利用、课程评价体系建构等多个方面体现出来。除此之外，随着习近平新时代中国特色社会主义思想的不断发展，思政课建设的理论遵循也会越来越丰富，思政课建设研究也必将在研究对象、理论指导、方法论等多个方面不断跟进新思想的发展。

（二）研究活力得以进一步释放

一个学科的创新创造活力主要体现在以下几个方面。

一是研究主体多元化。随着"大思政课""课程思政""大中小学思想政治教育一体化"等新概念、新论断、新理念的提出，不同学科、不同职业、不同身份的人逐渐参与到思政课建设实践活动和学术研究中来，思政课建设主体的能动性和思想政治教育学科创新创造活力在更大范围、更大限度内被激活，越来越多思政课建设的实践命题和现实难题在理论层面得到充分讨论。与此同时，本年度思政课建设研究主体在多元化的同时也趋向于团队化和组织化，主要体现为各地区、各级各类大中小学思政课一体化建设研究中心的成立和"大思政课"实践育人共同体的建设，为下步研究工作的协同推进、研究成果的有计划产出和思政课相关理论体系的系统构建提供了重要保障。

二是持续关注实践课题。思政课建设是一项兼具理论性和实践性的系统工程，现实问题和实践需求是思政课建设的源头活水，本年度思政课建设研究更加关注资源不足、机制不畅等现实痛点、堵点和难点问题，研究整体上仍以"分类推进"的态势铺开，分类依据主要有院校类别、专业类别、课程类别等。并体现出从解构转向建构的趋势，研究重心从对思政课的要素分解式研究转为对要素互动、逻辑建构、规律分析、资源整合等的研究。学者们更加注重总结思政课建设实践经验以推进其理论升级，这些都是思政课建设研究活力充足的具体体现。

三是不断涌现的研究热点。本年度思政课建设相关研究中，思政课教学研究持续推进，思政课建设资源整合研究全面铺开，大中小学思政课一体化建设研究继续深化，大思政课建设研究热度递增，涌现出学习贯彻习近平新时代中国特色社会主义思想主题教育与思想政治教育、中国式现代化与思想政治教育、社会主义核心价值观研究、思想政治教育基础理论深化研究、思想政治教育范畴研究、思想政治教育方法研究、思想政治教育治理研究、思想政治教育形象研究、思想政治教育话语体系研究、思想政治教育内生动力研究、思想政治教育质量评价研究、网络思想政治教育研究、思想政治教育文化育人研究、思想政治教育组织育人研究、立德树人与思想政治教育相关问题研究、党史学习教育与思想政治教育研究、心理健康教育与思想政治教育研究、传统文化与思想政治教育研究、社会思潮与思想政治教育研究、高校意识形态工作研究、高校党的建设与全面从严治党研究、时代新人培育研究等二十余个与思政课建设密切相关的研究热点，释放了强大的科研活力。

（三）研究视阈实现实质性推扩

随着马克思主义理论和思想政治教育学科的不断发展、思政课教师队伍的不断壮大，思政课建设研究数量不断增多、内容越来越丰富，学者们在思政课建设的主体、环体、介体等方面已然达成共识。要想源源不断地为思政学科发展和思政课建设提供强有力的理论指引和学理支撑，就必须在思政课建设的理论体系构建上寻求新的突破，可以是研究范式的转换升级，也可以是研究对象的推陈出新。总之，要通过学术研究为学科发展提供知识增量，为思政课课程建设提供有效方案，为解决源源不断涌现的现实问题提供科学指导。然而，无论是研究范式的转换升级，还是研究对象的推陈出新，对于思政课建设研究而言都并非易事。梳理学界研究会发现，与思政课建设相关的研究成果数量非常多但重复研究的现象也不少，研究对象、研究方法、研究结论的同质化现象已然明显。为打破思政课建设研究的固有模式和定向趋势，学者们深化思政课建设基础理论研究、推进学科交叉研究、追踪理论前沿和实践前线，努力增强思政课建设研究的创造性、新颖性和前沿性，其中也出现了"新壶装旧酒"的现象。值得欣喜的是，我们在梳理思政课建设研究成果的过程中发现，本年度思政课建设实现了实质性推扩，集中体现在思政课建设研究对象的创新、研究思路的革新、研究成果的焕然一新。比如思政课形象研究，"形象"一词多用于文学、传播学、心理学等学科领域，用来描述事物的外部特征和形态，体现了一种他者视角。在思想政治教育专业成立 40 年之际，将形象问题纳入思政课建设理论研究的视野，旨在区别于传统的课程建设逻辑，为思政课建设发展和改革创新提供新的思维向度。学者们以"新时代高校思政课公众形象塑造的理论探赜"①"论思政课自我形象建

---

① 冯刚、杨小青、张智：《新时代高校思政课公众形象塑造的理论探赜》，《中国远程教育》2023 年第 6 期。

构与他者形象认知的统一"[①]"高校思政课公众形象评价体系构建探赜"[②]"思政课教师形象的多维审思与塑造"[③] 等为题对思政课的公众形象、思政课教师形象、思政课形象评价等进行研究，剖析了思政课形象的内涵及其生成机制，反思并努力突破高校思政课形象塑造的现实困境，产出了一批具有影响力的学术成果；学界召开了"新时代高校思政课公众形象塑造"研讨会，围绕"以习近平文化思想为指引深化思政课科学形象建设""新时代思政课教师公众形象塑造的三重维度""思政课教师的身份认同与形象塑造""新时代高校思政课教师公众形象的发展与提升""思政课公众形象塑造的自塑、他塑与综塑""景观社会中高校思政课教学的异化与消解""高校思政课公众形象塑造的实践路径""高校思政课数字化构形""高校思政课形象塑造的语境转化"等论题展开充分交流，进一步明确新时代思政课应该塑造什么样的公众形象，以及如何塑造、如何评价以保持最优形象等问题，充分释放了思政课形象构建所具有的独特价值和功能，将思政课形象问题以学理课题的形式推至公众视野，为新时代思政课建设发展和改革创新提供了新动力和新启发。

（四）研究不足与困境清晰呈现

着眼思政课高质量建设高水平发展，学界研究仍然存在一些需要改进的问题和有待突破的困境：其一，研究成果存在同质化倾向，比较多地体现在思政课建设的路径方法研究、思政课建设主体能力素养提升研究、思政课教学研究中，许多研究的对象、思路和结论十分相似，在很大程度上冲击着思政课的科学形象，消解着社会公众对思政课建设的评价理性，对思政课建设发展和改革创新会产生无形阻力，值得一线思政课教师和思政学者们重视。其二，思政

---

① 张青、张波：《论思政课自我形象建构与他者形象认知的统一》，《湖南大学学报（社会科学版）》2023 年第 6 期。

② 武传鹏：《高校思政课公众形象评价体系构建探赜》，《湖南大学学报（社会科学版）》2023 年第 6 期。

③ 高静毅：《思政课教师形象的多维审思与塑造》，《思想政治课教学》2023 年第 7 期。

课建设基础理论研究不够深入。思政课是一门兼具工具性和价值性的课程，部分研究停留在技术手段改进、方式方法选择运用、课程建设主体的分工合作机制探索等层面，并未触及思政课课程建设和教育教学中根本的、核心的、内在的基础问题，给人"兜兜转转，外围作战"的感觉，遮蔽了思政课建设研究的理论价值和学术旨趣，很难将思政课内涵式发展纵深推进。其三，思政课建设研究发展空间有待拓展，这是激活思政课研究活力的困境。梳理思政课建设相关的研究成果不难发现，与思政课建设直接相关的高质量、高水平研究成果产出较为困难，与思政课建设密切相关的重要科研课题立项也不易，这一现象由作者自身能力问题、学科平台问题、研究质量问题、科研评价的导向与标准问题等诸多原因造成，不可避免地消解思政课一线教师从事思政课课程与教学研究的积极性，这与思政课建设发展和改革创新的强大理论需求是不符合的。思政课建设具有很强的实践性，这与思政学科的特殊性是一样的，无论是基础研究、应用研究还是综合研究，只要研究本身针对思政课建设理论与实践中的真问题，能切实推进思政课建设发展和改革创新，就应该得到支持和肯定、鼓励和包容，这是构建思政课建设理论研究有机空间的重要前提，也是在更大范围内、更深层次地激活思政课创新创造活力的关键。其四，思政课建设研究界限不够明确，这是勾勒思政课建设理论体系整体轮廓的困境。从"思想道德与法治""中国近现代史纲要""马克思主义基本原理概论""毛泽东思想和中国特色社会主义理论体系概论""形势与政策"到新开设的"习近平新时代中国特色社会主义思想概论"，高校思政课知识跨度之大、涉及学科知识之多是其他课程少有的，除了价值引领、思想教育、政治引导、道德培育、法治思维养成之外，还往往被包含上大学生心理健康教育等任务，与其强大的包容性相伴而生的是社会公众眼中课程边界的淡化和模糊，而这一问题也对理论研究者提出了更高要求，理论研究源于实践又高于实践，从学科建设、课程建设、专业建设、人才培养的繁杂事务中厘定思政课研究的特殊对象、捋清其逻辑主线是很重要的。

三、思想政治理论课建设研究的未来发展趋势

着眼思政课建设的高质量发展，学者们要在充分把握本年度思政课建设研究现状的基础上，立足新时代立德树人根本任务要求和思政课内涵式发展现实需求，从以下几个方面加强思政课建设理论研究。

（一）理顺多重逻辑以增强思政课课程建设的科学性

思政课是国家意识形态建设的课程实践形式，在知识传授、技能培养之外，更倾向于情感、态度、价值观的教育，且以思想性、政治性、理论性内容为主，时刻紧跟党的理论创新最新成果，课程建设和实施的政治使命义不容辞。加之思政课的综合性很强，含有丰富的科学要素，这既是它的优势，可以让学科内涵变得丰富多彩，最大限度地发挥正能量，也是它的劣势，可能会让人们不得要领，抓不住它的本质和主导方面。[①] 当课程内含的诸多科学要素和谐共处、融洽互动时，其科学形象便清晰且饱满；反之，人们便不得要领，抓不住其本质和主导方面，产生"乱花渐欲迷人眼"的形象消减效应，高校思想政治理论课的科学形象便容易变得模糊和淡化。新中国成立以来我国思政课课程建设不断推进，思政课的课程群越来越庞大、课程建设力度越来越大、课程建设场域越来越宽阔，不断变动的课程体系容易让社会公众对思政课建设的内在逻辑产生疑问，事实上对思政课课程建设的内在逻辑研究提出了要求，如何从不断变动的课程体系、内容体系中探究其内在逻辑，探寻不同课程体系之间的逻辑继承与创新发展，论证其合理性以确证思政课建设的科学性，是摆在思政学科学者面前的重要课题。未来思政课建设研究要加强关注课程建设的内在逻辑，既包括各个学段、各门课程的局部逻辑，也包括大中小学思政课之间的贯通衔接逻辑和各门课程之间的融合互补

[①] 张耀灿、钱广荣：《思想政治教育学科范式简论》，安徽师范大学出版社 2018 年版，第 7-8 页。

逻辑，既包括思政课课程建设的内部逻辑，也包括思政课与外部诸要素互动的外部逻辑，既包括党和国家指导、支持思政课建设的逻辑，也包括思政课贯彻落实国家政策要求、传授党的理论创新的学科逻辑和课程逻辑。毋庸置疑，党中央文件要求什么，思政课建设就吸收什么，这是思政课建设方向性的重要体现，也是思想政治教育为中心工作服务定位的重要保障，但在如何吸收、如何融入的问题上仍有较大的研究空间，即思想政治教育学科贯彻落实中央精神的主要逻辑或者科学路径是什么，这是值得学者们关注的，否则思政课建设和研究将会被各种文件限制。未来思政课建设研究要继续关注多重逻辑，确保思政课建设在逻辑自洽不断走向深入。

（二）强化实践导向以增强思政课学术研究的解释力

理论研究的实践导向包含求真务实的科学精神、源于实践指导实践的理论思维、研究解决实际问题的担当作为，强化理论研究的实践导向要关注实践发展中的热点问题、把握实践发展中的现实需求、推进理论与实践研究的成果转化。①聚焦思政课建设研究，一要以求真务实的科学精神提升思政课建设研究的实际效能。思政课建设研究要从对教学要素和教学环节的过度依赖中解放出来，关注规律性实践问题和基础性理论问题。把对思政课建设"老问题"的新解读和"新问题"的"老研究"结合起来。"老问题"的新解读是指立足当前思政课建设内外部实际条件，着眼新时代师生特点和需求，融合新视野对思政课建设相关的传统的、根本的、经典的问题进行与时俱进的研究；"新问题"的"老研究"指的是对思政课建设过程中出现的新概念、新思路、新方案、新问题、新现象进行追根溯源式的分析，确定其本质是什么，体现学术研究和课程建设工作历史依据和规律性。换言之，即要把对思政课建设"热现象"的"冷思考"和"冷问题"的"热研究"结合起来，既

① 冯刚：《深刻把握高校思想政治教育热点研究实践导向的价值意蕴》，《思想政治教育研究》2021 年第 1 版。

彰显对思政课课程建设的研究热情，也要保有思想政治教育研究者应有的头脑冷静和稳定的理性内核，将思政课学术研究和课程建设稳定推向深入。二要以研究解决实际问题的担当精神满足多方主体的现实需求。具体而言，要从理论探索目标、政策建言目标、教育教学目标等多个方面把握思政课建设研究的目标任务，为完善思政课建设理论体系、推进思政学科建设贡献知识增量，为政府相关部门和各级各类学校协同构建结构合理、功能齐全的新时代思政课课程管理体系课提供建议，为优化大中小学立德树人主渠道建设提供学理支撑和理论指导，切实以理论研究廓清思政课建设的基本理论问题，助推思政课建设过程中现实重难点问题的破解，更好地满足党和国家的要求、师生的需求，服务中国特色社会主义建设事业。三要以源于实践指导实践的理论思维推动思政课建设研究成果的实际转化。接受思政课课程建设和教育教学实践的检验是衡量思政课建设研究成果有用性的重要方式，确保研究切实可行、实际可操作自然应当成为思政课建设理论研究的自觉追求。从科学研究的发展规律看，尽管思政课建设研究的数量不断攀升、成果产出规模持续扩大是一种趋势，但如果思政课建设理论研究无法通过成果的实际转化反哺思政课建设和教育教学实践活动，久而久之，其现实生命力将变得微乎其微。

（三）关注其他相关学科以激活思政课研究的生长点

思政课不是封闭的，思政课建设学术研究要保持与其他相关学科的互动交流，以促成和激活思政课理论研究的生长点。思政课研究能否与其他学科对话、如何与其他学科对话、在多大范围以及什么程度上与其他学科对话，这不仅关乎思政课研究在舆论场中的合法性，影响着思政课程与课程思政协同育人学理融通和现实效果，也影响到思政课建设研究的生长点探寻和激活，是个不容忽视的现实问题。基于此，思政课建设不仅要依托马克思主义理论学科的显学地位和特殊资源，也要在学科共通的意义上取得普遍对话权和一般合法性，避免思政课建设及其学术研究陷入自我封闭、自我验证、自我欣赏的孤岛。未来思政课建设研究也要顺应多学科交叉融合发展趋势，时刻关注政治学、教育学、伦理学、心理学、社会学、哲学等学科知识理论和新发展，通过交叉研究推动思政课建设研究范式的转换升级，推动思政课建设研究继续突破既有格局和思维定式，将思政课建设的重要课题和前沿问题研究推向深入。比如，借鉴心理学知识理论探讨思政课建设和教育教学过程中学习者的接受逻辑等；借鉴传播学知识理论研究思政课上知识传播的主体、内容、媒介和效果等；借鉴文化学知识理论探讨思政课文化的生成逻辑、理论形态、建设思路等；借鉴社会学知识理论研究思政课主体交往、教育影响机制等；借鉴文本学知识理论研究思政课的政策文本、经典文献等；借鉴叙事学知识理论研究思政课教学话语表达艺术、知识阐述模式等；借鉴评估学知识理论深化思政课课程建设与教育教学质量评价研究，完善思政课质量评价体系，制定思政课课程建设与评价标准，优化思政课课程评价指标、方法、手段等；借鉴教育学知识理论深化思政课课程与教学论研究等。

第十四章　思想政治教育文化育人研究

2023 年 6 月，文化传承创新座谈会召开，进一步强调文化的价值和重要性。2023 年 10 月，全国宣传思想文化工作会议召开，该次会议的一个重大理论成果就是正式提出了"习近平文化思想"。习近平文化思想对思想政治教育文化育人具有重要的指导作用和理论价值，突出强调了文化在思想政治教育中作用发挥的功能性、价值性和引领性。2023 年教育热词里的高质量发展也突出了"文化育人"，强调发挥文化育人的独特价值。梳理 2023 年度思想政治教育文化育人研究的相关成果，进行分析研判，进而明确年度研究特点，对思想政治教育文化育人研究未来发展进行展望，对于学科发展具有积极的促进作用。

一、思想政治教育文化育人研究年度梳理

党的十八大以来，习近平总书记先后在全国高校思想政治工作会议、学校思想政治理论课教师座谈会等会议上提出了要更加注重以文化人、以文育人，不断提高学生思想水平、政治觉悟、道德品质、文化素养，让学生成为德才兼备、全面发展的人才，用新时代中国特色社会主义思想铸魂育人，引导学生增强中国特色社会主义道路自信、理论自信、制度自信、文化自信等要求。思想政治教育文化育人一直呈现出较热的研究趋势，2023 年度主要研究内容如下。

（一）习近平文化思想与思想政治教育文化育人的研究

党的创新理论作为指引社会前进和发展的指导思想，必然会对思想政治教育的发展起着重要的指引作用。同时，其中出现的新论断、新思想和新观点也都是思想政治教育研究的重要内容，为思想政治教育的持续深入研究提供源源不断的动力支撑。党的十八大以来，以习近平同志为核心的党中央从全局和战略高度，对宣传思想文化工作作出了系统谋划和部署，推动新时代宣传思想文化事业取得了历史性成就。习近平总书记在新时代文化建设方面的新思想、新观点、新论断，是新时代党领导文化建设实践经验的理论总结，丰富和发展了马克思主义文化理论，构成了习近平新时代中国特色社会主义思想的文化篇，形成了习近平文化思想。"文化育人观是习近平文化思想的应有之义。教育与教化是文化的重要功能，任何个体的生存与发展都离不开文化的涵化，在潜移默化的影响下逐渐从'自然人'变成'社会人'。文化育人观不仅强调文化育人，而且还包括培育和践行社会主义核心价值观以及引领青年一代正确认识文化、传承文化、发展文化等主要内容。"① 此外，还有专家学者对习近平文化思想进行了深入的探讨，虽然没有直接表达习近平文化思想对思想政治教育文化育人的意义，但是对于学科建设和发展仍具有重要价值。比如，有学者指出，"作为党对领导新时代文化建设实践经验的总结，习近平文化思想是当代中国共产党人运用唯物辩证法这一锐利思想武器，分析、回答'新时代建设什么样的中国特色社会主义文化以及怎样建设中国特色社会主义文化'问题，从而更好地担负起新时代'新的文化使命'得出规律性认识的理论升华，明体达用、体用贯通，体现了马克思主义物质观、实践观和群众观的高度一致，具有鲜明的实践品格。"② 也有学者指出，"习近平文化思想回答了新时代我国文化建设举什么旗、走什么路、坚持

---

① 冯刚：《习近平文化思想的形成及其特质》，《四川日报（数字版）》2023 年 10 月 16 日。
② 张西立：《习近平文化思想的实践品格》，《中国井冈山干部学院学报》2023 年第 6 期。

什么原则、实现什么目标等根本问题，涵盖文化建设的方向、目标、道路、原则等重要方面，形成相对完整的思想体系。"① 有学者从习近平文化思想的根本原则出发，认为"习近平文化思想体现了党性与人民性的统一，具有鲜明的政治导向。坚持党性原则最根本的就是坚持党对宣传思想文化工作的全面领导，核心是坚持正确的政治方向，坚持走好'两个结合'的必由之路，这是推进社会主义文化强国建设的根本保障"。② 有学者从习近平文化思想的鲜明特质着眼，认为"习近平文化思想是内涵丰富、意蕴深厚的思想文化体系，具有文化主体性、文化传承性和文化世界性等鲜明特征。"③ 学者们对习近平文化思想的研究，为思想政治教育文化育人提供了丰厚的理论滋养。

（二）中华优秀传统文化、革命文化和社会主义先进文化与思想政治教育文化育人的研究

中国特色社会主义文化，源自于中华民族五千多年文明历史所孕育的中华优秀传统文化，熔铸于党领导人民在革命、建设、改革中创造的革命文化和社会主义先进文化，植根于中国特色社会主义伟大实践。三者统一于中国特色社会主义的伟大历史进程，共同支撑起当今中国的文化大厦。将三者有机融入到思想政治教育中，可以有效提升思想政治教育的时效性。

第一，关于中华优秀传统文化与思想政治教育文化育人的研究。中华优秀传统文化是中华文化的根基和积淀，对人们的生活习惯、性格养成和行为表达产生了深刻的影响。2023 年度，思想政治教育文化育人紧紧围绕中华优秀传统文化进行研究，发挥中华优秀传统文化的育人价值。有学者认为，君子具有"志于道""据于德""依于仁""游于艺"的基本内涵。道是君子的

---

① 汪亭友、李敏：《习近平文化思想的科学内涵、价值意蕴与原创性贡献》，《新疆师范大学学报（哲学社会科学版）》2023 年第 12 期。

② 林于良、孙士俊：《论习近平文化思想的理论品格》，《学校党建与思想教育》2023 年第 24 期。

③ 杨冬梅：《习近平文化思想的核心要义、鲜明特质与实践路向》，《学校党建与思想教育》2023 年第 24 期。

信仰和方向，德是其内涵和修养，仁是其德性的合理展开，艺是其现实载体，既凸显了君子作为"理想的人"的一般本质，又富有关切人伦日用的社会现实性。君子以"好学：学思并用""克己：慎独内省""力行：改过迁善"为养成路径。儒家君子人格思想对中华文明影响深远，其人格范式在今天仍然具有深刻的理论意义和当代价值。^①有利于培养担当民族复兴大任的时代新人、培育和践行社会主义核心价值观和增强中华文明的传播力和影响力。关于中华伦理文明新形态的研究，有学者认为"中华伦理文明新形态以高度的精神文明和伦理道德文明，影响和塑造着中国社会道德的进步和中华文明的发展方向。时代新人肩负着发扬中华伦理精神、延续中华伦理文明、推进伦理文化现代化建设的历史使命，是中华伦理文明的传承者、创造者和推广者。将伦理文明新形态融入时代新人培育之中是教育伦理发展的必然要求，更是回应时代诉求、推动伦理文明大繁荣的现实需要。"^②第二个结合就是马克思主义基本原理同中华优秀传统文化的结合，第二个结合是又一次思想解放运动，对于思想政治教育也是如此。

　　第二，关于革命文化与思想政治教育文化育人的研究。革命文化是中国共产党领导中国人民，在新民主主义革命时期的奋斗历程中形成的革命风貌、革命精神和革命传统。有学者指出，"蕴藏在革命文化中的丰富历史知识、深厚价值情感能够有效地教育人、感染人，与高校思想政治教育目标高度契合。以革命文化为重要抓手提升思想政治教育的实效性，需要以革命文化融入思想政治教育的内容供给、时空载体、生态建设等为重点，努力构建革命文化引领下的思想政治教育协同育人机制，实现革命文化育人与高校人才培养的同频共振。"^③有学者认为，"把准革命文化融入大学生思想政治教育

---

①　冯刚、杜云：《"道""德""仁""艺"：先秦儒家君子人格的基本内涵、养成路径与当代价值》，《江西师范大学学报（哲学社会科学版）》2023年第5期。

②　冯刚、李亚美：《时代新人培育中伦理文明新形态的价值意蕴》，《大学教育科学》2023年第4期。

③　吕宁、严运楼：《革命文化融入高校思想政治教育研究》，《学校党建与思想教育》2023年第16期。

的着力点，须从学习英雄模范、弘扬革命精神、依托革命文物三个方面入手，通过增强情感认同、明确教育主题、丰富育人载体。"[1] 红色文化是革命文化的重要组成部分，也是思想政治教育的重要内容。有学者指出，"红色文化育人不仅涉及思想政治教育的理念、方式及动力，还涉及'自我'的认知、实践及自我生产的反思性过程。"[2] "红色文化是思想政治教育的'活教材'，红色文化具备较强的直接现实性和思政育人功能，可以有效实现高校思想政治教育教学效果的拔擢与提升。可以在教学价值、德育价值以及精神价值的三维向度中，助力高校思想政治教育育人效果的实现。"[3] 此外，还有关于地方红色文化，比如贵州红色文化、湖湘红色文化、吕梁红色文化、东北抗联红色文化等融入思想政治教育的研究，从而深化学生对理论知识理解、强化学生爱国情怀和责任担当。

第三，关于社会主义先进文化与思想政治教育文化育人的研究。发展社会主义先进文化，是社会主义强大生命力和鲜活力的重要彰显，是以中国式现代化全面推进中华民族伟大复兴的重要内容和应有之义。有学者指出，"高校校园文化建设是中国特色社会主义先进文化建设的主阵地，对高校大学生的思想和精神成长具有重要的引导作用，也是陶冶青年大学生道德情操，提高他们修养的重要载体。"[4] 文化是无形的，但是文化作品是有形的。因此，有学者认为，"大学生思政教育要引导学生广泛接触社会主义先进文化作品，开阔学生文化视野，引导学生在学习不同文化的过程中拓宽思维，借鉴先进文化的创造力培养自身创新能力与独立思考能力。"[5]

---

① 刘杰：《革命文化融入大学生思想政治教育的价值及路径》，《黑龙江教师发展学院学报》2023 年第 11 期。

② 刘建明：《红色文化一体化育人模式的构建——兼论高校思想政治教育的创新》，《中南民族大学学报（人文社会科学版）》2023 年第 10 期。

③ 玄超：《红色文化的思想政治教育功能及其实现》，《中共太原市委党校学报》2023 年第 1 期。

④ 李雪晴、李录锋：《社会主义先进文化有效融入高校校园文化建设的研究》，《品位·经典》2023 年第 22 期。

⑤ 彭涛：《社会主义先进文化如何滋养大学生思想》，《中学政治教学参考》2023 年第 43 期。

（三）青年亚文化与思想政治教育文化育人的研究

当代我国青年亚文化的流行样态表征为：直播、吃播、短视频正当流行，"Emo""躺平""吐槽"风靡一时，表情包、弹幕、流行梗引领潮流。青年亚文化的表征特性体现为：言词、文本的拟用搭建新部落，符号、叙事的言说创设新场景，行动、身份的敷陈凸显生活方式，亚文化对青年的生活学习、情绪表达、价值取向产生着深刻的影响。尤其是在网络时代、数字化时代，"网络文化育人强化思想政治教育价值引领功能，拓宽思想政治教育工作平台载体，提升思想政治教育铸魂育人实效。"[①] 有学者从 Z 世代出发，指出"作为当代社会的生力军，Z 世代青年长期浸润于网络文化的叙事话语之中。网络文化在满足青年社交、娱乐等需求时，也诱发了身份焦虑、认同危机以及实践错位等主体矛盾，其产生原因包括社会环境压力、网络文化狂欢以及青年认知困境等。因此，亟待通过激励青年回归现实、调适主流话语表达以及营造开放包容环境等策略进行积极引导，更好地推动 Z 世代青年健康成长。"[②] 此外，有专家学者则从"饭圈文化""汉服文化""上香现象"等视角出发进行研究。有学者指出，"青年饭圈文化中的情感是偶像产业和媒介技术以及饭圈组织合力下催生的新情感类型，具有很强的社会属性和工具属性。在偶像产业中，情感不可避免地成为被资本理性操控、包装和算计的虚假情感和增值工具，其结果必然导致人类真实情感的异化。"[③]"汉服由原来的小众文化传播走向荧屏，并得到广大青年的喜爱，有着深厚的文化底蕴和文化传播逻辑。青年群体在塑造和发展社会文化上扮演重要的角色，青年文化最能

---

① 吴懿卓：《网络文化育人融合思想政治教育工作的价值意蕴与实践路径》，《理论观察》2023 年第 3 期。

② 赵红勋、胡栩睿：《网络文化视域下 Z 世代青年的主体矛盾及引导策略》，《北京教育（高教）》2023 年第 12 期。

③ 刘胜枝：《饭圈文化中失范行为的表征与治理》，《人民论坛》2023 年第 21 期。

够反映社会变化的本质特征，而服饰又是青年文化最直观的表达方式。"① 对于近两年在青年人中出现的"上香"现象，也有学者进行探讨，"年轻人'上香'现象反映了部分年轻人在面对现代社会不确定性与焦虑压力时，选择某种自我调节方式以寻求心理慰藉与平衡，展现了他们对中华传统文化元素的重新解读与运用。为此，应关注年轻人在心理、社交、文化等方面的多重需求，通过引导年轻人树立正确的理想信念、创造有利于年轻人发展的环境等方式，将思想引领和政策举措有效结合，实现社会赋能与个体成长的协同发展，推动年轻人健康成长，为国家繁荣和社会进步注入活力。"② 此外，持续几年的"内卷"现象也是学者们关注的重要内容之一。"青年'内卷文化'是'内卷'与'内卷化'的文化呈现，是对部分青年自觉或不自觉地以'卷出天际'的方式陷入非理性、不健康的内部竞争的形象表达。在'内卷文化'的持续冲击下，部分青年的内心焦虑难以有效排解、奋斗观念遭到不断侵蚀、人生道路变得模糊不清，从而引发'内卷'与'佛系''躺平'等相混杂的社会行为，催生激烈竞争与多重内耗、呼唤减负等相交织的社会环境。"③ "当前青年奋斗精神正受到消极的青年亚文化的冲击，青年的真实主体性、和谐主体性、责任主体性在一定程度上被遮蔽。为此，需要反思青年亚文化对青年奋斗精神培育的消极影响，积极结合青年亚文化在新时代的新特征，用主流文化引领青年奋斗精神培育。"④ 青年亚文化圈层中的新闻话语建构之所以成为可能，受到了文化生态、社会关系和话语秩序三个层面影响，并由此呈现出情感化、互文化和液态化特征。⑤ 可以看出，亚文化与思想政

① 李威敏：《传播社会学视角下的青年文化研究——以汉服文化为例》，《传播与版权》2023 年第 21 期。

② 张阔：《年轻人"上香"现象的社会心理分析》，《人民论坛》2023 年第 20 期。

③ 毛奕峰、王岩：《青年"内卷文化"的批判性阐释及其应对之策》，《中国青年研究》2023 年第 10 期。

④ 刘顿、刘凤来：《遮蔽·融合·建构：亚文化视角下青年奋斗精神培育研究》，《广西社会科学》2023 年第 5 期。

⑤ 白迎港：《青年亚文化圈层中的新闻话语建构——以"央视新闻"B 站账号为例》，《青年记者》2023 年第 18 期。

治教育文化育人呈现出较强的关联性，一直是学术研究的热点，在一定程度了反映出青年的人文样态和情绪表征，值得学术界持续关注。

二、思想政治教育文化育人研究年度特点

思想政治教育强调因事而化、因时而进、因势而新。文化也是一个动态的概念，不同的时代、不同的社会历史条件就会有不同的且与社会发展同步的内涵特征。因此，在梳理 2023 年度思想政治教育文化育人的基础上，对其进行深入分析和系统总结，不难看出本年度思想政治教育文化育人呈现出如下特点。

（一）聚焦理论热点，彰显时代特征

2023 年 6 月 2 日，文化传承发展座谈会在北京召开。习近平总书记出席并发表重要讲话。他强调，在新的起点上继续推动文化繁荣、建设文化强国、建设中华民族现代文明，是我们在新时代新的文化使命。要坚定文化自信、担当使命、奋发有为，共同努力创造属于我们这个时代的新文化，建设中华民族现代文明。[①]2023 年 10 月 7 日至 8 日，全国宣传思想文化工作会议在北京召开，"习近平文化思想"首次提出。思想政治教育具有文化属性和特质，始终与党的创新理论成果同向同行，本年度思想政治教育文化育人呈现出较高的研究态势。一方面，这与党和国家的最新理论成果、最新指示保持高度一致；另一方面，文化是促进思想政治教育高质量发展的深层次力量，相应的研究需要深耕细作。

（二）贴近教育对象，凸显育人目标

思想政治教育的重点对象之一就是青年学生，2023 年度思想政治教育文

---

① 《在文化传承发展座谈会上强调 担负起新的文化使命 努力建设中华民族现代文明》，《人民日报》2023 年 6 月 3 日。

化育人的研究紧密结合青年学生的成长发展需求。首先，选取适当的文化内容和形式。中国文化博大精深、内容丰富，但是并不是每一部分内容都能够做到与思想政治教育的有机结合和内在联系。因此，2023 年度思想政治教育文化育人的研究中注重把握文化育人的"适度"性，同时"紧扣大学生当前的需求和兴趣，准确把握网络文化作品的教育内容、教育时间、教育方法，即创作内容、内涵，发文时间、频次以及沟通表达、互动等适度性，重视青年学习、生活、成长规律，提升网络文化的亲和性与互动性相统一的育人效果。"① 其次，注重文化活动开展的频率和次数。科学合理的文化育人活动有助于促进青年学生的成长，提高育人的实效性。但是过多的文化活动就会导致青年人失去兴趣，或成为一种负担，可能会出现适得其反的效果。因此，相关学者认为文化活动在注重对象思维、感性思维、系统思维的基础上有针对性地举办多样化的文体活动，精准地影响学生。最后，掌握文化育人的内在规律。习近平总书记在全国高校思想政治工作会议上指出，"做好高校思想政治工作，要因事而化、因时而进、因势而新。要遵循思想政治工作规律，遵循教书育人规律，遵循学生成长规律，不断提高工作能力和水平。"②2023年度，思想政治教育文化育人研究也凸显了规律性，在文化育人中要注重循序渐进、绵绵用力，做到系统配合和协同推进，形成整体优势。同时，拓展文化育人的时间维度和空间维度，在科学认识和把握学生思想政治素质的形成与发展规律的基础上做好文化育人工作。

（三）反映学科特点，突出学术前沿

"文化化人和思政育人是紧密联系的、不可分割的两个教育实践过程，其共同的价值指向是人的成长与成才。其中，文化的人化向度与化人功能同

---

① 温娟、何云峰：《基于"时、度、效"的高校辅导员网络文化育人工作探究》，《学校党建与思想教育》2023 年第 16 期。

② 《在全国高校思想政治工作会议上强调：把思想政治工作贯穿教育教学全过程开创我国高等教育事业发展新局面》，《人民日报》2016 年 12 月 9 日。

思政教育的文化特色与人学追求，在现实的育人实践中逐渐渗透及交融，进而形成以人为体，以育为用，相伴而生且相得益彰的关系。"① 正如前文所说，思想政治教育自带文化属性和文化基因，文化既是促进思想政治教育发展的内在要素，也是思想政治研究的重要内容。梳理 2023 年度思想政治教育文化育人研究成果，不难发现呈现以下特点。首先，思想政治教育文化育人的视野较为宽阔。思想政治教育学科已经有 40 年的发展历程，自思想政治教育学科设立伊始，思想政治教育就是一个开放的体系，从教育学、社会学、哲学等相关学科中汲取了营养和智慧。2023 年度思想政治教育文化育人研究具有交叉学科的视野，将文化育人的视野触及心理学、系统学和电影学等多个学科，从不同的视角和维度探索思想政治教育文化育人的可能性和潜在性，为学科的深入持续发展注入了源源不断的动力。其次，思想政治教育文化育人的方法较为丰富。"当前，互联网技术、虚拟现实技术、新媒体技术、大数据技术等先进科学技术的使用极大丰富了育人形式和育人手段。"②2023 年度，思想政治教育文化育人在传统育人方法的基础上，紧密结合信息技术的发展，如从数字化到数智化、人工智能到生成式人工智能、传统媒体阵地到新媒体阵地等等，文化育人的方式方法与时俱进，紧跟信息技术的发展。最后，思想政治教育文化育人的载体较为立体。2023 年度思想政治教育文化育人多以从"第三课堂"为载体、以班会为育人载体、以文艺为载体、以书香校园为载体等视角出发进行研究，通过多维度、立体化协同建构文化育人的目标内容、载体平台和组织运作，从而有效拓宽专业视野、涵养个性品质、提升文化素养。

---

① 顾友仁：《论文化化人与思政育人的时代契合》，《大连理工大学学报（社会科学版）》2023 年第 2 期。

② 冯刚、梅科：《深刻把握新时代深化"三全育人"建设的内在规律——"三全育人"综合改革试点工作实施五周年回顾》，《青年学报》2023 年第 3 期。

三、思想政治教育文化育人研究未来展望

习近平在文化传承发展座谈会上指出，"文化关乎国本、国运。这段时间，我一直在思考推进中国特色社会主义文化建设、建设中华民族现代文明这个重大问题。"①新时代，文化工作被放到更加突出位置，文化的作用更加凸显。思想政治教育作为一门文化属性的学科，更要注重文化育人的影响。因此，要进一步深化习近平文化思想对思想政治教育的指导性意义、加强思想政治教育文化学的研究，同时进一步挖掘思想政治教育文化育人的规律性，提高文化育人的针对性和实效性。

（一）深化以习近平文化思想指引思想政治教育文化育人研究

文化是民族的血脉，是民族生生不息的丰厚滋养。文化具有不可替代的育人功能。步入新时代，文化在振奋民族精神、维系国家认同、促进经济社会发展和构建高质量教育体系等方面的作用更加凸显。在多元文化并存的全球化时代，面临着现代文化对传统文化的挑战，西方文化对中华文化的侵蚀。文化矛盾与冲突彰显了价值观的差异。西方舶来文化充斥社会角落，一些青年人热衷于"万圣节""圣诞节"这样的洋节，对中华传统节日、优秀传统文化兴趣减弱、了解甚少，对优秀传统文化认知出现了偏差。没有对自己家国历史传统、文化精神、理想信仰、国家主权的认知，就没有家国的认同，更不会产生家国情感。2023年10月7日至8日，全国宣传思想文化工作会议召开，正式提出了习近平文化思想。10月18日，教育部党组传达学习时提出，要从实效上提升文化自信，遵循青少年思想特点和学生成长规律，充分利用多种传播渠道和传播载体，加强文化育人，丰富文化实践，全方位构建落实立德树人根本任务的新格局。习近平文化思想的提出不仅筑牢了文化育人的理论根基，也为学校育人提供了价值引领。各级各类学校以社

① 习近平：《在文化传承发展座谈会上的讲话》，《求是》2023年第17期。

会主义先进文化凝聚育人力量，坚持整体发展，以文育人，以文化人，以文塑人，提升文化育人的品位与境界。首先，深入理解和全面把握习近平文化思想的产生背景、重点内容和内在机理。发挥习近平文化思想对思想政治教育文化育人的引领作用，思想政治教育要在教材设置、内容搭建、实践活动、社团文化中进一步凸显文化因素，为深化习近平文化思想的研究发挥学科作用。其次，传承和创新中华优秀传统文化、革命文化和社会主义先进文化，将其纳入课程教材体系和各学科教育教学之中，强化了文化育人的政治高度、历史厚度和理论深度。再次，拓展文化育人的方式方法和实践载体。要广泛开展民间艺人、技艺大师、非物质文化遗产传承人等进校园活动，以及"弘扬中华家教家风家训　树新时代文明新风"等实践活动，彰显文化浸润的道德感染和精神熏陶之效，切实增强青少年的文化自信。最后，深入分析思想政治教育文化育人在社会主义核心价值观中的功能作用发挥。"核心价值观看作文化软实力的灵魂和文化软实力建设的重点，是决定文化性质和方向最深层次的要素"①，主张立足中华优秀传统文化，把培育和弘扬社会主义核心价值观贯穿于社会生活方方面面，成为凝聚民心、汇聚民力的强大力量。

（二）深化思想政治教育文化学研究

文化学是一个发展较早的学科，虽然思想政治教育一直具有文化属性，但是思想政治教育文化学并没有进行科学化、体系化建设。2022 年出版的《思想政治教育学科发展新论域》一书试图对思想政治教育文化学的生成逻辑、研究历程、理论形态、建设思路进行探讨。2023 年出版的《思想政治教育学科 40 年发展研究报告》一书专设一章讨论"中华优秀传统文化和思想政治教育研究"。因此，深化思想政治教育文化学可以从文化生态、文化范式、文化形态等方面着手。一是文化生态。构建思想政治教育的文化生态，

---

① 冯刚：《习近平文化思想的形成及其特质》，《四川日报（数字版）》2023 年 10 月 16 日。

只有经过持续地优化与改善，才能让其变得更有条理，才能更好地发挥其在思想政治教育中的基础性作用。因此，在对大学生进行思想政治工作时，应把握好乡土文化与外来文化、现代文化与传统文化、精英文化与大众文化之间的联系，从"批判继承传统文化""抵制不良社会思潮""坚守意识形态底线"等方面，加强"主体文化"的主导作用。在此背景下，高校思想政治教育的文化生态系统将逐步走向健康、有序发展。二是文化范式。在新时代背景下，对思想政治教育文化范式结构进行研究，旨在深化思想政治教育以文化人、以文育人的理论与实践研究。新时代思想政治教育文化范式结构由深层要素圈、核心要素圈、中介要素圈和外围要素圈组成一个同心圆结构。其中，深层要素圈由指导思想和人性基础所构成；核心要素圈由思想政治教育文化目标、思想政治教育文化内容和思想政治教育文化主体所构成；中介要素圈由思想政治教育文化资源、思想政治教育文化载体和思想政治教育文化方法所构成；外围要素圈由思想政治教育文化情境和思想政治教育文化环境所构成。思想政治教育文化范式的各个要素圈以及各个要素之间的互动构成了思想政治教育文化范式的运行。[①] 三是文化形态。从物质文化形态看，物质文化形态是思想政治教育文化育人的基础性形态，属于有形的、外显的、可见的系统，比如文化遗址、遗迹、博物馆等。物质文化形态以最直接的、可触摸、可碰撞的形态发挥着育人的作用。从制度文化形态看，制度文化是对物质文化的层次提升，比如党和国家的文化方针、文化策略和文化政策等规范体系，是进行文化育人的重要保障。从思想文化形态看，这是进行思想政治教育文化育人的主要内核，是精神层、观念层和价值层的重要体现，比如文化的精髓、蕴涵的智慧、表达的理念，以一种无形的、内隐的，却又有一种无处不在和无时不在的状态发挥着潜移默化和深远持久的影响。从行为文化看，这是进行思想政治教育文化育人的最终归宿，是个体前者三方面文

---

① 赵志业：《新时代思想政治教育文化范式结构论纲》，《西北工业大学学报（社会科学版）》2023年第2期。

化形态的具体展现。文化育人的归宿就是以立德树人为目标，在育人过程中凸显文化基因，培育时代新人。此外，在青年亚文化研究过程中，大多数学者运用西方理论进行解释，我国本土青年亚文化理论亟待构建。我国需要建构自己的青年亚文化理论和话语体系。学界需要立足中国青年亚文化实际状况，整合社会学、人类学、新闻学、心理学、教育学、美学等多个学科专业，聚焦我国青年亚文化发展脉络与特点，尤其要重点关注青年亚文化中蕴含的中国精神和中国力量，以此来建构青年亚文化研究的中国学派，并积极开展国际对话。因此，这也是主张加快建立思想政治教育文化学的重要缘由。

（三）深化思想教育文化育人规律研究

习近平总书记指出，"用以观察时代、把握时代、引领时代的理论，必须反映时代的声音，绝不能脱离所在时代的实践，必须不断总结实践经验，将其凝结成时代的思想精华。"① 规律是社会实践的凝结和升华，不以人的意志为转移，是一种深层次的内涵。从一般规律看，文化是人的物质创造、精神创造、制度创造的过程和结果，但具体到不同国度，文化建设的路径是不完全一样的。首先，在思想政治工作体系中突出文化因素。同时贯通于人才培养体系之中，遵循人才培养的基本规律。推动思想政治工作体系贯通人才培养体系，应当在加强思想政治工作自身主体建设、规划设计好大思政工作格局、切实发挥质量评价的"指挥棒"作用、营造合力育人协同育人良好环境氛围等方面下功夫，着力促进体系间的多维贯通。以思想政治工作体系贯通人才培养体系为指向，思想政治工作体系建设应坚持思想政治工作内部之治与外部之治的有机结合，完善思想政治工作体系框架的系统设计，优化思想

---

① 习近平：《开辟马克思主义中国化时代化新境界》，《求是》2023 年第 21 期。

政治工作体系的内部治理。① 其次，坚持文化发展的自觉性递增规律。"宗教、家庭、国家、法、道德、科学、艺术等等，都不过是生产的一些特殊的方式，并且受生产的普遍规律的支配。"② 从幼儿园到大学，人的身心发展、知识需求、性格特征会呈现出不同的样态。因此，思想政治教育在进行主流意识形态建设、社会主义核心价值观培育和践行、社会主义精神文明建设过程中要注意工作方法，把握青年人的成长发展规律，注重大中小幼一体化的衔接。在不同的阶段采用不同的文化育人内容和方法，根据接受特点、发展特质，按需施教从而突出重点，增强文化认同、文化自觉和文化自信。最后，坚持内外协同律。习近平总书记指出，"要以理服人，以文服人，以德服人，提高对外文化交流水平，创新人文交流方式，综合运用大众传播、群体传播、人际传播等多种方式展示中华文化魅力。"③ 对内而言，思想政治教育文化育人要坚守增进共识的立场，坚持马克思主义在意识形态领域的指导地位，倡导并保持底线意识、政治意识，坚持用马克思主义凝神聚气、用社会主义核心价值观积蓄力量，深化对马克思主义基本原理同中华优秀传统文化的"结合"的研究。对外而言，要突出文化的外在表达和影响，将文化内涵外化为文明之物，使文化建设与社会文明建设融为一体，通过文化育人对青年学生以及人民大众的社会行为起到规范作用，达到行为主体与认知主体的统一、行为目标与认知目标的统一、人类思想与人类社会的统一。

（四）深化思想政治教育文化育人的评价研究

评价对于实践活动具有导向作用，思想政治教育文化育人评估不仅是必要的，更是可行的。这既是思想政治教育文化育人的重要一环，也是推动学科建设的重要力量。"一定的文化（当作观念形态的文化）是一定社会的政

---

① 冯刚：《思想政治工作体系贯通人才培养体系的逻辑建构》，《湖北师范大学学报（哲学社会科学版）》2023 年第 5 期。

② 《马克思恩格斯文集》（第一卷），人民出版社 2009 年版，第 186 页。

③ 《习近平谈治国理政》（第一卷），外文出版社 2018 年版，第 161-162 页。

治和经济的反映，又给予伟大影响和作用于一定社会的政治和经济……这是我们对于文化和政治、经济的关系及政治和经济的关系的基本观点。"① 因此，深化思想政治教育文化育人研究要反映时代特点。从 2023 年度思想政治教育文化育人研究中，对于文化育人如何评、谁来评等有待进一步加强。首先，明确评估原则。思想政治教育文化育人既要坚持以党的创新理论为指导，又要反映思想政治教育文化育人的属性和特点。其次，加强技术运用。"互联网技术和新媒体改变了文艺形态，催生了一大批新的文艺类型……由于文字数码化、书籍图像化、阅读网络化等发展，文艺乃至社会文化面临着重大变革。"② 因此，在评价中要运用新兴技术，用技术手段增强评估的科学性和准确性。最后，坚持动态评价。文化对人的影响是潜移默化和深远持久的，育人的效果也存在滞后效应。因此，思想政治教育文化育人需要进一步规范化、制度化、经常化建设，从思想观念、日常表现、行为表达等维度着手，科学衡量文化育人的实际效果。

① 《毛泽东选集》（第 2 卷），人民出版社 1991 年版，第 663—664 页。
② 习近平：《在文艺工作座谈会上的讲话》，人民出版社 2015 年版，第 12 页。

第十五章　思想政治教育组织育人研究

高校思想政治教育组织育人是新时代高校思想政治教育工作的重要组成部分。高校组织育人旨在通过各级各类高校组织开展思想政治工作，落实立德树人根本任务，增强高校组织政治属性，提升高校学生主体性地位，以此培养担当民族复兴大任的时代新人。习近平总书记在党的二十大报告提出要增强党组织的政治功能和组织功能，"各级党组织要履行党章赋予的各项职责，把党的路线方针政策和党中央决策部署贯彻落实好，把各领域广大群众组织凝聚好"①，为高校思想政治教育组织育人的实践发展提供了方向指引。系统梳理 2023 年学界对高校思想政治教育组织育人的相关研究情况，总结凝炼当前相关研究的特点与不足，展望未来高校思想政治教育组织育人研究发展的方向，对进一步深化新时代高校思想政治教育组织育人的研究，提升人才培养质量具有重要意义。

一、高校思想政治教育组织育人研究成果综述

新时代新征程，党对高校思想政治工作的战略部署，突出了组织育人在高校思想政治教育中的重要地位。《高校思想政治工作质量提升工程实施纲要》对"组织育人"的主要内容、基本功能、育人目标和基本任务提出要求，强调把组织建设与教育引领结合起来，强化高校各类组织的育人职责，

---

① 习近平：《高举中国特色社会主义伟大旗帜 为全面建设社会主义现代化国家而团结奋斗——在中国共产党第二十次全国代表大会上的报告》，《人民日报》2022 年 10 月 26 日。

把思想政治教育贯穿各项工作和活动，促进师生全面发展。2023 年度，学界
关于高校思想政治教育组织育人主要是从体系、功能、形态、路径、价值五
个方面展开研究。

（一）关于高校思想政治教育组织育人体系的研究

对高校思想政治教育组织育人体系的探讨是学界开展高校思想政治教育
组织育人研究的重点内容。2023 年度，学者们主要围绕高校思想政治教育组
织育人的政治责任体系、管理体系和评价体系的构建等对高校思想政治教育
组织育人进行专题研究。关于政治责任体系构建方面的研究，有学者认为高
校院系党组织的政治责任体系是基层党组织政治建设的重要单元，是由思想
建设、组织建设、作风与纪律建设、制度化建设与技术创新、科教工作领导
等多方面政治责任构成的有机整体。指出新时代加强高校院系党组织政治责
任体系建设既是基层党建工作提质增效的应有之义，也是高校坚持社会主义
办学方向的固本之举。因此，高校院系党组织要坚持能力提升与制度建设并
举的推进路径，切实加强政治责任体系建设，提高政治责任履行能力。[①] 关
于管理体系构建方面的研究，有学者认为要以"三全育人"数字化转型赋能
一体化思政工作管理体系构建，认为全方位育人涉及校内与校外、课内与课
外、线上与线下及学校办学治校全领域，急需将不同领域、层次和类型的育
人实践融为一体，构成"三全育人"格局中有机组成部分，形成一体化的思
政工作管理体系。提出通过开发思政工作信息管理系统，将全域育人功能和
业务集成于思政工作信息管理系统，以思政工作业务的数字化实现各育人元
素融合。研究指出思政工作信息管理系统是"三全育人"数字化系统的基础
平台，综合集成高职院校"八大"思政工作体系的业务事项和数据资源，形

---

① 盛磊、韦洪发：《高校院系党组织政治责任体系建设与能力优化》，《学校党建与思想教育》
2023 年第 10 期。

成信息系统数据资源体系和基本业务体系。[①] 关于评价体系构建方面的研究，有学者认为科学的主体评价是推进组织育人的重要保障，要完善学校、社会、家庭等系统科学多元的评价体系，推进教师评价、学生评价、学校评价，构建科学健康的教育生态。提出教育评价上要突出立德树人，旨在引导教育回归根本，要通过制订考评办法，将育人元素纳入岗位职责，融入整体制度设计和具体操作环节。[②]

（二）关于高校思想政治教育组织育人功能的研究

2023 年度学界主要围绕党的二十大对基层党组织建设的战略部署，强调要增强高校党组织政治功能、组织功能以及从整体视角上探讨将政治功能和组织功能结合起来进行研究，以党建引领高校治理，使高校党组织建设始终成为有效实现党的领导的坚强战斗堡垒。关于增强高校各类组织政治功能方面的研究，有学者立足高校基层党组织这一主体来探讨高校组织育人政治功能的内涵要义、实现路径，认为党组织的政治功能主要包含政治领导、政治教育、政治凝聚与吸纳、政治监督等方面，要通过强化政治制度建设、优化责任落实机制、做好政治凝聚和吸纳工作、强化党员干部政治担当、构建优良政治生态等举措增强高校院系党组织政治功能。[③] 关于高校各类组织组织功能方面的研究，有学者围绕高校党组织功能的内涵与实践探索展开了探究，认为组织功能是基层党组织整体功能的组成部分，聚焦发挥组织党员和群众的积极效能，在落实管党治党责任、推进基层党建创新、引领教育科技人才融合发展、加强为师生办实事四个方面来实现高校基层党组织的组织功

① 朱海岳：《高职院校"三全育人"数字化转型实践探索》，《中国职业技术教育》2023 年第 31 期。

② 崔雨、刘友女、刘祯琪：《协同理论视阈下高职院校"三全育人"：内涵特征、现实困境、价值逻辑与实现理路》，《职业技术教育》2023 年第 14 期。

③ 吴毅、刘素贞：《新时代增强高校院系党组织政治功能路径研究》，《思想理论教育》2023 年第 5 期。

能的有效发挥。① 关于政治功能与组织功能整体性发挥的研究，有学者以高质量党建引领学校高质量发展为切入点，认为"增强党组织政治功能和组织功能"是党的二十大作出的重大部署，也是高校落实新时代党的建设要求、提升高校党建工作水平的现实需要。围绕这一现实课题，提出高校要通过强化政治把关作用、政治引领作用、政治动员作用，增强基层党组织的政治功能；通过抓实党员队伍建设、党务干部队伍建设、组织工作机制建设，增强基层党组织的组织功能；做好党建与人才培养的深度融合，完善组织育人体系，压实组织育人职责，以特色党建引领学科和专业建设、课程思政建设、"三全育人"。②

（三）关于高校思想政治教育组织育人形态的研究

关于高校组织育人形态的研究，本年度学者们主要是围绕中共教育部党组在2017年印发的《高校思想政治工作质量提升工程实施纲要》文件的决策部署，重点在高校党组织育人、高校群团组织育人、高校师生社团育人三个方面来展开研究。

关于高校党组织育人的研究。有学者认为高校党委应发挥组织优势，实施党建育人计划，在构建育人模式、形成育人合力、拓展育人路径、改善育人体系、打造育人特色上下功夫，全面构建一体化协同育人的工作机制。③ 有学者认为高校应充分发挥党建育人成效，以强化基层党组织建设作为党建育人的重要载体，实施"党建＋育人"模式，将党的政治建设摆在首位、贯穿始终，不断发挥政治功能、教育功能、组织功能，不断强化为中华民族伟

① 石戴镕、刘攀：《着力增强高校基层党组织政治功能和组织功能推进新时代"育人、育才、育干"三位一体深度融合》，《学校党建与思想教育》2023年第19期。
② 邓卫：《增强高校基层党组织政治功能和组织功能以高质量党建引领学校高质量发展》，《国家教育行政学院学报》2023年第7期。
③ 杨建敏、赵放辉、郑珊珊：《高校研究生党支部建设长效机制的探索》，《学校党建与思想教育》2023年第2期。

大复兴提供坚实有力的人才支撑。[①] 有学者认为高校基层党组织是中国政治制度优势的具体表现，高校理应充分把握该优势，将制度优势转化为思想政治教育方面的治理优势，以党建引领力推动思政育人各方面工作的创新发展。[②]

关于高校群团组织育人的研究。高校群团组织是高校思想政治教育工作的重要抓手，其主要由高校工会、高校共青团和高校学生会所构成。关于高校工会组织育人，有学者从隐喻视角下高校工会新媒体形象建构方面，分析了上海高校工会微信公众号建设现状，认为在"工作是征程"隐喻框架中，工会宣传聚焦深入学习贯彻习近平新时代中国特色社会主义思想、为党育人、为国育才、提升教职工及其子女素质、打造健康文明校园文化、疫情防控等方面，树立了工会奋力团结引导广大教职工坚定不移听党话、感党恩、矢志不渝跟党走的引领者形象，对于组织动员教职工在加快建设教育强国、科技强国、人才强国征程上取得更多突破和成果具有积极促进作用。[③] 关于高校共青团组织育人，有学者认为新时代背景下，高校共青团组织应在思想育人、实践育人等方面加强，探索多样化育人途径。提出要依托实践活动、强化知识运用真正将理论知识外化于行，既要重视课内知识传授和思想引领，还要重视拓展课外育人途径，充分发挥第二课堂、课外实践活动和网络育人平台的作用，进一步发挥高校共青团组织育人功能和价值。指出学校只有重视共青团组织的育人工作，才能更好地挖掘其育人资源，不断完善育人体系，拓宽育人途径。[④] 有学者对高校共青团团属新媒体赋能党史学习教育进行了研究，认为高校团属新媒体作为高校共青团重要的信息载体与舆论宣传工具，以独有的优势与特点，在面向青年学生开展党史学习教育的过程中

---

① 尹新明：《应用型本科高校服务教育强国建设的路径探索——以新乡学院为例》，《管理学刊》2023 年第 5 期。

② 李公根：《高校党建与思想政治教育协同创新研究——评〈新时代高校党建与思想政治教育浅论〉》，《科技管理研究》2023 年第 13 期。

③ 李聿：《隐喻视角下高校工会新媒体形象建构研究》，《传媒》2023 年第 17 期。

④ 袁玉刚、彭镜：《共青团组织育人功能的有效发挥》，《中学政治教学参考》2023 年第 6 期。

发挥着独特的作用。① 关于高校学生会组织育人，有学者认为在强化大学生思政教育过程中，相对于高校教育部门与专职教职工而言，新时代高校学生组织尤其是学生会成为必不可少的力量，在大学生思政教育体系中发挥重要作用与功能。提出高校学生会组织在促进学生社会性发展及健康心理培养，在面向大学生实施思政教育与文化建设等方面发挥重要功能。②

关于高校师生社团组织育人的研究。高校师生社团是高校思想政治教育组织育人的重要阵地，在贯彻落实立德树人根本任务、推进素质教育、推动师生德智体美劳全面发展等方面发挥着重要的作用。有学者认为随着社团数量的增加，高校社团育人功能不断提升，逐渐成为第二课堂的主要阵地。新时代高校需要在社团数量增加的同时重视社团的规范化发展，将其管理育人、价值导向、能力培养、心理教育的育人功能充分发挥出来，推进高校思想政治教育提质增效。③

（四）关于高校思想政治教育组织育人路径的研究

2023 年度，学界主要从"三全育人"视域下提升高校思想政治教育、"三全育人"与高校党建工作相融合、功能型党支部建设、教师党支部书记"双带头人"培育等角度对高校组织育人的路径进行了研究。关于"三全育人"视域下提升高校思想政治教育方面的研究，有学者认为高校要持续加快思想转变，加强师生党性建设、"三全育人"的组织领导，要完善相关联动制度，营造全员育人的良好氛围，建立更加科学规范的育人体制、常态化协同机制。还要不断强化各育人主体的角色意识、责任意识、使命意识，激发党员教师、骨干教师、学术带头人等先进群体的育人活力，积极为大学生提供

---

① 徐娜：《高校团属新媒体赋能党史学习教育论略》，《学校党建与思想教育》2023 年第 6 期。
② 韩雪、李晗睿：《高校学生会思政教育功能分析》，《中学政治教学参考》2023 年第 9 期。
③ 沈可、万东升：《新时代高校社团育人功能及策略研究——以江苏第二师范学院为例》，《教育理论与实践》2023 年第 15 期。

更多政策支持与精神鼓励。① 关于"三全育人"与高校党建工作相融合方面的研究，有学者认为在高校党建工作中渗透"三全育人"的理念，是落实教书育人、立德树人的必然要求，要通过丰富党组织活动形式，提升党组织活力、加快思想转变，加强师生党性建设、加强党建队伍建设，提高育人能力以及完善党建机制，提高育人效果来实现"三全育人"与高校党建工作相融合，从而提升组织育人实效。② 关于功能型党支部建设方面的研究，有学者认为通过健全培养管理的发展机制、强化榜样示范的作用机制、建立样板支部的培育机制等方面加强高校研究生样板党支部建设，能够有效提升组织向心力、榜样引领作用和内在驱动力。③ 还有学者认为，建设功能型党支部是对传统的党组织育人模式的有益补充，也是对学习型、服务型、创新型党支部的创新发展。提出根据高校学科发展要求、功能职位分类、专业培养方案等对口设置功能型党支部，通过从严从实抓好功能型党支部党员教育管理，对于提升党组织政治引领力、组织育人活力和质量等起到重要推动作用。④ 关于教师党支部书记"双带头人"培育方面的研究，有学者认为高校教师党支部书记"双带头人"模式是高校基层党组织育人的重要抓手。要坚持系统思维、精准施策、与时俱进的原则，通过提升思想认识、完善选培体系、健全制度保障等方面推动高校教师党支部书记"双带头人"培育，以此提高高校基层党组织育人实效。⑤

① 刘晓东：《"三全育人"视域下高校思想政治教育探究》，《学校党建与思想教育》2023年第14期。
② 陈淑媛：《高校党建工作中"三全育人"理念的渗透》，《山西财经大学学报》2023年第S2期。
③ 董羽：《"新工科"背景下研究生样板党支部建设微探》，《学校党建与思想教育》2023年第10期。
④ 张丹、周守红：《新时代高校功能型党支部建设路径探析》，《学校党建与思想教育》2023年第16期。
⑤ 李文雷、彭聪等：《高校教师党支部书记"双带头人"模式探索与实践》，《中国高等教育》2023年第9期。

（五）关于高校思想政治教育组织育人价值的研究

2023 年度，学界主要围绕高校党组织开展社会主义核心价值观教育、共青团组织团结凝聚服务青年、师生社团思想引领青年的价值等方面对高校思想政治教育组织育人价值进行了研究，有学者认为高校党组织是开展社会主义核心价值观教育的主阵地，抓好高校党建工作是有效推进社会主义核心价值观融入全员全过程全方位育人机制的重要组成部分。高校党组织需要加强党建工作，全面贯彻落实党的教育方针，始终确保社会主义办学方向，高质量推进高等教育事业发展，把培育践行社会主义核心价值观贯彻高校教育教学全过程各环节，使高校大学生养成爱党、爱祖国、爱社会主义的良好品行和行为习惯，从而有效推进社会主义核心价值观深度融入立德树人全过程。[①]有学者认为高校基层党组织既是落实校党委决策部署的"最后一公里"，也是打通全员、全过程、全方位育人通道的"最后一公里"，在高校治理过程中发挥着重要的战斗堡垒作用。[②] 有学者认为，高校共青团在引领和服务青年、提升青年的获得感和幸福感等方面发挥重要作用。共青团要恪守政治本色，筑牢为党输送青年人才的政治功能，坚持做好青年的政治学校。要始终将共青团的全部工作聚焦到为党育人的根本任务上来，要从"'有理想'的首要标准，'敢担当'的时代要求，'能吃苦'的坚毅品格，'肯奋斗'的光荣传统"这几个方面来为党育人。[③] 有学者基于网络环境背景下师生社团如何引领青年进行了探讨，认为在互联网环境中难免会有不良信息混入，迷惑学生心智。社团指导教师可以通过社团内开展专题"绿色上网"讲座，指导学生在复杂的网络环境中如何分辨信息，获取有益的知识，将学生组织连接起

①　舒刚、徐为结：《习近平关于高校党建重要论述的价值意蕴与践行进路》，《国家教育行政学院学报》2023 年第 10 期。

②　王煜：《党群关系视角下高校基层党组织政治生态建设探究》，《学校党建与思想教育》2023 年第 2 期。

③　赵英杰：《新时代十年党的青年工作：历程、成就、经验》，《重庆社会科学》2023 年第 5 期。

来，促进高校思政教育高质量发展。

二、高校思想政治教育组织育人研究特点与不足

2023 年度，高校思想政治教育组织育人聚焦理论与实践问题，形成了系列重要成果。与此同时，通过对 2023 年度高校思想政治教育组织育人相关研究进行梳理和分析，发现本年度研究成果具有一些比较鲜明的特点，也存在一些不足之处。把握这些新的特点，总结这些研究中存在的不足，对深化高校思想政治教育组织育人规律性把握、推动高校人才培养工作高质量发展具有重要意义。

（一）高校思想政治教育组织育人研究的年度特征

本年度学界关于高校思想政治教育组织育人的相关研究成果总体上呈现出不平衡的状态，在组织育人的示范培育和质量建设、"一站式社区"组织育人新形态、党内教育与组织育人相结合等方面的研究比较多，成为年度高校思想政治教育组织育人研究的共性特征。

关注组织育人的示范培育和质量建设。习近平总书记在学习贯彻习近平新时代中国特色社会主义思想主题教育工作会议上的讲话中强调要"宣传正面典型，总结一批可复制可推广的好经验好做法。"① 典型示范一直是我们党开展思想政治工作的宝贵经验，本年度学界更加关注高校思想政治教育组织育人的示范培育和质量建设方面的研究。通过打造先进典范，强化示范引领，激发高校思想政治教育组织育人工作创新发展动力，推动高校思想政治教育组织育人工作质量提升成为学界的普遍共识。研究以组织育人样板示范项目的创建为例，提出要通过打造党建创新品牌活动、样板党支部建设，深化高校党组织的育人载体建设，不断发挥高校思想政治教育组织育人优势，

---

① 习近平：《在学习贯彻习近平新时代中国特色社会主义思想主题教育工作会议上的讲话》，《人民日报》2023 年 5 月 1 日。

推动高校思想政治教育组织育人质量提升。有研究聚焦于遴选一批组织育人样板示范项目，利用这些具有先进性、代表性、示范性和推广性的示范性项目发挥辐射带动作用，从而促进高校组织育人的质量提升。也有研究强调高校学生党建工作要坚持典型培育与协同发展、共同提升相结合。提出要着力发掘和培育优秀典型、打造具有示范效果的先进典型，充分发挥先进典型的引领、带动和示范作用，以示范创建、质量创优的组合方式充分调动各高校学生党建工作的积极性、主动性和创造性，要全力提高高校学生党建工作的感染力，实现对工作对象的全覆盖，在环节上严控质量、在组织机制保障上做到全覆盖，推动实现学生党建全面进步、全面过硬。

"一站式社区"育人成为研究的重要关注点。《教育部等八部门关于加快构建高校思想政治工作体系的意见》强调，高校要推动"一站式"学生社区建设，发挥"一站式社区"的组织育人作用。本年度高校思想政治教育组织育人的相关研究把"一站式社区"育人作为重要研究视角和内容。有研究将"一站式社区"视为重要的育人组织，认为"一站式社区"满足促进时代新人全面发展的现实要求，有效推动了思想政治工作治理体系和治理能力现代化。有研究围绕"一站式社区"组织育人生态的建构展开探讨，强调依托书院、宿舍等学生生活园区，加强群团组织建设，将校院领导力量、管理力量、服务力量、思政力量集中覆盖到服务学生的第一线。有研究围绕"一站式社区"育人功能展开了探讨，以劳动教育为切入点，强调将劳动教育嵌入"一站式社区"建设之中，将"一站式社区"打造成高校开展劳动教育的场域，引导学生实现德智体美劳全面发展。有研究探讨把"一站式"学生社区建设作为推进"时代新人铸魂工程"的重要载体，在党建引领、人才培养、服务支撑保障等方面落细落实，让各类教育教学的各个要素都适配学生成长需求，从而构建契合一流大学建设需要、充满生机活力而又协调有序、体现良性循环的组织育人新生态。"一站式社区"建设，为新时代高校思想政治教育组织育人提供了新的视域，成为高校组织育人新生态，随着实践的深化，这方面的研究将有助于推动新时代高校思想政治教育组织育人工作的高质量发展。

关注党内教育与组织育人的研究。开展党内集中教育是党永葆青春活力的重要法宝。《中共中央关于在全党深入开展学习贯彻习近平新时代中国特色社会主义思想主题教育的意见》中强调，开展主题教育的根本任务就是把习近平新时代中国特色社会主义思想转化为坚定理想、锤炼党性和指导实践、推动工作的强大力量。加强党对高校的全面领导，是确保立德树人根本任务的实现的关键，高校思想政治教育组织育人必须加强党内教育，将开展党内主题教育作为提升高校组织育人的重要内容和抓手。本年度学界围绕如何将习近平新时代中国特色社会主义思想主题教育融入高校思想政治教育组织育人工作进行了研究，涌现出了一系列研究成果。有研究强调通过学习马克思主义基本原理和党的创新理论，培育崇德向善、理论联系实际的党内风气，掌握实践锤炼、使命担当的思想武器等方面加强党内人才培养，提升组织育人工作实效。有研究从聚焦主题教育主线内容、弘扬调查研究的优良作风、落实全面从严治党政治责任等方面推动主题教育融入高校组织建设，实现高校组织育人高标准高质量开展。总体而言，2023 年度学者们围绕如何将习近平新时代中国特色社会主义思想主题教育融入高校思想政治教育组织育人全链条各环节进行研究，体现了思想政治教育组织育人研究紧跟时代步伐、回应时代关切，具有鲜明的时代特性。

（二）高校思想政治教育组织育人研究的不足分析

2023 年高校思想政治教育组织育人研究虽然取得了系列研究成果，但本年度的研究仍然存在一些不足，主要表现为关注全面从严治党背景下组织育人的相关研究较少、关注组织文化育人的相关研究较少、关注高校组织协同育人的相关研究较少。

全面从严治党背景下组织育人的相关研究较少。党的十八大以来，高校不断推进全面从严治党向纵深发展，党的二十大对全面从严治党做出了新的战略部署。将高校全面从严治党与高校组织育人工作深度融合，是新时代高校思想政治教育组织育人的内在要求。本年度关于全面从严治党背景下组织育人的研究以《新时代高校全面从严治党研究》①为主要成果，该书主要从党的自身建设、高校党的组织体系现代化建设等方面展开探讨。学界围绕全面从严治党背景下组织育人的体系构建和体制机制的深化研究相对较少，刊发在重要期刊的研究更加薄弱。一方面，全面从严治党背景下高校组织育人的组织体系构建有待进一步研究。高校组织育人工作发展离不开健全有力的组织架构和责任主体，研究如何将全面从严治党的要求落实到组织育人工作的方方面面，构建系统完备的组织架构，有助于实现高校组织育人工作的全覆盖。对此问题的研究还有待进一步深化。另一方面，全面从严治党和高校党组织育人的内在关系研究，如何以全面从严治党引导高校党组织育人的组织体系、工作体系、工作机制研究，如何在习近平文化思想视域下进行全面从严治党研究，将全面从严治党上升为高校党组织育人的质量文化，丰富高校党组织育人文化内涵方面的研究有待进一步加强。

高校思想政治教育组织文化育人的研究较少。2023 年 9 月 10 日，习近平致信全国优秀教师代表时再次强调广大教育者要做到"以文化人"。文化是一个组织生成发展的关键要素，将组织育人与文化育人相结合，以组织文化内化大学生的思想观念，外化大学生的行为规范，是高校组织育人的重要方面。本年度学界关于组织文化育人的研究以《思想政治教育学科 40 年发展研究报告》②为主要成果，该著作主要探讨了挖掘中华优秀传统文化中蕴含的丰富思想政治教育元素，并以此推动思想政治教育创新发展，对于研究如何挖掘组织文化中蕴含的育人元素助力高校组织育人有着重要启示。此外，通过在中国知网、万方数据库进行检索组织文化育人的相关研究，发现有研究

---

① 冯刚、林东伟等：《新时代高校全面从严治党研究》，北京师范大学出版社 2023 年版。
② 冯刚等：《思想政治教育学科 40 年发展研究报告》，中国人民大学出版社 2023 年版。

提出用大学组织文化驱动本科教育教学效能增值，也为组织文化育人功能发挥提供了新的思路。习近平文化思想的提出，为高校组织育人指明了文化方向。如何用习近平文化思想指导新时代高校组织育人工作，赋予高校组织育人更加丰富的文化内涵，提出高校组织育人更有效的文化路径和文化方式，需要进一步深入思考和研究。

高校思想政治教育组织协同育人研究较少。高校组织育人不是单一的某个组织进行组织育人工作，而是各个组织之间协同发展、形成强大的组织育人合力。增强高校组织协同育人，是新时代高校思想政治教育组织育人的重要突破点。2023年度关于高校组织育人的研究主要是基于高校党组织、高校群团组织和高校师生社团等组织形态展开研究，较少对高校各个组织之间协同育人的研究。思想政治教育作为一个动态开放系统，在诸多组成要素的相互作用、相互影响过程中，存在着规律性的动态平衡。[①]高校各个组织因其功能不同、形态不同，其育人功能和效果也有所差异，但育人目标具有着一致性。如何实现组织育人各要素的整体系统，更好地促进各个组织育人系统的动态平衡，增强组织协同育人效应，形成优势互补的组织协同育人体系，是今后研究需要继续深化的问题。

三、高校思想政治教育组织育人研究展望

总体而言，高校思想政治教育组织育人的发展保持稳中有进的态势。高校党团组织开展组织生活越来越规范，学生参与各类组织的积极性、主动性提高，高校思想政治教育组织育人工作开展有基础、有实效，并且具有广阔的发展空间。展望未来研究发展愿景，要切实围绕中共教育部党组印发的《高校思想政治工作质量提升工程实施纲要》提出的高校各类组织"增强工作活力、促进工作创新、扩大工作覆盖、提高辐射能力"目标要求，进一步

---

① 陈海瑾、汪力：《增强高校思想政治教育协同效应的逻辑基点与实践方略》，《思想理论教育》2023年第6期。

完善组织育人基础理论研究、强化网络媒体背景下组织育人功能发挥研究、推进习近平文化思想融入组织育人研究，不断提升高校思想政治教育组织育人的质量和实效。

（一）进一步夯实组织育人基础理论研究，提高组织育人研究的学理深度

组织育人是"十大"育人体系中的重要组成部分。2017 年 12 月，中共教育部党组印发的《高校思想政治工作质量提升工程实施纲要》文件中明确提出要切实构建"组织育人质量提升体系"，强调要把组织建设与教育引领结合起来，强化高校各类组织育人作用的发挥。高校思想政治教育历来重视将价值引领融入各类组织，在开展组织实践活动中强化人才培养工作，有效推动了高校思想政治教育组织育人实践的发展。但就目前的情况看，高校思想政治教育组织育人的研究主要是从宏观视角切入，以实践为线索进行经验总结，还缺乏对本质内涵、内在规律、基本范畴、方法原则、体制机制等基础理论内容展开深入的探讨。同时，研究内容集中于探讨组织育人的价值意义、功能发挥、模式创新、实践路径，研究缺乏一定的学理性和逻辑性。因此，未来研究亟待以问题意识为导向深化对高校思想政治教育组织育人基础理论的研究，从学理角度逐渐建构和完善高校思想政治教育组织育人的理论体系。一是服务立德树人根本任务需要，明确思想政治教育组织育人基础理论发展定位。立德树人是高校教育的根本任务，也是高校思想政治教育组织育人的根本任务。在高校思想政治教育组织育人中融入价值引领，培养符合社会发展需要的优秀人才，培育堪当民族复兴重任的时代新人是组织育人的必然要求和目标追求。要进一步加强相关基础理论的研究与阐释，增强理论的深刻性、价值性、引领性、彻底性，为建立和完善高校思想政治教育组织育人基础理论框架，推动组织育人理论高阶发展提供强有力支撑。二是回应实践发展变化，提高高校思想政治教育组织育人基础理论科学性与实践性。理论研究既要追求理论层面的高阶发展，也要增强现实指导，促进实践落实

层面的高质量发展。一方面要始终坚持运用马克思主义的立场、观点和方法指导基础理论的研究，彰显高校思想政治教育组织育人的理论属性。另一方面要坚持理论研究服务党和国家中心工作、服务经济社会发展、服务思想政治教育学科建设的原则，聚焦高校各类组织不同存在形态和育人方式的变化，将新的实践成果转化生成新的理论内容，为推动组织育人基础理论发展增添活力。三是重视高校思想政治教育组织育人基础理论的整体性、协同性研究。党的政治功能和组织功能是助推党的事业不断从胜利走向胜利的重要保证。充分发挥党的政治功能和组织功能在人才培养中的重要优势，是提升人才培养实效的有力举措。加强组织育人基础理论研究，要从整体上把握党的政治功能和组织功能与组织育人功能的内在联系，探究党组织的政治功能和组织功能转化为人才培养优势的契合点、聚力点、发力点，推进将党组织建设成为培育时代人才的坚强阵地，不断深化组织育人创新性发展。

（二）进一步强化网络媒体背景下组织育人功能发挥研究，充分彰显组织育人研究的实践智慧

网络数字化的发展对高校思想政治教育组织育人的实践产生了深刻影响，高校思想政治教育组织育人的实效性问题成为新时代高校思想政治教育发展面临的重要问题。随着信息化到数字化的迭代升级，广大师生的思维方式、行为特征、信息接收习惯发生改变，由此引发思想政治教育组织育人各要素、各环节的深刻变化，衍生组织育人更多样态的图景与规律。组织育人作为高校思想政治教育重要环节和方式，在数字化背景下如何更好发挥其功能和作用，激发其生机与活力是高校思想政治教育高质量发展的必然要求。一是要关注数字化背景下组织育人队伍的建设。办好思政课的关键在教师，做好数字化背景下组织育人工作的关键也在教师。思政工作者的网络数字技术运用、大数据分析能力素养的培养至关重要。要实时掌握学生对各类媒体平台的使用情况，了解学生的思想动态和行为状态，制定有针对性的教育思

路，形成科学的组织育人新模式。二是关注数字化背景下组织育人内容和方式的创新。切实回答数字化背景下组织育人"育什么？""如何育？"的核心问题。高校各类组织要打破固化的内容呈现形式和传统的表达方式，树立大数据思维，注意话语方式和传播方式的转换。高校各类组织要运用丰富多样的新媒体矩阵创新教育方式，激发学生学习的兴趣和热情，强化组织育人的效果。三是关注数字化背景下组织育人机制的构建。要结合数字化时代背景，充分发挥数字技术、新媒体矩阵等优势，将组织活动单一的线下模式转变为线上和线下相融合的模式，不断提升育人成效。

（三）推进习近平文化思想融入组织育人研究，构建完善的组织文化育人内容体系

文化是一个组织的灵魂，是推动组织建设和提升人才培养实效的重要思想力量。党的十八大以来，习近平总书记高度重视加强宣传思想文化工作，把宣传思想文化工作摆在治国理政重要位置，围绕文化建设的任务、使命、原则、方法等根本性问题进行了系统性回答，提出了一系列具有原创性的新思想新观点新论断，形成了习近平文化思想。习近平文化思想内涵丰富系统、论述深刻厚重，是做好新时代高校思想政治教育组织育人工作的根本思想遵循和科学方法指引。未来高校思想政治教育组织育人研究应继续拓宽研究视野，拓展研究前沿方向，推进习近平文化思想融入高校思想政治教育组织育人研究，在组织文化育人的理论框架、方法原则和路径优化等方面实现新的突破。一是要注重思考组织文化育人的理念创新。理念是组织文化育人的先导，有什么样的组织文化育人理念就会有什么样的组织文化育人实践。习近平文化思想是党的最新理论创新成果，高校各类组织必须加强钻研习近平文化思想形成的时代条件，习近平文化思想的核心要义、实践逻辑，不断推动习近平文化思想科学体系向组织文化育人内容体系转化。高校各类组织要勇于担当塑造灵魂、塑造生命、塑造新人的时代重任，有效把控组织文化

育人的正确方向、具体目标、育人节奏。坚持价值性和知识性相统一的原则，精心设计习近平文化思想融入组织建设各环节中的着力点，确保组织文化育人实现良好的育人效果。二是要注重思考组织文化育人的内容要点。应围绕让学生真学真懂真信习近平文化思想，真正实现凝心铸魂的育人目标，切实把握"抓住重点、兼顾一般"的育人原则，重点教育学生坚定文化自信、把握"两个结合"和"七个着力"、担负"新的文化使命"，引导学生增强文化主体性意识，将文化自信转化为自身的精神气质与文化品格，提振昂扬向上、锐意进取的精气神，养成理性平和、勇于担当作为的社会心态。

第十六章　立德树人与思想政治教育相关问题研究

育人的根本在于立德，立德的关键在于教育。"全面贯彻党的教育方针，落实立德树人根本任务，培养德智体美劳全面发展的社会主义建设者和接班人。"[①] 这是马克思主义教育理论的创新与发展。2023 年，理论界对立德树人与思想政治教育相关问题研究持续推进，研究成果注重理论建构的系统性、研究学科的交叉性、研究方法的多元性，完善了思想政治理论体系，优化了落实立德树人根本任务的路径与机制，推动了理论与实践的创新发展。

一、立德树人与思想政治教育相关问题研究年度进展

系统梳理本年度立德树人与思想政治教育相关问题的研究成果，学者们围绕立德树人的价值意蕴、基本内涵、基本路径、体系建构、机制建设等五个方面，进行了更为深入的研究，回应了新时代思想政治教育的育人主旨与价值追求，为解答"培养什么人、怎样培养人、为谁培养人"这一教育的根本问题提供了认知理路和实践指导。

（一）关于立德树人的价值意蕴

立德树人是马克思主义教育理论的中国化发展、时代化创新和大众化的表达，是"中国共产党人把马克思主义人的全面发展理论与中华民族优秀传

---

① 习近平：《高举中国特色社会主义伟大旗帜 为全面建设社会主义现代化国家而团结奋斗——在中国共产党第二十次全国代表大会上的报告》，人民出版社 2022 年版，第 34 页。

统文化以及中国社会主义教育的历史与实践相结合的重大教育理论创新。"① 有学者认为，立德树人的教育观从党和国家事业发展对高等教育的发展、科学知识的传播和优秀人才培养的迫切需要出发，回答了"为谁培养人"的立德树人初心之问；从深厚的爱国情怀、高尚的品德修养、昂扬的奋斗精神、扎实的能力本领等方面，回答了"培养什么人"的立德树人目标之问；从坚持党的领导、加强教师队伍建设、形成更高水平的人才培养体系等方面，回答了"怎样培养人"的立德树人路径之问。② 也有学者在考察习近平总书记关于立德树人重要论述的基础上，提出立德树人是"马克思主义教育理论的中国化时代化"，是"中华优秀传统德育思想的创造性转化与创新性发展"，是"中国共产党思想政治教育理论的守正创新"③；立德树人的目标是培养社会主义建设者和接班人，立德树人的价值追求是为党育人、为国育才，立德树人的方法论是全方位协同育人④。还有学者从默会知识观视域探究立德树人的主体逻辑，认为立德树人构建起以实质自由为核心的全面育人观，赋能以个体性实践为基础的立德成效，彰显以道德共同体为旨归的育人价值。⑤

（二）阐释立德树人的基本内涵

理论界进一步阐释了立德树人之"德"的基本内涵与时代要求。一是从人所处的现实社会关系的角度，即从人与国家、人与社会、人与自身三个维度来考察立德树人之"德"，就是明大德，树有全球视野和家国情怀之人；就是守公德，树有社会责任和奋斗精神之人；就是严私德，树身心健康和德

---

① 姜纪垒、黄海涛：《论中国式立德树人教育观的历史逻辑》，《当代教育与文化》2023年第5期。

② 肖贵清、车宗凯：《立德树人是新时代高校的根本任务》，《山东师范大学学报（社会科学版）》2023年第2期。

③ 张善喜：《习近平关于立德树人重要论述的理论来源与创新发展》，《思想教育研究》2023年第11期。

④ 高桥、闫格宁：《习近平总书记关于立德树人的重要论述研究》，《青岛农业大学学报（社会科学版）》2023年第8期。

⑤ 陈亮：《默会知识观视域下立德树人的逻辑架构与高质量培育路径》，《南京社会科学》2023年第5期。

才兼备之人①。二是从价值体系的视角，认为立德树人的"德"是社会主义核心价值观的基本范畴和高度抽象，蕴含了私德、公德和大德三要素的价值体系，私德关涉私人生活领域，公德涉及社会公共领域，大德指向国家政治领域，三者内在地统一于人的品德之中②。三是从哲学视角，基于道德理性、反思理性、感性对象性视域，认为立德树人的内涵表现为：有理想人格的追求、"人是什么"的追问、实现人的感性解放三重意蕴③。四是从思想文化维度，有学者认为立德树人内蕴中华优秀传统教育理念，展现了中华优秀传统文化的人文精神与道德规范④。

在阐释立德树人中"德"之内涵的基础上，有学者认为把握立德树人的基本内涵，就是要把握立德树人的根本任务，坚持为党育人、为国育才的根本目标，落实提高人才自主培养质量的根本要求，增强教育教学改革的根本动力，把建设高素质专业化教师队伍作为根本保障⑤。

（三）提出落实立德树人根本任务的基本路径

就落实立德树人根本任务的具体实践路径，学者们的观点可以概括为以下三个方面的路径。

一是思政课程建设路径。一方面要发挥思政课在立德树人中的关键作用，打造思政"金课"，贯通思政"小课堂"与社会"大课堂"，推动思政课建设内涵式发展⑥；采取"以实创境"法、"以疑促境"法、"以史引境"法

---

①　李艳、史云贵：《新时代高校立德树人的核心要义、实践困境与破解机制》，《湘潭大学学报（哲学社会科学版）》2023 年第 5 期。

②　戴艳军、郑呈杰：《关于立德树人之"德"的哲学思考》，《思想理论研究》2023 年第 7 期。

③　潘二亮、何云峰：《"立德树人"的劳动哲学阐释》，《教育文化论坛》2023 年第 1 期。

④　高森远、黄诚：《论高校"立德树人"根本任务的思想文化内涵及其实践路径》，《贵州民族大学学报（哲学社会科学版）》2023 年第 5 期。

⑤　焦扬：《落实好实现好立德树人这一根本任务》，《红旗文稿》2023 年第 7 期。

⑥　张天宝：《坚持立德树人　用心打造思政"金课"》，《思想政治课教学》2023 年第 9 期。

以及"以动现境"法实现思政课教学的情境创设^①；各学段思政课课程形态围绕人的生命成长过程实现相互衔接与一体化，不断丰富思政课的社会元素，着力提升高校各形态思政课的教师的实践智慧^②；创新思政课集体备课举措，吸纳多课程、多学科、多主体参与集体备课会，以"小论坛"建构"大格局"^③；全网格、全链条建设课程思政群。

二是课程思政建设路径。有学者提出：通过课程思政落实立德树人根本任务，重点在于专业的课程思政要以明确的育人目标为引领，构建起"知识—价值—能力—行为"四个层级的课程思政"立德树人"育人目标^④。有学者从知识与社会联系的认识论视角，提出要"通过构建社会取向的课程育人体系，凸显课程目标的社会维度，增强课程知识与社会生活的联系，推进社会实践取向的课程实施，开展社会价值导向的课程评价。"^⑤还有学者认为课程思政建设，要通过明晰建设目标、厘清建设原则、明确建设内容、创新实践路径推进"课程思政"建设在内容与形式相统一、思政与课程相结合^⑥。

三是文化育人路径。学者们认为，落实立德树人根本任务要坚持以文化人，深刻把握文化育人的重大意义和重要原则，明确文化育人的重点任务，深入推进校园文化提能增效行动^⑦。要发挥大学文化之力，把中华优秀传统文化和社会主义先进文化有机融入立德树人中，让学生在潜移默化中完成人的

---

① 赵李叶：《思想政治理论课探究式教学"问题情境创设"的逻辑与实现》，《思想政治教育研究》2023 年第 1 期。

② 叶方兴：《结构·运行·优化：新时代学校思想政治理论课的课程形态审视》，《贵州师范大学学报（社会科学版）》2023 年第 1 期。

③ 黄爱教：《论高校思想政治理论课集体备课创新举措》，《思想政治教育研究》2023 年第 2 期。

④ 梁平：《课程思政"立德树人"四层级目标论》，《河南师范大学学报（哲学社会科学版）》2023 年第 4 期。

⑤ 张良：《课程思政如何破解"两张皮"难题——知识与社会联系的认识论视角》，《教育研究》2023 年第 6 期。

⑥ 周婧、周松：《论高校"课程思政"建设的四重维度》，《武汉理工大学学报（社会科学版）》2023 年第 5 期。

⑦ 舒丽春：《推进校园文化提能增效 着力培养时代新人》，《中国高等教育》2023 年第 23 期。

社会化和自我完善过程①。要挖掘红色文化教育案例，创新红色文化教育话语方式，拓展红色文化教育宣传阵地，以提升红色文化育人的实效②。要完善文化育人的运行机制，构建师生文化资源共同体，优化文化育人内容供给③。同时，要培育积极健康、向上向善的网络文化④。此外，刘建明、张瑜、许桂芳、王银峰等学人分析了红色基因赋能立德树人的理论逻辑和实践维度；徐海东提出要把历史主动精神融入立德树人的实践理路；李智慧探讨了党史学习教育助力立德树人在"常、态、长、效"四个维度的机制建设⑤。

（四）构建落实立德树人根本任务的育人体系

学者们普遍认为，落实立德树人根本任务，要构建起科学的育人体系。有学者在探讨"完善思想政治工作体系"的理论成果中，内蕴落实立德树人根本任务的体系建设的基本原则，即以治理思维深化顶层设计、以激发动力作为重要途径、以守正创新为根本旨归⑥，应坚持思想政治工作内部之治与外部之治的有机结合，完善思想政治工作体系框架的系统设计，优化思想政治工作体系的内部治理⑦。

有学者认为，要建立健全育人体系，强化马克思主义学科理论教育，推进课程育人守正拓新以不断完善课程育人体系，加强校园文化建设以为环境

---

① 王静修、马陆亭：《发挥大学文化之力，培育优秀时代新人》，《光明日报》2023 年 11 月 14 日。

② 刘燕、李楠：《新时代高校红色文化育人的价值意蕴、现实困境及优化路径》，《国家行政教育学院学报》2023 年第 2 期。

③ 张贵礼、程华东：《新时代高校文化育人的逻辑理路和实践进路》，《学校党建与思想教育》2023 年第 4 期。

④ 张潮：《培育积极健康、向上向善的网络文化》，《人民日报》2023 年 11 月 21 日。

⑤ 李智慧：《党史学习教育助力高校立德树人的机制探索》，《中国高等教育》2023 年第 3 期。

⑥ 冯刚、布超：《新时代思想政治工作体系建构的生成逻辑》，《学校党建与思想教育》2023 年第 1 期。

⑦ 冯刚：《思想政治工作体系贯通人才培养体系的逻辑建构》，《湖北师范大学学报（哲学社会科学版）》2023 年第 9 期。

育人赋能①。要打造全过程思想政治工作体系，构建高质量专业学科体系，锤炼精准高效的教学体系，建设精品化教材体系，不断优化高校管理体系。②有学者认为要构建落实立德树人根本任务的一体化体系，包括推动思政课一体化建设，实现教学目标一体化、师资队伍建设一体化、教学资源平台一体化、体制机制一体化③。

（五）探讨立德树人根本任务的落实机制

2023 年学界有关理论成果，注重探讨立德树人根本任务的落实机制，学者们认为立德树人具有鲜明的实践指向，彭庆红、石书臣、王莉莉等在有关"大思政课"建设的研究成果，蕴含着如何建构立德树人根本任务的落实机制，如需要建立起科学严谨、全链条贯通、运行有序的落实机制；要坚持"五育并举"，把思想政治工作体系贯通人才培养体系，形成更高水平人才培养体系机制；坚持"三全育人"，不断完善育人工作机制；构建新时代教育评价改革机制；等等。还有学者认为，落实立德树人根本任务，要形成理论与现实相互检验的闭环，在思政小课堂和社会大课堂的有机结合中建立起知识体系向价值体系、信仰体系的转化机制④；在实践教学中要构建"学校—基地"长期合作机制，建立"一对一""一对多""多对一"的战略育人协同机制⑤；构建大中小学思想政治教育机制一体化、主体一体化、要素一体化的协

① 廉超、覃诗兰：《新时代贯彻落实高校立德树人根本任务的路径选择》，《高校马克思主义理论研究》2023 年第 1 期。

② 吴红：《着眼立德树人 形成更高水平的高校人才培养体系》，《中国高等教育》2023 年第 4 期。

③ 子央：《全环境立德树人视域下的思政课一体化建设》，《山东师范大学学报（社会科学版）》2023 年第 3 期。

④ 冯秀军：《"大思政课"建设的几个基本问题》，《思想教育研究》2023 年第 8 期。

⑤ 曹清燕、王璞：《基于公共空间的"大思政课"实践教学探析》，《思想理论教育》2023 年第 8 期。

同推进机制①；在推进立德树人目标的过程中，要建立思政工作体系内部要素共享协同机制，思政课程体系和课程思政体系之间深度协同机制，课堂教学主渠道与思政管理、服务体系之间互促协同机制②。还有学者从数字赋能高质量立德树人的视角，提出要"依托数字技术高质量推动大学育人范式、知识生产、主体关系的转型变革，将高质量立德树人理念嵌入高等教育现代化的实践过程中，筑牢数字时代更高水平人才培养体系。"③

二、立德树人与思想政治教育相关问题研究的特点与不足

2023 年，立德树人与思想政治教育相关问题的理论研究成果丰富了思想政治教育理论，厚实了立德树人的理论意蕴，拓展了立德树人的研究视阈，回应了立德树人的时代要求。纵观学者们诸多富有真知灼见的学术观点，体现出鲜明的年度特点与实践价值。

（一）立德树人与思想政治教育相关问题研究的主要特点

本年度立德树人与思想政治教育相关问题的理论研究体现出明确的目标指向、强烈的问题导向、鲜明的实践取向、新颖的研究视角等 4 个方面的特点。

一是具有明确的目标指向。习近平总书记强调，"新时代新形势，改革开放和社会主义现代化建设、促进人的全面发展和社会全面进步对教育和学习提出了新的更高的要求。"④因此，新时代落实立德树人根本任务必定有新

---

① 王春英：《"大思政课"视域下思想政治教育一体化的推进路径》，《思想政治课教学》2023 年第 9 期。
② 陶好飞、杨熙：《高校"大思政课"协同育人的策略优化》，《思想理论教育导刊》2023 年第 6 期。
③ 陈亮、叶明裕：《数字赋能高等教育现代化的内在逻辑与高质量立德树人路径》，《中国远程教育》2024 年第 1 期。
④ 习近平：《坚持中国特色社会主义教育发展道路 培养德智体美劳全面发展的社会主义建设者和接班人》，《人民日报》2018 年 9 月 11 日。

任务、新要求和新目标。本年度的相关理论研究聚焦教育为党育人、为国育才的历史使命，围绕培养德智体美劳全面发展的社会主义建设者和接班人这一目标指向而展开。在对立德树人价值意蕴的有关研究中都强调："立德树人"体现了中国特色社会主义的属性，无论是作为指导思想，还是作为教育理念；无论是作为办学原则，还是作为实践路径，都有着明确的目标指向，即着力培养社会主义建设者和接班人，着力培养"一代又一代拥护中国共产党领导和我国社会主义制度、立志为中国特色社会主义奋斗终身的有用人才。"[①] 在有关立德树人基本内涵的研究中，学者们解析"德"之内涵要义时，坚持以"树人"为目标导向以形成探讨如何落实立德树人根本任务的逻辑起点。在有关落实立德树人根本任务的基本路径、育人体系、机制建构的研究中，学者们既注重理论逻辑的分析，也注重目标导向的达成，围绕着人才培养的目标，提出的方法、路径和策略具有可行性、实践性、操作性和推广性；同时这些理论成果中提出的方法、路径、策略等，都着力于构建起落实立德树人根本任务的科学体系和长效机制，把学生培养为德才兼备、全面发展的人才。

二是具有强烈的问题导向。问题是时代的声音，回应、解答、剖析问题是理论研究的根本任务。发现问题、筛选问题、研究问题、解决问题是马克思主义理论学科研究的基本范式和价值所在。2023 年度立德树人与思想政治教育相关问题的理论研究成果集中体现了较为强烈的问题导向和问题意识，具有鲜明的现实关注，体现了"继续推进实践基础上的理论创新，必须坚持问题导向"的价值遵循。一方面，研究者们直面立德树人中存在的现实问题和掣肘因素，如有学者分析落实立德树人中存在的实践困境表现为：部分高校党的领导优势发挥相对不充分的"领导效能困境"，少数高校教师职业素养和道德修养参差的"师德示范困境"，部分高校学生道德认知与道德践行

---

① 习近平：《坚持中国特色社会主义教育发展道路 培养德智体美劳全面发展的社会主义建设者和接班人》，《人民日报》2018 年 9 月 11 日。

脱节的"知行统一困境"等四个方面的现实困境①。也有学者认为，在将立德树人理念付诸实践中，还存在"工作领导体制和工作机制尚需完善""'十大育人'工作体系建设不足""课程思政的主渠道仍不畅通"等方面的问题②。另一方面，学者们在有关落实立德树人根本任务的基本路径、育人体系、机制建构的研究中，摈弃了过往研究中偏重于主观理论推导和应然层面的理论分析，坚持较为强烈的问题意识，使其提出的对策建议、方法路径更具有针对性，为破解落实立德树人根本任务中存在的现实问题提供了更为明确的理路。如有学者在提出"新时代高校落实立德树人根本任务的路径选择"时，首先提出了当前教育理念仍需改进、学生理想信念受到冲击、课程效果仍需增强、校园文化育人效果仍需提升等方面的现实困境③。其次，有学者通过对近几年有关理论成果的分析，认为有关立德树人的理论研究中面临基础理论研究难深入、实践研究难做实的双重挑战，如有的理论成果"脱离立德树人工作实际而沦为抽象空谈。目前，谈想法、说感受的立德树人研究还为数不少，一些落实立德树人的策略和方法，不是从工作实践中总结出来的，也没有在实践中充分验证"④。

三是具有鲜明的实践取向。立德树人丰富和发展了党的方针，是中国特色社会主义教育思想的灵魂，也是我国教育改革发展的根本方向。落实立德树人根本任务具有鲜明的实践属性。本年度立德树人与思想政治教育相关问题的理论研究成果中也体现了较为鲜明的实践取向。首先，理论成果体现出实践价值，在对立德树人价值意蕴的分析中，学者们认为立德树人是时代之

① 李艳、史云贵：《新时代高校立德树人的核心要义、实践困境与破解机制》，《湘潭大学学报（哲学社会科学版）》2023 年第 5 期。

② 王莉莉：《基于立德树人理念的高校思政工作体系创新》，《山西财经大学学报》2023 年第 2 期。

③ 廉超、覃诗兰：《新时代贯彻落实高校立德树人根本任务的路径选择》，《高校马克思主义理论研究》2023 年第 1 期。

④ 姜纪垒、黄海涛：《论中国式立德树人教育观的历史逻辑》，《当代教育与文化》2023 年第 5 期。

责，是培养德才兼备、全面发展的社会主义建设者和接班人，确保中国特色社会主义事业后继有人的战略布局；是强国之需，立德树人内嵌于新时代教育的改革创新和发展之中，是实施教育强国、人才强国战略，推进中国式现代化的客观要求与价值支撑；是破局之策，新时代以来教育领域取得了历史性成就，但从观念到实践、理念到方法等方面还存在一些制约瓶颈问题，立德树人是新阶段提升教育质量的有效策略。其次，理论成果体现出实践原则，学者们认为在落实立德树人根本任务中，要把握"三对关系"，即守正与创新的关系、理论教育与实践教学的关系、小课堂与大社会的关系；要遵循"三大规律"，即遵循思想政治工作规律、教书育人规律、学生成长规律；要强化"四个认同"，即不断强化青年学生对习近平新时代中国特色社会主义思想的政治认同、思想认同、理论认同、情感认同。最后，理论成果体现出实践路径，学者们的观点都注重提出具有一定科学性和实践性的路径，这些实践路径又集中在思政课程和课程思政建设、"三全育人"和"十大育人"体系建构、"大思政课"建设、师资队伍建设、网络教育实践平台搭建、教育资源贡献机制等主要方面。

四是具有新颖的研究视角。本年度有关理论研究成果中，有一个现象值得关注，也能给我们对未来趋势的展望得出有益的启示，即研究成果不断拓展研究视角，主要表现在两个方面。一方面，有学者开始关注体育在立德树人中的作用和功能，如毛振明、付晓蒙等初步论述了体育文化对立德树人的作用和意义；王殿玺、周启迪认为，应当"增强对体育价值和精神的主观认知，达成体育立德树人之目标"[①]，并利用结构方程模型方法考察新时代体育对立德树人的影响及其作用路径。另一方面，理论界开始关注对立德树人历史逻辑以及基本经验的分析总结，如陈明明研究了中国共产党关于高校立德树人理论的演进历程及基本经验；有学者梳理了中央苏区学校立德树人制

---

① 王殿玺、周启迪：《新时代体育在立德树人中的作用路径研究 ——基于结构方程模型的分析》，《北京体育大学学报》2023 年第 6 期。

度化建设的探索过程，在总结其历史经验的基础上，提出了现实启示。认为中央苏区立德树人制度化建设中从革命环境出发明确了培养服务革命战争人才的育人目标，从党的宗旨出发实施人人平等的教育政策，从国家建设出发探索了立德树人工作的基本内容；形成了"坚持正确政治方向，在与错误倾向斗争中推进规范性学校立德树人制度化""满足人民发展需求，在创造新学校和施行新教育中推进常态性学校立德树人制度化""侧重培养明大德的革命型人才，在重视劳动小学和干部学校中推进针对性学校立德树人制度化""建立必要性制度体制，在教育人民委员部统一领导与分级管理中推进程序性学校立德树人制度化""立足现实发展需要，在承认各民族平等中推进民族性学校立德树人制度化"①等五个方面的基本经验。也有学者探讨了四个历史时期立德树人实践方式不断革新的主要表现与基本样态②。尽管这些研究的成果还不丰富，但拓展了立德树人研究的视角。

（二）立德树人与思想政治教育相关问题研究的不足之处

本年度立德树人与思想政治教育相关问题的理论研究成果也还存在一些不足，主要表现在以下三个方面：

一是立德树人中"德"的基本内涵诠释较为窄化。立德树人一经提出，便成为极具中国特色的政治话语概念，也迅速成为学术界和理论界的热点议题。近年来尽管有诸多学者力求对立德树人中"德"的基本内涵进行阐释，也取得了颇具创新性的理论成果。但本年度的相关理论研究中研究视域限于思想政治教育的范畴，对立德树人中"德"的内涵阐释或囿于"明大德""守公德""严私德"的畛域，或理解为社会主义核心价值观的抽象范畴。未能从人的全面发展、涵育完整而富有生命力的人的视角来拓展"德"

---

① 任航、李艳：《中央苏区立德树人制度化建设的实践探索与现实启示》，《学校党建与思想教育》2023 年第 8 期。

② 姜纪垒、黄海涛：《论中国式立德树人教育观的历史逻辑》，《当代教育与文化》2023 年第 5 期。

的内涵。

二是落实立德树人根本任务的实践路径较为僵化。从年度成果来看，学者们提出的落实立德树人根本任务的实践路径存在较为僵化的倾向。究其原因，重要的一点就是未能将落实立德树人根本任务置于建设教育强国，推动教育、科技、人才一体化融合发展的大背景之下来加以考察。因而，提出的具体实践路径多限于某一研究视域，多限于思想政治学科话语体系之中，缺乏多学科的共同关注从而提出富有时代韵律、体现开阔视野、彰显多元选择的生动活泼的实践路径。建设教育强国是实现中华民族伟大复兴的基础性战略性工程；教育在实现中国式现代化中的使命担当就是提供源源不断的人才资源和智力支持。因此，落实立德树人根本任务的实践路径需要从新时代实施教育强国、人才强国战略高度来把握，要从推动新时代教育创新发展的视角来把握。

三是立德树人落实机制的具体策略较为泛化。立德树人关键在于落实，在于转化为具体的教育实践活动，因而立德树人落实机制一直是思想政治教育学科理论研究中关注的重点议题，从本年度对这一议题的研究来看，对机制建设的具体策略存在较为泛化的倾向，即就机制谈机制。机制是指各要素、各部分之间的结构关系、内在规律和运行方式。普遍认为，立德树人落实机制主要包括领导机制、制度机制、人才培养机制、课程教学机制、协调联动机制、资源共享机制、师资队伍机制、管理机制、评价机制等。但是这些具体机制以及各个机制各要素之间的内在耦合、条件规律、运行机理、价值功能等，没有得到深刻的解释和深入的分析；理论成果大多重视宏观关注，缺乏机制运行层面的具体策略。

三、立德树人与思想政治教育相关问题研究的趋势展望

就目前成果来看，立德树人在理论研究方面取得了较为丰硕的研究成果，在实践探索方面取得了系列重要成效和积累了系列基本经验。理论成果

和实践探索与新时代党和国家的教育方略和教育政策相得益彰，共同助推立德树人观念深入人心且成为全社会的思想共识。2023 年 7 月 6 日，教育部部长怀进鹏在国务院新闻办公室新闻发布会上回答海报新闻记者提问时表示，"我们始终牢记的一条最基本的内容就是立德树人，这个根本任务是教育强国最核心的课题"。① 立德树人作为教育强国最核心的命题，应当成为未来一段时间思想政治教育理论研究的中心议题。立足 2023 年度理论研究成果的分析，结合时代特征和未来发展趋势，我们认为以下几个方面将成为立德树人与相关思想政治工作研究的重点。

（一）深化核心概念的内涵诠释

对任何理论问题进行研究，都不可回避对问题所涉及的核心概念进行理论上的追问和科学清晰的内涵界定。从逻辑意义上来讲，任何一个理论问题研究的逻辑起点就是概念的界定和内涵的分析。如果对问题涉指的核心概念晦涩不明，不仅无法确证问题的本身，也无从谈起理论研究。就立德树人与思想政治教育相关问题研究而言，"立德树人"这一核心概念的内涵如何确定，是这 问题研究的逻辑起点。因此，当前理论界对立德树人中"德"的内涵与"人"的素质能力进行了探讨，并据此提出落实立德树人根本任务的针对性路径，尽管不乏创新性的见解，但总体来看，研究囿于抽象范畴，视野不够开阔。

科学阐释和解析"立德树人"这一核心概念，需要在中国式现代化建设需要一代代青年接续奋斗和积极作为的视野下来把握。因此，需要将"德"的内涵和"人"的素质能力与"增强做中国人的志气、骨气和底气"的精神特质以及"有理想、敢担当、能吃苦、肯奋斗"的新时代好青年的时代要求结合起来，与"不断提高学生思想水平、政治觉悟、道德品质、文化素养"结合起来，与不断发展的党的创新理论结合起来。唯其如此，才能把握立德

---

① 高毅哲、欧媚：《加快建设教育强国 办好人民满意的教育》，《中国教育报》2023 年 7 月 7 日。

树人的科学内涵和时代特征，并赋予立德树人这一中国特色社会主义办学理念与时俱进的理论品格。

（二）夯实理论研究的逻辑起点

任何问题的基础理论研究是实现突破性进展的逻辑起点和前提性条件。近年来，有关立德树人研究文献的数量不断增多，相关基础理论研究成果丰硕，这充分说明学者们普遍关注到了这一热点问题。但通过对文献进行解读和分析，却发现一方面存在同质化倾向，一些论文是对内涵诠释和实践路径的重复性研究；另一方面，不少理论研究成果是跟风蹭热、口号式、应景式的研究，仅仅是对教育政策文件和重要讲话精神的转述或改头换面，还有一些是对一些热点问题和新观点新理念冠以立德树人的视域，从而导致原创性、贡献性的基础理论研究成果并不多。尽管有些学者致力于对立德树人的理论意蕴、历史依据等基础问题进行探究。但总体而言，对立德树人与思想政治教育相关问题的基础研究略显单薄。

因此，要进一步加强对立德树人及其相关问题的基础理论研究，从马克思主义经典作家有关人的全面发展理论、道德理论、社会发展理论等重要论述中探究其理论渊薮与价值遵循，从中华优秀传统文化、书院制发展、教育理念的嬗变中探寻立德树人的文化根基，为探究落实立德树人根本任务的实践路径提供学理支撑。在研究范式上，不能仅仅停留在制度设计、政策落实的话语层面，要从教育学术的视角深入挖掘立德树人的重要学术意蕴和实践价值。

（三）加强学理研究的系统构建

立德树人作为教育强国最核心的课题，是新时代我国教育改革发展的行动指南，也是一个庞大复杂的系统工程。涉及社会教育、学校教育、家庭教育，也涉及思想政治教育、专业知识教育、体育、美育和劳动教育；同时包括政府、社会、学校、家庭在内的方方面面，在立德树人中也有着各自不同的职责与使命。因此，"立德树人研究是一个系统工程，要处理好立德树人的研究层次问题，将宏观政策研究、思想理念研究、策略机制研究与具体的课程实施研究、学科教学研究、实践落实研究有机结合起来。"① 但是，就近年来的理论研究成果来看，主要侧重学校教育的研究和思想政治教育领域的研究，有关学者在"大思政课"建设的研究中，提出了专业课程、社会教育和家庭教育对于立德树人的价值与路径，也有学者从体育、美育和劳动教育的角度分析其在立德树人中的独特意蕴，但缺乏整体关照和系统建构。

因此，今后的研究中要注重加强学理研究的系统建构。一是将立德树人作为一个整体的任务体系，科学解析其不同层级的教育目标和构成要素，并由此探究社会各个领域、各级各类学校，各个学科和课程在具体教学目标上如何落实立德树人。二是在系统论的视角下，积极探讨"五育并举"共同作用于立德树人根本任务的内在机理和运行规律，科学解析"五育"在宏观层面的育人目标，提出"五育"在微观层面的育人举措。三是开展分类分层研究，在学理上加强基础教育、职业教育、高等教育分领域的立德树人研究，加强课程体系、学科体系、教学体系、教材体系和管理体系以及通识教育、专业教育、技能教育、文化教育、实践教育等各环节的立德树人研究。

（四）注重历史演进的经验总结

马克思主义认为人是推动历史进步和社会发展的重要力量，人的培养和发展必须符合所处历史方位和社会现实条件的要求。中国共产党深谙马克思主义人才观，在百余年奋斗历程中，注重根据不同历史时期的建设任务、中心工作确定不同的人才培养目标以适应完成不同历史使命的需要。从这个意义上来讲，立德树人有着深厚的历史逻辑。中国共产党不同历史时期对立德树人的实践探索形成了规律性的认识和延续性的经验。从当前有关立德树

① 姜纪垒、黄海涛：《论中国式立德树人教育观的历史逻辑》，《当代教育与文化》2023 年第 5 期。

人的理论研究成果来看，尽管有一些研究者们试图从党的教育理论、教育实践的历史演进和发展脉络中梳理主要做法和总结基本经验，但总体来看，因为从历史演进中得出经验总结需要搜集各方面的史料，需要投入更多的时间精力，也需要有多学科知识的关注和参与，所以导致这一方面的研究投入不足、成果不多。事实上，分析四个不同历史时期立德树人的教育理念、主要做法与实践路径，能够为当下落实立德树人根本任务提供历史镜鉴。

2024 年是思想政治教育学科成立 40 周年，总结思想政治教育学科 40 年来的发展历程、建设举措与基本经验将是理论界和教育界的热点和盛事。以此为契机，深入挖掘和分析党在不同历史时期立德树人的主要做法、基本路径，并总结规律和经验，应当成为主要学术议题；从思想政治学科发展 40 年的发展历程中，勾勒立德树人与相关思想政治教育的基本形态、演进脉络、基本经验，有助于拓展立德树人研究的视域，为探究落实立德树人根本任务的实践要求、机制构建提供学术资源、经验借鉴和有益启示。

（五）突出立德树人的效果评价

理论研究中，学者们都主张把立德树人的成效作为教育的评价标准。实践中，近年来有关教学评价、教育改革、人才遴选、学科建设中普遍把立德树人成效作为评价的首要标准和基本指标。但通过对文献梳理分析发现，关于立德树人评价的研究成果并不多。张耀灿等专著《高校思想政治理论课教育教学质量监测体系研究》、冯刚专著《高校思想政治教育工作质量评价研究》、项久雨、成黎明、赵静、张春秀等有关思想政治工作评价的研究成果，内在地包含着立德树人评价的基本原则、评价指标、评价体系和评价方法。但总体来说，对立德树人成效的评价机制、评价体系、评价方法等方面系统性、专门化的理论研究投入不足、成果不多，这在一定程度上制约了立德树人根本任务的落实。

如何从学理层面探究立德树人效果的考核评价，一是要坚持正确的评价导向。立德树人效果的评价导向关乎评价结果，更关乎落实立德树人根本任务的过程、实施和路径。一方面，评价导向要毫不动摇地坚持为党育人、为国育才的价值原则，遵循党的教育政策、路线、方略，着眼于培养德才兼备、全面发展的社会主义事业建设者和接班人。另一方面，十年树木、百年树人。学生的成长和成才需要时间的积淀。因而，立德树人的成效不是立竿见影、立见成效的，立德树人的评价导向不可急功近利，要将即时评价与长远评价有机结合。二是要建立多方评价主体的评价机制，要按照《深化新时代教育评价改革总体方案》的总体要求，构建政府、学校、社会等多元参与的评价体系，建立健全教育督导部门统一负责的评估监测机制，同时发挥专业机构和社会组织的作用。当前，有关立德树人的评价，多有教育部门对学校的评价。立德树人根本任务的落实是全社会的责任，是各级党委、政府的职责。因此，要鼓励和引导专业机构、社会组织参与立德树人的评价，提高评价的专业化、科学化水平。三是要加强立德树人评价体系的学理性、专业性研究。从现有的学术研究成果来看，立德树人评价体系的指标设计和研究主要集中于思想政治教育的学科视域，教育学、社会学、心理学等学科的关照不足，要使立德树人评价指标体系科学、多元、立体和客观，需要学者们进一步加强学理研究，尤其是要注重教育学等学科知识的运用。这一学术议题也应当成为教育学等相关学科的关注点。

第十七章 党史学习教育与思想政治教育

2023 年度，学界围绕"培养什么人、怎样培养人、为谁培养人"这一教育的根本问题，在落实立德树人根本任务、培育担当民族复兴大任时代新人的目标导引下，针对党史学习教育与思想政治教育持续展开研究。相关研究在秉承既往研究议题的同时，结合实践发展需求，呈现出一些新的研究热点与特点，涌现出一批具有代表性的研究成果。基于此，对本年度党史学习教育与思想政治教育研究进行系统总结梳理，明晰其特征与不足，明确其未来发展趋势，是进一步深化相关问题研究，推进党史学习教育与思想政治教育创新发展的重要保障。

一、党史学习教育与思想政治教育研究梳理

本年度学界诸多研究者围绕党史学习教育与思想政治教育开展分析研究，形成了系列研究成果，其集中表现为党史学习教育融入思想政治教育教学研究、党史学习教育资源开发运用研究、党史学习教育存在的问题及其对策研究、党史学习教育与思想政治教育深度融合研究等。

（一）党史学习教育融入思想政治教育教学研究

关于党史学习教育融入思想政治教育的价值意蕴研究。有研究者在解读百年党史之魂理论意蕴的基础上，将百年党史之魂的思想政治教育功能归结

为"理想信念的导向功能、品德行为的规范功能、身体力行的激励功能"①。有研究者认为"党史学习教育融入大学生思想政治教育是落实立德树人根本任务的有效路径，是培养堪当民族复兴大任时代新人的重要举措，是提升大学生思想政治教育实效的必然选择。"② 还有研究者具体分析了党史学习教育融入高职院校学生思想政治教育的价值意涵，指出党史蕴涵着珍贵的思想政治教育价值，充分发挥党史教育的思想政治教育功能，用好党史这本生动鲜活的教材来提升高职院校学生思想政治教育实效势在必行。在高职院校中，加强中国共产党史教育工作对于提高思想政治素质、解答现实提问、增强文化修养和培育人才都有着重大意义，并将其归纳为"'培根铸魂'的育人价值及提升思想政治教育的实践价值。"③ 此外，还有研究者从学史明理、学史增信、学史崇德、学史力行的角度强调，思想政治教育是深化党史学习教育的重要方式和基本路径，党史教育也是实现高校大学生思想政治素质提升的重要抓手，将党史学习教育融入高校思想政治教育有助于培养大学生形成正确的党史观和价值观。进入新时代，高校开展党史教育工作要注重引导大学生，围绕"中国共产党为什么能、马克思主义为什么行、中国特色社会主义为什么好"等问题，深刻了解党和国家为人民群众服务的历史，理清楚党历史发展的基本脉络。④

关于党史学习教育融入思想政治教育的路径方法研究。有研究者指出，高校可将党史学习教育融入思想政治工作中，深耕其意识形态价值、思想政治教育价值、政治文化价值，形成教学系统保障、实践课程保障、文化氛围

---

① 宋鹏、郭莉娜、魏旭丽：《"三全育人"视阈下百年党史之"魂"思政教育功能探究》，《教育理论与实践》2023 年第 18 期。

② 张成龙、任春英：《党史学习教育融入大学生思想政治教育的价值意蕴与路径选择》，《学校党建与思想教育》2023 年第 18 期。

③ 严华丽：《党史教育融入高职院校学生思想政治教育研究——基于南昌高职院校调查》，江西师范大学 2023 年硕士学位论文。

④ 刘娇：《党史学习教育融入高校大学生思想政治教育研究——以陕西地方高校为例》，西安理工大学 2023 年硕士学位论文。

保障、网络媒介保障，为大学生理想信念扎根铸魂。① 有研究者对党史学习教育中实践教育法进行了系统分析，强调实践教育法作为青年大学生思想政治教育实施方法之一，也是青年大学生加强党史教育的"船"和"桥"。② 还有研究者对党史学习教育中隐性教育方法进行了较为深入的研究，指出大学生党史教育有显性施教与隐性施教两种实践形态，分别以"理直气壮、旗帜鲜明"和"润物无声、深远持久"的目标指向作用于大学生"学史明理、学史增信、学史崇德、学史力行"的思想形成与行为选择过程。大学生党史教育既要"理直气壮、旗帜鲜明"地把党的光辉历程和伟大精神讲透彻、讲明白，又要注重"润物无声、柔性表达"，结合大学生群体特点有针对性地推进教育实践。③

关于党史学习教育融入大中小思想政治理论课教学研究。在针对高等教育阶段的相关研究中，有研究者锚定少数民族大学生思想政治理论课展开学理分析，强调在政治性与学理性、价值性与知识性、主导性与主体性相统一原则的指导下，通过创新把握主线主题、打造"三个课堂"、创新教育方法等实践路径，才能将党史教育资源有机融入少数民族大学生思想政治理论课教学体系，并依托课程教学主渠道，突出党史教育重点，党史教育走新走活、入脑入心，达到明理、增信、崇德、力行的学史初衷。④ 也有研究者聚焦高校大思政课建设，强调高校教师党支部深化党史学习教育，要立足学生成长需要，突出红色精神传承，创新学习形式，把党史学习教育融入立德树人全过程，真正让党史知识"动"起来、"活"起来，培养学生成为德智体美劳全面发展的社会主义建设者和接班人。⑤ 在针对中等教育阶段的相关研

---

① 常亚楠、郝金连：《百年党史在高校思想政治工作中的价值意蕴和实践路径探析》，《洛阳师范学院学报》2023 年第 9 期。

② 马燕：《青年大学生党史教育中实践教育法运用研究》，西南大学 2023 年硕士学位论文。

③ 任雅楠：《大学生党史教育隐性施教研究》，西南大学 2023 年硕士学位论文。

④ 向眉、蒋家胜：《在少数民族大学生思想政治理论课中强化党史教育的多维思考》，《民族学刊》2023 年第 4 期。

⑤ 张容：《党史学习教育融入高校大思政课的路径探析》，《岭南师范学院学报》2023 年第 2 期。

究中，有研究者指出，将党史教育融入高中思想政治课可以使高中生在课堂中感悟中国共产党的百年历史，培养他们的党史素养，提升学生的政治认同感。① 还有研究者从大中小一体化角度开展研究，强调尽管目前百年党史融入中小学思想政治教育全过程取得了一定的成效，但依然存在融入内容简单化、融入过程平面化、融入方式相对单一、融入者党史教育综合素质有待提高等问题。因此，应进一步遵循中小学思想政治教育工作体系、遵循百年党史逻辑体系、遵循中小学生认知发展规律、充分发挥教师的主导作用，切实提高百年党史融入中小学思想政治教育全过程的效率和质量。②

（二）党史学习教育资源开发运用研究

关于党史学习教育资源开发路径研究。部分研究者结合融媒体时代发展背景，对党史学习教育资源开发问题进行了较为深入的分析。如有研究者认为，融媒体平台能够以更加快捷的方式让广大受众感受到红色文化的魅力，在打破时空局限性的同时，还创新了党史学习教育的方式，使党史学习教育呈现出内容丰富、形式多样的"新态势"。在融媒体的时代背景下，红色档案资源与党史学习教育的融合，有助于创新人民群众爱国主义情怀的培养路径，打造产生不同于传统"书本式"教育记忆，提升党史教育的感染力和亲和力，增强群众的民族认同感和自豪感。红色档案留存了诸多重大的历史事件和重要的人物事迹，是中国共产党百年征程、百年辉煌的历史见证。融媒体时代的到来，为拓展党史教育资源开发路径提供了新的契机。要用档案故事荡涤青少年之心灵，以红色历史激励后来者之斗志。因此，要切实把握时代机遇，充分利用先进理念、媒体平台以及技术手段挖掘红色档案资源，以实现高质量、多样化资源输出，使党史教育在"润物细无声"的同时能够

---

① 李敏：《党史教育融入高中思想政治课的策略研究》，扬州大学 2023 年硕士学位论文。

② 陈寒：《党史融入中小学思想政治教育全过程研究》，《内蒙古师范大学学报（教育科学版）》2023 年第 1 期。

"飞入寻常百姓家"。① 还有研究者强调，地方党史资源蕴含着丰富的思想政治教育素材，两者在内容、价值、文化以及实践属性方面存在深度耦合。地方党史资源融入思想理论课教学存在如下现实困境：队伍困境、教学困境及创新困境。为此，地方党史资源的阐释要学理化、地方党史资源的传承要阵地化、地方党史资源研学要体系化。各地区充分利用本地区独特的党史教育资源，开展党史学习教育，发挥党史的育人功能。②

关于地方红色资源的党史教育价值研究。有研究者指出，红色档案开发成果赋能思想政治教育顺应当前趋势，在赓续红色血脉、传承红色基因、扩大红色档案影响力、优化思政教育方式等方面发挥着重要作用。近年来，高校对于红色文化教育越来越重视，将红色文化融入思政教育的活动增多，但仍存在门槛较高、趣味性弱、参与感不强等问题。为此，档案部门要做好红色档案资源建设，红色档案资源赋能高校思政着眼点在优化服务手段，满足高校教师的档案利用需求，馆校联动，融合各自优势。同时注重红色档案的年轻化表达，开拓融媒体传播形式等。③ 此外，还有研究者强调，开发利用地方化的红色资源，并融入到高校党史学习教育中，既是建设文化强国与教育强国的时代需求，也是深化高校党史学习教育改革创新的现实需要，更是培养大学生核心素养、促进全方位发展的必然要求。其认为地方红色资源在融入党史学习教育中存在融入意识不强、融入内容薄弱、融入方式单一、融入效果不佳、融入氛围淡薄等问题。为破解这一困境，需从以下几方面着手。在融入意识方面：加强政府主导宣传、坚持高校党委领导、提高教师重视程度、强化学生自我教育；在融入内容方面：加大保护力度、加强研究力度、强化整合管理、加大投入支持；在融入方式方面：开发课堂教学、拓展

① 刘念：《融媒体时代党史教育资源开发路径创新》，南京信息工程大学硕士学位论文，2023 年。

② 薛华、刘亮红、王利明：《地方党史资源融入高职院校思政课路径研究》，《湖北开放职业学院学报》2023 年第 15 期。

③ 卢珊、徐尧丹：《红色档案赋能高校思想政治教育理路探析》，《档案与建设》2023 年第 11 期。

实践活动、丰富网络教学、运用榜样育人；在融入机制方面：健全培训机制、激励机制、反馈机制和协作机制；在融入环境方面：优化学校环境、建设良好家风、净化社会环境、净化网络环境，以促进地方红色资源融入高校党史学习教育更好地入脑入心、走深走实。[①]

（三）党史学习教育存在的问题及其对策研究

关于青年学生党史认同及其正确党史观教育研究。有研究者认为，历史虚无主义通过虚构历史事实、碎片化叙事、消解文化自信、瓦解民族精神、消解历史行动自觉性等惯用手段造成了大学生群体认知困惑、情感淡化、实践退缩等，而对历史虚无主义冲击的有力回应就是新时代大学生党史认同的培育。[②] 还有研究者系统分析了青年学生正确党史观的培育这一课题，指出在新历史方位、新发展阶段下，高校学生正确党史观在培塑过程中有所收获，但尚未取得最为理想的结果，仍面临机制上重参与轻治理、人员上重认识轻升华、途径上重形式轻创新、内容上重成才而轻发展等现实状况。为进一步推进大学生正确党史观培塑工作，迫切需要从四个方面入手开辟实践进路：着眼整体格局，优化大学生正确党史观培塑机制建设；以关键人员为重点，为培塑大学生正确党史观汇聚有用力量；注重方式方法，创新大学生确立正确党史观的培塑途径和手段；关注重点内容，在大学生党史内容上进行创新，以培塑正确党史观。[③]

关于党史学习教育成效与创新机制研究。有研究者对党史学习教育成效进行了专门研究，指出高校坚持以习近平总书记党史学习教育相关论述为基本遵循，积极开展党史学习教育，取得了重要政治成果、理论成果、实践成果和制度成果。主要表现为：用党的创新理论、精神谱系、光荣传统进一步

① 张露：《地方红色资源融入高校党史学习教育研究》，南昌大学硕士学位论文，2023 年。

② 陈鸿龙：《新时代大学生党史认同问题研究——基于历史虚无主义批驳的视角》，海南师范大学硕士学位论文，2023 年。

③ 刘哲：《新时代大学生正确党史观培塑研究》，山东大学硕士学位论文，2023 年。

统一高校师生的思想、意志和行动，加强了党对高校的集中统一领导；初步建立起包含组织领导体系、日常学习体系以及党史学习教育制度体系在内的系统化党史学习教育格局；创新发展了包含融媒体矩阵、"互联网＋"、新智能技术应用在内的多元化的党史学习教育载体；挖掘利用并创新发展了一大批包括红色硬性基础建设红色文化产品在内的红色资源。[①] 同时，部分研究者基于问题剖析探讨党史学习教育的创新发展问题。如有研究者指出，党史学习教育中存在部分学生对党史教育重要性认识不足、部分教师对党史知识体系整体把握不强和高校实践活动质量有待提高等问题。为此，从提升新时代大学生自我教育水平、保障师资队伍提高党史育人作用和依托实践活动强化党史教育成效这三个方面提出相应对策。[②] 还有研究者认为，新时代大学生党史教育在实践中取得了较为明显的成效，与此同时受各方面复杂因素影响，大学生党史教育也不可避免地出现党史教育内容不够系统、教育方法相对滞后、校园文化作用发挥不足、部分大学生缺乏党史学习主动性等问题。这些问题也启示我们要坚持问题导向，深入分析问题的成因，并提出有针对性的解决办法，推进新时代大学生党史教育持续有效发展。为此，需不断优化党史教育内容，创新党史教育的方式方法，营造浓厚的校园党史教育氛围，提升教师党史理论水平和素养。[③]

（四）党史学习教育与思想政治教育深度融合研究

关于党史学习教育常态化融入思想政治教育的机制研究。有研究者指出，运用党的百年奋斗历史经验，推进党史学习教育常态化长效化，是一项重要的政治任务。为此，应深刻把握党史学习教育的重要意义和内在要

① 李田田：《新时代高校党史学习教育的实践成效及现实启示研究》，山东大学（威海）硕士学位论文，2023 年。

② 魏嘉莹：《新时代大学生党史教育存在的问题及对策研究》，长春工业大学硕士学位论文，2023 年。

③ 米慧平：《新时代大学生党史教育研究》，辽宁大学硕士学位论文，2023 年。

求，加强和改进党的建设工作，结合学校的办学定位、办学特色、办学方略等，将大学生党史学习教育常态化长效化，充分发挥党史育人的重要作用，推动党的历史更好地进教材、进课堂、进头脑。为此，学校党委要提高政治站位，加强组织领导，建立党史学习教育常态化长效化制度机制，不断巩固学习教育成果。[①] 还有研究者将研究关注点投放于党史学习教育与高校辅导员工作的融合发展，并对两者的常态化融合路径进行了相关分析，指出高校辅导员是高等学校学生日常思想政治教育的组织者、实施者、指导者。开展党史学习教育是高校思想政治教育的重要一环，高校辅导员应以把握正确方向、拓宽知识视野、务求高质高效等方面为重点将党史学习教育常态化融入辅导员工作。[②] 同时，还有研究者认为，重视党史教育是我们党的优良传统，是实现思政课教学目标的重要前提。大学生党史教育是一个持续积累的过程，它需要孜孜不倦、日积月累。要想保证党史教育的长效性，必须推动健全党史教育机制。具体而言，要推动健全大学生党史教育联动机制、健全大学生党史教育保障机制、健全大学生党史教育反馈机制等，[③] 为大学生党史学习教育的常态化、长效性发展提供保障。

关于党史学习教育与思想政治教育深度融合路径研究。有研究者具体探讨了高校党史教育与思想政治教育深度融合的实践途径，指出要从多方面开展"党史教育＋"，紧抓课程、实践、教师三个方面，使党史文化与实践相结合，与日常育人相结合，营造知党爱党的浓厚氛围。具体而言，一是"党史教育＋课程"，思政课是党史教育的主渠道，高校应积极探索将党史教育创新性融入思政教育课程，教育内容上符合大学生知识诉求和兴趣所在。二是"党史教育＋实践"，开展第二党史教育课堂，将党史融入到校园文化、

---

① 刘智鑫、刘飞、康瀚月等：《大学生党史教育常态化长效化路径研究》，《湖北开放职业学院学报》2023 年第 23 期。

② 张毅、薄艳莉等：《党史学习教育常态化融入高校辅导员工作探析》，《河北能源职业技术学院学报》2023 年第 2 期。

③ 万姝瑞：《新时代加强大学生党史教育研究》，重庆理工大学硕士学位论文，2023 年。

社会实践活动中。重视实践教学，利用好本地教育资源，充分利用本地历史文化遗产成为教学素材，将区域特色融入到教育实践活动中。三是"党史教育＋教师"，培养专业的师资队伍。通过"引进来、走出去"配优配强教师队伍，提升党史专业队伍的学历水平和人文素养。提升高校思政党史教师教学质量。整合思政教育课程教师和辅导员队伍，共同发力，将显性教育和隐性教育相结合，增强教育实效性。[①] 还有研究者从党史学习教育与思想政治教育协同育人角度探讨两者的深度融合。如有研究者指出，党史学习教育与高校思想政治教育在协同育人上具有统一的价值基础。在育人主体、思政课程、"三全育人"体系和网络思政教育等方面能做到有效衔接。在推进党史学习教育常态化长效化过程中，主体协同意识不强、制度机制建设不完善、平台衔接不紧密等问题影响着协同育人成效。要从"主体协同、内容协同、载体协同、平台协同"四个方面出发，着力构建党史育人与思政育人的"四协同"工作模式。[②]

二、党史学习教育与思想政治教育研究的特点与不足

总结年度党史学习教育与思想政治教育研究的特点和不足，是进一步深化思想政治教育创新发展的内在之义。通过对党史学习教育与思想政治教育研究文献的梳理，不难发现本年度相关研究具有突出特点，同时也存在不足，把握这些研究特点与不足是明晰未来发展方向的关键所在。

（一）问题意识凸显，理论与实践的互动需进一步深化

目前，部分研究者聚焦党史学习教育与思想政治教育研究中的现实问题、困境挑战及其应对举措等进行了较为深入的分析，体现出鲜明的问题导

---

① 景春晓：《党史学习教育和高校思政教育的深度融合及实践途径》，《理论观察》2023 年第 6 期。

② 王文强：《党史学习教育与高校思想政治教育协同育人模式研究》，《黑龙江教育（高教研究与评估）》2023 年第 7 期。

向。问题意识是研究者敏锐观察力及学科发展责任的彰显，也是推动党史学习教育与思想政治教育深入发展的重要动力来源，同时也是党史学习教育与思想政治教育相关研究中理论与实践有机统一的重要表征。党史学习教育与思想政治教育研究中的问题导向集中体现在以下两个方面：一是积极回应党史学习教育中的现实问题。这意味着发现问题、认识问题、解决问题的问题逻辑在部分研究中得到了充分彰显，其立足于党史学习教育实践活动，在把握现状的基础上致力于现实问题的理论溯源与解答。二是积极观照党史学习教育与思想政治教育发展诉求。党史学习教育与思想政治教育研究中的问题导向不仅体现为研究者发现问题的前瞻性与分析认识问题的多元性，更体现为解决问题的实践性。这里的问题导向具体表征为以问题为表，以发展为里。因此，党史学习教育与思想政治教育研究中的问题导向以推动其深化发展为重要旨归。

同时，相关研究中理论与实践的互动需进一步深化。一般而言，理论与实践的互动主要表现为理论对实践的导引作用及实践对理论的反馈与检验作用的双向互动。目前，部分研究者基于党史学习教育与思想政治教育面临的现实问题、解决对策等进行了分析和探讨，但研究主要侧重于现实问题的揭示及其学理解答等前端与中端分析；而对问题的分析是否科学、提出的应对之策是否合理的后端研究关注较少，即理论与实践的互动凸显为理论的指导意蕴与实践的反馈作用，对实践之于理论研究的检验作用关注较少。为此，党史学习教育与思想政治教育研究理论与实践的深化互动需着力于理论与实践检验反馈机制研究的不断推进。其中，基于党史学习教育与思想政治教育实践活动开展融实践问题的学理分析与理论举措的实证分析于一体的实证研究是亟需拓展的重要方向。

（二）强调常态化发展，创新运用亟待提升

党史学习教育与思想政治教育的常态化、长效性研究得到较多关注。目

前，部分研究者将党史学习教育与思想政治教育的常态化、长效性发展作为研究重点，对党史学习教育常态化发展的重要意义、客观要求、建设机制以及党史学习教育常态化融入思想政治教育工作等进行了学理分析。总体而言，这一研究倾向具有重要的理论与实践价值。从理论层面而言，其一方面有助于廓清党史学习教育"一时之策"的思想认识误区，引导公众树立正确的党史学习观；另一方面，其围绕党史学习教育如何实现常态化这一问题展开研究，有助于党史学习教育与思想政治教育理论研究图景的丰富完善。从实践层面而言，常态化发展是党史学习教育由变革阶段的过渡性状态发展为稳定与可持续发展阶段的题中应有之义。因此，党史学习教育与思想政治教育常态化、长效性研究一方面有助于推动党史学习教育活动与思想政治教育活动融合发展的稳定性；另一方面，其有助于推动党史学习教育活动与思想政治教育活动融合发展的可持续性。

党史学习教育与思想政治教育相关研究创新运用有待提升。通过对年度研究成果的梳理发现，目前学界对党史学习教育与思想政治教育展开的相关研究存在创新运用不足的倾向。稳定与创新是推动事物深化发展的重要要素。推动党史学习教育与思想政治教育深化发展，既要关注党史学习教育与思想政治教育的常态化分析，也要重视党史学习教育与思想政治教育的创新发展研究。结合目前研究现状，党史学习教育与思想政治教育的创新发展研究应凸显以下两个方面：一是新媒体技术在党史学习教育与思想政治教育活动中的运用。在党史学习教育与思想政治教育活动中运用创新技术是提升党史学习教育与思想政治教育实效性的客观要求。二是新媒体技术在党史学习教育与思想政治教育研究活动中的运用。在党史学习教育与思想政治教育研究活动中运用创新技术是及时回应现实课题，提升相关研究针对性的重要保障。

（三）注重过程与实效的统一，成效评估研究尚待深入

党史学习教育与思想政治教育相关研究呈现出过程与实效的统一。目

前，学界围绕党史学习教育与思想政治教育展开的相关研究既包括党史学习教育及其融入思想政治教育的价值意蕴、现实挑战、路径举措、方式方法等过程性研究；同时，部分研究者对党史学习教育实效、党史学习教育与思想政治教育融合实效等结果性要素进行了相关研究，体现出党史学习教育与思想政治教育研究活动中过程与实效的统筹。统筹过程与实效的研究活动有助于推进过程的顺利展开与结果的有效呈现。具体就党史学习教育与思想政治教育而言，这种过程与实效的统筹表征着在党史学习教育与思想政治教育相关研究中，研究者注重方法与结果的协同，注重在观照党史学习教育与思想政治教育实效中推进党史学习教育与思想政治教育的深化发展。

党史学习教育与思想政治教育成效评估研究尚显匮乏。作为一项有意识、有计划地对活动效果进行系统性评估与分析的目的性活动。党史学习教育与思想政治教育成效评估对于改进教育过程、优化策略方案等具有重要意义。目前相关研究虽将党史学习教育与思想政治教育成效纳入了研究视野，但从研究成果的数量及其集群示范效应等方面来看，党史学习教育与思想政治教育成效研究与其在党史学习教育与思想政治教育研究图景中的重要地位尚不平衡，与其在推进党史学习教育与思想政治教育深化发展中的重要作用相比明显不足。

三、党史学习教育与思想政治教育研究的发展展望

回顾 2023 年度党史学习教育与思想政治教育研究进展，分析其中的主要特点和不足，其目的是为了更好地把握思想政治教育发展研究趋势。结合本年度研究状况，未来相关研究要更加注重关照青年学生个性化需求促进党史学习教育长效发展，注重以数字化技术为抓手深化拓展研究视域，以教育实效评估为切入点推进科学具体的质量评价体系研究。

（一）以青年学生个性化需求为依托，促进理论与实践研究互动发展

关照青年学生个性化需求是党史学习教育与思想政治教育理论与实践深度互动的重要依归。如前所述，在党史学习教育与思想政治教育研究活动中，实践对理论的反馈检验是深化党史学习教育与思想政治教育研究理论与实践互动的关键一环。而青年学生个性化需求的满足既是党史学习教育与思想政治教育关照现实、积极回应实践问题的彰显，也是党史学习教育与思想政治教育相关学理研究实践指导意义的重要评价维度。因此，推进党史学习教育与思想政治教育研究中理论与实践的深度互动不能不积极关照青年学生成长发展的个性化需求。同时，关照青年学生个性化需求是推进党史学习教育长效发展的客观要求。围绕学生、关照学生、服务学生是落实高校立德树人根本任务、培育勇担民族复兴大任时代新人的题中之义。就党史学习教育与思想政治教育研究而言，这意味着党史学习教育与思想政治教育研究要遵循青年学生成长发展规律，研究活动切实起到满足青年学生发展需求和期待，引领学生成长。具体来说，其一，尊重青年学生的个性化差异。作为党史学习教育与思想政治教育研究活动中的一大主体性构成，青年学生具有鲜明的主体特性，尊重其个体差异是提升党史学习教育与思想政治教育研究针对性的必然选择。其二，关切青年学生的个性化需求。青年学生的群体性诉求与个性化需求相辅相成，共同构成了党史学习教育与思想政治教育中青年学生画像。党史学习教育与思想政治教育相关研究活动既要关照青年学生的群体性诉求，也要关切其个性化诉求，从而不断提升党史学习教育与思想政治教育活动的针对性与获得感。

（二）以数字化技术为抓手，推动研究视域创新拓展

随着人工智能、大数据等技术的快速发展与运用，推进数字化技术与党史学习教育及思想政治教育的融合发展，以数字化技术为党史学习教育与思

想政治教育研究赋能是推动党史学习教育与思想政治教育研究创新发展的客观趋势。《中华人民共和国国民经济和社会发展第十四个五年规划和 2035 年远景目标纲要》强调，加快建设数字经济、数字社会、数字政府，以数字化转型整体驱动生产方式、生活方式和治理方式变革。在此背景下，未来党史学习教育与思想政治教育相关研究可围绕以下几方面集中发力：其一，以数字化技术拓展党史学习教育与思想政治教育研究视域。这里主要体现为数字化技术运用趋势对从理论层面厘清数字化赋能党史学习教育与思想政治教育研究的学理逻辑，对从实践层面阐明数字化赋能党史学习教育与思想政治教育研究的实践逻辑提出了客观需求。为此，研究者可围绕党史学习教育与思想政治教育的数字化运用与转型的核心指向、理论内涵、实践进路等议题开展深入分析与探讨，不断拓展党史学习教育与思想政治教育相关研究的理论图景与实践图景。其二，以数字化技术推动党史学习教育与思想政治教育研究创新发展。数字化技术在党史学习教育与思想政治教育研究活动中的在场，不仅有助于拓展党史学习教育与思想政治教育相关研究视域，同时亦有助于推动党史学习教育与思想政治教育的创新发展。这种创新功能集中体现为日臻成熟的数字化技术可为党史学习教育与思想政治教育研究带来研究工具、媒介、方法等的革新，为党史学习教育与思想政治教育研究增添新的发展活力。

（三）以教育实效为切点，推进科学具体的质量评价体系研究

如前所言，目前党史学习教育与思想政治教育相关研究中成效研究尚待深入。鉴于此，未来党史学习教育与思想政治教育研究应以教育实效评估为切点，着力推进科学具体的质量评价体系研究。其一，质量评价是党史学习教育与思想政治教育高质量发展的重要环节。对党史学习教育与思想政治教育进行科学有效的质量评价既是检测与改进党史学习教育与思想政治教育工作的重要环节，也是推进党史学习教育与思想政治教育高质量发展的内在

之义。其二，教育实效评价是党史学习教育与思想政治教育质量评价的重要构成。一般而言，质量评价主要包括要素评价、过程评价、实效评价等。结合党史学习教育与思想政治教育研究现状，教育实效评价研究在深化党史学习教育与思想政治教育相关研究中尤为重要。其三，推动党史学习教育与思想政治教育深化发展须着力建构科学具体的教育质量评价体系。习近平总书记在 2018 年全国教育大会上强调，深化教育体制改革，健全立德树人落实机制，扭转不科学的教育评价导向，强调要从根本上解决教育评价指挥棒问题。就党史学习教育与思想政治教育质量评估体系而言，其作为评价系统具有动态性与复杂性。因此，未来党史学习教育与思想政治教育研究应格外注重结合党史学习教育与思想政治教育实践活动，不断推进评价标准的规范化建设、评价指标的具体化指向、评价方式方法的优化发展等，实现党史学习教育与思想政治教育质量评估的科学化、系统化、精准化。

第十八章　心理健康教育与思想政治教育研究

2023 年 4 月 20 日，教育部、中央宣传部、中央网信办、国家卫生健康委、体育总局、共青团中央等十七部门联合印发《全面加强和改进新时代学生心理健康工作专项行动计划（2023—2025 年）》，明确促进学生身心健康、全面发展，已成为党中央关心、人民群众关切、社会关注的重大课题。文件切实把心理健康工作摆在更加突出位置，提出坚持全面发展、健康第一、提升能力、系统治理的原则，通过"五育"并举、加强心理健康教育、规范心理健康监测、完善心理预警干预、建强心理人才队伍、支持心理健康科研、优化社会心理服务、营造健康成长环境等 8 项重点工作，促进学生思想道德素质、科学文化素质和身心健康素质协调发展，培养担当民族复兴大任的时代新人。文件的印发引起学界广泛关注，为心理健康教育工作的深入开展提供了新的政策支撑，诸多研究聚焦影响学生心理健康的核心要素、关键领域和重点环节，就强化学生心理健康工作开展深入的理论思考和实践探索。

一、心理健康教育与思想政治教育研究年度进展

2023 年度，学界聚焦心理健康教育格局、体系、内容、路径等开展了卓有成效的探索，呈现出鲜明的年度特征。梳理本年度大学生心理健康教育主要成果，对于我们把握心理健康教育工作重点、提升工作实效有着重要意义。通过中国学术期刊网等平台，以"大学生心理健康""高校心理健康教育""思想政治教育"等主题词对本年度相关文献进行检索，主要研究内容

集中于以下几个方面。

（一）心理与思想政治教育融合研究

一直以来，心理健康教育与思想政治教育的关系备受学界关注。由于理论背景和实践视角不同，学者们见仁见智，主要观点集中于两种：一种是认为两者在目标、内容、理论基础、方式方法等方面存在明显不同，需要厘清。另一种认为两者是相互交叉的圆，既有独立、相异之处，又相通互补。

近年来，第二种观点在学界受到更多认同，育德与育心相结合，成为当前学校心理健康教育的重要内容。本年度，学界就心理健康教育与思想政治教育融合问题继续深入探讨。有学者认为，高校思政教育在培养学生的思想道德素养、塑造良好人格、培养社会责任感等方面发挥重要的作用。高校思政教育与心理健康教育相结合，可以更好地满足学生全面发展的需求，提升大学生的综合素质和适应能力。[1] 有学者认为心理健康教育不仅是情感的疏导，更是认知的引导，应该强化心理育人的思想政治教育功能，从"知通""情牵""意坚""行践"等方面积极引导学生。[2] 有学者提出，思政教育与心理健康教育作为高校落实立德树人根本任务的重要途径，在教育内容、教育目标方面存在一致性，在教育功能方面存在互补性，在教育方法、教育途径方面存在互通性。因此，深化思政教育与心理健康教育协同育人，可以充分发挥合力助推学校高质量完成立德树人根本任务。[3] 有学者提出，人的心理、思想是其内在系统和社会外在系统诸要素相互联系、相互作用的综合体，这些要素之间的差异性客观要求心理疏导要整体协调个体内外两个系统的要素，增强个体内部精神力量的自主性和社会外部精神力量的主动性，使

---

① 张彩艳：《高校思政教育和心理健康教育的结合路径》，《中国高校科技》2023 年第 11 期。
② 李亚玲：《思想政治元素与高校心理健康教育的融合路径探究》，《中国学校卫生》2023 年第 1 期。
③ 雷世威、杜磊：《思政教育与心理健康教育协同育人的路径探索》，《中国文化报》2023 年 11 月 29 日。

人在把握内心世界和现实世界的基础上实现类特性与社会性的统一。[①] 如何探索思想政治教育背后的心理机制，挖掘涵养学生积极心态的思政元素，是值得继续深入探讨的问题。

（二）高校学生心理与行为特征分析

本年度高校学生心理健康状况和行为特点依旧是学界关注的重要内容。一方面，当前在校大学生被称为"Z世代""数媒土著"是在网络信息时代出生并成长的一代人。有学者提出，当前大学生受数字信息技术、即时通信设备、智能交互产品的影响较大，学习、认知以及成长都与互联网、数智化紧密相关，参与意识、创新要求也更为明显。[②] 中国青少年研究会联合夸克App发布《2023年轻人搜索关键词报告》并举办主题研讨会，AIGC、在线学艺、上岸、平替、MBTI测试、松弛感、City walk、精神进补、搭子成为年度关键词。调查发现，当前年轻人喜欢通过演唱会、追网络小说等方式不断丰富精神世界，将此成为"精神进补"，并希望获得更多的"松弛感"，重视内心的自由度和舒适感。

另一方面，"脆皮"成为本年度许多大学生调侃自我状态的网络流行语，指身体脆弱容易受伤生病的状态。在"脆皮"自嘲和调侃背后，关于大学生身体素质、心理健康的问题也引发多方思考。研究者表示，如果经常性地给自己贴上负面标签，就可能存在精神内耗，对自己的行为不认同，产生不安等情绪。长此以往，个人会缺乏良好的学习习惯、生涯规划的能力以及在困境中迎难而上的勇气，自我效能感会比较低。[③] 有学者发现，当前青少年的近视、肥胖问题需要控制，慢性病年轻化趋势和心理健康状况不容忽视，健

---

① 刘韵、杨鲜兰：《论思想政治教育心理疏导实现的层次和规律》，《学校党建与思想教育》2023年第9期。

② 徐冉、王威晹：《无网不欢的"Z世代"与高校网络思政》，《高教探索》2023年第6期。

③ 王豪：《大学生遭遇"脆皮"标签 修炼"硬核"心态》，《中国青年报》2023年12月20日。

康生活方式需要进一步倡导。[①]中科院发布的《中国国民心理健康发展报告（2021—2022）》显示，在成年人群中，青年为抑郁的高风险群体，18-24岁年龄组的抑郁风险检出率达24.1%，显著高于其他年龄组；25-34岁年龄组的抑郁风险检出率为12.3%，也显著高于35岁及以上各年龄组。焦虑风险检出率的年龄差异呈现类似趋势。[②]细致把握当前大学生的思想、心理、行为特点，对于有针对性地提出心理育人举措、提升学生心理健康素养具有重要的意义。

（三）心理课程体系建设不断深化

心理健康课程教学在高校心理健康教育工作中发挥着主渠道作用，一直备受学界关注。从2018年《高等学校学生心理健康教育指导纲要》，再到2021年教育部办公厅印发的《关于加强学生心理健康管理工作的通知》，都对心理健康课程的设置、目标、内容、方法等做出清晰而明确的规定。今年印发的《全面加强和改进新时代学生心理健康工作专项行动计划（2023—2025年）》再次明确提出，普通高校要开设心理健康必修课，原则上应设置2个学分（32-36学时），有条件的高校可开设更多样、更有针对性的心理健康选修课。

2023年度，研究者们围绕心理课程教学体系、教学模式、教学理念等问题进行深入探究。有学者用实证方法探究心理健康课程教学对大学新生的影响，发现接受心理健康课程教学的大学生，可增强其学校适应性，改善心理弹性水平，促进心理健康，提高主观幸福感，提升生命质量。[③]有学者提出，高校心理健康教育应创新教学体系，以多学科交叉融合理念为导向，探索

---

① 田思钰：《新时代青年健康状况的进展与对策建议》，《北京青年研究》2023年第4期。

② 傅小兰、张侃、陈雪峰等：《中国国民心理健康发展报告（2021—2022）》，社会科学文献出版社2023年版，第51页。

③ 赵慧先、李佩佩、刘丽琼：《心理健康课程教学对大学新生学校适应性、心理弹性及心理健康的影响》，《中国健康心理学杂志》2023年第8期。

"大心理"与"大思政"融合互通的教学模式，最大化地发挥出学科融合的价值以及对学生实践教学的提升，将思想政治、心理健康、学科课程所学习的内容运用到实际生活之中，强化学生解决问题的能力，培养全面发展、心理健康的青年大学生。[①] 有学者将 OBE 理念引入"大学心理"课程，以产出为导向，优化和明晰课程结构配置，提升课程形式与内容之间的适配性，增强课程教学中的体验感，有助于提升教学质量，推动"大学心理"课程不断适应新环境、新需求的时代演变。[②] 有学者针对大学生心理课程在课程内容、教学方式和教学评价等方面存在问题，将体验式教学融入课程全过程，构建"理论知识模块""能力培养模块"和"社区实践模块"相结合的课程体系，开创社区实践项目，搭建多维度的教学评价体系，以此开展"大学生心理健康教育"课程改革深度探索，从而提升心理健康课程教学效果，有效提高大学生心理健康水平。[③]

（四）心理健康教育渠道创新发展

心理健康教育渠道的丰富拓展与"五育并举"的人才培养要求相契合。本年度，学者们不断挖掘德育、智育、美育、体育、劳育的心理育人要素，探索"五育"促进学生心理健康发展的深层机制及现实路径。有学者探索德育融入心理健康教育的路径，尝试通过党建活动培育大学生积极心理品质，提出高校学生党建活动要坚持以人为本，明确工作定位，建立系统、科学、全面的制度机制；要创新工作方式方法，切实增强党建活动的吸引力和感召力；要提升党务工作者开展积极心理教育的素养水平，保障积极心理育人在

---

① 钞秋玲：《高校心理健康教育中"大思政"与"大心理"课程相融合模式探索》，《中国高等教育》2023 年第 10 期。

② 李妍君、元英、郭婧一：《基于 OBE 理念的"大学心理"课程优化路径探析》，《北京教育》2023 年第 6 期。

③ 龚艳、李桦：《体验式教学在"大学生心理健康教育"课程中的探索》，《黑龙江教育（理论与实践）》2023 年第 4 期。

党建活动中实现有效融入。① 有学者探索美育在高校心理健康教育过程中的渗透，通过提升心理咨询服务环境的美感设计，增设心理课程教学和教育活动的审美实践以及营造个性化和共同参与的校园美育环境等途径，将审美教育融入心理育人工作当中，使学生获得和谐融通的内在状态、提升情绪的自我调适能力以及体验愉悦美感与自我实现。② 有学者研究发现，高校体育教学与心理健康教育有着紧密的关联，可以通过运动锻炼促进学生身体健康，提高身体素质，帮助学生释放压力，提升情绪状态。③ 有学者通过回顾新冠疫情期间国内外有关体育运动干预大学生心理健康的研究，探析体育运动对大学生心理健康的促进作用，研究发现八段锦、太极、瑜伽等体育运动的干预，可以改善疫情期间大学生的心理健康问题，研究也提到有规律的体育锻炼可以增强个体自我效能感，转移个体不愉快的认知、情绪和行为。④

（五）心理危机干预体系更加精细

大学生心理危机防控干预一直是高校心理健康教育工作的重要议题。本年度，诸多研究者围绕大学生心理危机的影响因素、干预举措进行深入探讨。有学者对 3000 余名大学生样本数据进行研究，分析发现与大学生自杀风险关联密切的 19 个测量指标，研究结果显示自杀是应激、个人易感和环境保护因素交互作用、多方位叠加的结果，并提出大学生自杀的潜在风险的类别及精准干预对策。⑤ 有学者建议高校应从构建富有人文情怀、友爱互助

① 陶楚歌：《高校学生党建活动培育大学生积极心理品质的作用及路径探析》，《北京教育（德育）》2023 年第 10 期。

② 张璇、刘京：《审美教育融入高校心理育人工作的思考》，《北京教育（德育）》2023 年第 3 期。

③ 陈肖坩：《高校体育教学与心理健康教育的融合实践研究》，《中国学校卫生》2023 年第 11 期。

④ 余鹏、黄夏霞、曹博涵：《突发公共卫生事件背景下体育运动对大学生心理健康促进作用的 Meta 分析》，《中国健康心理学杂志》2023 年第 12 期。

⑤ 苏斌原、郭倩岚等：《大学生自杀潜在风险的测量指标：个人中心分析的视角》，《心理发展与教育》2024 年第 1 期。

的大学生成长环境，降低应激源刺激；构建全程性专业化的大学生心理教育机制，提升认知水平；构建多模式自主可选的大学生心理咨询机制，拓展可用资源；构建多渠道全方位的大学生心理主动干预机制，实施外界干预等四个方面做好心理危机防范干预工作。[①] 有学者以 10000 余名大学生为研究对象，探究重大突发事件下的大学生心理危机状况。研究发现，大学生心理危机中的情绪表现最重，行为表现最轻，女生的心理危机水平高于男生，研究生的心理危机水平要高于本科生，独生子女的心理危机水平要高于非独生子女，建议开展就业干预，提高学生应对能力，做好心理干预，增强学生心理能量，推进多方协同，完善干预预警体系，引导大学生度过心理危机，健康成长。[②] 有学者通过对 42 所世界一流大学建设高校的实证调研，发现目前我国高校大学生心理危机干预的关注重点集中在预防、预警和应急处置等方面，后干预机制的设置率只有 14.3%。已设置的后干预机制中也普遍存在具体操作、覆盖对象、主动性激发等方面的问题。完善和建构大学生心理危机后干预机制，要树立基于心理健康认知的危机后干预理念，以之为基础构建危机后干预的评估、跟踪反馈、社会支持系统及周围相关学生干预等立体配套的全方位矫治与支持机制。[③]

（六）心理育人时代特征愈发凸显

全国高校思想政治工作会议召开以来，在全员全过程全方位推进思想政治教育的大格局背景下，心理育人的价值承载日益丰厚，学界对心理育人时代特征的关注持续深入。

有学者提出，经过 30 多年的发展，我国高校心理健康教育已经取得了丰

[①] 高媛媛、季海菊：《新时代大学生心理危机特征、成因及干预》，《北京教育（德育）》2023 年第 3 期。

[②] 薛艳、朱达清等：《重大突发事件下大学生心理危机状况及干预研究》，《心理学探新》2023 年第 2 期。

[③] 曹兴华：《心理健康视角下大学生心理危机后干预机制建构——基于 42 所世界一流大学建设高校的实证分析》，《中国卫生法制》2023 年第 12 期。

硕的成果，并呈现出特色化、规范化、优质化的发展特征。这三大发展特征贯穿我国高校心理健康教育工作的全过程，三者相辅相成、协调发展，共同推动高校心理健康教育不断完善。[①] 有学者提出，当前我国高校心理育人工作面临着家庭文化资本有待夯实、"三全育人"机制有待完善、网络舆论场域有待推进等现实挑战，提出高校在推动心理育人过程中要遵循育德与育心结合、大众化与分众化聚合、说理性与具身性融合的原则，通过升级心理育人资源库、数字化赋能心理健康服务、构建心理育人共同体等举措，全面推进心理育人工作高质量发展。[②] 有学者研究发现，近年来儿童青少年心理健康问题日趋严峻，提出发展学校心理卫生社会服务体系，包括建立健全学校心理卫生社会服务政策，完善学校心理卫生社会服务模式，建设区域性学校心理卫生服务中心，加强学校心理卫生服务供给等，全方位多层次解决青少年心理健康问题。[③]

二、心理健康教育研究的年度特点

本年度大学生心理健康教育研究成果丰硕。诸多研究聚焦大学生群体心理成长规律，促进大学生心理素质与思想道德素质、科学文化素质、身体素质、审美素质等全面协调发展，呈现出明显的年度特点。

（一）突出"五育并举"

早在 2018 年 9 月，习近平总书记就曾在全国教育大会上提出，要培养德智体美劳全面发展的社会主义建设者和接班人。在深入贯彻习近平总书记重要讲话精神过程中，教育系统逐步形成"五育并举"提法，将其作为加快推进教

---

① 马建青、田苟：《高校心理健康教育发展的三大特征》，《思想理论教育》2023 年第 8 期。

② 陈南菲：《新时代高校心理育人工作高质量发展面临的现实挑战与应对策略探究》，《思想教育研究》2023 年第 6 期。

③ 张徐军：《洞悉儿童青少年心理健康问题时代特征构建学校心理卫生社会服务体系》，《中国学校卫生》2023 年第 12 期。

育现代化、建设教育强国、办好人民满意的教育的重要指导理念，作为落实立德树人根本任务的重要举措，作为教育深化改革、创新发展的基本遵循。

2023 年 4 月，十七部门联合印发《全面加强和改进新时代学生心理健康工作专项行动计划（2023—2025 年）》，是首个详细阐述"五育并举"的心理专项文件，明确提出要以德育心、以智慧心、以体强心、以美润心、以劳健心。从本年度文献情况看，在以德育心方面，相关研究不断丰富"育德"与"育心"相融合的内涵，探索将爱国主义教育、中华优秀传统文化等融入心理育人过程，引导学生们坚定理想信念，厚植爱国情怀，树立正确的世界观、人生观、价值观。在以智慧心方面，相关研究重视心理课程体系建设，不断创新教学理念，优化教育教学内容和方式，全方位开展心理健康教育。在以体强心方面，研究者们深入挖掘各种类型体育活动、身体锻炼对心理健康的促进作用，引导学生在体育锻炼中享受乐趣、增强体质、健全人格、锤炼意志。在以美润心方面，相关研究探索将绘画、舞蹈、戏剧等多种形式融入心理健康教育，充分发挥美育温润心灵的作用，通过积极向上的美育实践活动，鼓励学生认识美、欣赏美、创造美。相对而言，学界在以劳建心方面的相关研究较少，但在日常工作中已看到许多将劳动教育融入心理育人的探索和实践，以劳建心的实施路径还有待进一步丰富和拓展。

（二）关注路径创新

当前，以"00 后"为主体的高校学生，体现出了全新的心理发展特点和规律，更加渴望个体能够被重视、被尊重。大学生的主体性、主动性和获得感成为心理健康教育的切入点，学界日益重视心理健康教育路径的探索与创新，针对加强心理知识普及、提升心理活动效果、规范心理咨询服务、夯实危机干预举措、促进队伍建设发展等具体问题不断提出新路径新举措。有学校充分利用新媒体优势，拓展传播渠道，传播自尊自信、乐观向上的现代文明理念和心理健康意识，宣传心理健康知识，倡导健康生活方式，提高心理保健能力。有学校在课堂教学、宣传活动、个体咨询、团体辅导等传统路径基础上，探索组织新生参观心理咨询中心、心理班会、学院定制心理沙龙等形式，提高心理健康教育的全覆盖，增强学生的获得感。有学校针对毕业阶段的学生安排就业心理辅导、职业能力检测等一系列就业心理指导课程，帮助学生掌握缓解就业压力的正确办法，明确就业目标、树立就业信心。此外，有研究者探索通过正念引导学生保持积极的心理状态，在日常生活中更具希望感；有研究者探索经典红色电影融入大学生心理健康教育的路径探索，通过红色主题电影的价值引领与精神熏陶激发大学生情感认同，并在拓展心理健康教育场域的同时提升心理健康教育的趣味性与亲和力；还有研究者探索通过朋辈咨询提升学生心理素养，使每一位学生都能够在心理健康教育中有信任感、幸福感、安全感，感受朋辈的帮助、互动的乐趣及心理健康教育的魅力。总体来看，诸多研究实践更加深入把握学生特点规律，从尊重学生、贴近学生、服务学生的工作视角出发，主动适应学生心理成长需求，不断探索出有吸引力、感染力和影响力的心理健康教育路径。

（三）聚焦协同联动

近年来，有效发挥合力协同联动开展心理育人一直备受学界关注。有学者提出，做好新时代高校心理健康教育工作，要以心理健康教育协同机制为突破口，建立育心与育德"一体化"协同发展格局，构建"德心共育、校院联动、多方协作"三位一体的高校心理健康教育协同育人机制，全面加强和改进学生心理健康教育工作。[①] 概括而言，相关研究文献聚焦三个方面：一是校院内部资源的协同联动。包括学校心理健康教育机构与二级学院的联动，以及学工、教务、后勤等相关职能部门的联动，融合心理育人资源，充分发挥各方在学生心理健康教育、心理危机识别、评估、通报、处理中的作用。如部分学校甚至二级学院心理辅导站，为辅导员、班主任、导师与学生

---

① 胡钦太：《高校心理健康教育协同机制探索》，《中国高等教育》2023 年第 9 期。

开展面对面谈心谈话提供专用场地，开展个性化引导和定制式帮扶。二是学校与家庭的联动。相关研究重视家校联动机制的探索，尝试通过面向新生家长开展"家长课堂"、组织心理健康讲座等方式，向学生家长科普心理健康知识，引导家长关注孩子心理健康，树立科学养育观念，尊重孩子心理发展规律，加强日常关心关爱，预防学生心理健康风险。三是学校与医院等社会资源的协同联动。相关研究建议学校要加强对社会心理援助热线的宣传，充分发挥社会资源对学校心理育人的支撑作用。有研究提出，学校可聘请精神科医生到校值班坐诊，畅通心理危机和精神障碍学生医疗转介通道。有研究提出，在学生入学、毕业、就业、考试前后等关键时期，通过校社协同联动，多措并举引导学生正确面对压力挫折，提升关注自我心理健康的意识和能力。

三、心理健康教育研究的趋势展望

在总结梳理 2023 年度心理健康教育研究成果，把握研究年度特征的基础上，我们对大学生心理健康教育研究趋势予以展望，为后续理论研究和实践探索提供参考。

（一）心理育人体系研究热度不减

近年来，全员全过程全方位育人理念在大学生心理健康教育领域得到持续渗透，学界对心理育人体系的探讨始终保持较高热度。心理育人是一项系统工程。当前，高校心理育人更加重视源头管理、过程管理、结果管理和保障管理，深入构建教育教学、实践活动、咨询服务、预防干预、平台保障"五位一体"心理健康教育工作格局，将"五育并举"融入全员全程全方位心理育人体系中，逐步形成学校、家庭、社会、医疗机构协同联动的心理育人体系，促进学生思想道德素质、科学文化素质和身心健康素质协调发展更加完善。

随着理论研究和实践探索的深入，学界对心理育人体系的探索日益丰富、全面。有学者从生态系统理论视角为推动高校心理健康教育提供了逻辑思路，提出高校心理健康教育需要以微系统、中系统、外系统和宏系统等四个系统为切入点，教育实施主体厘清职责边界，家校社三点联动共建共育，政府职能部门指导工作开展，社会营造健康向上的文化环境。^①有学者从当前大学生心理困惑入手，提出学校层面要加强心理健康教育课程体系和师资队伍建设，注重校园生活育人；教师层面要注重师德师风，用好课堂主渠道，形成和谐师生关系；学生层面要养成良好习惯，提升社会责任感。^②

（二）课程思政＋心理持续升温

2014 年，上海市委、市政府印发实施《上海市教育综合改革方案（2014—2020）》，计划在全国范围内率先进行教育综合改革试点工作，率先提出"课程思政"的教育理念。^③2016 年，在全国高校思想政治工作会议上，习近平总书记指出："要用好课堂教学这个主渠道，思想政治理论课要坚持在改进中加强，其他各门课都要守好一段渠、种好责任田，使各类课程与思想政治理论课同向同行，形成协同效应。"^④对新时代思想政治理论课和其他各类课程建设指明了方向。2017 年，中共教育部党组关于印发《高校思想政治工作质量提升工程实施纲要》，提出大力推动以"课程思政"为目标的课堂教学改革，优化课程设置，修订专业教材，完善教学设计，加强教学管理，梳理各门专业课程所蕴含的思想政治教育元素和所承载的思想政治教育功能，融入课堂教学各环节，实现思想政治教育与知识体系教育的有机统一。

随着近年来"课程思政"的研究不断拓展深入，学界对课程思政与心理

---

① 谢宇：《高校心理健康教育生态系统模式构建研究》，《黑龙江高教研究》2023 年第 7 期。

② 冀文彦等：《大学生心理困惑归因及高校心理健康教育策略研究》，《中国高等教育》2023 年第 Z2 期。

③ 杨金铎：《中国高等院校"课程思政"建设研究》，吉林大学博士学位论文，2021 年。

④ 习近平：《把思想政治工作贯穿教育教学全过程 开创我国高等教育事业发展新局面》，《人民日报》2016 年 12 月 9 日。

健康教育有效融合问题的研究不断升温。有学者提出，当前存在课程思政教学内容与高校学生心理认知契合性不足、思政元素挖掘与高校学生心理需求融入不充分等现实问题，建议找准与学生心理认知相契合的授课内容、重视学生的心理需求和丰富心理认知，从而更好地把握课程思政教学的"时度效"。① 更多学者认为，心理教师对于思政教育理论的把握不够，教学融入课程思政的方法不新，心理教学融入课程思政培训交流不足等是影响工作效果的现实问题，提出加强理论指导，将心理学理论与思政理论不断融合，积极掌握学生思想心态变化，打通课堂体验与课外时间互动渠道的不断创新。

（三）数字赋能心理服务或成新热点

新一代数字交互技术迅速地进入人们的工作生活并极大改变了人们的生活面貌，移动社交、交互游戏、沉浸虚拟成为新一代青少年的行为特征。随着信息技术对人类生活影响的深化，如何开发基于交互科技和积极心理科技的自助式虚拟韧性培育方法，既是青少年教育心理发展的关注重点，也是当前学科交叉研究热点。②

有研究者基于中国家庭追踪调查（CFPS）的数据，研究检验了数字鸿沟对青年心理健康的影响及其作用机制。研究发现，数字鸿沟对青年心理影响显著：数字接入可显著提升青年心理健康水平；数字使用鸿沟方面，数字信息获取功能对青年心理健康具有负向影响，社会交往和休闲娱乐功能对青年心理健康的提升具有正向影响，建议引导青年正确使用数字技术，充分发挥数字技术对青年心理健康的积极作用。③ 有学者从学校心理健康服务的现状、过程和实践入手，认为数字技术有助于解决学校心理健康服务发展不平衡的

① 金伟、白舒娅：《课程思政中的高校学生心理认知探析》，《学校党建与思想教育》2023年第7期。

② 倪士光、胡子卉、林煜东：《科技更向善：基于数字交互技术的青少年心理韧性培育》，《西北师大学报（社会科学版）》2023年第12期。

③ 贾玮、刘磊：《数字鸿沟与青年心理健康——基于CFPS数据的实证分析》，《人口与发展》2023年第6期。

问题，数字技术有助于解决学校心理健康服务专业资源欠缺的问题，数字技术有助于解决学校心理健康服务评估测量的客观性、规范性问题，多视角阐述了数字技术在学校心理健康服务的预防与教学、辅导与干预、监测与评估以及实践过程中的"增效"价值，明确提出应将数字技术作为引领新时代学校心理健康服务高质量、高水平发展的重要工具与实践路径。[①] 有学者提出，针对大学生群体对新技术体验期待，可在大学生心理健康促进中引入 VR 技术，将 VR 技术与机器学习、自然语言处理、情感计算等人工智能技术结合，设计更真实灵活的虚拟环境，使虚拟场景中的人物更加拟人化、具有生命感和真实性，让新技术丰富心理体验路径，提升大学生心理健康水平。[②] 从趋势来看，探索数字化技术在学生心理状态数据收集、心理问题预警、心理疾病诊疗、心理健康知识与高校保障经验传播等方面的应用，都可能成为后续学界研究的热点。

---

① 俞国良、张哲：《数字技术赋能学校心理健康服务》，《清华大学教育研究》2023 年第 2 期。
② 吴悦悦、冯蓉：《虚拟现实技术在大学生心理健康促进中的应用》，《中国学校卫生》2023 年第 7 期。

第十九章　传统文化与思想政治教育研究

　　党的十八大以来，习近平总书记站在坚持和发展中国特色社会主义的战略高度，从马克思主义根本立场出发，发表了一系列关于中华优秀传统文化的重要论述，将我们党对中华优秀传统文化和社会主义文化建设规律的认识提升到新境界、新高度，具有深远的理论意义和重要的现实意义。党的二十大报告指出："中华优秀传统文化源远流长、博大精深，是中华文明的智慧结晶，其中蕴含的天下为公、民为邦本、为政以德、革故鼎新、任人唯贤、天人合一、自强不息、厚德载物、讲信修睦、亲仁善邻等，是中国人民在长期生产生活中积累的宇宙观、天下观、社会观、道德观的重要体现，同科学社会主义价值观主张具有高度契合性。我们必须坚定历史自信、文化自信，坚持古为今用、推陈出新，把马克思主义思想精髓同中华优秀传统文化精华贯通起来、同人民群众日用而不觉的共同价值观念融通起来，不断赋予科学理论鲜明的中国特色，不断夯实马克思主义中国化时代化的历史基础和群众基础，让马克思主义在中国牢牢扎根。"[①]2023 年 6 月 2 日，习近平出席文化传承发展座谈会并发表重要讲话，总书记强调，在新的起点上继续推动文化繁荣、建设文化强国、建设中华民族现代文明，是我们在新时代新的文化使命。2023 年 10 月 7 日至 8 日，全国宣传思想文化工作会议首次提出习近平文化思想。在此背景下，2023 年度传统文化与思想政治教育研究持续推进，

---

　　①　习近平：《高举中国特色社会主义伟大旗帜 为全面建设社会主义现代化国家而团结奋斗——在中国共产党第二十次全国代表大会上的报告》，《人民日报》2022 年 10 月 26 日。

学界围绕传统文化与思想政治教育及其发展积极地进行了学理分析和实践研究，形成了系列研究成果，呈现出新的研究特点和发展趋向。梳理本年度传统文化与思想政治教育研究的相关成果，分析其特征与不足，展望其未来发展趋势，是进一步深化相关问题研究，推进思想政治教育创新发展的题中之义。

一、中华优秀传统文化与思想政治教育研究的进展

2023 年，传统文化与思想政治教育研究依然受到学者们的广泛关注，尤其是围绕年度重要事件，比如 2023 年 6 月 2 日文化传承发展座谈会、2023 年 10 月 7 日至 8 日全国宣传思想文化工作会议等，学界将传统文化与思想政治教育相结合，进行了积极的学理研究与探讨，形成了系列研究成果。从发文量上看，发表了一定数量的高质量文章。同时，也有相关学术著作出版，在国家级项目立项中传统文化与思想政治教育研究也受到了一定的关注。

（一）关于党的二十大报告弘扬传统文化精神的研究

习近平总书记在党的二十大报告中再次强调，要高度重视"传承中华优秀传统文化"①，深刻阐明了我们党对待传统文化的立场态度，集中体现了当代中国共产党人的鲜明文化观。

一是关于中华优秀传统文化的基础性研究。学者们围绕中华优秀传统文化的基本内涵、主要特征、当代价值、传承及创新等进行了探析。朱汉民在其主编的《中华优秀传统文化》一书中对中国传统文化概述、中国文化的基本精神、中国传统思维方式、中华传统美德、中国传统哲学、中国传统史学、中国古典文学、中国传统科学与技术、中国传统教育、中国传统艺术、中国古代器物文化、中华优秀传统文化的当代价值与世界意义进行了详细的

---

① 习近平：《高举中国特色社会主义伟大旗帜 为全面建设社会主义现代化国家而团结奋斗——在中国共产党第二十次全国代表大会上的报告》，《人民日报》2022 年 10 月 26 日。

分析论证。^①李志毅在其主编的《优秀传统文化的现代教育价值探索》一书中主要阐述了优秀传统文化的概念界定、优秀传统文化的基本特征、优秀传统文化的思想成就、优秀传统文化的基本精神、优秀传统文化的主要内容等，并探析了优秀传统文化的当代价值及传统教学思想对现代教育的启示。^②李申申在《学以成人 中华优秀传统文化之成人意蕴及其传扬》一书中围绕中华优秀传统文化助力青少年茁壮成长这一核心问题，从精神层面、政治与制度层面、教育与学术层面，较系统阐释了中华优秀传统文化在"成人"中的巨大价值和意义。^③任初轩主编的《文化自信自强丛书 怎样弘扬中华优秀传统文化》深入论述了弘扬中华优秀传统文化的重要意义及其具体实践。^④

二是关于中华优秀传统文化同科学社会主义价值观主张具有高度契合性的研究。党的二十大报告开创性地提出了"中华优秀传统文化同科学社会主义价值观主张具有高度契合性"^⑤的重要论断，对弘扬传统文化、推进"第二个结合"具有重要意义。有学者分别探析了科学社会主义价值观主张的重要性、本质特征、结构形态等，论证了中华优秀传统文化同科学社会主义价值观主张在宇宙观、天下观、社会观、道德观等层面的高度契合性，尝试探索了推进中华优秀传统文化同科学社会主义价值观主张从高度契合走向有机融合的路径。^⑥有学者认为要深刻理解中华优秀传统文化同科学社会主义价值观主张在品质特性、哲学智慧、价值理念等方面的高度契合、互通互补，坚持好、运用好"六个必须坚持"的立场观点方法，积极推动和大力发扬二者

①　朱汉民：《中华优秀传统文化》，高等教育出版社 2023 年版。
②　李志毅：《优秀传统文化的现代教育价值探索》，北京工业大学出版社 2022 年版。
③　李申申：《学以成人 中华优秀传统文化之成人意蕴及其传扬》，科学出版社 2023 年版。
④　任初轩：《文化自信自强丛书 怎样弘扬中华优秀传统文化》，人民日报出版社 2023 年版。
⑤　习近平：《高举中国特色社会主义伟大旗帜 为全面建设社会主义现代化国家而团结奋斗——在中国共产党第二十次全国代表大会上的报告》，《人民日报》2022 年 10 月 26 日。
⑥　康晓强：《论中华优秀传统文化同科学社会主义价值观主张的高度契合性》，《马克思主义研究》2023 年第 5 期。

的高度契合性。① 有学者着重从中华优秀传统文化同科学社会主义价值观主张的重大理论和现实意义出发，提出中华优秀传统文化同科学社会主义价值观主张"高度契合"是第二个结合的重要依据，对马克思主义中国化时代化产生重要影响。②

三是关于推动中华优秀传统文化创造性转化、创新性发展研究。有学者探究"两创"与"两个结合"二者之间关系时指出，"两创"要在马克思主义中国化时代化的"两个结合"中进行，论证了"两创"与"两个结合"的理论意蕴与实践连接。③ 有学者从唯物史观视域阐释了中华优秀传统文化创造性转化、创新性发展的新观点，指出唯物史观是揭示当代社会发展一般规律的科学，为推动中华优秀传统文化创造性转化和创新性发展指明了正确方向；唯物史观是以"现实的人"为逻辑前提的人民史观，为推动中华优秀传统文化"双创"提供了基本的价值立场；唯物史观蕴含丰富的世界观和方法论，为推动中华优秀传统文化"双创"提供了具体的方法指导。④ 本年度国家级项目立项中也有关于"两创"研究的相关成果，比如，国家社会科学基金青年项目李新潮的"'两创'重要论述的逻辑体系与内在机理研究"（项目编号：23CKS015）。

（二）关于习近平在文化发展传承座谈会上的讲话精神研究

2023 年 6 月 2 日，习近平在北京出席文化传承发展座谈会并发表重要讲话，他明确指出，"文化关乎国本、国运""中华文化源远流长、中华文明博大精深。只有全面深入了解中华文明的历史，才能更有效地推动中华优秀

---

① 张蓓蓓、安巧珍：《中华优秀传统文化同科学社会主义价值观主张的高度契合性探析》，《学校党建与思想教育》2023 年第 18 期。

② 王芳：《论中华优秀传统文化同科学社会主义价值观主张的高度契合性》，《思想理论教育》2023 年第 4 期。

③ 樊志辉、马文惠：《"两创"与"两个结合"的理论意蕴及实践连接——融贯马克思主义与中华优秀传统文化的两个向度》，《理论探讨》2023 年第 5 期。

④ 周巍：《论唯物史观推动中华优秀传统文化创造性转化创新性发展的作用》，《学校党建与思想教育》2023 年第 4 期。

传统文化创造性转化、创新性发展，更有利地推进中国特色社会主义文化建设，建设中华现代文明"①。

一是关于中华文明突出特性的研究。习近平总书记在文化传承发展座谈会深刻总结了中华文明的突出特性，学者们紧密围绕这一重要论述展开了相关研究，形成了一定成果。有学者分别论证了中华文明的五个突出特性，认为把握中华文明的突出连续性，挖掘中华优秀传统文化讲仁爱、重民本、守诚信、崇正义、尚和合、求大同的时代价值，不断涵养社会主义核心价值观；把握中华文明的突出创新性，弘扬中华优秀传统文化所蕴含的人文精神，铸就中国共产党人的精神谱系，提升中华民族的精神境界；把握中华文明的突出统一性，弘扬中华优秀传统文化的国家治理思想和制度传承，不断完善中国特色社会主义国家制度和国家治理体系；弘扬中华文明突出的和平性、包容性，积极推动构建人类命运共同体，为全球治理提供中国智慧、中国方案、中国力量。②一些核心期刊也开设系列专栏，比如《红旗文稿》《人民论坛》等连续组稿刊发研究阐释中华文明突出特性的文章，聚焦这一问题的研究和阐释。

二是关于"第二个结合"的研究。习近平总书记在文化传承发展座谈会上对"两个结合"，特别是"第二个结合"进行了深刻阐述，指明"'第二个结合'是又一次思想解放"③，引起学界广泛关注和探讨。就"第二个结合"的内涵而言，有学者认为，习近平揭示的"第二个结合"五个方面核心要义是一个丰富而严密的逻辑体系。④就"第二个结合"的意义而言，有学者指出，"第二个结合"极大丰富和深化了马克思主义中国化时代化、极大推进和拓展了马克思主义的实践性主体性，是对马克思主义中国化时代化的新概

① 习近平：《担负起新的文化使命努力建设中华民族现代文明》，《人民日报》2023 年 6 月 3 日。
② 陈志刚：《在中华优秀传统文化创造性转化和创新性发展中建设中华民族现代文明》，《马克思主义研究》2023 年第 6 期。
③ 习近平：《担负起新的文化使命努力建设中华民族现代文明》，《人民日报》2023 年 6 月 3 日。
④ 王学斌：《"第二个结合"的涵育历程、核心要义与内在逻辑——以〈在文化传承发展座谈会上的讲话〉为中心的考察》，《求索》2023 年第 6 期。

括、新拓展。① 有学者认为"第二个结合"具有首创性意义，是习近平新时代中国特色社会主义思想的内在原理和根本标志。② 就"第二个结合"的历程而言，有学者通过回顾新时代习近平关于中华优秀传统文化的一系列重要讲话指出，"第二个结合"的提出，经历了一个发展过程，即从"创造性转化、创新性发展"到"有机结合"，由"贯通、融通"到"五层内涵"③。

三是关于中华民族现代文明建设的研究。中华民族现代文明的建设是中华优秀传统文化现代化转型的必经之路。就建设中华民族现代文明的内涵而言，有学者指出中华民族现代文明是一个相对的时间文化范畴，可以有广义和狭义之分。④ 就建设中华民族现代文明的价值意蕴来看，有学者从历史、现实与未来相结合的角度论证了建设中华民族现代文明的重大价值意义。从战略价值来看，建设中华民族现代文明是中国共产党对新的文化使命的创新性命题和战略性锚定；从时代价值来看，以大历史观、大时代观把准中华文明发展的历史走向和未来脉动；从世界意义来看，为推动构建人类命运共同体贡献了中国智慧。⑤

（三）关于传统文化与思想政治教育的其他研究

通过梳理本年度相关研究成果，关于传统文化思想政治教育的其他研究，主要表现在以下几个方面。首先，许多学者对传统文化与学校思想政治教育的内容、意义、存在的问题及其实践进路等进行了较为深入探析。有学者分析了传统文化融入高校思政课程面临着融合价值弱化、融合方法陈

① 祝福恩、张滨、张舒：《理论创新、时代价值与发展理路：对"第二个结合"的阐释》，《行政论坛》2023 年第 5 期。

② 张志强：《深刻理解"第二个结合"的首创性意义》，《哲学研究》2023 年第 8 期。

③ 王学斌：《"第二个结合"的涵育历程、核心要义与内在逻辑——以〈在文化传承发展座谈会上的讲话〉为中心的考察》，《求索》2023 年第 6 期。

④ 邹绍清、卢毛毛：《中华民族现代文明的丰富蕴涵与精神标识》，《思想理论教育》2023 年第 9 期。

⑤ 邹绍清：《建设中华民族现代文明的核心要义、价值意蕴及实践遵循》，《马克思主义研究》2023 年第 6 期。

旧、融合主体失位、融合评价偏失等现实困境与问题，应从理念生成、课程建构、课程改革、课程评价等维度探索传统文化融入高校思政课程的路径。[①]有学者则从传统文化融入高职院校思想政治理论课教学的视角进行探索，提出构建"三实一体、三堂统一"的中华优秀传统文化融入高职院校思想政治理论课教学的可行性路径。[②] 杨飞、刘海华在其主编的《中华优秀传统文化融入思政课研究》一书中，从实践的角度探索了中华优秀传统文化融入大中小思政课的教学设计案例。[③] 其次，地方传统文化、民族传统文化也得到了一些学者的关注。有学者围绕中华优秀传统文化传承教育、爱国主义教育、民族团结进步教育三个维度对南诏历史文化在铸牢中华民族共同体意识教育中的当代价值进行考察，提出少数民族优秀传统文化融入学校铸牢中华民族共同体意识教育的实践路径。[④] 张宝强、吴春阳、王云涛在其主编的《黄河文化融入高校思想政治教育研究》一书中以黄河文化和高校思想政治教育的融合为切入点，在阐述黄河文化的内涵、特点和时代价值的基础上，深入分析了黄河文化融入高校思想政治教育的理论基础、内在逻辑、现实动因、模式建构和路径选择。[⑤] 最后，面对国家教育数字化战略时代背景，有学者探析了以数字技术推动中华优秀传统文化与思想政治教育创新发展，认为应在增进价值认同、优化内容供给、创新方式方法等方面加强数字技术赋能，积极推动中华优秀传统文化与思想政治教育"双向奔赴"。[⑥]

[①]　郭燕：《优秀传统文化融入高校思政课程的现实困境与路径》，《教育理论与实践》2023年第 3 期。

[②]　查广云：《中华优秀传统文化融入高职院校思想政治理论课教学的逻辑理路与实践路径》，《思想教育研究》2023 年第 5 期。

[③]　杨飞、刘海华：《中华优秀传统文化融入思政课研究》，燕山大学出版社 2023 年版。

[④]　子华明、普丽春：《中华优秀传统文化融入铸牢中华民族共同体意识教育的向度与路径：以南诏历史文化为考察对象》，《青海民族大学学报（社会科学版）》2023 年第 2 期。

[⑤]　张宝强、吴春阳、王云涛：《黄河文化融入高校思想政治教育研究》，中国社会科学出版社 2023 年版。

[⑥]　周春芳：《以数字技术推动中华优秀传统文化融入思想政治教育》，《社会科学家》2023年第 8 期。

二、中华优秀传统文化与思想政治教育研究的特点与不足

2023 年传统文化与思想政治教育研究成果持续增加，总体来看，本年度学界关于传统文化与思想政治教育研究成果具有三个方面的主要特点，同时也存在一些有待进一步提升的不足之处，把握这些研究特点与不足是明晰未来发展方向的客观要求。

（一）中华优秀传统文化与思想政治教育研究的年度特点

通过梳理 2023 年度传统文化与思想政治教育研究成果可以发现，国内学者们普遍具有较强的问题意识，其研究内容能够紧密围绕党中央的最新精神、呈现出研究视野更为开阔、热点呈现较为集中和明显的主要特点。

一是紧密围绕党中央的最新精神。党的十八大以来，以习近平同志为核心的党中央以高瞻远瞩的战略眼光、清醒勇毅的历史自觉、深沉坚定的文化自信，高度重视传承弘扬中华优秀传统文化，推动中华优秀传统文化创造性转化、创新性发展；从马克思主义根本立场出发，创造性提出"两个结合"重大论断，坚持把马克思主义基本原理和中国具体实际相结合、同中华优秀传统文化相结合等，对社会主义文化建设提出许多新思想新观点新论断。通过梳理相关研究成果可以发现，本年度紧密围绕党中央的最新精神不断深化传统文化与思想政治教育研究是一个突出的年度特征。以党中央关于中华优秀传统文化的最新精神为指引，学界对传统文化与思想政治教育展开深入探究，学者们从学理层面继续剖析了习近平关于中华优秀传统文化的重要论述，对本年度党和国家重要会议、文件以及相关部委重要文件中关于中华优秀传统文化的新思想新观点新论断进行积极地回应、研究和阐释，将这些内容内化于传统文化与思想政治教育研究之中。思想政治教育研究必须为人民服务、为中国共产党治国理政服务、为巩固和发展中国特色社会主义服务、为改革开放和社会主义现代化建设服务。本年度的相关研究紧密围绕党中央

的最新精神，充分体现了传承弘扬中华优秀传统文化，促进传统文化与思想政治教育研究创新发展的新要求。

二是研究的视野更为开阔。开阔的研究视野是提升研究质量的重要因素。2023 年度，传统文化与思想政治教育的研究向多元化转进，视野更为开阔。梳理相关研究成果不难发现，本年度传统文化与思想政治教育研究体现为关注新的研究视域、新的研究方法、新的研究成果，借鉴其他领域或学科的理论、思想、技术来推动传统文化与思想政治教育研究。首先，学科视野更为开阔。比如，有学者运用扎根理论的研究方法，深入解析中华优秀传统文化融入高校思政教育的深层机制和内在机理。[1] 有学者立足于数字化视域，探讨了数字技术促进传统文化与思想政治教育的"双向奔赴"。[2] 其次，除了宏观层面上对中华优秀传统文化的基础性、整体性问题的研究，一些学者也着眼于微观层面，探究不同地区、不同民族的传统文化与思想政治教育的融通问题，出现创新性探索。比如，有学者探究了地方优秀文化、少数民族传统文化、黄河文化、炎黄文化等的思想政治教育价值及其实现。最后，一些学者也展现出开阔的国际视野。坚持世界眼光和中国特色相结合，涌现出可喜的研究成果。比如，从支持基金来看，2023 年度教育部人文社会科学规划基金项目中杨立蛟的"中华文明精神标识国际叙事研究"（编号：23YJA710048），2023 年教育部社科司关于中华优秀传统文化专项课题（A 类）立项中姜万勇的"弘扬中华优秀传统文化与提升国家文化软实力、中华文化影响力研究"（编号：23JDTCA037）等，从国际视域中深化对中华优秀传统文化研究。

三是热点呈现较为集中和明显。紧扣时代，关注热点，对深化传统文化与思想政治教育研究至关重要。2023 年度为深化传统文化与思想政治教育研究

---

[1] 王正坤、杨漫漫：《基于扎根理论的中华优秀传统文化融入高校思政教育机制探究》，《学校党建与思想教育》2023 年第 8 期。

[2] 周春芳：《以数字技术推动中华优秀传统文化与思想政治教育"双向奔赴"》，《社会科学家》2023 年第 8 期。

提供了良好契机。首先，在党的二十大报告中，习近平总书记再次强调"传承中华优秀传统文化""坚持和发展马克思主义，必须同中华优秀传统文化相结合"①，本年度相关研究紧扣党的二十大精神，深入挖掘中华优秀传统文化的内涵及价值意蕴，推动中华优秀传统文化创造性转化、创新性发展，对马克思主义与中华优秀传统文化相结合的内在根据、主要形式、时代价值、实践路径等进行了多方面立体化的分析，探索以马克思主义中国化时代化最新成果激发中华优秀传统文化的生机与活力。其次，习近平总书记出席文化传承发展座谈会并发表重要讲话，指出"深刻把握中华文明的突出特性""深刻理解'两个结合'的深刻意义""更好担负起新的文化使命"等，提出了一系列新思想新观点新论断。学者们积极回应，围绕中华文明的突出特性、"第二个结合"、中华民族现代文明建设等重大问题展开深入探究，凸显出传统文化与思想政治教育研究的创新成果。最后，在全国宣传思想文化工作会议上首次提出习近平文化思想，学界对此进行热切回应。总之，2023 年度传统文化与思想政治教育研究的热点呈现较为集中和明显，主要涉及对习近平优秀传统文化观、"第二个结合"、传统文化与思想政治教育融通研究等热点问题的探讨，不仅有助于深化我们对传统文化与思想政治教育关系的认识，也为推动传统文化在现代思想政治教育中的应用提供了有益的思路和借鉴。

（二）中华优秀传统文化与思想政治教育研究的不足

尽管本年度学界关于传统文化与思想政治教育研究取得了显著成效，研究主题不断拓展、视野不断开拓、为传统文化与思想政治教育发展提出了许多具有建设性的宝贵意见，但受限于主客观条件制约，还存在一些局限和不足。

一是基础性研究较为薄弱。中华优秀传统文化与思想政治教育的基础性研究在传统文化与思想政治教育研究中具有基础性和根本性。2023 年度，中

---

① 习近平：《高举中国特色社会主义伟大旗帜 为全面建设社会主义现代化国家而团结奋斗——在中国共产党第二十次全国代表大会上的报告》，《人民日报》2022 年 10 月 26 日。

华优秀传统文化与思想政治教育基础性研究仍显缺陷，较为薄弱。首先，缺乏深入的理论研究，研究深度有待进一步加强。学界既要回答好"中华优秀传统文化是什么""如何对待中华优秀传统文化"两大基础性问题，也要进一步拓展对中华优秀传统文化的认识视野与理解深度，结合我们党关于文化建设的新思想新观点新论断，从定位、内涵、价值、弘扬等多个视角阐释中华优秀传统文化，拓宽理论深度。对于传统文化与思想政治教育的关系，以及如何在思想政治教育中融入传统文化等基本问题，也缺乏深入的理论研究，这导致在实践中难以找到有力的理论支撑，削弱了传统文化在思想政治教育中的有效应用。其次，从实践研究来看。关于中华优秀传统文化传承发展的渠道、方式与途径，其广度、深度、系统性等方面仍有待加强，未来学界应加强对优秀传统文化的阐释、教育、宣传、创作等多条路径的关照。对于如何通过传统文化提高思想政治教育的效果等问题，也缺乏充分的实证验证，使得相关结论的科学性和可靠性受到限制。最后，缺乏系统的研究。传统文化与思想政治教育研究是一个复杂而系统的领域，需要从多个角度、多个层面进行研究。然而，目前的研究往往缺乏系统性和全面性，难以形成完整的理论体系和有效的应用策略。传统文化与思想政治教育研究并不是孤立的、静止的，应将中华优秀传统文化同当前文化发展的使命与任务相结合，不断回应时代关切。

二是有分量的研究成果不多。通过梳理 2023 年关于传统文化与思想政治教育的相关研究成果，可以发现真正有分量的研究成果还不多，缺乏有代表性的、有建树的成果。首先，有分量的国家社会科学基金、教育部人文社会科学研究基金立项、核心期刊成果、专著等还不够多，需要继续努力，加强研究。其次，重复性研究较多。研究成果趋向同质化，新颖的研究观点较少，比如大量研究成果集中于高校思想政治教育研究，围绕传统文化融入高校思想政治教育的价值、目标、困境及其路径等方面展开，研究视角和论述大同小异。"照着讲"的情况过多而不利于推动传统文化与思想政治教育研究的创新发展。要有所创新、有所发展，就需要学者们充分发挥思想政治教育学科的专业优势，促进传统文化与思想政治教育研究内涵式发展，实现研究速度、数量、质量、效益相统一，推进"接着讲"。最后，对于一些重大问题的研究尚处于起步阶段。虽然目前学界围绕学习贯彻习近平总书记关于新时代文化建设的新思想新观点新论断展开了积极探索，但是对一些重大问题，比如中华优秀传统文化的创新发展、中华优秀传统文化与马克思主义基本原理相结合、中华优秀传统文化与建设中华民族现代文明的关系等重要问题仍需在阐释道理学理上下功夫，努力推出有分量的研究成果。

三是宣传性研究多，学理性研究有待加强。强化学理支撑，对于深化认识，增强理论自觉和实践自觉具有重要意义。习近平总书记在二十届中央政治局第六次集体学习时强调："推进理论的体系化、学理化，是理论创新的内在要求和重要途径。马克思主义之所以影响深远，在于其以深刻的学理揭示人类社会发展的真理性、以完备的体系论证其理论的科学性。"① 思想政治教育在不同历史阶段被赋予不同的使命任务和目标要求，传统文化与思想政治教育研究作为思想政治教育的一个重要视域，要在理论与实践结合中聚焦热点和难点问题，把握研究进展，不断拓展研究的深度和广度，提高研究的科学化、专业化水平。2023 年 6 月 2 日，习近平出席文化传承发展座谈会并发表重要讲话，提纲挈领擘画了中华民族现代文明的美好图景，具有十分深远且重大的理论意义和现实意义。2023 年 10 月 7 日至 8 日，全国宣传思想文化工作会议首次提出习近平文化思想，学界围绕这一系列新思想新观点新论断作出热切回应，形成了丰硕的研究成果。然而，纵观本年度相关研究成果，不难发现，学界对于传统文化与思想政治教育研究的理论阐释稍显不足，学理层次不够，存在宣传性研究多的问题。到目前为止，该领域研究仍然存在许多重要理论难题有待破解，比如针对"第二个结合"重大论述，学

---

① 《习近平在中共中央政治局第六次集体学习时强调：不断深化对党的理论创新的规律性认识 在新时代新征程上取得更为丰硕的理论创新成果》，《人民日报》2023 年 7 月 2 日。

界需要从学理上进一步系统论证"第二个结合"的本质内涵，确立两者相结合的主要内容，提出具有内在联系的创新概念、创新观点；就中华优秀传统文化的基础性研究而言，则需进一步揭示中华传统文化的基本内涵、特性及其现代发展；对于"中华民族现代文明"，需要着力从学理上回答"建设中华民族现代文明"的内涵、必要性、可能性、内容、路径和方法等。只有强化学理支撑，进一步推进研究成果的规范化、科学化，才能在实践中更好推进传统文化与思想政治教育研究。

三、中华优秀传统文化与思想政治教育研究的展望

习近平总书记指出："这是一个需要理论而且一定能够产生理论的时代，这是一个需要思想而且一定能够产生思想的时代。"[①] 回顾 2023 年度传统文化与思想政治教育相关研究进展，分析其中的主要特征和不足，其目的是为了更好地把握思想政治教育进一步发展的研究趋势，推进思想政治教育创新发展。结合本年度研究状况，未来研究需进一步强化以下几个方面的研究，为后续理论研究和实践探索提供参考。

（一）进一步强化习近平关于中华优秀传统文化重要论述的研究

"以古人之规矩，开今人之生面。"党的十八大以来，习近平总书记对中华优秀传统文化进行了深入的思考和系统的阐释，形成了习近平关于中华优秀传统文化的重要论述，为新形势下传承和弘扬中华优秀传统文化提供了根本遵循。纵观现有相关研究成果可以发现，目前学界并未对习近平关于中华优秀传统文化的重要论述形成完整的理论体系。因此，未来学者们应加强对习近平关于中华优秀传统文化重要论述的思想理论体系阐释，进一步深化对其形成条件、思想内涵、主要特征、时代价值等重大问题的探究，以完整的理论形态，多角度全方位呈现理论研究的创新成果，展示习近平关于中华优

---

① 习近平：《在哲学社会科学工作座谈会上的讲话》，人民出版社 2016 年版，第 8 页。

秀传统文化重要论述的创新性和与时俱进的特点。同时，对一些问题的阐释和研究不够透彻，存在分歧。比如，学界尤为关注"双创"这一核心议题，尽管习近平总书记为"创造性转化"与"创新性发展"提供了基本的解释。然而，对于关键概念的深入理解，学者们尚未形成统一明确的解读，一些解释也比较空泛，也未深入挖掘二者之间的本质区别和联系，因此未来仍需进一步进行学术探讨和阐释。习近平关于中华优秀传统文化的重要论述将随着实践深入不断丰富发展，学界应善于从理论创新的视角，整合新时代社会主义文化建设中的指导性政策资源，进一步强化对习近平关于中华优秀传统文化重要论述的研究。

（二）进一步强化中华优秀传统文化的基础性研究

基础性研究是以认识现象，发现和开拓新的知识领域为目的。中华优秀传统文化的基础性研究具有重要的现实价值。2023年度，学者们不断完善了中华优秀传统文化的基础性研究，在中华优秀传统文化的基本内涵、历史渊源、核心价值、传承发展等基础论域中取得了许多研究成果。然而，从已有研究成果来看，当前基础性研究尚不稳固，关于中华优秀传统文化的基础性研究本身还有许多发展空间，未来学界可以从以下几个方面强化中华优秀传统文化的基础性研究。第一，进一步推进中华优秀传统文化的本体论研究。进入新时代，中华优秀传统文化研究迎来了蓬勃发展的新时期，研究领域更加广泛、研究内容不断深化、研究视野愈发开阔，涌现出许多创新成果，但是对于中华优秀传统文化的基本内涵却缺少充分的阐明。关于中华优秀传统文化的本体论是对中华优秀传统文化是什么的追问和反思，中华优秀传统文化内涵深刻、内容广泛，学界由此衍生出了多样性的解读，然而对中华优秀传统文化基本内涵的模糊界定将不利于学术研究的规范发展。基于此，学界需要进一步建构出中华优秀传统文化的学理体系，讲清楚中华优秀传统文化是什么这个基本问题，从而提升研究的科学性、规范性、专业性。第二，科学把握宏观与微观的关系。以中华优秀传统文化的思想资源研究为例，现有研究成果偏重于对儒家资源的挖掘，宏观考察略显不足，缺乏以联系融合的视角对儒、墨、道、法等各家思想资源进行的整体性研究。中华优秀传统文化，并非各自孤立的个体内容，学者们要着眼于不同维度，聚焦不同方面，对有待阐明的相关问题深化研究，进一步夯实中华优秀传统文化的基础性研究。第三，努力在中华优秀传统文化的重难点问题上深化研究，有所创新，有所突破。实践没有止境，理论创新也没有止境。习近平总书记在文化传承发展座谈会上，列举了中华优秀传统文化中的诸多重要元素、揭示了中华文明的突出特性等关于中华优秀传统文化的基本问题，学者们对这些基础性问题的研究还需进一步加强，以党中央的最新精神为指引，聚焦理论创新，引领中华优秀传统文化基础性研究高质量发展。

（三）进一步强化中华优秀传统文化教育传承的研究

党的十八大以来，党中央高度重视中华优秀传统文化的历史传承和创新发展。2014年3月，教育部印发《完善中华优秀传统文化教育指导纲要》。2017年1月，中共中央办公厅、国务院办公厅印发了《关于实施中华优秀传统文化传承发展工程的意见》，成为新时代指导传承和弘扬中华优秀传统文化的重要依据。把中华优秀传统文化传承发展好，加强中华优秀传统文化教育是重要基础。梳理目前学界关于中华优秀传统文化教育传承的相关研究成果，未来研究需从学理阐释和实践探索两方面深化研究。一方面，强化中华优秀传统文化教育传承的学理研究。开展中华优秀传统文化研究阐释，是人文社会科学研究的重要方面，也是推动中华优秀传统文化传承与发展的基本路径。学术界的研究和探讨是推动中华优秀传统文化教育传承的关键力量，能够为中华优秀传统文化的教育传承提供了有力的理论支撑和研究基础。因此，未来学者们应加强对中华优秀传统文化的深入挖掘、提炼及阐发，开拓研究视域，可以通过跨学科的方式，针对传统文化的基本内涵、发展脉络、关键内容、独特功能及其传承方式等进行深入而系统的研究，切实承担起文化守护、传承与创新的任务使命。另一方面，加强中华优秀传统文化教育传承的实践探索，尤其是要注重发挥学校传承文化的重要功能。自古以来，教育机构都是文化传承、文化创新的重要载体，推动中华优秀传统文化传承与发展，是学校教育义不容辞的责任。纵观现有研究成果，总体而言，学校关于中华优秀传统文化的教育传承实践整体上还处在探索阶段，研究成果也集中于高校，对其他学段缺乏研究，在认识定位、课程建设、教育效果、条件保障等方面也还存在许多不足。未来学界应当基于中华优秀传统文化的内涵体系、逻辑关系与学生的认知结构、学习阶段，探索构建大中小学段融通互动、家校社协同作用的育人格局，建立起系统合理、彼此衔接的中华优秀传统文化教育传承体系。总之，进一步强化中华优秀传统文化教育传承研究需要着力从学术研究、学校教育等方面加强。

（四）进一步强化马克思主义与中华优秀传统文化相结合的研究

习近平总书记在庆祝中国共产党成立 100 周年大会上的重要讲话中正式指出："坚持把马克思主义基本原理同中国具体实际相结合、同中华优秀传统文化相结合"①，开辟了马克思主义中国化时代化的新境界。近年来学界围绕这一命题展开深入研究，从"两个结合"的基本内涵及其辩证关系，着重分析了马克思主义基本原理与中华优秀传统文化相结合的内在逻辑、历史进程、时代价值、实践路径等，形成了丰富的研究成果。"'结合'不是'拼盘'，不是简单的'物理反应'，而是深刻的'化学反应'，造就了一个有机统一的新的文化生命体。"②2023 年，文化传承发展座谈会、全国宣传思想文化工作会议的召开，对马克思主义与中华优秀传统文化相结合这一重大议题作出进一步强调。由此，未来学界应积极回应，加强学理研究，着重阐释好

---

① 习近平：《在庆祝中国共产党成立 100 周年大会上的讲话》，《人民日报》2021 年 7 月 2 日。
② 习近平：《担负起新的文化使命 努力建设中华民族现代文明》，《人民日报》2023 年 6 月 3 日。

"第二个结合"这一重大论断，加强中华优秀传统文化与科学社会主义价值观的契合性及融通机制研究，以时代命题为导向，基于马克思主义基本原理与中华优秀传统文化的本质，进一步揭示马克思主义基本原理与中华优秀传统文化相结合的前提、结果、地位等重要理论和实际问题，为中国式现代化的文化建设贡献思想力量。

（五）进一步强化思想政治教育与中华优秀传统文化相结合的研究

中华优秀传统文化中蕴含着丰富的思想政治教育元素，发挥好中华优秀传统文化以文化人、以文育人的功能是思想政治教育的重要任务，对于推动思想政治教育创新发展具有重要的理论价值和现实意义。梳理2023年思想政治教育与中华优秀传统文化相结合的相关研究成果，创新成果相继涌现，但也还存在一些问题，需要进一步强化思想政治教育与中华优秀传统文化相结合的研究。一方面，强化中华优秀传统文化与思想政治教育结合的基础性问题研究。纵观现有研究成果，中华优秀传统文化与思想政治教育相结合的研究仍显不足，比如关于中华优秀传统文化在思想政治教育的价值定位；对于传统文化与思想政治教育相结合的内容范畴、内容选择、结合方式及整体设计；中华优秀传统文化与思想政治教育相结合的必要性与可行性等，未来学者们仍需加强研究，增强中华优秀传统文化与思想政治教育相结合的说服力，促进中华优秀传统文化与思想政治教育的深度结合。另一方面，加强对中华优秀传统文化与思想政治教育相结合中现实问题的关照。目前，针对中华优秀传统文化与社会主义核心价值观、中华优秀传统文化与公民思想道德建设、中华优秀传统文化与大中小幼思政课一体化建设等重大现实问题的探究力度稍显不足，学者们应关注现实，结合社会主义核心价值观的弘扬与培育、公民思想道德建设、大中小一体化思想政治教育建设等具体问题开展探究，挖掘中华优秀传统文化的教育资源，优化思想政治教育内容，更好地实现思想政治教育的目标与任务。

第二十章　社会思潮与思想政治教育研究

党的十八大以来，我国意识形态领域形势发生了全局性、根本性转变，宣传思想文化工作也面临新形势、新任务、新要求。习近平总书记在全国宣传思想文化工作会议的讲话指出，要坚持以新时代中国特色社会主义思想为指导，全面贯彻党的二十大精神，着力加强党对宣传思想文化工作的领导，着力建设具有强大凝聚力和引领力的社会主义意识形态。面对世界百年未有之大变局与全面推进中国式现代化建设、全面推进中华民族伟大复兴新局面，社会思潮的衍生、变化、发展、影响和对之的引领、治理等也呈现出不同的形态和特征，对此，本年度围绕社会思潮与思想政治教育的理论和实践方面的研究也呈现出新的样态和进展。

一、社会思潮研究年度成果

2023 年，社会思潮与思想政治教育的相关研究依然是学界研究热点。从出版的专著来看，在书名中冠有"思潮"的有 10 余本，以各类具体思潮如女性主义、新自由主义等为书名的有多部，还有一些思想政治教育相关专著中设有专章研究社会思潮；从国家社科立项情况来看，社会思潮及相关立项有 10 余项，尤其是对历史虚无主义的研究依然是学者重点关注的对象；从发文量上看，通过对中国知网等平台进行检索发现，学界发表了一定数量的相关高质量文章，其中《思想理论教育导刊》《思想政治教育研究》《思想教育研究》《学校党建与思想教育》等期刊刊发这一主题文章较多；从社会思潮与思想政治教育的相关学术会议和论坛来看，社会思潮也受到诸多学者的关注，有多场学术会议和论坛以社会思潮为主题，与会专家聚焦社会思潮领域的热点进行了专题研讨并取得了积极成果。

（一）关于中国共产党引领社会思潮研究

2023 年，对中国共产党引领社会思潮的重要意义、关键举措、方法、经验等方面的研究取得了较为丰硕的成果。对社会思潮的有效引领不仅可以巩固全党全国人民团结奋斗的共同思想基础，更是新时代新征程的思想保证和精神支持。有学者提出新时代以来，中国共产党在引领社会思潮的过程中，对意识形态话语进行了大量创新，引领社会思潮取得了好的效果。[1] 有学者提出中国共产党引领社会思潮的主要着力点有：明确社会思潮引领工作的价值意义，加强党对社会思潮引领工作的领导权，提升马克思主义意识形态的思想引领力，强化意识形态主阵地的建设和管理，构建党引领社会思潮的体制机制。[2] 有学者提出新时代以来中国共产党在引领社会思潮方面形成了引领多样化社会思潮必须坚持和发展马克思主义，坚持和加强党的全面领导，坚定人民至上的价值立场，推动意识形态工作常态化、制度化等基本经验。[3] 有学者提出新时代以来党在同历史虚无主义斗争的过程中形成了始终将马克思主义唯物史观作为反对历史虚无主义的理论武器、将党的全面领导作为中坚力量、坚定历史自信与增强历史主动、弘扬伟大斗争精神等宝贵经验。[4] 有学者提出面对历史虚无主义的影响，中国共产党以本质为抓手揭露目的，

---

[1] 李洁：《新时代党的意识形态话语创新与社会思潮批判》，《思想理论教育导刊》2023 年第 10 期。

[2] 张士海、安瑞龙：《新时代中国共产党引领社会思潮的主要着力点》，《湖南科技大学学报（社会科学版）》2023 年第 7 期。

[3] 刘迪翔：《新时代中国共产党引领社会思潮的关键举措、重要意义和基本经验》，《思想理论教育导刊》2023 年第 3 期。

[4] 洪晓楠、宗欣怡：《新时代中国共产党反对历史虚无主义的实践与经验》，《思想理论教育导刊》2023 年第 6 期。

以问题为焦点精准还击，以史实为依托把握主动，积累了丰富的实践经验。①

（二）关于社会思潮的影响及应对研究

社会思潮的影响及应对研究依然是学者关注的重点，学者们对近年来影响较大的社会思潮的主要类型、影响过程、影响深度等问题进行了研究，并在此基础上对如何应对社会思潮的影响进行了分析。有学者梳理了新自由主义、普世价值、历史虚无主义、民族主义、民粹主义等社会思潮的整体状况、发展趋势和社会危害，在全面把握这些社会思潮挑战的基础上，提出了相关的对策建议。② 有学者以专题方式对国内外流行的主要社会思潮如西方生态主义思潮、新自由主义思潮、消费主义思潮、反全球化思潮、泛娱乐主义思潮、历史虚无主义思潮等进行了研究，对这些社会思潮的表现形式、产生原因、对青少年的影响等进行了较为深入的分析并提出了应对之策。③ 有学者结合统计数据、关键词检索、专家访谈等手段，指出对大学生影响较大的社会思潮主要有民粹主义、历史虚无主义、普世价值论、民族主义、消费主义、泛娱乐主义、个人主义等社会思潮，并在此基础上提出需要构建多元主体协同参与的治理格局，推动社会主义核心价值体系深入传播，创新大学生思想政治引领方式，提升网络空间社会思潮治理水平，实现高校社会思潮治理机制的系统优化等举措。④ 有学者提出一些错误社会思潮影响青年的心理逻辑、认知逻辑和生命逻辑，要进一步巩固和发展马克思主义在意识形态领域指导思想地位的根本制度，旗帜鲜明地批判社会错误思潮，用习近平新时代中国特色社会主义思想凝心铸魂，引导青年学生广泛践行社会主义核心

---

① 闫长丽、井琳：《新时代党批判历史虚无主义的基本经验与实践进路》，《北京邮电大学学报（社会科学版）》2023 年第 6 期。

② 孙伟平等：《当代社会思潮批判》，广西人民出版社 2023 年版。

③ 刘举：《当代社会思潮专题解析》，上海三联书店 2023 年版。

④ 张永：《当代思潮对大学生价值观影响的实证研究》，《长安大学学报（社会科学版）》2023 年第 5 期。

价值观。①有学者提出历史虚无主义思潮对大学生的影响过程是相关信息向大学生的传递过程、大学生相关信息的接受过程和反馈过程的统一体。②有学者提出新时代引领社会思潮必须突破传统"引领"范式，提出了社会思潮治理的思路和步骤。③有学者提出《共产党宣言》以唯物史观为理论起点和逻辑主线阐明了科学辨析社会思潮的基本原理和方法论。④有学者对十月革命后列宁系统批驳"无产阶级文化派"文化虚无主义的方法进行了分析。⑤

（三）关于高校引领社会思潮研究

高校引领社会思潮的研究既有高校应对信息化过程中引领、治理社会思潮方面的成果，也有围绕高校思政课通过思潮辨析、评价来引领社会思潮的相关成果。有学者⑥提出在新媒体信息传播范式下，高校需要强化协同配合，以新媒体环境为基准，以社会思潮传播为研究对象，落实构建新媒体教育平台、强化大学生思辨能力、引领大学生价值取向、加强网络治理等措施，进而对社会思潮传播影响进行正确的引导。有学者提出高校要适应大数据时代社会信息化进程的要求，建立健全监督管理机制和有效的激励约束机制，把社会主义意识形态的要求体现到政策制定和管理之中；健全高校意识形态安全建设舆论导向机制，唱响社会主义意识形态的主旋律，打造马克思主义理论宣传的主阵地；建立高校意识形态安全建设预警机制，把意识形态安全纳

① 李慕：《当代社会错误思潮影响青年学生的内在逻辑及其应对策略》，《云南师范大学学报（哲学社会科学版）》2023 年第 9 期。

② 陈元明：《历史虚无主义思潮对大学生的影响过程和影响模式探微》，《中州大学学报》2023 年第 2 期。

③ 刘迪翔：《互联网时代社会思潮的演进逻辑及其治理选择》，《衡阳师范学院学报（社会科学版）》2023 年第 8 期。

④ 韩海涛、陈月：《〈共产党宣言〉辨析社会思潮的理论和方法及其当代价值》，《教学与研究》2023 年第 8 期。

⑤ 徐凯翔：《列宁批判文化虚无主义的科学方法》，《马克思主义理论学科研究》2023 年第 2 期。

⑥ 宋瑞超：《新媒体环境下社会思潮传播对大学生的影响与引导探究》，《新闻研究导刊》2023 年第 8 期。

入法制化轨道，形成完善的意识形态安全体系。① 有学者提出抵制历史虚无主义就要构建以"四个自信"教育为基础、"五个认同"教育为主线、"五观"教育为方向的"三位一体"教育路径。② 将社会思潮评析、评介融入思政课教学可以引导大学生正确认识社会思潮及其本质，自主识别和抵制社会思潮的负面影响，这不仅是引导青年成长、赢得青年的必然选择，也是提升思政课教学实效的内在要求。有学者提出应从领导体制机制、协同育人、教学质量、教师队伍素养等方面不断加强"思想政治理论"课建设，以满足新时代高校意识形态工作需要，实现维护高校意识形态安全的目标。③ 有学者提出高校思政课教师应在深入分析纷繁复杂的社会思潮的基础上，以立德树人为导向，探寻提升社会思潮辨识能力的着力点，筑牢高校意识形态防线。④ 有学者以"思想道德与法治"课程为例，提出以"社会思潮辨析"为主线或抓手重构教学体系、整合教学要素，将这些社会思潮转化为一系列教学问题，在回答这些问题的过程中引导学生思想认知，解决思想困惑。⑤ 有学者以"毛泽东思想与中国特色社会主义理论体系概论"课程教学为例分析了思政课的社会思潮评介教学应注重的主要原则，指出要以各类思潮的主要主张为切入点，采用课堂交互与实践教学等多元模式引导学生正确认识社会思潮，培养自主辨析意识和能力。⑥

---

① 邹庆华、马黛丹：《大数据时代高校意识形态安全建设机制探究》，《海南师范大学学报（社会科学版）》2023 年第 2 期。

② 李世荣：《基础、主线与方向：高校大学生群体抵制历史虚无主义的教育路径研究》，《宁夏大学学报（人文社会科学版）》2023 年第 9 期。

③ 李靖：《高校"思想政治理论"课维护意识形态安全面临的挑战及对策研究》，《广东职业技术教育与研究》2023 年第 1 期。

④ 杨丽丽：《论提升高校思政课教师社会思潮辨识能力的着力点》，《河南教育》2023 年第 3 期。

⑤ 李洁：《"社会思潮辨析"融入"思想道德与法治"课教学论析》，《高校马克思主义理论教育研究》2023 年第 3 期。

⑥ 乔显喆：《高校思政课教学中社会思潮评介的方法探究》，《黑龙江教育（高教研究与评估）》2023 年第 3 期。

（四）关于不同种类社会思潮研究

历史虚无主义的研究成果相对较多，学者们对历史虚无主义的根源、表现、新态势、应对策略等方面进行了较为全面的研究。有学者提出历史虚无主义逐渐由露骨直陈的显性渗透转向隐性的日常生活化渗透，形成弥漫态势、营造舆论氛围、实现隐性传播。[①] 有学者提出资本逻辑对于历史领域的入侵和消费，是历史虚无主义生成和泛滥的重要根源之一。[②] 有学者提出历史虚无主义的哲学根源就在于历史之现实的"迷失"，并指出其主要表征有历史认识中非批判的经验主义、历史阐释中非反思的唯心主义、历史评价中非客观的形式主义。[③] 有学者提出数字记忆看似改善传统媒体时期英雄记忆的遗忘与束缚，但事前把关、事后删除机制的缺失也助长了历史虚无主义。[④] 有学者指出当前短视频中的历史虚无主义呈现出软性传播的新态势，主要表现为叙事内容的碎片化、传播手段的隐蔽性、交流互动的实时性、消费方式的娱乐化、主体互动的扁平化等，形成了完全不同于传统方式的全新传播语境。[⑤] 有学者提出短视频时代的网络历史虚无主义呈现出以推荐型算法进行虚无历史诱导、以碎片化话语解构宏大历史叙事、以娱乐化影像戏谑厚重历史事实、以潜隐性议题发酵虚无历史舆论等新形态。[⑥] 有学者提出历史虚无主义将"蒙太奇"手法运用于繁杂的信息处理、传播过程中，借助感性优先的情感化叙事裹挟网络群体情绪，从而拼凑、虚化历史，造成主流意识形态

[①] 郑志康：《历史虚无主义的日常生活化渗透批判》，《思想教育研究》2023 年第 8 期。

[②] 左路平：《历史虚无主义的资本逻辑批判》，《世界社会主义研究》2023 年第 7 期。

[③] 余根雄：《从黑格尔到马克思：历史虚无主义的哲学批判路径》，《学术交流》2023 年第 1 期。

[④] 邵鹏、王晟：《抵制历史虚无主义：网络空间中英雄记忆的解构风险与强化路径》，《中国出版》2023 年第 1 期。

[⑤] 赵庆寺、张瑶瑶：《短视频场域中历史虚无主义软性传播的主要表征及治理路径》，《中共青岛市委党校青岛行政学院学报》2023 年第 3 期。

[⑥] 焦晓云、张婷：《短视频时代网络历史虚无主义的表现形态与治理路径》，《湖北行政学院学报》2023 年第 3 期。

消解、文化认同解构以及动摇党执政地位的危害。[①] 有学者提出大历史观下历史虚无主义出场图景充满着诡辩与诞妄，其操纵着"政治诉求""标新立异""造假真相"等荒谬动机，阻隔历史的"时序性"、遮蔽历史的"全貌性"、消解历史的"严谨性"，成为人们形成正确历史观、民族观、国家观和文化观的掣肘。[②] 有学者对历史虚无主义抹黑雷锋及雷锋精神的主要手段、具体表现、社会影响及批驳路径等问题进行了研究；[③] 有学者提出历史虚无主义以所谓"价值中立""重新评价""学术研究"等方式，歪曲、否定历史发展规律，抹杀英雄人物、革命先烈、革命领袖的历史功绩，进而质疑和否定中国共产党的领导、中国特色社会主义发展道路。[④] 有学者提出阐释正确党史观中的规律、主流与价值，破除历史虚无主义的思维陷阱是推进高校学生党史学习教育的题中之义。[⑤]

泛娱乐化思潮也是 2023 年度社会思潮研究的热点之一，其中泛娱乐化思潮的内在本质、表现形式、传播原因等受到了最多的关注。有学者提出随着数字时代的到来，网络公共空间"泛娱乐化"的本质是享乐主义、消费主义和个人主义的凸显。[⑥] 有学者提出网络泛娱乐主义依托算法推荐不断强化精准传播。[⑦] 有学者提出在资本扩张、技术赋能和心理驱动的作用下，泛娱乐

---

① 徐童：《"后真相"时代历史虚无主义思潮的传播、危害及应对策略》，《盐城工学院学报（社会科学版）》2023 年第 2 期。

② 胡中月：《大历史观视域下历史虚无主义出场图景及其批判》，《广东技术师范大学学报》2023 年第 4 期。

③ 黎海波、王彤：《对历史虚无主义抹黑雷锋及雷锋精神的驳斥》，《辽宁师范大学学报（社会科学版）》2023 年第 9 期。

④ 王为科、夏军：《加强大学生"四史"教育对抵制历史虚无主义的作用》，《信阳农林学院学报》2023 年第 3 期。

⑤ 李楠、房圣康：《历史虚无主义批判视域下大学生正确党史观建构理路探析》，《思想政治教育研究》2023 年第 4 期。

⑥ 李丽、童静静：《数字时代的网络公共空间：泛娱乐化危机及其教育治理》，《教育学术月刊》2023 年第 8 期。

⑦ 黄若兰、顾友仁：《算法推荐场域下网络泛娱乐主义精准传播》，《南京航空航天大学学报（社会科学版）》2023 年第 10 期。

主义逐渐生成发展，并在实际运行中衍生出意识形态风险。① 有学者提出泛娱乐化思潮不断向社会各个领域蔓延，其实质是西方不良社会思潮入侵与信息技术助推产生的娱乐异化。② 有学者提出泛娱乐主义的形成、传播与受众的社会心理密不可分。③ 有学者提出数字劳动这一概念的外延逐步扩大是泛娱乐主义的入侵的缺口。④ 有学者提出资本逻辑是泛娱乐主义产生的根源。⑤有学者提出在泛娱乐主义审美的影响下，审美呈现出浅表化、畸形化、低俗化和空心化等不良倾向。⑥ 有学者提出泛娱乐主义社会思潮以消费主义、享乐主义为要义影响人们对社会主义核心价值观内涵的全面理解，以日常生活化的强势侵入为手段阻碍社会主义核心价值观发挥凝聚价值共识的作用，以"娱乐一切"为取向干扰人们践行社会主义核心价值观，以同质化的批量生产为内容妨碍社会主义核心价值观体系建设的持续推进。⑦ 有学者提出"泛娱乐化"思潮触发青年英雄文化的认同危机，消解了英雄文化对青年的凝聚力和引领力，削弱了英雄文化受教育者的理性思维，提出从净化网络教育环境、提升英雄文化的凝聚力和引领力、培育青年的理性思维等维度探索解蔽网络"泛娱乐化"的多重路径。⑧

学者们对网络民粹主义的研究热度也相对较高，学界围绕其基本特征、

① 张永红、邓晓：《智能传播时代泛娱乐主义衍生的意识形态风险与化解》，《理论导刊》2023 年第 11 期。

② 李红军、龙飞：《大众媒体泛娱乐化背景下爱国主义教育话语权的提升策略》，《学校党建与思想教育》2023 年第 8 期。

③ 豆勇超：《泛娱乐主义的社会心理成因与对策》，《思想政治教育研究》2023 年第 6 期。

④ 夏荣珊：《泛娱乐主义内嵌数字劳动的运作逻辑与风险透视》，《重庆工商大学学报（社会科学版）》2023 年第 3 期。

⑤ 郭明飞、杨俊哲：《资本逻辑视角下的泛娱乐主义批判与引导启示》，《思想教育研究》2023 年第 1 期。

⑥ 黄寿松、程晋红：《批判与超越：泛娱乐主义审美的当代反思》，《山东社会科学》2023 年第 7 期。

⑦ 曹慧敏、魏崇辉：《泛娱乐主义对社会主义核心价值观教育的影响》，《华南理工大学学报（社会科学版）》2023 年第 9 期。

⑧ 付安玲、秦少卿：《网络"泛娱乐化"视域下青年英雄文化教育的遮蔽与解蔽》，《思想教育研究》2023 年第 4 期。

主要模式、负面影响、应对策略等方面进行了分析。有学者提出网络民粹主义作为一种与网络环境结合而衍生的思潮呈现出话语解构、反权威、情感动员等特征。^①有学者提出中国网络民粹主义的情感动员主要包括"悲情式"情感鼓动、"抗争式"情感激发、"闹大式"情感渲染、"狂欢式"情感宣泄等主要模式。^②有学者提出网络民粹主义作为民粹主义在网络空间的延伸，弱化了爱国主义价值观、消解了精英认知和国家认同、引发了非理性情感表达，对大学生爱国主义价值观产生了一定的消极影响。^③有学者提出要以公共政策的公共性和科学性为依据全面收集和科学分析网络民意，通过分析网络民意表达的主体性、倾向性和科学性，综合评判其公共性和科学性，以确定网络民意对于公共政策的价值向度与效度等应对策略。^④有学者提出防范非主流意识形态渗透、警惕网络霸权、防止社会失序等治理手段。^⑤有多位学者指出需要完善法治监管体系，提升网民情感共识，加强科学技术引领，形成多元共治的舆情治理新格局。

（五）关于社会思潮不同学科视域研究

社会思潮与不同学科及其发展之间紧密关联。2023 年，文学、史学、美术等领域的社会思潮研究也都取得了新的进展。有学者提出要把社会到文学的"单向促动"转换到"双向互动"的思路上，重新构建文学与社会、文学思潮与社会思潮之间双向互动、动态激荡的关系结构，系统探讨社会启蒙与

---

① 蒋明敏、吴爽：《"后真相"时代网络民粹主义的表征、成因及治理》，《青岛科技大学学报（社会科学版）》2023 年第 9 期。

② 张林：《中国网络民粹主义的情感动员及其疏导》，《理论导刊》2023 年第 5 期。

③ 王辉、陈文东、倪元利：《网络民粹主义视域下大学生爱国主义教育研究》，《学校党建与思想教育》2023 年第 10 期。

④ 何志武：《网络民意与公共政策对话的民粹主义隐忧及其消解》，《黄冈师范学院学报》2023 年第 4 期。

⑤ 郑保章、孟翔宇：《网络民粹主义意识形态的风险审视与治理策略》，《北京社会科学》2023 年第 10 期。

文学思潮的互动过程、运行逻辑及其规律。① 有学者对历史思潮的内涵和流变、时代主题等内容进行了分析，指出史学思潮是在历史思潮广阔的视阈下生成和展开的。② 有学者对中国近现代的历史思潮如"新史学"思潮、疑古考辨思潮、马克思主义史学与历史"无奴派"思潮等进行了分析。③ 有学者对历史思潮的定义及学科定位等问题进行了研究。④ 有学者对社会变迁与历史思潮、史学思潮递嬗的关系进行了研究，并指出历史思潮和史学思潮的形成主要取决于社会变迁对人们包括史家提出的要求、人们包括史家对这种要求的感知程度以及所能获取的思想与社会资源、社会各界对新思潮的认同程度与回应方式。⑤ 有学者提出革命文艺作为中国革命历史的文艺再现，不仅是坚定理想信念的内在要求，也是加强高校思想政治工作的宝贵财富，更是驳斥历史虚无主义思潮的有效武器。⑥ 有学者提出需要高度重视译作中的历史虚无主义问题。⑦

（六）关于社会思潮的专题研讨

2023 年，对社会思潮与思想政治教育的专题研讨和深入研究态势较为明显，一些思想政治教育等相关的学术会议和论坛都有社会思潮的相关主题发言，还有一些专门围绕社会思潮与思想政治教育的学术会议和论坛，例如"新时代社会思潮与大学生思想政治教育论坛"、《2022-2023 年度社会思潮新媒体传播影响力报告》发布会等。在重庆召开的"新时代社会思潮与大学生思想政治教育论坛"上，学者们主要围绕"社会思潮的造势意图与危机

---

① 张光芒：《论文学思潮对于社会启蒙的促动和纠偏》，《当代文坛》2023 年第 1 期。
② 于沛：《历史思潮初析》，《史学理论研究》2023 年第 2 期。
③ 乔治忠：《略论社会文化思潮与历史思潮》，《史学理论研究》2023 年第 2 期。
④ 高希中：《试论历史思潮的学科定位及重要价值》，《史学理论研究》2023 年第 2 期。
⑤ 尤学工：《社会变迁与历史思潮、史学思潮的递嬗》，《史学理论研究》2023 年第 2 期。
⑥ 车志远：《革命文艺对克服青年历史虚无主义的价值探究》，《哈尔滨师范大学社会科学学报》2023 年第 1 期。
⑦ 朱隽：《警惕翻译作品中的历史虚无主义问题》，《政治学研究》2023 年第 2 期。

意识""新时代社会思潮批判的现实偏向与引领探讨""当前社会思潮与思想政治教育研究的现状与前瞻""历史虚无主义思潮批判二十年：回顾与前瞻""新时代党的意识形态话语创新与社会思潮批判""网络空间社会思潮的现代化治理""个体化思潮对大学生思想政治教育的挑战及其应对""以中国特色社会主义话语体系引领社会思潮的内在理路及路径思考""破与立：新时代高校思政课应对历史虚无主义的基本路向"等论题进行了研讨。在西安召开的《2022—2023年度社会思潮新媒体传播影响力报告》发布会上，《报告》对2022—2023年度社会思潮新媒体传播力排名前十的社会思潮进行了发布，主要有民族主义、女性主义、英雄主义、民粹主义、逆全球化、泛娱乐主义、消费主义、官僚主义、实用主义和反智主义，《报告》对十大社会思潮之间的互动关系进行了分析，归纳各类社会思潮之间的互动规律，力图提出更有针对性的应对策略。学者们围绕"中国式现代化的国家传播及其五维向度""国际国内社交媒体的信息融通与国家秩序略论""历史视野中的媒介与社会思潮""新时代党的意识形态话语创新与社会思潮批判""新时代网络舆情需要关注的主要问题"等进行了分析和交流。

二、社会思潮研究呈现的特征

从2023年发表的与社会思潮相关的学术论文、出版的相关学术著作、立项成果、学术论坛等方面来看，这其中既有对社会思潮的基本理论研究，也有对中国共产党引领社会思潮的有效做法及基本经验等方面的研究，还有对不同类型社会思潮及其基本特征、影响危害及应对治理等方面研究。如何科学把握社会思潮与新媒体、新技术深度结合之后呈现出的新特征、新形势，如何深度了解社会思想与人们的社会心理、内在诉求相结合的路径及趋势，如何全面把握社会思潮发展变化的新态势、产生影响的重点群体并与时俱进地进行综合治理和有效引领，成为学者们重点关注的内容，由此呈现出年度研究特征。

（一）注重对社会思潮的全方位立体化研究

随着社会发展阶段及其变化态势，人们的社会心理及行为也随之发生了相应的变化，一些社会思潮在社会生活中发挥的影响愈加突出，它们与不同的社会诉求相结合、与网络技术相融合，既体现出特定类型社会思潮的个性化特征，也呈现出一些共同的传播路径和影响危害。因此，对多样化社会思潮进行更加全面而深入的研究，才能科学把握其实质、根源、基本特征、影响过程等，这是实现有效引领社会思潮的前提。首先，对社会思潮的相关理论研究进一步深化。尤其是通过高水平学术会议和论坛聚焦社会思潮理论和实践的重要问题进行深入交流，对社会思潮相关理论研究的进展具有重要推动作用。学界对一些影响较大的社会思潮如历史虚无主义、泛娱乐化和网络民粹主义等社会思潮给予了重点关注，对这些社会思潮的基本特征、内在本质、主要根源、形成过程、显著态势、治理监管等进行了较为系统的研究。尤其是对其根源及实质的研究，对于全面把握这些社会思潮的生成及传播具有重要价值。其次，注重对各种不同类型社会思潮的关注。一方面，影响较大的社会思潮如民粹主义、历史虚无主义、普世价值论、民族主义、消费主义、泛娱乐主义、个人主义等社会思潮依然是学界重点关注的研究对象，另一方面，随着社会思潮借助新媒体所进行的传播日益广泛和深入，在新媒体中传播力排名靠前的一些社会思潮如民族主义、女性主义、英雄主义、民粹主义、逆全球化、泛娱乐化主义、消费主义、官僚主义、实用主义和反智主义等也受到了学界关注。再次，对不同学科领域社会思潮的关注也取得了一些新成果，尤其体现在史学和文学等领域的社会思潮研究有了更为体系化的研究成果。这些研究成果不仅体现出不同学科领域学者对社会思潮的关注，也体现出社会思潮对这些学科领域的影响在持续扩大。尤其是在一些专门的历史研究中，通过对历史思潮的学科定位、历史思潮与社会变迁、历史思潮的运行和社会属性等问题的专题研讨，对历史思潮的中西比较、思潮运行、学科发展、社会变迁等视角展开的系统研究，对社会思潮在史学领域的体现、影响，对史学领域社会思潮的形成及变化、传播及运行等问题进行的深入探讨，不仅有助于深入研究史学领域的发展历程和趋势，而且对于中国特色哲学社会科学体系的理论建构和实践走向也有着重要的意义。最后，注重对不同类型社会思潮内在关系及其互动的研究。这些社会思潮虽然有着不同的内在诉求和本质特征，但是在传播路径上都体现为交互性、娱乐化、碎片化等表现形式，从其内在根源上来看，都和资本逻辑和信息技术密不可分。这有助于实现对社会思潮的针对性引领与源头性治理。

（二）注重对社会思潮与互联网相互融合的研究

2023 年 8 月，中国互联网络信息中心发布的第 52 次《中国互联网络发展状况统计报告》显示，截至 2023 年 6 月，我国网民规模达 10.79 亿人，使用网络的主要内容涵盖了信息、娱乐、社交、教育等诸多领域。互联网作为意识形态交锋的最前沿，也是社会舆论的放大器。一些社会事件经由网络空间的发酵和传播，往往会有各种意想不到的走向，因此习近平总书记多次强调："过不了互联网这一关，就过不了长期执政这一关。"社会思潮与互联网的深度融合成为社会思潮传播的突出态势，移动互联网不仅为社会思潮的传播提供了重要手段，而且已经成为影响社会思潮传播效果的关键变量。互联网时代的社会思潮在传播路径、影响方式、表现形式等方面体现出诸多特点，因此，对社会思潮与互联网相互融合方面的研究受到重视。首先，对互联网时代社会思潮及其特征的研究。互联网时代的社会思潮传播既体现出不同类型社会思潮的传播态势和表现形式，也有着多种类型社会思潮共同的传播规律和传播周期，这些研究成果体现出社会思潮在网络空间与现实环境中的传播具有一致性特征，其形成、传播到衰落的过程也遵循着社会思潮的一般规律。其次，对互联网时代社会思潮传播过程的研究。网络空间人们对信息的接收具有明显的碎片化和娱乐化倾向，在社会思潮的信息传递过程、接受过程和反馈过程中，受众容易受到这些倾向的影响，从而成为社会思潮传播及发挥影响的关键节点，个体不仅成为社会思潮的传播对象，而且成为社会思潮进一步传播的主体。同时，由于互联网的算法及精准推送，容易使受众陷入信息茧房而不自知，对错误社会思潮的多次接触和反复叠加，容易使人产生心理错觉并在此基础上形成特定的信息偏好，形成对社会思潮的错误认知。再次，对互联网时代社会思潮的影响研究。由于社会思潮所具有的理论性等特征，其发挥影响也有着特定的群体指向。其中青年群体尤其是大学生成为最容易受到社会思潮影响的群体之一，因此也成为社会思潮研究领域的聚焦对象。其中，对大学生影响最大的社会思潮类型、影响大学生的路径和过程、社会思潮对大学生产生的负面影响及其体现、高校应如何应对这些影响都是学界关注的热点。最后，对社会思潮与资本逻辑深度融合的研究。为了打造大众娱乐消费热点、吸引网络流量，那些极端个人主义、民粹主义、泛娱乐化等社会思潮就成为资本的显著偏好，通过算法技术与资本驱动，引导受众畸形消费、感官娱乐等，进而产生持续性的影响，社会思潮内在根源与传播动力的研究对网络空间错误思潮的治理提供了依据和思路。

（三）注重对引领社会思潮的相关研究

改革开放以来，学界对社会思潮的研究经历了应对范式、引领范式和治理范式的转换，其中引领范式的研究影响最为广泛、最为持久，对社会思潮治理的研究最终目的也是为了实现有效引领。因此，对社会思潮的引领研究是社会思潮研究的重要内容。尤其在进入新时代以来，我国引领社会思潮不仅取得了丰硕的研究成果，也积累了诸多引领社会思潮的有效做法和实践经验，对其进行及时归纳、提炼，不仅可以推动社会思潮理论研究的进展，也可以为新征程继续引领社会思潮、巩固意识形态领域形势全局性、根本性转变提供重要借鉴。本年度学者们对社会思潮的引领研究主要体现在：首先，对中国共产党引领社会思潮进行了分析和研究。此类研究可以分为两个方面，一方面是面向过去的视角，对中国共产党引领社会思潮的经验总结，主要对新时代以来中国共产党引领社会思潮中坚守价值立场、坚持党的领导等方面的经验进行了总结，尤其是党在应对一些影响较大的社会思潮如历史虚无主义的影响中所积累的实践经验。另一方面是面向现在和未来的视角，对中国共产党引领社会思潮的关键举措、方法路径等方面的分析，旨在为引领社会思潮实践提供理论指导。其次，对高校引领社会思潮的研究。围绕高校意识形态工作、高校思政课的社会思潮引领功能等方面，分析了引领社会思潮的现实路径和有效载体。尤其是通过高校思政课引领社会思潮研究成为2023年度社会思潮研究重点关注的方面，除了分析高校思政课课程体系和思政课教师整体层面在引领社会思潮中的重要作用之外，还结合了高校思政课的不同课程如"思想道德与法治""毛泽东思想和中国特色社会主义理论体系概论"等，以微观和具体的视角研究引领社会思潮与关注大学生思想现实、课程内容的有机结合。最后，对引领各种不同类型社会思潮的研究。此类研究主要针对历史虚无主义、泛娱乐化、网络民粹主义等影响较大的社会思潮，一方面从网络空间社会思潮综合治理、防范数字资本主义意识形态入侵、应对算法推荐场域下社会思潮的精准传播等角度展开研究；另一方面也从增强受众的分析辨别能力、提升媒介素养、建立疏导策略等方面提出了引领特定类型社会思潮的相应对策。

（四）社会思潮研究的形式更加丰富

随着社会思潮传播及影响方式的多样化、复杂化，本年度学界对社会思潮研究的形式也更加丰富。首先，课题立项展开的研究。从课题立项情况来看，2023年社会思潮立项成果较多，内容包含了社会思潮的基本理论研究、不同类型的社会思潮及其影响、社会思潮引领和治理研究等，其中既有国家社科，也有其他的纵向、横向或自选课题的研究。其次，研讨会集中性研究。召开全国或区域性线下研讨会，集中围绕社会思潮与思想政治教育的相关议题展开研究，通过学界的高水平交流，聚焦理论前沿问题和最新实践进展，汇聚了一批社会思潮研究的高质量研究成果。再次，社会思潮调研咨政的研究。特别是立足建设社会主义意识形态及其巩固策略，分析社会思潮的现实情况、存在的问题及原因，旨在向党委政府提出社会思潮引领与治理的实践建议。这些多样化的研究形式使社会思潮的研究在传统学术研究的基础上进一步拓展，社会思潮研究不仅在社会层面产生了更大的影响力，而且也在不断强化学术研究的社会服务功能，实现了学术研究的积极有效转化。最后，高校思政课教材中社会思潮的内容呈现。《毛泽东思想和中国特色社会主义理论体系概论》《形势与政策》等教材中对社会思潮的影响尤其是近年来影响较大的社会思潮也有所呈现，有助于引导大学生正确看待、理性认识社会思潮，同时也为高校教师通过思政课进行社会思潮辨析、评介提供了依据。

三、社会思潮研究趋势前瞻

新时代新征程，随着国际国内环境的新变化，随着我国意识形态领域形势发生全局性、根本性的转变，社会思潮的相关理论和实践研究也需要持续推进。这就需要深入贯彻落实党的二十大精神，以习近平文化思想为指导，落实全国宣传思想文化工作会议要求，以更高的站位、更开阔的视域、更具创新的思维和举措去深化对社会思潮与思想政治教育的研究。

（一）在习近平文化思想指导下深化社会思潮引领与思想政治教育协同研究

习近平文化思想是新时代我国文化建设方面的新思想新观点新论断，也是新时代党领导文化建设的经验总结，丰富和发展了马克思主义文化理论，为做好新时代新征程社会思潮领域的相关研究提供了科学行动指南。习近平总书记在全国宣传思想文化工作会议作出的重要指示也进一步明确了社会思潮领域相关研究的具体指向，"七个着力"中也包含了加强党对宣传思想文化工作的领导、建设具有强大凝聚力和引领力的社会主义意识形态、培育和践行社会主义核心价值观，着力提升新闻舆论传播力引导力、影响力、公信力等方面的明确要求，这就为新时代新征程科学有效引领社会思潮指出了明确方向、提供了根本遵循。首先，以习近平文化思想为指导，进一步强化党引领社会思潮的研究。2023年以来，党引领社会思潮的着力点、关键举措、基本经验等方面的研究已经受到学界关注，有了一些相关的研究成果，习近平文化思想和全国宣传思想文化工作会议更是为党引领社会思潮提供了明确的方向和基本的着力点，也为社会思潮研究提供了全新的课题。其次，进一步深化以习近平新时代中国特色社会主义思想武装头脑、教育人民的研究。习近平新时代中国特色社会主义思想是社会主义意识形态的最新思想资源，是引领社会思潮的重要思想武装，对其进行科学阐释，才能在广泛凝聚全社会思想共识和价值认同的前提下，成为我国全面建设社会主义现代化国家的精神指引。

（二）在国际国内新的历史环境和背景中拓展社会思潮基础研究

通过近年来的系统梳理，社会思潮的专题性研究一直在持续进行，每年都有对社会思潮基本理论方面的研究进展。但是在不同的时代背景之下，随着媒介传播、受众心理等方面的变化，社会思潮传播及发挥影响的过程也在随之发生变化，在新时代新征程国际国内新的历史环境和背景中，深化对社会思潮的学理性研究尤为必要。首先，对社会思潮的基本理论研究。社会思潮基本理论的研究是基础，要在全面分析、梳理影响较大的社会思潮的基础上，进一步加强对社会思潮的范畴、内涵、内在机制、运行规律等方面的研究。其次，注重社会思潮的多学科研究。社会思潮在生成及传播、发挥影响等不同的环节都与哲学、社会学、心理学、传播学等密切相关，因此要在这些不同的学科视域下进行多学科审视，实现社会思潮研究的内涵提升。最后，新的历史背景下社会思潮引领治理的研究。当前，社会思潮生成和传播的社会环境、社会心理都发生了新的变化，社会思潮生成和传播的媒介工具、传播空间也发生了新的变化、受众接收信息的形式与偏好也发生了新的变化，因此应当在新的背景下分析、建构、引领、治理社会思潮，这也需要学界的研究提供相应支撑。

（三）立足意识形态领域新形势推进社会思潮与主流意识形态互动研究

新时代以来，中国共产党坚持以马克思主义为指导，牢牢把握党对意识形态工作的领导权，坚持正面引导与批判斗争相结合，推动我国意识形态领域形势发生全局性、根本性转变，引领社会思潮也面临着新的形势。首先，引领社会思潮巩固意识形态领域形势的相关研究。新时代以来我国意识形态领域取得重要成就、展现良好态势，这就需要进一步增强高质量引领社会思潮的研究，分析党引领社会思潮的顶层设计和实施策略，才能在有效引领社会思潮的实践中巩固意识形态领域形势、增强主流意识形态建设的历史主动。其次，对主流意识形态与社会思潮之间相互关系的研究。在全面推进社会主义现代化国家建设的新征程，意识形态领域的斗争形势更加复杂，各种社会思潮之间的交流、交融、交锋会更加明显。最后，对社会思潮之间互动关系及规律的研究。近年来，不同类型社会思潮之间的交融体现得更加明显，对其互动规律的研究有助于从整体上把握其传播规律，从根本上把握其内在本质，针对性进行有效引领。

（四）以多维视域的社会思潮分析加强大学生思想政治教育创新研究

习近平总书记在庆祝中国共产主义青年团成立 100 周年大会上的讲话指出："新时代的中国青年，更加自信自强、富于思辨精神，同时也面临各种社会思潮的现实影响，不可避免会在理想和现实、主义和问题、利己和利他、小我和大我、民族和世界等方面遇到思想困惑，更加需要深入细致的教育和引导，用敏锐的眼光观察社会，用清醒的头脑思考人生，用智慧的力量创造未来。"新时代新征程，需要以多维视域研究社会思潮对大学生不同向度的影响研究，探寻大学生思想政治教育的育人新理念、新方法。首先，需全面分析社会思潮对大学生的影响向度及错误思潮危害程度。进一步研究社会思潮对当代大学生产生影响的时代特点、大学生接纳社会思潮的新的时代特征等，为高校精准引领社会思潮提供依据。其次，需深入研究社会思潮影响大学生的过程和途径。主要包括社会思潮新的影响载体、影响内容、影响方式、影响结果等，从更加具有理论深度和实证效力的角度分析研究社会思潮对大学生产生影响的过程和变化着的新途径，进而探索引领社会思潮与加强和改进大学生思想政治教育的价值意义、辩证关系、有机互动、方法途径等。最后，增强高校引领社会思潮的相关研究。高校引领社会思潮的相关研究已经受到学界关注，主要体现在高校意识形态工作、高校引领社会思潮等方面的研究已有相关成果，如何增强高校意识形态工作实效性，增强高校理论工作者、实践工作者引领社会思潮的能力，既是一个理论问题也是一个实践问题。

第二十一章　高校意识形态工作研究

2023 年是全面贯彻党的二十大精神的开局之年，是习近平总书记发表"8.19 重要讲话"十周年。2013 年，习近平总书记在全国宣传思想工作会议上明确提出："经济建设是党的中心工作，意识形态工作是党的一项极端重要的工作。"① 十年来，党和国家就加强意识形态工作提出一系列新要求新措施，使意识形态领域形势发生全局性、根本性转变。高校是意识形态工作最前沿，十年来，各高校将落实立德树人作为根本任务，肩负起为党育人、为国育才的使命担当，加强和改进思想政治工作，推动思想政治理论课改革创新，加强宣传思想文化工作，出实招、出硬招、出真招，取得显著的育人成效。2023 年 10 月 7 日至 8 日召开的全国宣传思想文化工作会议明确提出习近平文化思想，提出做好新时代宣传思想文化工作的"七个着力"要求。新时代新征程，如何正确把握高校意识形态工作面临的新形势新使命新要求，科学阐释高校在落实立德树人根本任务过程中的理论和实践问题，已成为学术界高度一致的共识。

一、高校意识形态工作研究成果聚焦

通过文献查阅发现，2020 年至 2022 年关于高校意识形态工作的研究成果呈现下降趋势，而进入 2023 年出现了"反弹"现象。分析其原因，一是党的二十大胜利召开，习近平总书记关于高校思想政治工作、思想政治理论

---

① 《学习习近平总书记 8.19 重要讲话》，人民出版社 2013 年版，第 1 页。

课、宣传思想文化工作的一系列重要讲话的不断深入、系统，为做好新时代高校意识形态工作提供了指导思想和根本遵循。二是 2020 年至 2022 年，新冠肺炎疫情席卷全球，对全球经济、政治、社会、文化等诸多领域带来了巨大的冲击，期间学术界更多地关注大学生生活、学业等基本发展层面的问题，侧重于研究新冠肺炎疫情对大学生思想、行为的影响及对策。三是科学技术对高校意识形态工作的影响从未减弱。近年来，高校意识形态工作研究领域，从新媒体到大数据，再到人工智能的研究成果一直是学术界关注的热点。2023 年，学术界关于高校意识形态工作方面的研究成果主要集中在如下三个方面。

（一）关于高校如何贯彻落实党的二十大精神的研究

毫无疑问，贯彻落实党的二十大精神和习近平新时代中国特色社会思想，是当前高校意识形态工作的理论和实践重点。2023 年，学术界聚焦党的二十大精神和习近平新时代中国特色社会主义思想，展开了一系列科学研究并取得丰硕成果。习近平总书记在党的二十大报告中提出："完善思想政治工作体系"[①]。学界就新时代思想政治工作体系展开研究，全面梳理思想政治工作体系的历史演进，科学阐释新时代思想政治工作体系的意蕴、价值要义和逻辑结构，探索新时代思想政治工作目标体系、实践体系、保障体系构建，并提出新时代思想政治工作体系的协调机制和评价指标。完善思想政治工作体系是加强高校意识形态工作的重要保障，有利于提升新时代高校意识形态工作质量和水平。冯刚教授提出思想政治教育与促进精神生活共同富裕在价值主体、价值属性、价值目标、价值功能方面内在耦合，因此，要积极发挥思想政治教育的特点和优势，为精神生活共同富裕提供思想基础、价值根基

---

① 习近平：《高举中国特色社会主义伟大旗帜 为全面建设社会主义现代化国家而团结奋斗——在中国共产党第二十次全国代表大会上的报告》，人民出版社 2022 年版，第 44 页。

和内生动力。①王学俭教授全面论述了新时代思想政治教育与中国式现代化的关系，指出中国式现代化为新时代思想政治教育创新发展赋予新使命、提出新要求、带来新机遇。加强思想政治教育是中国式现代化的应有之义，思想政治教育是意识形态工作的重要内容，具有鲜明政治性、明确导向性、内在教育性，贯穿中国式现代化全过程。②高校思想政治教育肩负着为党育人、为国育才的重大使命，中国式现代化的提出要求新时代高校思想政治教育立足、融入中国式现代化全局，在促进物质文明和精神文明相协调、促进人的自由全面发展等方面发挥自身的功能和优势。

党的二十大报告在强调"建设具有强大凝聚力和引领力的社会主义意识形态"时，提出"健全网络综合治理体系，推动形成良好网络生态。"③网络空间是青年学生的聚集地，是开展高校意识形态工作的重要阵地，很多学者围绕相关问题开展了研究。有的学者提出，健全新时代网络综合治理体系是坚持党的全面领导的政治要求，是形成良好网络生态的治本之道，也是推进国家治理现代化的必然选择，并从组织建构与运行、内容监督与供给、政府主导与协同、网络立法与执法、技术规范与创新五个方面全面阐述了新时代网络综合治理体系建构方案。④有的学者认为，健全综合治理体系是维护意识形态安全和政治安全的必然要求，要站在维护社会主义意识形态安全的战略高度把握和解决。⑤新时代网络综合治理体系建构，要坚持线上线下相结合，建立融媒体传播格局，推进网络文明建设，落实党委网络意识形态工作责任制。

---

①　冯刚、艾楚君：《思想政治教育促进精神生活共同富裕的功能优势与实现路径》，《思想理论教育导刊》2023 年第 8 期。

②　王学俭、赵文瑞：《论新时代思想政治教育与中国式现代化》，《思想理论教育》2023 年第 4 期。

③　习近平：《高举中国特色社会主义伟大旗帜 为全面建设社会主义现代化国家而团结奋斗——在中国共产党第二十次全国代表大会上的报告》，人民出版社 2022 年版，第 44 页。

④　金国峰：《健全新时代网络综合治理体系》，《湖南大学学报（社会科学版）》2023 年第 2 期。

⑤　杨力群：《健全综合治理体系，营造良好网络生态》，《红旗文稿》2023 年第 1 期。

（二）关于高校如何贯彻落实习近平文化思想的研究

习近平文化思想的正式提出标志着中国共产党对中国特色社会主义文化建设规律的认识达到了新高度。习近平总书记高度重视以文化人、以文育人，文化育人观是习近平文化思想的应有之义。[①]按照习近平总书记对宣传思想文化工作作出的重要指示精神以文化人，首先，坚持不懈用习近平新时代中国特色社会主义思想铸魂育人，在引导思政课教师真学、真懂、真信、真用上下功夫，引导青年学生将知识、理论转化为价值、行为上下功夫。其次，坚持不懈践行社会主义核心价值观，社会主义核心价值观是中国特色社会主义意识形态的内核，对青年学生的社会主义核心价值观教育需要锲而不舍、久久为功，根据新形势、新变化，不断创新价值观教育方式方法，注重增强实效性。最后，坚持不懈巩固主流思想舆论，重点加强正面宣传。青年学生是意识形态争夺的重点群体，主要表现为主流思想舆论针对青年学生思想状态、行为习惯、价值观念的影响。高校要不断提升舆论引导能力，进而更好地凝聚、团结青年学生听党话、跟党走、感党恩，积极投身建设社会主义现代化强国建设的伟大征程。

宣传思想文化工作事关党的前途命运，事关国家长治久安，事关民族凝聚力和向心力，是一项极端重要的工作。习近平总书记将宣传思想文化工作置于与意识形态工作同等重要的位置，黄蓉生指出习近平文化思想的内容体系包含意识形态建设论、社会主义文化强国论等[②]。学界认为，正因为党和国家高度重视和积极推动宣传思想文化工作，使得我国意识形态领域发生了全局性、根本性转变。具体包括，一是习近平新时代中国特色社会主义思想深入人心。习近平新时代中国特色社会主义思想作为马克思主义中国化时代化

[①] 冯刚：《习近平文化思想的形成及其特质》，《四川日报》2023 年 10 月 16 日。

[②] 黄蓉生、耿靖：《习近平文化思想：新时代党领导文化建设的科学理论指南与根本行动遵循》，《西南大学学报（社会科学版）》2023 年第 6 期。

的最新理论成果，已成为推动各项事业发展的行动指南和根本遵循。二是社会主义意识形态凝聚力和向心力不断增强。习近平总书记多次强调，要建设具有强大凝聚力和向心力的社会主义意识形态。党的十八大以来，宣传思想工作在举旗帜、聚民心、育新人、兴文化、展形象等方面发挥重要作用，牢固了以中国式现代化全面推进中华民族伟大复兴的共同思想基础。三是马克思主义在高校意识形态领域的指导地位不断巩固。各高校党委贯彻落实党委意识形态工作责任制、党委网络意识形态工作责任制等，加强和改进思想政治工作、推动思想政治理论课改革创新、繁荣哲学社会科学、加强网络安全和信息化工作、抵御和防范校园宗教渗透等。

（三）关于高校意识形态工作与各要素之间关系研究

高校意识形态工作是一项复杂的系统工程，受到国家安全战略、课堂主渠道、新技术发展等诸多要素的规约。2023 年，关于高校意识形态与各要素之间关系的研究成果主要集中在总体国家安全观战略与高校意识形态安全、思想政治理论课建设与高校意识形态工作、人工智能技术新发展与高校意识形态治理三个方面。

其一，总体国家安全观战略与高校意识形态安全。总体国家安全观是维护我国意识形态安全的重要战略，意识形态安全是总体国家安全的重要构成。有的学者明确提出，高校意识形态应以总体国家安全观为指引，以系统思维整体推进，当前在总体国家安全观视域下高校意识形态建设在场域、内容和方式上呈现出全领域与重点领域相统一、联动性与复合性相融合、宏大叙事与微观叙事相结合的趋势特征；在宏观国家层面，高校意识形态建设要准确把握"两个大局""两个百年"，正确认识面临的新挑战新情况新问题；在中观高校层面，要加强习近平新时代中国特色社会主义思想的理论深化和实践转化；将习近平总书记关于总体国家安全观的重要讲话精神转化为高校意识形态工作效果；在微观师生层面，要强化马克思主义理论、社会主义核心价值观的理性认知、情感认同和行为外化。[①] 有的学者从总体国家安全观战略视角，分析了当前高校意识形态工作面临的挑战，主要包括西方意识形态多维渗透，加剧高校意识形态安全建设的复杂性；社会多元价值取向冲击，削弱高校意识形态安全建设的影响力；网络信息技术带来负面影响，弱化高校意识形态建设的主导性；高校认知存在一定偏差，降低高校意识形态安全建设的实效性。[②] 为此，要从四个方面加强和改进高校意识形态工作，加强阵地管理，全面防范西方意识形态渗透；做好阐释宣传，增强主流意识形态的凝聚力；强化网络治理，加强网络意识形态风险防控；纠正认知偏差，筑牢意识形态安全思想防线。[③]

其二，思想政治理论课建设与高校意识形态工作。习近平总书记指出，思政课是落实立德树人根本任务的关键课程。高校思政课肩负着为党育人、为国育才的使命担当，具有鲜明的意识形态属性。新时代新征程，如何确保思政课坚持意识形态功能和属性，传授党的最新理论成果，引导学生树立正确的价值观，拥护中国共产党和社会主义制度，是学术界一直以来关注的重点问题。有的学者提出首先要以党的领导为根本，明确思政课建设的方向性，坚持党对思政课建设的全面领导，主要体现在党的全面领导下，思政课坚持正确政治方向、筑牢坚实理论基础、提升队伍政策引领等方面。其次要以教师讲授为基础，开拓思政课教学的多样性。具体措施包括明确融合目标，秉持技术赋能内容的理念；拓展教学渠道，提升全媒体的运行效能，提升技术能力，提高思政课教师媒介素养。最后要以队伍建设为关键，强化思政课教师的专业性；具体措施包括从个人层面注重自我素养提升，从高校层面健全教师队伍建设的长效机制，从社会层面营造激发教师职业归属的环境

---

① 杨丽、谢丽芳：《总体国家安全观视域下高校意识形态建设探究》，《思想理论教育导刊》2023 年第 8 期。
② 王燕茹：《总体国家安全观视域下高校意识形态安全建设探析》，《学校党建与思想教育》2023 年第 14 期。
③ 王燕茹：《总体国家安全观视域下高校意识形态安全建设探析》，《学校党建与思想教育》2023 年第 14 期。

三个方面。^①有的学者全面阐释了"六个必须坚持"对新时代高校思政课建设的指导意义和指引作用。^②

其三，人工智能技术新发展与高校意识形态治理。2022 年末，ChatGPT 的推出标志着人工智能技术进入新发展阶段，ChatGPT 正以前所未有的广度和深度深刻影响着经济社会发展的各个领域。思想政治教育学术界围绕着人工智能技术与高校意识形态工作展开了卓有成效的研究。冯刚教授组织撰写《新时代数字思政体系建构研究》一书从数字思政的背景与生成，新时代数字思政的价值意蕴、理论基础、实现可能、内在机理、要素构成、运行机制、主体客体、保障体系、评估评价、创新实践、发展展望多个方面对新时代数字思政进行了哲学反思。《新时代数字思政体系建构研究》一书提出，数字思政是伴随着网络信息技术发展和社会生产力进步而生成和发展起来的思想政治教育新形态。无论是 20 世纪 90 年代生成的网络思政，到随着大数据技术的迅猛发展而生成的数字思政，再到呼之欲出的智能思政，都是"技术 + 思政""思政 + 技术"双重逻辑结构。数字思政，可以具体展开为数字思政化与思政数字化两个相互联系、相辅相成的动态发展过程。展望未来，数字思政依然会遵循这一共生关系和互动逻辑实现发展。有的学者提出生成式人工智能技术可能存在意识形态风险，需要引起高度重视并从学习者、教育者两个方面阐述生成式人工智能对高校教育的变革性影响，认为生成式人工智能赋能学习者促进学习效能提升，同时存在强化学习者主体性的潜在风险；助力教育者推动教育模式革新，同时存在弱化教育者权威性的潜在风险。^③基于此，作者提出人才是教育与科技的中间变量，教育是科技发展的基础性支撑，为了避免生成式人工智能带来的意识形态风险，要加快推进技

---

① 李紫娟：《高校思想政治理论课改革创新坚守意识形态取向的策略》，《马克思主义理论学科研究》2023 年第 2 期。

② 孙来斌：《"六个必须坚持"对高校思想政治理论课的理念指引》，《思想理论教育导刊》2023 年第 8 期。

③ 金国峰、潘英杰：《ChatGPT 对教育的变革性影响及应对》，《学校党建与思想教育》2023 年第 23 期。

术、教育、人有机统一，坚持党的领导，确保政治方向；坚持制度规制，形成协同交通；坚持实践导向，实现守正创新，引导生成式人工智能"为我所用"。①

除此之外，学术界关注高校意识形态话语权、引领力，高校意识形态安全教育、制度效能、传播策略等问题。话语权一直是意识形态领域人们高度关注的热点问题，2023 年思想政治教育理论工作者持续关注此问题，并提出许多建构性方案。此外，关于高校意识形态安全教育、制度、传播等问题，学者们主要是围绕着当前青年学生的思想特征、行为习惯和价值观念分析了现状、问题和对策。

二、高校意识形态工作研究特点与不足

2023 年，思想政治教育专家学者立足我国国情，聚焦高校立德树人根本任务，紧紧围绕党的二十大精神、习近平新时代中国特色社会主义思想、习近平文化思想积极展开理论思考和研究，体现了高度的理论自觉，形成了一批理论成果，但与习近平总书记强调的坚持问题导向要求相比，存在一定的差距，需要进一步增强国际视野，注重高校意识形态自身建设问题的研究。

（一）理论自觉不断增强，但还需要强化问题意识

党的十八大以来，学术界围绕着高校意识形态工作相关的理论问题展开了一系列卓有成效的研究，并取得显著成效。习近平总书记在全国高校思想政治工作会议、全国教育大会、学校思想政治理论课教师座谈会、全国宣传思想文化工作等重要会议的重要讲话，为高校意识形态工作的理论研究提供了强大的理论依据和研究动力。2023 年，学术界紧跟党和国家关于意识形态工作的一系列决策部署、习近平总书记的一系列重要讲话精神，就"中国式

---

① 金国峰、潘英杰：《ChatGPT 对教育的变革性影响及应对》，《学校党建与思想教育》2023 年第 23 期。

现代化"、"第二个结合"、社会主义核心价值观、立德树人、思政课、思想政治工作体系、中国精神谱系等前沿问题、热点问题、重大问题，展开了有益思考和研究。高校意识形态工作的内容更加鲜活、制定更加完善、阵地更加夯实、队伍更加壮大。但新时代高校意识形态工作面临的一系列新挑战、新情况、新问题也向高校意识形态工作理论研究提出了新任务、新课题、新要求。以"中国式现代化"相关问题的研究为例，中国式现代化是中国共产党团结带领全国各族人民经过长期艰难探索，不断深化对社会主义现代化的规律性认识的成果，具有丰富的理论逻辑、历史逻辑、现实逻辑和实践逻辑。目前，个别学者关于中国式现代化的研究还停留在五大特征、本质要求、重大原则等层面，需要进一步具体化。在中国式现代化研究方面，冯刚教授从生态文明建设与政治文明建设的辩证关系切入，阐释中国式现代化人与自然和谐共生的特征。[①] 此外，也有一些学者具体探讨了中国式现代化的思想政治工作意蕴、中国式现代化进程中完善思想政治教育现代化体系、中国式现代化与思想政治工作的使命等，具有很强的问题导向，使思想政治工作者清楚地知道如何准确把握、科学认识中国式现代化，明确如何实际参与推动中国式现代化的伟大进程。

（二）立足国情不断强化，但还需要拓宽国际视野

纵观 2023 年关于高校意识形态工作研究，能够紧紧围绕新时代新征程中的新挑战、新情况、新问题展开理论研究。关于"中国式现代化""第二个结合""习近平文化思想"等时代课题与新时代高校意识形态工作的研究，增强了新时代高校意识形态工作研究的时代性、实效性，也深化了新时代高校意识形态工作的规律性认识。相对而言，关于我国高校意识形态工作与其他国家意识形态工作之间的比较研究缺乏，高校意识形态工作研究的国际化

[①] 冯刚、武传鹏：《中国式现代化进程中生态文明与政治文明建设的制度化结合》，《四川大学学报（哲学社会科学版）》2023 年第 1 期。

视野存在不足。意识形态领域的国际比较主要包括不同意识形态的价值引领力比较、认知解释力比较、制度规范力比较、行动传播力比较等。以社会主义与资本主义制度比较为例，尤其在新冠疫情期间，人们深刻感受到中国共产党领导和中国特色社会主义制度的优势性，但 2023 年学术界对这一问题的研究热度没有持续下来，有也是"蜻蜓点水"式研究，没有深入地阐释其背后的理论性、规律性，很难通过研究成果确证中国特色社会主义制度比资本主义制度"好"在哪儿、"能"在哪儿、"行"在哪儿。以政治制度的国际认同为例，可以从三个方面进行国际比较：一是政治制度的完善程度。任何一种制度都有发展完善过程，我国的政治制度也是如此，可以梳理中国特色社会主义制度的形成、发展和完善的历程、经验和趋势。党的十八大以来，我国提出国家治理体系和治理能力现代化这一重大命题，明确全面深化改革总目标就是完善和发展中国特色社会主义制度、推进国家治理体系和治理能力现代化。与我国社会主义制度不断完善不同，西方国家的资本主义制度存在明显的不足，它强调"分权制"，其背后蕴藏着巨大的深层危机。二是政治制度的实施效果。改革开放以来，我国社会主义制度的优势性不断显现，在"脱贫攻坚""抗击疫情"等过程中发挥了重大作用。而美国政治制度表现为"两党交替执政"，其实际效果是各利益集团不断强化，全社会撕裂现象日益严重的背后是政治制度缺陷在激化资本主义社会的基本矛盾。三是政治制度的社会认同。哈佛大学肯尼迪政府学院阿什民主治理与创新中心（Ash Center for Democratic Governance and Innovation）于 2020 年 7 月发布的《理解中国共产党韧性：中国民意长期调查》称"中国民众对中国共产党的满意度超过 90%"，反映了我国政府公信力的不断提升，体现了社会公众对中国共产党和中国特色社会主义制度的高度认可和认同。

（三）科学技术不断赋能，但还需要注重自身建构

科学技术本没有意识形态属性，只是使用科学技术的人赋予它太多的

责任和使命。近年来，随着科学技术的发展，高校意识形态工作加快推进科技技术的运用，关于科学技术赋能高校意识形态工作的文章也很多，2023年形成了"全媒体时代高校网络意识形态话语建构研究"①"数字时代高校加强意识形态建设的基本原则与实施路径"②"高校网络意识形态工作的三重逻辑"③"融媒体时代高校意识形态教育的挑战与应对"④等相关研究成果。这些研究成果的共同特点是运用科学技术推动高校意识形态工作实效性。的确，科学技术作为新技术手段能够促进高校意识形态工作的针对性、实效性，但还需要研究技术发展新阶段背景下的高校意识形态本身的建构问题。习近平总书记强调，要推动思想政治工作传统优势同信息技术高度融合。人们只注意到信息技术的促进作用，忽视了思想政治工作自身传统优势的基础作用。新时代高校意识形态工作研究，首先要重点研究高校意识形态工作本身的本质规律问题，科学技术发展仅仅是加强新时代高校意识形态工作的新背景、新技术、新载体、新动能。只有不断深化高校意识形态工作本身的规律性认识，才能完善新时代高校意识形态工作理论体系。实际上，科学技术与意识形态的辩证关系已经超越了思想政治教育学科，涉及科技哲学、政治学、传播学等学科的理论知识和研究范式。但无论从哪个学科角度看，科学技术的意识形态化和意识形态的科学技术化已成为一种趋势。在研究中需要注意的是，随着科学技术的迅猛发展，科学技术深刻影响着人类社会的经济、政治、文化、社会等诸多领域，科学技术成为加强意识形态工作的重要动力，而意识形态又在调整或主导着科学技术的发展方向。科学技术是生产力发展的产物，反映着与生产力对应的生产关系，由于科学技术的强大功能和作用

① 王松：《全媒体时代高校网络意识形态话语建构研究》，《黑龙江高教研究》2023 年第 12 期。

② 包天强：《数字时代高校加强意识形态建设的基本原则与实施路径》，《国家教育行政学院学报》2023 年第 11 期。

③ 聂立清、聂冠楠：《高校网络意识形态工作的三重逻辑》，《河南大学学报（社会科学版）》2023 年第 5 期。

④ 崔娜：《融媒体时代高校意识形态教育的挑战与应对》，《传媒》2023 年第 9 期。

已经超越了自己所能承载的技术本身，成为维护经济利益和政治统治的合法化工具，因此科学技术兼具技术属性和社会属性。

三、高校意识形态工作研究展望

高校意识形态工作事关培养什么人、怎样培养人、为谁培养人，是一项极端重要的工作。学术界要肩负起为高校意识形态工作提供理论依据和思想支撑的使命担当，积极回应师生、社会关心的问题。综合 2023 年的研究成果和研究特点，尤其是当前高校意识形态工作研究存在的不足，新时代高校意识形态工作未来研究需要注重理论自觉与解决问题、中国实际与国际比较、智能技术与意识形态三个方面的紧密结合与良性互动。

（一）坚持理论自觉与解决问题高度统一

问题导向是马克思主义理论的鲜明特征，是习近平新时代中国特色社会主义思想的世界观和方法论之一。习近平总书记指出："问题是时代的声音，回答并指导解决问题是理论的根本任务。"[1] 我国仍处于并将长期处在社会主义初级阶段，我国现代化水平与发达国家相比仍存在较大差距，新时代高校意识形态工作研究需要直面现实问题，既要看到我国存在的差距，又要解释清楚存在差距的原因以及党和国家的战略规划、决策部署，不断提升对现实问题的回应力和解释力，以理服人、以情动人。新时代高校意识形态工作研究坚持问题导向，就是要增强新时代高校意识形态工作的回应力。新时代高校意识形态工作回应力是指高校意识形态工作在应对社会新变化和高校意识形态工作外部社会条件改革带来的冲击过程中所体现出来的回应能力。当前，部分高校意识形态工作介入的师生空间虚化、社会解释力不及时、社会影响力不够大，都会直接影响其回应力。对此，要充分阐释"思想政治工

---

① 习近平：《高举中国特色社会主义伟大旗帜 为全面建设社会主义现代化国家而团结奋斗——在中国共产党第二十次全国代表大会上的报告》，人民出版社 2022 年版，第 20 页。

作是一切工作的生命线"论断。意识形态工作存在于社会生活各个领域，高校意识形态工作不仅存在于课堂，而要像空气一样存在于寝室、操场、报告厅、校园文化等各类育人场景中。要扩大高校意识形态工作的社会覆盖面。回应力最重要的要素是社会参与度，包括高校意识形态工作对社会领域的广泛参与，还包括社会成员对高校意识形态工作的关注与参与。高校意识形态工作应该是全社会意识形态工作的重要构成，要与社会意识形态工作各要素形成良性互动，不断扩大高校意识形态工作的社会覆盖面。

（二）坚持中国实际与国际比较紧密结合

意识形态工作兼具内生性和外延性，不仅要注重立足中国国情展开高校意识形态工作研究，也需要注重在正确的国际比较中彰显中国特色社会主义意识形态的合理性、合法性和巨大优势。经过 40 多年的改革开放，我们创造了经济快速发展和社会长期稳定两大奇迹，为社会主义意识形态建设提供了坚实的物质基础和社会基础，中国特色社会主义意识形态也不断完善和发展。现如今随着网络化、信息化、智能化的加速发展，人们可以通过多种渠道掌握信息、了解世界，新时代高校意识形态工作要主动适应新时代、新形势、新变化，引导青年学生正确进行国际比较，进而更加全面、准确、客观地认知和践行社会主义意识形态。学术界可以围绕以下三个方面展开国际比较研究：一是不同意识形态的价值引领力比较。中国共产党自成立以来坚持人民至上的价值追求，把人民对美好生活的向往作为奋斗目标，可以说社会主义意识形态具有鲜明的"人民至上"的价值特征。而资本主义推崇"资本至上"，一切向资本看齐。正如马克思所指出："资本来到世间，从头到脚，每个毛孔都滴着血和肮脏的东西。"[①] 二是不同意识形态的认知解释力研究。意识形态的认知解释力主要是通过话语体系来实现，中国坚持的是马克思主义中国化、时代化话语体系，坚持马克思主义在意识形态领域的指导地位，

---

① 《马克思恩格斯文集》（第 5 卷），人民出版社 2009 年版，第 871 页。

以马克思主义中国化、时代化的最新理论成果为核心话语体系，进而提出了"一带一路"倡议、"人类命运共同体""脱贫攻坚"等彰显社会主义意识形态的话语。相比之下，美国的意识形态话语体系建立在资本主义生产关系的话语逻辑上，强调"自由""民主""人权"等资本主义意识形态话语。两者之间存在本质性差别。三是不同意识形态的行动传播力研究。我国社会主义核心价值观的国际传播和西方自由主义价值观的国际传播在主体、内容、广泛和渠道等方面也存在巨大的差别。比如，我们所提出的"人类命运共同体"，强调和平合作、开放包容、互利共赢，而美国推崇的所谓"和平方案"，更多的是强调"美国优先""先入为主"等价值理念。一直以来，美国等西方国家以青年群体为重要的意识形态渗透对象，而针对此，党和国家提出了一系列加强意识形态工作的有效措施，不断提升社会主义意识形态的国际传播力。[①]

（三）坚持科学技术与意识形态双向建构

科学技术与意识形态双向建构是发展趋势，但其中也存在一定的风险，这一风险在数字时代、智能时代尤为突出。随着科学技术不断融入人类社会的各个领域，科学技术会产生无形的权力，这种技术权力如果控制不好，可能直接挑战传统意义上的国家权威和权力，进而影响到国家意识形态的实现模式。同时，由于世界各国科学技术的发展水平不同，可能会产生"技术鸿沟"、带来数字文化霸权，加剧世界各国意识形态的较量、竞争、摩擦甚至冲突。如何避免此类问题的发生，且正确推动科学技术与意识形态的双向建构，就高校意识形态工作研究而言，需要关注如下三个方面的问题：一是规制科学技术，增强高校意识形态治理能力。党的十八大以来，党和国家高度重视科学技术相关的制度体系建设，从《中华人民共和国网络安全法》到

---

① 李辽宁、张婕：《论我国意识形态的国际竞争力及其提升策略》，《思想教育研究》2023年第 4 期。

《生成式人工智能服务管理办法》，从《中华人民共和国个人信息保护法》到《人脸识别技术应用安全管理规定》，涉及国家层面、社会层面、个人层面。高校意识形态工作要以相关法律法规为遵循，根据学校实际细化各类规章制度。二是加强媒体建设，提升高校意识形态建设水平。科学技术既不是"洪水猛兽"也不是"万能魔盒"，高校意识形态工作要善用之。当前，高校领导干部用网、管网、治网的能力和水平还不足，网络群众路线还不够，线上线下分而治之的现象比较突出，需要深入学习贯彻落实习近平总书记关于意识形态工作、网络安全和信息化工作的一系列重要讲话精神，将科学技术真正转化成高校意识形态工作的育人效果。三是强化文化育人，实现高校意识形态工作协同。新时代高校意识形态工作要想落实好习近平文化思想，形成以文化人、以文育人协同工作格局，持续深化"三全育人"改革，推动"大思政课"建设，推动校内外育人资源的良性的互动融合。

第二十二章　高校党的建设与全面从严治党研究

党的二十大着眼实现新时代新征程党的使命任务，对坚定不移全面从严治党、深入推进新时代党的建设新的伟大工程作了战略部署。2023年是贯彻落实党的二十大精神的开局之年，各大高校紧紧围绕立德树人根本任务，勇担为党育人、为国育才的重大职责使命，在实践中不断提升党的建设工作质量，持之以恒推进全面从严治党向纵深发展，总结凝炼出诸多行之有效的工作经验，催生出丰硕而有价值的学术成果，有力引领保障高等教育事业高质量发展。梳理总结2023年度高校党的建设与全面从严治党研究的主要进展，分析研究成果呈现出的年度特征与主要不足，并在此基础上展望未来研究趋势，对进一步坚持和加强党对高校的全面领导、提升高等教育质量、建设教育强国具有重要意义。

一、高校党的建设与全面从严治党研究的年度进展

高校党的建设是坚持社会主义办学方向、培养德智体美劳全面发展的社会主义建设者和接班人的根本保证，在整个党的建设中占据着特殊而重要的地位。进入新时代，高等教育步入了由规模发展向内涵提升的新阶段，高校党的建设工作更加注重高质量发展，引发学界的广泛关注与持续思考。在2023年度，学者们对高校党的建设与全面从严治党研究既有整体性的理论阐释，又有结合工作实际而展开的实践探索，且积极寻求理论与实践之间良性互动，研究成果进一步深化拓展。

（一）习近平总书记关于高校党建工作重要论述研究

党的十八大以来，习近平总书记高度重视高校党的建设，在多个场合反复强调高校党建工作的重大意义，并提出了一系列关于高校党建的新思想、新论断、新观点，为进一步加强高校党的建设提供了根本遵循，推动高校党建工作质量实现了整体性跃升。习近平总书记关于高校党建重要论述的学理阐释是学者们致力探究的重点内容。有学者把习近平关于高校党建的重要论述概括成价值地位论、领导方向论、时代任务论、基础支撑论等"四论"表达体系，呈现出引领高校党建目标的战略前瞻性、指向高校党建问题的现实针对性、把握高校党建大局的发展历史性等本质特征。[①] 有学者提出习近平关于加强高校党建重要论述，包含了创造性贡献、拓展性贡献与独创性贡献三层蕴义，体现出引领和推动中国特色高等教育事业发展的行动指南、提供和保障中国式现代化人才科技教育的坚强支撑、丰富和拓展习近平新时代中国特色社会主义思想重要论域的时代价值。[②] 有学者认为面向建设教育强国的使命任务，高校应当深刻领会习近平关于高校党建重要论述的重要内涵和精神实质，一以贯之地坚持党对高校改革发展的全面领导，不断完善高校党建工作的领导体制机制，创新和改进党建工作方式方法，实现以高质量党建引领高校高质量内涵式发展。[③] 有学者着眼党风廉政建设在高校育人情境中的实践运用，从时代诉求、内生动力、实践进路、方法创新四个方面解读了习近平关于高校党风廉政建设的重要论述。[④] 学者们基于整体视角对习近

---

① 黄蓉生、刘东旭：《习近平关于高校党建重要论述的概括、特征及价值》，《国家教育行政学院学报》2023 年第 9 期。

② 黄蓉生、刘东旭：《习近平总书记关于加强高校党的建设的重要论述的原创性贡献》，《贵州社会科学》2023 年第 8 期。

③ 舒刚、徐为结：《习近平关于高校党建重要论述的价值意蕴与践行进路》，《国家教育行政学院学报》2023 年第 10 期。

④ 吴向康、张梅龙：《习近平关于高校党风廉政建设重要论述探析》，《井冈山大学学报（社会科学版）》2023 年第 1 期。

平关于高校党建重要论述进行了梳理阐发，为深化本专题研究做出了积极贡献。

（二）高校党建与高等教育事业发展深度融合研究

习近平总书记强调："必须毫不动摇坚持和加强党对高校的全面领导，不断加强和改进高校党的建设，推动高校党建与高等教育事业发展深度融合。"[①]为了进一步破解党建与高等教育事业高质量发展深度融合的现实困境，学者们坚持以问题为导向，从多维视角出发展开讨论。有学者指出高校党建和事业发展融合面临思想认识不到位、体制机制存在短板、制度执行不够严实、队伍建设有待加强等方面问题。[②]有学者认为，高校要从凝聚思想共识、锚定关键节点、加强队伍建设、完善评价机制、找准实践方向、强化组织保障等方面着力，才能实现以高质量党建推动教育事业高质量发展的目标。[③]有学者围绕"为什么融""如何融""融什么"这一逻辑思路，结合本校创建的党建与业务深度融合模式，用案例立体呈现高质量党建引领高校教育事业高质量发展的路径和方法。[④]学者们对高校党建与事业发展深度融合的探讨，对于有效破解党建与业务"两张皮"问题，全面构建新时代高校党的建设新格局具有重要的参考价值。

（三）高校基层党组织建设的理论与实践研究

高校基层党组织是党在高校发挥作用的关键所在，是确保党的路线、方

---

① 《中共中央政治局召开会议讨论"十四五"规划和二〇三五年远景目标纲要草案和政府工作报告审议〈中国共产党普通高等学校基层组织工作条例〉》，《人民日报》2021年2月27日。

② 王同奇：《推进高校党建与事业发展深度融合 以高质量党建引领事业高质量发展》，《学校党建与思想教育》2023年第21期。

③ 张晓臣：《新时代高校党建与事业发展深度融合的难点及对策》，《辽宁开放大学学报》2023年第3期。

④ 郑伟：《"为什么融""如何融""融什么"——高校党建与业务融合的"1+2+3+N"模式实践探索》，《黑龙江教育（高教研究与评估）》2023年第12期。

针、政策和决策部署在高校落地生根的重要基础。长期以来，高校基层党组织建设的理论与实践问题，是学界研究的重中之重。2023 年度，学者们研究旨趣主要集中在高校基层党组织建设史、高校党支部建设、高校党务工作者队伍建设、高校学生社区党建等方面，为高校党建工作高质量发展提供了较为丰富的理论资源。

一是关于高校基层党组织建设发展历程与经验启示研究。从党的百年奋斗历程出发，系统梳理高校基层党组织发展脉络，是中共党史党建研究的重要部分。有学者认为高校基层党组织历经了 1921 年至新中国成立前后的初始初创期、改革开放前后的全面恢复期、21 世纪前后的规范建设期、党的十八大以来的高质发展期等四个阶段，并深入挖掘了各个历史时期的标志性事件。历史不仅可以观照过去，也能更好地认识现在和未来。百余年建设历程启示我们要始终坚持和加强党对高校的全面领导，不断激发高校基层党组织工作活力；要坚持和加强围绕立德树人根本任务，全面提升学校基层党建引领事业发展的能力；要坚持和加强高校党建规范化建设，全面提升高校基层党建工作质量；要坚持和加强用党的创新理论铸魂育人，全面提升高校基层党建教育管理水平。①

二是关于高校党支部分类建设研究。高校党支部包括学生党支部、教师党支部等多种类型，不同类别的党支部建设思路与路径各有侧重。针对高校学生党支部建设，有学者科学构建了高校学生党支部组织力评价指标体系，明确组织力建设"该做什么""应该怎么做"，为高校学生党支部组织力提升提供有效导引和保障。② 有学者从交叉学科视角，把全面质量管理理论引入高校学生党支部组织生活管理，创新构建了学生党支部组织生活管理模式，

① 王培、陶楚歌、张洺绮：《百年来高校基层党组织建设的发展历程与经验启示》，《学校党建与思想教育》2023 年第 16 期。
② 邹霞、邓春：《高校学生党支部组织力评价指标体系构建研究》，《重庆理工大学学报（社会科学版）》2023 年第 9 期。

能有效增强学生党支部组织生活活力。① 针对高校教师党支部建设，有学者认为发挥高校教师党支部在党建和学科双融双促中的作用，对解决学科建设中的难点痛点问题，保证学科建设关键目标的实现具有重要意义。为此，要进一步优化教师党支部的组织运行机制，完善契合教师发展的党建工作机制，提升融合机制实效。② 有学者认为全面增强高校教师党支部生机活力是一项系统性、基础性工作，高校应当从抓班子带队伍、打造党建品牌、推动党建与业务融合、开展联创共建等四个方面，全面激活和焕发基层党建工作的生机活力。③ 此外，还有学者围绕高校党支部标准化规范化建设、高校学生党支部育人、高校教师党支部"党建＋课程思政"融合等展开研究。

三是关于高校党务工作者队伍建设研究。新时代背景下，建设一支高素质专业化的高校党务工作者队伍是有力提升高校党建工作质量的关键所在，其研究也逐渐引起学界的重视。有学者针对高校党务干部队伍建设这一研究议题，利用文献计量法并结合内容分析法，从客观、科学的角度审视该议题的学术现状、研究热点与未来发展趋势，为相应的理论研究与实践工作提供了前置性参考。④ 高校党组织政治功能和组织功能有效发挥，离不开高校教师党支部书记"双带头人"头雁作用有力支撑。2018 年，教育部党组发布了《关于高校教师党支部书记"双带头人"培育工程的实施意见》，全国高校围绕"双带头人"培育模式进行了富有成效的实践探索，形成了典型案例和特色工作法。但是对标新时代高校党建任务目标，还存在亟待解决的问题。比如，有学者指出一些"双带头人"选配标准还不够严格、融合党建和业务工

① 静丽贤、于珊、高菲：《全面质量管理视角下高校学生党支部组织生活管理模式研究》，《华北理工大学学报（社会科学版）》2023 年第 4 期。

② 胡神松、薛志华：《新时代高校教师党支部建设与学科发展双融双促路径探析》，《学校党建与思想教育》2023 年第 21 期。

③ 葛爱冬、胡令启：《增强高校教师党支部生机活力略探》，《学校党建与思想教育》2023 年第 10 期。

④ 张冉、楼鑫鑫：《中国高校党务干部队伍建设研究的主题演进与未来展望》，《思想政治课研究》2023 年第 5 期。

作的能力不够强、推进支部工作提质增效的热情有待激发，并从思想认知、运行机制、制度设计层面进行了归因。[①] 另外，高校专职组织员的角色定位、专业发展因素、职业发展路径等研究也有所涉及。

四是关于高校学生社区党建研究。高校"一站式"学生社区是大学生日常生活、社交、学习的物理场所和精神空间，承载着重要的育人价值与功能，是落实"三全育人"和推进大学生思想政治教育改革创新的有力抓手。自 2019 年教育部启动"一站式"学生社区综合管理模式建设试点以来，学生社区党建工作越来越受重视。有学者认为，高校学生社区党建工作体系建构是一项综合改革工程，需要结合实际因地制宜、因校施策。可以围绕组织队伍保障体系、工作职责分工体系、社区空间运维体系、创新平台管理体系、工作成效反馈体系等来进行建构，以满足高校培育时代新人以及大学生全面发展的需要。[②] 还有一些学者基于书院制教育视角，探讨了高校"党建 + 社区""学院 + 书院"双轮驱动党建工作新模式，以及研究了异地校区学生社区党建共同体建设的思路与方法，为进一步增强学生社区党建工作实效性提供了诸多有益启发。

除上述内容之外，学者们还聚焦高校基层党建的一些独特性问题展开了系统研究。比如，刘勇等编写的《新时代高校党的建设的制度规范与价值意蕴》（中央编译出版社）一书，系统梳理了新中国成立以来特别是党的十三届四中全会以来高校党的建设的政策文件和历史档案，力图在充分占有相关资料的基础上考证辨析，实现以新的研究视角展示高校党的建设发展的历史图景。曾小军在《民办高校党组织建设的分层探索》（社会科学出版社）一书中，对民办高校高层党委领导作用实现方式与保障机制、中层党组织负责人影响力、基层党组织组织力提升等相关问题进行了全方位探索。黄建军在

---

① 李文雷、彭聪等：《高校教师党支部书记"双带头人"模式探索与实践》，《中国高等教育》2023 年第 9 期。

② 陈城、李杨帆：《新时代高校学生社区党建工作体系建构研究》，《学校党建与思想教育》2023 年第 1 期。

《新时代民办高校党的领导体制机制研究》（人民出版社）一书中，紧紧围绕党对民办高校领导的体制机制，从时代背景、价值审视、历史变迁、实施目标、路径建构等方面进行了系统阐发，对如何进一步加强党对民办高校领导的体制机制研究具有一定理论价值和实践意义。

（四）数字时代高校智慧党建研究

伴随着数字技术的快速迭代革新，高校党建朝着数字化、智慧化、智能化方向发展是大势所趋，也是数字中国建设的题中应有之义。然而，从当前发展状况来看，高校智慧党建还仍存在诸多不足，需要从理论层面强化研究、从实践层面不断探索，进一步提升智慧党建工作水平。有学者提出，高校要科学把握数字技术赋能高校党建工作的方向与空间，运用数字技术提供全过程、智能化支撑，创建数字化智慧党建工作新范式，从而实现政治统领、思想铸魂、组织保障、技术赋能、创新驱动，促进高校党建工作提质增效。[1]有学者认为，数字技术的融合驱动为高校党建的高质量发展带来全方位的数字化创变，更为"一融双高"背景下全要素、全系统和全方位推进高校党建质量评价范式的变革提供了技术支撑。将大数据应用于高校党建工作质量的数字化评价，依然在思维转型、机制建构、技术应用和伦理规制等方面面临诸多挑战。推动高校党建质量评价数字化转型，要从理念重组、机制重建、能力重塑、指标重制等方面着力。[2]也有学者把研究视野聚焦于大数据赋能高校学生党建工作方面，提出要构建以"智慧党建"为主体，基础数据、支部成长数据与学习资源数据为三翼的数据集成平台，实现数据闭环和数据共享，提升高校落实立德树人根本任务的成效。[3]

---

① 武晶晶：《数字技术赋能高校智慧党建工作体系建设》，《中国高等教育》2023年第12期。

② 田苏宏、王丽娜：《高校党建质量评价数字化转型的实践进路》，《思想理论教育》2023年第8期。

③ 高盛楠、刘超：《"智慧党建"：大数据赋能高校学生党建工作探析》，《重庆邮电大学学报（社会科学版）》2023年第3期。

（五）高校干部人才队伍建设研究

干部人才决定事业兴衰成败，新时代党的组织路线用"两个着力"从路线的高度将干部队伍建设和人才队伍建设有机统一起来。深入研究党管干部党管人才工作，切实加强干部人才队伍建设必然成为高校党建工作的关键议题。有学者针对当前高校"双肩挑"干部队伍建设面临的现实问题，提出要构建"精选、优育、严管、善用"的高校"双肩挑"干部"选育管用"全链条机制，将纳入"双肩挑"管理模式的干部培养为"政治素质好、管理能力强、专业水平高"的高素质专业化人才，推动高校干部队伍形成青蓝相继、薪火相传的生动局面。[1]有学者认为高校党员干部政治训练包括政治站位、政治规矩、政治能力和政治担当四个核心要素，要把构建全流程长效机制作为突出政治训练的实现路径，促进高校党员干部切实肩负起新时代赋予的政治使命。[2]有学者认为坚持正确的政治方向是高校高层次人才工作的根本要求，政治引领和政治吸纳是做好高校高层次人才工作的重中之重。目前，高校在推进高层次人才政治引领和政治吸纳的过程中，仍存在覆盖范围有限、方法策略较单一、部分高层次人才政治参与热情不足等困境。基于此，加强高校高层次人才政治引领和政治吸纳，应强化顶层设计，通畅议事渠道；丰富载体平台，力戒形式主义；党建业务互促，增强政治认同。[3]学者们的有关思考和研究充分体现了学界对高校干部队伍和人才队伍建设的重视。

---

[1]　覃文忠、闵睿：《高校"双肩挑"干部"选育管用"全链条机制路径研究》，《学校党建与思想教育研究》2023 年第 18 期。

[2]　牛广华、卢吉超：《高校党员干部政治训练：时代内涵、现实困境与实现路径》，《党政论坛》2023 年第 5 期。

[3]　陈玫：《高校高层次人才的政治引领与政治吸纳》，《学校党建与思想教育研究》2023 年第 20 期。

（六）高校全面从严治党相关问题研究

党的领导是全面完整的领导，高校也并非全面从严治党的免疫之地。新时代背景下，如何把党的自我革命战略部署和全面从严治党战略方针贯穿到高校办学治校全过程，是摆在现实面前的一项重要课题。因此，深化新时代高校全面从严治党工作的认识和实践，对把高校建设成为生态清明的殿堂和教书育人的圣地具有重要而深远的意义。2023 年度，学者们坚持理念审视与方法探索相结合、系统阐释与专题分析相统一，特别是以冯刚教授主编的《新时代高校全面从严治党研究》为代表的相关论著的出版发表，把高校全面从严治党研究推向了新的发展高度。

第一，关于高校全面从严治党基础理论的系统研究。综观学术发展动态，有关高校全面从严治党研究的论著还略显单薄，本年度最大的学术贡献就是《新时代高校全面从严治党研究》一书出版，这为进一步展开本领域的研究夯实了理论基础。该书立足新时代高校党的建设实际，回顾总结了新中国成立以来高校从严治党的历史进程和经验，在分析新时代高校全面从严治党科学内涵、时代价值、基本现状的基础上，提出了新时代高校全面从严治党的基本原则和实践指向，分别探析了全面从严治党与高校宣传思想工作、思想政治教育工作、师德师风建设、高校党风廉政建设、高校治理现代化、高校文化建设等六个方面的重点内容，并从实践支撑、技术支持和体系完善三个维度对高校全面从严治党的理论创新、实践创新、效果评价进行了未来展望。[①] 该书整体把握了新时代高校全面从严治党研究的广度及深度，生动体现了历史与现实、理论与实践的辩证统一，使得高校全面从严治党基础理论问题研究更加彰显严密的结构性、内在的逻辑性和突出的学理性，契合时代发展变化和历史诉求，为未来研究拓展与创新提供了方向借鉴。

第二，关于高校全面从严治党实践探索的专题研究。高校党建工作与地

---

① 冯刚、林东伟：《新时代高校全面从严治党研究》，北京师范大学出版社 2023 年版。

方政府、国有企业、中小学的党建工作相比，具有显著差异。因此，如何聚焦高校重点领域廉洁风险和不正之风，把"严"的主基调贯穿到高校改革发展全过程、落实到立德树人各方面，这是学界长期追踪的热点论域。有学者认为，把全面从严治党方针贯穿高校学生党建工作，既是培养矢志不渝跟党走人才的需要，也是锤炼学生党员政治品格的需要。但是，目前还存在学生党员发展质量评价与全面从严治党方针贯穿高校学生党建工作的要求不甚一致等方面问题，需要积极探索科学有效的实践路径。[1] 新时代以来，高校纪检监察体制机制改革不断深化，高校纪检监察工作在巩固全面从严治党成果方面的地位愈加凸显。有学者指出高校纪检监察工作的制度创新主要体现在高校内部监察、巡视巡察和派驻监察上。高校纪检监察机关主要承担着监督执纪、追责问责、宣传教育等职责，其职能定位更加规范化、法治化、正规化。新时代高校纪检监察工作，要锚定"为谁培养人"，凸显政党价值；聚焦"怎样培养人"，释放制度价值；围绕"培养什么人"，提升文化价值，开辟了新时代高校纪检监察工作的新境界。[2] 还有学者从制度主义视角出发，提出高校应当聚焦全面从严治党协同监督机制的核心要素，不断加强纪检监察部门、内部审计部门、巡察部门及其他具有职能监管功能部门之间的协作配合，最终形成高校纵向贯通、横向协同、覆盖全面的"大监督"工作格局。[3]

第三，关于高校党风廉政建设与反腐败治理研究。高校党风廉政建设是高校全面从严治党的重要内容。近年来，高校腐败问题频频发生，其往往受人关注度高、容忍度低，充分表明"象牙塔"并非净土，高校党风廉政建设与反腐败治理任重道远。有学者分析了高校发生腐败问题的主要原因，即在

① 曲建武、周家伟：《全面从严治党方针贯穿高校学生党建工作刍议》，《学校党建与思想教育研究》2023 年第 19 期。

② 刘庆莹、齐卫平：《新时代高校纪检监察工作理论与实践研究》，《学校党建与思想教育研究》2023 年第 17 期。

③ 马博虎：《高校全面从严治党协同监督机制的构建》，《学校党建与思想教育研究》2023 年第 3 期。

于党风廉政建设制度缺乏有效执行，几乎每个腐败案件的背后都存在"制度空转"的情况。在全面从严治党背景下，相应地需从制度设计质量、制度执行主体能力和制度执行文化氛围等方面寻求解决对策。[①] 有学者认为，中华传统廉洁文化能为新时代高校党风廉政建设提供廉洁文化理论滋养、廉政制度导向、实践指向。应遵循高校党风廉政建设发展的规律，通过强化思想、完善制度建设、创新载体等方式，开创高校党风廉政建设发展新局面。[②] 有学者则建议进一步加强高校巡察组自身的管理和监督，健全和优化高校巡察监督的组织协调机制和信息流通机制，强化上下联动的巡察监督成果运用，把廉洁高校建设向更深层次推进。[③] 此外，还有学者聚焦高校招采、基建、后勤、财务和师德师风领域的潜在风险，试图提出廉政风险防控机制的发展新路径，为高校有效预防和治理腐败问题提供了新思路。

二、高校党的建设与全面从严治党研究的年度特征与不足

本年度学界围绕高校党的建设与全面从严治党展开了多视角、多方位、多层次的研究，既保持着对传统议题的持续跟进，也呈现出在继承中深化、守正中创新的研究态势，蕴含着理论逻辑、价值逻辑、现实逻辑、实践逻辑的有机统一。具体审视和分析本年度研究的鲜明特点与主要不足，有助于进一步准确把握高校党的建设与全面从严治党研究现状及方向，推动高校党建工作取得新成效。

（一）高校党的建设与全面从严治党年度研究特征

经过梳理总结发现，2023 年度高校党的建设与全面从严治党研究形成了

---

① 邵彦敏、刘海涛：《高校党风廉政建设制度执行力探析》，《国家教育行政学院学报》2023 年第 9 期。

② 周丽华、黄宝莹：《中华传统廉洁文化融入高校党风廉政建设的内在机理与现实路径》，《学校党建与思想教育研究》2023 年第 7 期。

③ 徐璐：《廉洁高校建设中的巡察监督制度优化研究》，《廉政文化研究》2023 年第 4 期。

系列重要成果，具有鲜明的年度研究特征和生机活力，既凸显出浓郁的时代气息和强烈的问题意识，又实现了宏观审视与微观把握、理论阐释与实践应用的有效结合，集中反映了高校党的建设与全面从严治党研究的价值旨趣和多元发展方向。

一是从研究主题看，展现出浓郁的时代气息。不断强化高校领域党的建设工作，坚定不移推进高校全面从严治党，是贯彻落实好新时代党的组织路线的基本需要，也是不断推进党的自我革命，永葆党的先进性和纯洁性的必然选择。进入新时代，高校党的建设与全面从严治党工作面临新要求和新任务，相应的理论研究也必须紧跟时代步伐，不断适应时代发展的新变化和新期盼。本年度，学者们持续聚焦党的建设新的伟大工程这一时代主题，深刻把握全面从严治党新的时代内涵，在高校党的建设与全面从严治党研究进路上始终保持着与党和国家战略部署同向同行。在以往研究的基础之上，本年度更加注重把高校党的建设与全面从严治党作为习近平新时代中国特色社会主义思想的重要内容加以系统阐释，更加注重对其时代价值、时代特征、时代路径的具体分析，更加注重高校党建与"三全育人"、双一流建设、学校内部治理等重大时代课题相融相促研究。下一步，要提升高校党建与全面从严治党研究水平，就必须深刻领会时代变化中各类要素互动逻辑和发展趋势，更好地把握好时空发展和社会变迁的目标要求，在时代洪流中找准理论研究的着力点和生长点，不断深化高校党建设研究的科学性和针对性。

二是从研究内容看，凸显出强烈的问题意识。问题是时代的声音、矛盾的表达，每一个时代总会有属于它自己的问题，这也就构成了理论研究的逻辑起点和基本指向。习近平总书记指出，"要有强烈的问题意识，以重大问题为导向，抓住关键问题进一步研究思考，着力推动解决我国发展面临的一系列突出矛盾和问题。"[①] 当下，高等教育普及化程度不断提升，高校内部治理

---

① 习近平：《关于〈中共中央关于全面深化改革若干重大问题的决定〉的说明》，《人民日报》2013 年 11 月 16 日。

体系和治理能力现代化仍旧面临着诸多挑战，其中既有反复出现的老问题，又有随着社会不断发展而显现出的新问题，甚至还有新旧交织叠加的复杂难题，这为高校党的建设与全面从严治党研究提供了足够张力。本年度，学者们始终保持正视问题的清醒，把问题意识贯彻于研究过程，针对高校党建与全面从严治党工作中的重点难点问题进行了前提性反思和根源性探索，并试图探寻科学有效的问题化解之路。回顾本年度研究进展，学者们倾向于把问题聚焦在高校党建引领事业发展、高校党建与思政教育融合、高校基层党建质量提升、高校智慧党建创新、高校党建育人实效、高校"大监督"运行机制、高校廉政建设等现实问题上，这有助于积极回应学科发展中的热点议题，有效拓展高校党的建设与全面从严治党研究的问题场域。

三是从研究视角看，宏观审视与微观探析并进。理论研究需要通过一定的视角并借助具体的方法对对象展开分析，既可以从宏观视野审视全貌，也可以用微观视角洞察重点。2023年度高校党的建设与全面从严治党研究呈现出一种宏观审视与微观探析并行不悖的显著特点。这种特点不仅反映在学术研究的方法和视角上，也体现在研究议题和内容的广度与深度上。宏观审视主要体现在对高校党建与全面从严治党的整体性、战略性和长远性的思考上。在这一视角下，学者们对高校党建的历史演进、现实状况以及未来发展进行了较为全面而深入的探讨。比如，有学者从历史唯物主义的角度出发，分析了高校基层党建在不同历史时期的特点和挑战，为理解当前党建工作提供了历史参照。还有学者着眼于完善党和国家监督体系，探讨了高校全面从严治党体系建设的重要地位和功能价值。微观探析则聚焦于高校党建与全面从严治党工作的具体实践、操作层面和细节问题。在这一视角下，学者们通过深入调查、个案研究和比较分析等方法，对高校党建与全面从严治党进行了细致入微的研究。例如，有学者对高校基层党组织的建设进行了实证研究，提出了加强基层组织建设的有益建议。还有学者关注高校教师的师德师风建设，通过案例分析提出了提升教师思想政治素质的具体措施。

四是从研究思路看，理论阐释与实践应用兼备。高校党的建设与全面从严治党是当前中国高等教育领域的重要议题之一。本年度的高校党建与全面从严治党研究呈现出理论阐释与实践应用兼备的特点。一方面，理论阐释进一步深化。在高校党建研究中，学者们深入挖掘了马克思主义党建理论、中国特色社会主义党建理论以及高校党建的特殊规律，进一步明确了高校党建工作的指导思想、基本原则和主要任务，为高校党建工作提供了坚实的理论基础。此外，学者们还结合时代背景，对高校全面从严治党理论体系进行了完善和创新，使其更好地适应新时代的发展需要。另一方面，实践应用进一步拓展。面对新时代的新挑战，高校党的建设工作需要在实践中不断创新。许多高校积极探索符合自身特色的党建工作模式，如"党建＋学科建设""党建＋文化建设""党建＋思政课"等，这为高校党建工作注入了新的活力，推动了高等教育事业的发展。同时，高校全面从严治党研究也更加关注实际工作的操作应用，学者们努力把实践经验凝炼成理论成果，积极探寻深入推进高校全面从严治党的实践策略，致力于优化高校全面从严治党体系内部结构的基础上推动管党治党水平不断实现新提升。

（二）高校党的建设与全面从严治党年度研究不足

2023 年度，学界立足于时代发展背景和现实客观需要，根植高校党的建设与全面从严治党的丰富实践，取得了丰硕的学术成果。同时，也还存在"四多四少"问题，即同质化研究偏多，高水平成果偏少；实践性探索偏多，学理性研究偏少；零散性研究偏多，体系化构建偏少；单向度关注偏多，比较性研究偏少。

一是同质化研究偏多，高水平成果偏少。同质化问题主要表现为绝大多研究成果仅针对高校党建而谈党建，在研究内容和研究范式上存在较大雷同，这在很大程度上是由于研究思路和方法过于单一所导致的。目前，许多研究主要集中在理论阐述和一般性分析上，缺乏对具体实践和案例的深入探讨。这种研究方式往往给人带来一种"看似想解决问题"的直观，却又难以提出具有针对性和操作性的策略，也很难对高校党建和全面从严治党的实践产生实质性影响。因此，需要拓展研究思路和方法，更加注重原创性研究，并加强实证研究和案例分析，深入挖掘高校党建和全面从严治党的实践经验和教训，为实际工作提供更有价值的参考。本年度，关于高校党的建设与全面从严治党公开发表学术论文多达700余篇，但是在北大核心和南大核心期刊发表的仅60余篇、占比约8%，高质量成果明显不足。造成此种现象的原因可能涉及多个方面。一方面，当前高校党建和全面从严治党研究领域的学者和研究成果还比较分散，缺乏系统性和整体性。这导致研究成果的质量和水平参差不齐，辐射力和影响力未充分彰显。另一方面，当前的研究可能过于关注短期效应和表面现象，缺乏对高校党建和全面从严治党长期发展规律的深入探索和研究。这种研究往往难以产生具有前瞻性和引领性的成果，也很难能为高校党建和全面从严治党的长远发展提供有力支持。

二是实践性探索偏多，学理性研究偏少。高校党的建设与全面从严治党研究，是一项兼具理论性和实践性的重要课题。然而，在本年度学术研究中，我们发现存在一种倾向，即实践性探索偏多，学理性研究偏少。这一问题的具体表现有如下三个方面。首先，实践先行，理论滞后。在高校党的建设和全面从严治党的研究中，实践性探索占据了主导地位。许多研究都是基于实际工作的需要，寻求解决具体问题的方案。这种实践导向的研究方式有其优点，能够直接服务于实际工作，提高工作效率。然而，过于偏重实践性研究往往会忽视对相关理论的深入探讨，导致理论发展滞后。没有理论支撑的实践往往会陷入经验主义的泥潭，难以形成系统的、科学的方法论体系。其次，重现象描述、轻本质挖掘。本年度高校党的建设与全面从严治党研究，往往停留在对现象的描述和总结上，而缺乏对问题本质的深入挖掘。这种研究方式容易造成对问题理解的表面化，难以触及问题的核心和实质。例如，在探讨高校党建工作中存在的问题时，许多研究只是列举了一些表面现象，而没有深入分析这些现象背后的深层次原因。最后，研究方法单一，缺乏科学性。本年度，许多研究过于依赖个案研究和日常经验分析，缺乏科学性和系统性。个案研究和经验总结固然有其价值，但仅仅依靠这些方法难以得出具有普遍意义的结论。此外，一些研究在方法上还存在明显缺陷，如样本选取不具有代表性、数据分析不严谨等，这些都会影响研究的科学性和可信度。

三是零散性研究偏多，体系化构建偏少。2023 年度，高校党的建设与全面从严治党研究最为显著的问题就是研究内容比较分散，研究体系不够健全。在本年度的研究中，许多学者从不同角度对高校党的建设和全面从严治党进行了探讨，但这些研究往往缺乏系统性和整体性。比如，研究主题众多且分散，这种分散性导致研究内容重复，不仅浪费了学术资源，也使得研究成果的积累和进步变得缓慢，并限制了研究的深度。与零散性研究偏多相对应的是，高校党的建设与全面从严治党研究在体系化建构方面显得尤为薄弱。尽管学者们从不同角度进行了研究，但这些研究之间缺乏一个核心的理论体系作为支撑，研究成果之间的关联性和逻辑性不强，难以形成一个完整的知识体系。研究往往只关注某一方面或几个方面的问题，而缺乏对高校党的建设和全面从严治党系统性的思考，这使得理论框架显得不完整，难以对实践提供全面的指导。高校党的建设与全面从严治党涉及多个学科领域，如政治学、纪检监察学等。然而，本年度的研究大多局限于单一学科领域，跨学科的交流和合作严重不足。因此，由于缺乏核心理论体系和完整的理论框架，研究成果在实践指导方面显得较为有限，使得高校在实际工作中难以找到有力的理论支撑，也难以将研究成果转化为实践行动。

四是单向度关注偏多，比较性研究偏少。本年度，高校党的建设与全面从严治党研究存在明显的单向度倾向，即过于集中在某一方面或某一层次，而忽视了其他重要因素和层面。实际上，高校党建工作受到社会环境、政策导向、文化氛围等多种因素的影响，这些外部因素与高校党建有着密切的互动关系。本年度研究对内部视角倚重，过度关注高校内部党建工作，如组织建设、制度建设、思想建设等，而忽视了外部环境对高校党建的影响。缺乏对外部因素的深入探讨，使得我们对高校党建工作的理解变得片面。比较性研究是揭示事物本质和规律的重要手段之一。然而，在本年度高校党的建设与全面从严治党研究中，比较性研究缺乏也是一个突出问题。首先，横向比较缺失。本年度研究缺乏对不同地区、不同类型高校党建工作的横向比较。缺乏横向比较使得我们无法全面把握高校党建工作的多样性和复杂性。其次，纵向比较忽视。本年度研究也缺乏对高校党建与全面从严治党工作历史演变的纵向比较。忽视纵向比较使得我们无法准确把握高校党建工作的发展规律和趋势。最后，国内外比较不足。国外高校在腐败预防治理等方面积累了丰富经验，能为高校党的建设与全面从严治党研究提供新的思路和视角，但遗憾的是本年度依旧缺乏国际比较研究，限制了研究的宽度和广度。

三、高校党的建设与全面从严治党研究的未来展望

概观本年度学界关于高校党的建设与全面从严治党研究现状，学者们从理论、制度、策略等维度出发进行了有益探索，但也存在明显局限。基于2023年度研究进展与特征，前瞻未来高校党的建设与全面从严治党研究动向，对于深化学理研究与实践运用具有重要指导意义。面向未来，需要进一步构建理论框架体系，夯实基础理论研究、深化实践应用研究、拓宽学科交叉研究、加强对比分析研究，以高水平学术成果引领高校党的建设与全面从严治党工作高质量发展。

（一）坚持系统观念，着力夯实基础理论体系化研究

高校党的建设与全面从严治党工作是由若干要素和层次构成的有机整体，也是一项复杂的系统工程，具有丰富的科学内涵和严整的运行机制，需要以系统化观念整体推进基础理论研究。一是要进一步凸显高校党的建设

与全面从严治党"元问题"的追问和反思。对内涵和外延的科学界定和定位，是深入推进高校党的建设与全面从严治党研究的基础和前提。高校党的建设、高校全面从严治党到底是什么？它们与其他工作的边界在哪里？具体内容该如何勘定？目前，学界对这些"元问题"的追问和解释还不够充分有力，理论研究存在明显的缺陷。下一步，学者们应该结合高校的职能职责、形势发展等因素，综合其他学科知识理论，进一步探索和厘清高校党的建设与全面从严治党的内涵和外延，对其时代特征、内容结构、地位功能等一般理论议题再进行系统化、深层次的阐释和升维，达成统一的学术共识。二是要进一步加强高校党的建设与全面从严治党的层次性研究。高校党的建设涉及政治建设、思想建设、组织建设、作风建设、纪律建设、制度建设和反腐败斗争等内容层次，也包括理论、制度、方法、队伍、载体、环境等要素层次，针对其研究不能仅停留在实现单方面的推进上，而应当是整体性的全面建设。因此，学者们需要强化高校党的建设与全面从严治党内部各构成要素及其之间关系的系统化论证，在整体推进中实现理论成果量和质的飞跃。三是要进一步发掘整合研究队伍力量和资源优势，强力打造高校党的建设与全面从严治党研究学术共同体。现阶段，高校党的建设与全面从严治党研究主体集中在高校党务工作者，大多没有形成稳固的学术团队，也并未有组织地开展重大课题攻关，导致难以形成体系化、高水平的学术成果。接下来，应打破研究主体封闭割裂的状态，畅通内外循环通道，分层分类组建高水平研究团队，集中精力开展学术难题攻关，推动形成富有影响力的标志性成果，为高校党建实践提供强有力的理论体系支撑。

（二）避免方法悬浮，全面深化实践应用针对性研究

高校党的建设与全面从严治党研究需要建立在对工作经验材料充分占有和科学分析的基础上，而理论成果最终又应回到对现实工作的有效指导上，实践导向充分彰显了学术研究的价值旨归。这就意味着对高校党的建设与

全面从严治党有关理论的挖掘和凝炼，决不能脱离客观的实践活动，更离不开科学方法的指导。一方面，要进一步重视实证调查研究，强化理论研究与现实状况的精准对接。高校党的建设与全面从严治党现状如何？到底还存在什么样的问题？有哪些经验可以全面推广？工作策略如何更加聚焦和解决实际问题？对这些问题的正确回答，只能回到实践中去探寻。因此，需要把党的建设规律与高等教育发展规律充分结合起来，利用质性访谈、大数据分析等手段，在深度调研中整体把握高校党的建设与全面从严治党工作现状、症结与影响因素，不断提出能真正解决问题的新观点。另一方面，要进一步深化高校党的建设与全面从严治党质量评价研究。高校党的建设与全面从严治党是一项涉及面广、内容丰富、复杂多变的工作，其建设质量到底如何？这是需要进行综合评价的。本年度学者们已经关注到了质量评价研究的重要价值，认为提升高校党建工作质量评价的科学性和实效性是未来研究的一个重要趋势。接下来，学界应该充分把握高校党的建设与全面从严治党的特殊性，深刻洞察高校治理现代化的发展动向，在总结实践经验基础之上，构建行之有效、科学合理的评价指标体系和评价机制，更好地推进合理性评价、合格性评价和发展性评价等方面的具体研究，并且注重评价研究的延续性、动态性和专业性，在评价结果反馈和整改中有效提升高校党建工作质量水平。

（三）打破思维定势，有效拓展多学科交叉创新研究

多学科交叉是一种创新性的研究方法，它能够融合不同学科的知识和视角，为研究提供更为全面和深入的洞见。在高校党建研究中，我们时常会陷入思维定势，拘泥于传统的研究范式，导致研究思路受限，创新力不足。面对当前这一问题，学者们要勇于打破常规，从多学科交叉的视角出发，为高校党的建设与全面从严治党研究注入新的活力。首先，要进一步增强跨学科意识。学者们应有意识地打破学科壁垒，跳出党建看党建、跳出党建做研

究，在夯实和深化马克思主义理论与中共党史党建两个一级学科协同研究基础上，主动学习和借鉴哲学、历史学、政治学、社会学、纪检监察学、心理学等诸多学科的思维、理论和方法，为本领域研究和实践提供更广阔的视野和新的工具，进而推动研究范式转换升级。其次，要建立跨学科合作机制。从事高校党建工作研究的学者，要积极关注本学科发展与其他学科之间的共通点与结合点，与其他学科专家学者建立互动合作关系，共同开展党建项目综合研究，实现资源共享和优势互补，有力改变研究深度不够的现状。比如，可以探索成立跨学科的高校党建研究机构、平台或实验室，为研究者提供交流和合作的场所，促进多学科交叉创新研究取得更长足的发展。最后，要注意规避跨学科研究的认识误区。跨学科方法确为高校党的建设与全面从严治党研究开拓了新论域，但也不能简单照搬嫁接，要谨防研究方法与研究目标背道而驰。比如，高校党的建设与全面从严治党工作具有显著的独特性，在引入其他学科方法时，要始终坚守好研究的基本主题及核心旨向，避免过度强调跨学科性而忽视了政治意识和政治站位的基本要求。

（四）拓宽纵横视野，不断加强国内外对比分析研究

比较研究不仅可以揭示事物的异同、联系和差异，还可以拓宽研究视野，提升研究水平。展望高校党的建设与全面从严治党研究图景，我们需要一个宽阔的纵横视野，既要把研究视点放在高校党建发展史中去关照，又要把研究视线扩展到国内外不同高校有益经验的精准捕捉上，在比较视域中把研究不断向前推进。一方面，要着力于探寻规律生成机制，加强纵向的历史比较研究。不难发现，本年度乃至以往年份的研究成果大多只关注特定时代背景下高校党建与全面从严治党工作现状，以历史为视野的纵向研究尤为缺乏，研究成果的历史厚度明显不足。接下来，学界应该在现有理论维度、实践维度的基础上再增加历史维度的考察，把重心放在高校党建有关史料的整理、分析和总结上，做到在历史发掘中掌握主动与把握当代。比如，学者们

既可以把高校党的建设与全面从严治党放到党的百年奋斗历程中去做贯通式和整体性研究，也可以把高校党建与全面从严治党工作中的某个方面放到具体历史阶段去做专题式研究，从中探索发展进程、提炼演进逻辑、总结经验启示，以丰厚的历史底蕴强化研究的内生动力。另一方面，要秉持开放的研究视野，注重横向的差异化对比研究。全国共有高校3000余所，划分为不同层次和类别，其中每所高校又各具特色。因此，需要辨明不同高校的个性特征，强化相同层次、相同性质、相同区域高校党建与全面从严治党工作的归类研究，总结亮点做法和特色经验，集中揭示工作运行规律，形成更有信度和效度的策略。他山之石，可以攻玉。尽管我国高等教育体制与国外高校有很大差异，但在廉政教育、群众监督、腐败治理等方面，面临的挑战和采取的措施有着相通之处。学界需要进一步拓展研究的国际视野，关注海外同类学术进展，在与国际交流互动中探索出有益经验，不断拓展研究广度，有效探寻创新发展之路。

第二十三章　时代新人培育研究

自习近平总书记在党的十九大报告中首次提出"培养担当民族复兴大任的时代新人"这一命题，时代新人培育的理论研究和实践探索逐渐走向成熟，呈现出较为清晰的轮廓和发展趋势。中央教育工作领导小组于 2023 年印发《关于在高校实施"时代新人铸魂工程"的方案》，教育部思想政治工作司把"全面实施'时代新人铸魂工程'"列入 2023 年工作要点。全国各高校强化组织领导，共同绘制出时代新人铸魂工程的"同心圆"，成效显著，异彩纷呈。本章系统回顾 2023 年时代新人培育的理论与实践成果，在把握这一年理论新动态、实践新举措的基础上，总结过去，研判未来。

一、时代新人培育的研究成果

2023 年，随着"时代新人铸魂工程"的全面深入实施，时代新人培育的理论和实践创新不断涌现，硕果累累。据不完全统计，这一年，以"培养时代新人"为主题的学术论坛与学术会议共计 30 余场，例如，2023 年底，京沪高校"时代新人铸魂工程"工作推进会在北京召开，来自 73 所高校的学工部部长围绕"勇担强国使命　培育时代新人"，共享改革经验、共谋发展策略，推动高校思想政治工作高质量发展。教育部发布的《2023 年我国教育事业改革发展述评》中"'时代新人铸魂工程'深入实施"留有浓墨重彩的一笔。论文发表方面，在中国知网用篇名"时代新人"检索，发现 2023 年发表的 289 篇文献，其中 52 篇核心、CSSCI 期刊论文，12 篇硕士学位论文。

专著出版方面，有 4 本相关著作出版：《时代新人目标下高校宣传工作创新研究》《发展素质教育 培养时代新人》《传承红色基因 争当时代新人》《时代新人说》。整体而言，学界对该主题的理论与实践研究呈现出持续的关注和研讨，成果在数量和质量方面相对稳定。

与以往研究成果所关注的议题不同，本年度时代新人培育的研究成果紧紧围绕"怎样更好地培育时代新人"这一焦点问题。尤其是在深入实施"时代新人铸魂工程"背景下，学者们紧扣重大战略工程总体布局、十大专项任务、创新举措等现实问题，面向新征程新形势新任务，不断推陈出新，取得诸多新成果新思想。系统梳理 2023 年度时代新人培育的研究成果，论题主要集中在"时代新人铸魂工程"、文化育人、精神涵育、创新发展这四个方面。

（一）"时代新人铸魂工程"的研究

"时代新人铸魂工程"的战略意蕴研究。教育是国之大计，当前推进实施"时代新人铸魂工程"是确保党和国家事业发展后继有人的基础工程和战略工程，是党中央着眼于构建落实立德树人根本任务新格局、着力培养担当民族复兴大任的时代新人而谋划实施的重大战略工程。有学者指出"深入实施'时代新人铸魂工程'，根本任务是践行'为党育人、为国育才'初心使命，培养'有理想、敢担当、能吃苦、肯奋斗的新时代好青年'"。[①]"时代新人铸魂工程"是在深入落实党的二十大精神，深入落实习近平总书记关于教育的重要论述，面向实现第二个百年奋斗目标加快构建落实立德树人根本任务新格局、着力构建思想政治工作新生态而谋划实施的重大战略工程。学界对"时代新人铸魂工程"的重要战略意义达成高度共识，并从顺应时代诉求、切中现实需求、落实立德树人等角度进行了论证。

"时代新人铸魂工程"的重要抓手研究。着力培养担当民族复兴大任的时代新人是一项复杂的系统工程，涉及学校、家庭、社会等诸多育人主体，

---

① 沈炜：《"时代新人铸魂工程"的上海实践与思考》，《中国高等教育》2023 年第 10 期。

面向不同学段的学生、不同群体的青年、不同领域的个体，需要从总体上把握铸魂的指向、原则、路径、渠道、途径。从宏观视野着眼，有学者认为实施好"时代新人铸魂工程"应着力解决好"信""实""准""带""稳"这五个关键问题。① "要构建大格局，搭建大平台，培育大情怀"② 从中观路径谋划，有学者从任务、规律、思维三个角度指出深入实施"时代新人铸魂工程""要紧扣落实立德树人根本任务，用习近平新时代中国特色社会主义思想凝心铸魂；要把准育人规律，从当代青年鲜明的群体特征出发增强实效；要突出系统思维，着力形成多方联动、整体推进的工作格局。"③ 有学者从思想、文化、历史、科学四个维度提出培养具有志气、骨气和底气的时代新人的现实进路，认为要"用习近平新时代中国特色社会主义思想培根铸魂；用中华优秀传统文化润心育人；用'四史'教育明理增信；用先进科学技术启智赋能，在思想洗礼、文化熏陶、学识增智和实践锤炼中厚植做中国人的志气、骨气和底气"④。

各地各高校推动"时代新人铸魂工程"的实践经验研究。总体上看，全国高校在教育部牵头组织下，聚焦重点领域、重点环节，结合"十大专项行动"，建设起一批具有引领带动作用的平台基地，构建育人共同体，在教育引导、实践养成、制度建设三个方面取得进展。北京市深入实施"时代新人铸魂工程"，在"办好首善标准的关键课程，引导青年学生将党的创新理论入脑入心；上好首都特色的大思政课，坚定青年学生践行'两个维护'的思想自觉；做好首位要求的日常思政，激发青年学生挺膺担当的高昂斗志。"⑤ 北京大学在组织领导、课程设计、实践育人、师资队伍、社区建设等方面协

---

① 李忠军：《对实施"时代新人铸魂工程"几个关键问题的思考》，《中国高等教育》2023年第Z2期。

② 续梅：《立德树人 铸魂育人》，《人民日报》2023年6月4日。

③ 徐川：《着力培养担当民族复兴大任的时代新人》，《中国高等教育》2023年第10期。

④ 张健：《着力培养具有志气、骨气和底气的时代新人》，《红旗文稿》2023年第22期。

⑤ 张革：《坚持不懈用习近平新时代中国特色社会主义思想凝心铸魂 全面培养担当民族复兴大任的时代新人》，《中国高等教育》2023年第12期。

同发力，不断推动思想政治工作高质量发展，努力培养更多新时代好青年。北京中医药大学立足时代要求，在人才培养中始终将思想引领贯穿铸魂育人全过程，通过改革课程体系、锻造实践育人平台、打造领军人才等途径，探索时代新人的培育路径，提出坚持以德为先，精诚为本，能力为重的中医药时代新人培养思路。① 东北大学将"一站式"学生社区建设作为实施"时代新人铸魂工程"的重要内容进行系统部署和整体推进，通过"一站式"学生社区建设，进一步畅通育人主渠道、实现育人全覆盖、拓宽育人新载体、筑牢育人主阵地。② 北京林业大学重点围绕"实践教学""科考调研""志愿服务""绿色宣讲""创新创业"五个方面的工作，持续强化对青年学生的教育引导和实践养成，形成辐射全国的大学生实践育人精品项目。③

（二）时代新人培育与文化育人研究

关于时代新人培育与文明新形态研究。习近平总书记在庆祝中国共产党成立 100 周年大会上首次提出"人类文明新形态"，时代新人是担当民族复兴大任的主体力量，也是人类文明新形态的创造者和建设者。时代新人培育需要深刻把握人类文明对人的积极作用，将其融入时代新人的培育内容、载体、方式方法中，与此同时也要在培育时代新人的过程中重视人类文明新形态的形塑与发展。有学者基于人类文明新形态与时代新人培育的双向互塑关系，提出在育人过程中挖掘人类文明新形态内在价值的理论命题和人类文明融入育人过程的实践命题。"既要关注和挖掘人类文明新形态的内在价值和丰富意蕴，又要将人类文明新形态融入时代新人的培育过程、培育方法、培育理念等方面，并引导时代新人在中国式现代化进程中充分彰显人类文明新

① 王瑶琪：《着力培养服务人民健康的时代新人》，《学校党建与思想教育》2023 年第 23 期。

② 熊晓梅：《以"一站式"学生社区综合管理模式建设推动落实"时代新人铸魂工程"》，《中国高等教育》2023 年第 18 期。

③ 王洪元：《小我融入大我 铸魂时代新人》，《中国高等教育》2023 年第 17 期。

形态、创造人类文明新形态。"① 在时代新人培育中，伦理文明新形态以其独特的文化魅力，启迪智慧，引领精神，伦理文明新形态革新了教育理论、提升了教育格局，拓宽了教育路径，对培育时代新人具有重要的育人价值。从这个角度而言，要注重运用伦理文明新形态的育人价值，为时代新人创造道德自觉的情境，将中华文化的基因沁入时代新人，不断增强时代新人的道德自觉、价值认同、文化自信，构建伦理文明新秩序、新形态，凝聚实现中华民族伟大复兴的磅礴力量，推动中国式现代化的文化强国建设。②

关于时代新人培育的文化路径研究。文化承载着丰沛的育人资源，文化自信是更基本、更深沉、更持久的力量。在校园文化建设方面，高校肩负着以文化人、以文育人的重要使命，充分认识、准确把握新时代新征程高校文化育人的意义和原则，对于推进校园文化提能增效，培养时代新人具有重要意义。有学者提出"推动文化育人工作，需要高校不断加强顶层设计，推动文化育人与全国文明校园创建有机结合，聚力抓好校园文化平台建设，积极构建协作协同文化育人机制，持续强化高质量文化供给。"③ 在传统文化的育人资源方面，有学者关注中华优秀家风文化的育人功能，认为家风文化从传统走向现代，面对历史性的发展转型，要探寻其独特价值，增进时代新人的文化自觉、自信、自强。具体而言，"要注重结合实际，科学构建家风育人理念，多措并举，正确运用家风育人方法，营造氛围，形成家风育人合力。"④ 此外，有学者从中华传统和谐文化的视阈，提出中华传统和谐文化能够为涵养时代新人提供深厚的历史和文化资源，"通过转承和合文化、传承诚实守信和弘扬仁爱孝悌促进时代新人身心发展和谐，增进时代新人人际关系和谐以

---

① 冯刚、王莹：《时代新人培育中的人类文明新形态呈现》，《马克思主义理论学科研究》2023 年第 5 期。

② 冯刚、李亚美：《时代新人培育中伦理文明新形态的价值意蕴》，《大学教育科学》2023 年第 4 期。

③ 舒立春：《推进校园文化提能增效　着力培养时代新人》，《中国高等教育》2023 年第 Z3 期。

④ 方瑞：《中华优秀家风文化培育时代新人的实践路径》，《马克思主义理论学科研究》2023 年第 5 期。

及营造时代新人全面发展的社会环境，是运用中华传统和谐文化涵养时代新人的三重向度。"[1]

（三）时代新人的精神涵育研究

关于伟大建党精神涵育时代新人的研究。党的二十大报告强调："弘扬以伟大建党精神为源头的中国共产党人精神谱系，用好红色资源，深入开展社会主义核心价值观宣传教育，深化爱国主义、集体主义、社会主义教育，着力培养担当民族复兴大任的时代新人。"[2]2023 年，涌现出不少围绕伟大建党精神和中国共产党人精神谱系涵育时代新人的研究成果。其中，有从制度层面探讨培育工作常态化制度化建设的，有从价值意蕴阐释精神涵育重要意义的，还有从实践路径讨论精神涵育具体做法的。整体来看，基本上都遵循青年成长成才规律和教育育人规律，分别从不同的维度解答了"为什么用伟大建党精神涵育时代新人、如何涵育时代新人"的问题。首先，伟大建党精神内蕴着党的思想旗帜，有助于坚定时代新人之理想信念；内蕴着党的初心使命，有助于强化时代新人之使命担当；内蕴着党的英勇气概，有助于砥砺时代新人之意志品质，内蕴着党的价值取向，有助于厚植时代新人之政治情怀。[3]其次，伟大建党精神内在规定了时代新人的思想信仰与行动宗旨，是引领培育时代新人的重要精神动力来源。要将伟大建党精神培育时代新人的理论逻辑转化为规范、稳定、持续的现实实践，就必然要实现伟大建党精神培育时代新人常态化制度化，需要构建包含制度体系、管理体系、课程体系

---

[1] 郑君、张金：《以中华传统和谐文化涵养时代新人的三重向度》，《学校党建与思想教育》2023 年第 9 期。

[2] 习近平：《高举中国特色社会主义伟大旗帜 为全面建设社会主义现代化国家而团结奋斗——在中国共产党第二十次全国代表大会上的报告》，《中华人民共和国国务院公报》2022 年第 30 号，第 4—27 页。

[3] 张金福、石书臣：《伟大建党精神涵育时代新人的价值意蕴》，《学校党建与思想教育》2023 年第 19 期。

和评价体系在内的实践路径。① 最后，落实到具体实践中，可以通过传承家风教育办好思政课堂、利用红色资源、打造新型传播平台等途径实现伟大建党精神对时代新人的建设和引领价值。②

以中国共产党人精神谱系培育时代新人的研究。中国共产党人精神谱系是一百年来党在领导革命、建设、改革和奋进新时代的伟大征程中创造的宝贵精神财富，为时代新人的培育提供丰厚滋养。中国共产党人精神谱系蕴含的红色基因、精神伟力、文化底蕴有助于时代新人培育。从宏观视野来看，有学者提出要采用行之有效的培育方式，包括做好中国共产党人精神谱系的研究阐释工作，将中国共产党人精神谱系融入课堂教学以及将中国共产党人精神谱系融入实践活动中。③ 同时，应多方协同形成中国共产党人精神谱系涵育时代新人的社会合力，以思政教育主阵地为依托，加强教育引导，以全媒体传播为依托，加强舆论引导，以红色教育基地为依托，促进实践养成。④ 在微观层面，不少文章从精神谱系中的某一精神着眼，讨论如何更好地涵育时代新人。例如，在实践中，工匠精神融入高职院校时代新人培育的具体方式，包括统筹课程育人体系，创造良好校园氛围，用好网络媒体宣传教育拓展实践育人平台；⑤ 从劳模精神融入实践难点出发，通过教学方法综合运用与创新，解决融入的实践难点，增强时代新人对劳模精神的认同。⑥

① 姚崇、刘叶丹：《推进伟大建党精神培育时代新人常态化制度化》，《中国高等教育》2023年第 Z2 期。

② 龙志芳、谈远康：《以伟大建党精神引领时代新人培育》，《中学政治教学参考》2023年第 15 期。

③ 廖晖、郭鹏飞：《以中国共产党人精神谱系培育时代新人》，《学校党建与思想教育》2023年第 23 期。

④ 贾亚君：《中国共产党人精神谱系涵育时代新人的内在价值和实践路径》，《浙江档案》2023 年第 8 期。

⑤ 王旭、张颖：《工匠精神融入高职院校时代新人培养探究》，《学校党建与思想教育》2023年第 14 期。

⑥ 沈元军：《以劳模精神融入高校思政课教学育时代新人》，《中学政治教学参考》2023年第 5 期。

（四）时代新人培育的创新发展研究

从党的十九大到二十大，习近平总书记多次强调"培养担当民族复兴大任的时代新人"，学界围绕战略意义、科学内涵、主体特征、实践路径等诸多方面展开理论探讨。本年度学者站在新征程历史方位，紧扣时代新人培育提出多维创新发展路径。

高校的时代新人培育路径研究。高校作为汇聚人才和培养人才的重要阵地，肩负着为国育人，为党育才的重要使命。有学者提出要将培养担当民族复兴大任时代新人作为党办好大学的办学定位，将建设高素质教师队伍作为培养担当民族复兴大任时代新人的关键环节，将发挥好"大思政课"作用作为培养担当民族复兴大任时代新人的重要载体。[1] 有学者从构建多样性开放型可持续改进的人才培养体系出发，提出可以通过跨学科的教育和研究，开展人文教育与科学教学相融合的通识教育，提升学生的学习力、思想力、行动力，培养德智体美劳全面发展的，能够引领未来的时代新人。[2]

时代新人培育的多维路径研究。有学者从形象塑造探索培育的创新路径，提出必须遵循客观要求与主体精神、理想期待与现实构建、历史继承与动态发展、个体面貌与群体风格有机统一的内在逻辑，从坚定理想信念、热爱伟大祖国、担当时代责任、传承奋斗精神、掌握过硬本领、锤炼高尚品德等方面进行价值定位，从精神、价值、实践、能力、品格五个维度对时代新人进行形象塑造。[3] 有学者关注时代新人全球胜任力的塑造问题，认为需要强化全球胜任力育人理念、构建全球胜任力教育课程、创新全球胜任力教学

---

[1] 曲建武、郝夏等：《高校培养担当民族复兴大任时代新人的三重维度》，《现代教育管理》2023 年第 5 期。

[2] 高松：《构建多样性开放型可持续改进的人才培养体系为中国式现代化培育时代新人》，《中国大学教学》2023 年第 5 期。

[3] 艾楚君、何梦飞：《时代新人形象塑造的逻辑遵循、价值定位与路径探赜》，《长沙理工大学学报（社会科学版）》2023 年第 3 期。

方法，实现宏观战略、中观布局、微观着力的有机统一。① 有学者从培养时代新人的语境中审视公民道德的养成理路，提出公民道德知识养成、情感养成、意志养成和美好生活建成四者分别构成了公民道德养成的观念基础、内在动力、根本任务以及实践依归，又积极引导公民追求道德知识之真、道德情感之美、道德意志之善以及公民生活之义，进而培养出堪当民族复兴大任的时代新人。②

时代新人培育的力量整合研究。培育时代新人是党从中国特色社会主义事业后继有人的高度确定的战略任务，必须不断增强系统思维，探索基于前瞻性思考、全局性谋划、整体性推进的培育路径，形成强大合力。有学者提出系统集成激发教育主体、教育客体、教育介体、教育环体的协同育人效能。③ 此外，有学者提出要在把握新时代思想政治教育主要矛盾的基础上着力培养时代新人，应当扣准教育对象的思想问题与思想需求的焦点，既要引导教育对象在思想观念层面提高其思想政治道德的水平和觉悟，也要强化思想政治教育的有效供给，在促进矛盾双方的积极互动中实现矛盾的良性转化。④

二、时代新人培育研究的年度进展与特点

2023 年，时代新人培育研究在以往研究的基础上，研究视域不断扩大，取得诸多进展。总结本年度时代新人培育研究的新进展、特点和不足，对于深入实施时代新人铸魂工程，深化新时代思想政治教育理论发展，推动思想政治教育实践创新具有重要意义。

---

① 刘伟：《坚持以社会主义核心价值观涵育时代新人》，《教学与研究》2022 年第 5 期。

② 施向峰：《培养时代新人语境中公民道德的养成理路》，《道德与文明》2023 年第 4 期。

③ 赵红灿、孟凡昌：《五育融合：基于系统思维的时代新人培育路径刍议》，《中国矿业大学学报（社会科学版）》2023 年第 3 期。

④ 杨希、王习胜：《在把握新时代思想政治教育主要矛盾中着力培养时代新人》，《思想政治教育研究》2023 年第 4 期。

（一）时代新人培育研究的年度进展

总体上看，2023 年学界对时代新人培育的价值、内容、路径等问题的探讨持续深入。本年度时代新人培育研究具有一个重要契机——"时代新人铸魂工程"的全面实施。《中国高等教育》开设"时代新人铸魂工程"专栏，邀请部分省厅主要负责同志、高校党委主要负责同志、知名专家学者刊发一系列专题文章，全面宣传展示各地各高校推动"时代新人铸魂工程"落地落实的理论研究成果、典型实践经验，深入推动学习贯彻习近平新时代中国特色社会主义思想主题教育走深走实，大力营造良好育人氛围。在此背景下，时代新人培育的理论与实践研究取得了许多新进展，集中表现在实践创新、路径拓展、系统集成三个方面。

一是聚焦时代新人培育发展实际，实践创新成果丰硕。2023 年京沪高校"时代新人铸魂工程"工作推进会上，北京、上海两地教育部门负责同志，北京大学、复旦大学等高校学生工作部部长作交流发言。会上交流的专家学者介绍了"时代新人铸魂工程"的创新案例和实践。例如，北京市着力营造高校思政工作新生态，从"抓根本，抓统筹，抓体系，抓队伍"四个方面深入实施"时代新人铸魂工程"。上海市立足党和国家事业后继有人，持续推动思想政治工作改革创新，"一是聚焦系统规划，在构建工作大格局上下功夫；二是聚焦灵魂主线，在贯穿教育全过程上下功夫；三是聚焦改革创新，在提升精准思政能力上下功夫；四是聚焦队伍建设，在促进专业化发展上下功夫。"此外，"一站式"社区绘就育人同心圆、以数字化转型赋能精准思政、多维协同为时代新人铸魂、探索医教结合育心模式、书院制建设赋能学生社区等创新探索都伴随着"时代新人铸魂工程"深入实施焕发生机活力。

二是聚焦时代新人培育走实走深，培育路径不断拓展。伴随"培养时代新人"这一重要战略的实施，学界沿着意义解读—内涵界定—路径探讨的脉络深入研究。在培育路径研究方面。本年度，学界对于时代新人培育文化向度的理解持续加深，认为文化逻辑是时代新人的应有之义，文化育人的研究成果十分丰富。思想政治教育学科创建之初，就将文化作为重要的方式途径进行了理论总结和学理分析。时代新人研究是在实践基础上形成的，随着时代的发展和实践的创新，它的具体范畴也在不断丰富和扩展。本年度，在"大思政"格局下，时代新人的培育路径研究取得一些新的进展，主要表现在中华文明新形态与时代新人培育、以中国共产党精神谱系涵育时代新人培育、"一站式"社区、"大思政课"建设等话题的探讨。

三是汇聚时代新人培育合力，研究成果日益系统集成。新时代如何为建设中国特色社会主义现代化强国和实现中华民族伟大复兴培养合格的建设者和可靠的接班人，这是"怎么样"培养人的方法论问题。需要坚持实践是人们思想道德素质形成发展的基础这一前提，在党的全面领导之下，系统集成激发教育主体、教育客体、教育介体、教育环体的协同育人效能，构建高质量人才培养体系。本年度学界关于时代新人培育的研究显示出更加系统、协同的特点，多维度、整体性构建时代新人培育实践路径的理论研究成果逐渐丰富。时代新人培育涉及学科体系、教学体系、管理体系等，贯穿其中的是思想政治工作体系。2023 年学界围绕完善思想政治工作体系建设展开充分研究，一系列期刊论文相继发表，逐渐构建起时代新人铸魂工程的整体框架和工作机制，展示出协同效应。

（二）时代新人培育研究的特点

首先，以党的创新理论为遵循。党的创新理论每前进一步，理论武装就要跟进一步。就时代新人培育的内容而言，中国共产党的每一次创新理论，都为时代新人培育的研究内容注入新的"血液"，同时为时代新人培育的研究提供新的指引方向。随着新时代新征程的社会环境不断变化以及思想政治教育学科的成熟发展，学科基础理论与具体实践不断面临新情况、新问题、新挑战、新机遇。首先，党的创新理论成为时代新人培育研究的重要着力点。党的二十大报告指出："弘扬以伟大建党精神为源头的中国共产党人精神谱系，用好红色资源，深入开展社会主义核心价值观宣传教育，深化爱国主义、集体主义、社会主义教育，着力培养担当民族复兴大任的时代新人。"[①]这一蕴含于党的理论创新中的内容成为时代新人培育研究内容的重要组成部分。其次，党的创新理论为培育时代新人的研究提供理论支撑。党的创新理论的持续深化，为时代新人培育研究的理论内涵的挖掘提供了坚持的支撑，为培育内容和培育路径提供了丰厚的理论滋养。

其次，以人的发展实际为关切。在本年度的研究成果中，学界紧跟时代发展的步伐，关注青年成长成才的现实需求，从理论层面阐释了培育堪当民族复兴重任时代新人的紧迫性与必要性。历史与现实表明，时代新人培育根本关涉国民教育问题，是关乎中国社会主义事业后继有人的重大课题，学界自党的十八大以来一直高度重视时代新人在新时代现代化建设与实现中华民族伟大复兴过程中的中流砥柱作用，围绕时代新人的成长成才开展了诸多研究，与时俱进回答了"新时代需要什么样的人才""怎样培养人才"的现实问题，明确了新时代思想政治教育的根本任务和核心内容。本年度研究成果紧扣习近平总书记关于"堪当民族复兴重任的时代新人"这一最新论述，关注现实、回应实际，形成了丰富的理论与实践研究成果。有学者提出"以学生为中心"是人才培养的重要基点。每个学生都是独立的个体，有着不同的家庭背景、成长经历和性格特点，思想道德品质和价值观形成的过程各不相同。思想政治工作也需要因人而异，针对不同学生的个性问题要"精准滴灌"，要根据每个青年学生自身特点和需求，制定不同的教育引导方案，"一生一策"来满足他们的个性化成长需求。同时，也要关注学生普遍存在的问题，如当下普遍存在的"内卷"与"躺平"现象、缺乏自信、求职焦虑等，要持之以恒地通过科学有效的工作方法，指导学生克服这些问题，帮助建立

---

① 习近平：《高举中国特色社会主义伟大旗帜 为全面建设社会主义现代化国家而团结奋斗——在中国共产党第二十次全国代表大会上的报告》，《人民日报》2022 年 10 月 26 日。

积极健康的心理品质，促进他们更加阳光地健康成长。①

最后，以高校创新实践为重点。在本年度的研究成果中，高校时代新人培育的创新案例和实践路径呈现出多样化发展的趋势。在研究范式上既有马克思主义理论学科常用的历史与逻辑相统一的研究方法，也有案例分析和经验总结的研究，同时，全景透视本年度的研究成果，呈现出高校创新成果百花齐放、百家争鸣的良好态势。各个地方各个高校纷纷对时代新人培育进行创新探索，并就卓有成效的具体举措等进行经验总结和成果展示。时代新人培育实践的创新发展需要理论研究成果的支撑，同时客观的创新推动着理论研究的发展。伴随着各地各高校实践创新的不断深化，理论成果体现出突出的实践导向，结合十大育人机制、十个专项任务、"大思政课""大中小学思政课一体化"等实践话题，学界对这些创新举措进行了深入的学理分析，实现理论与实践相融合。

（三）时代新人培育研究的不足之处

目前学界对时代新人培育的研究虽然形成了较好态势，但是本年度的研究依然存在不少亟待解决的问题。其中比较突出的是，存在着问题导向不明确、学术对话缺失的情况，实践研究仅探讨表层问题，理论的重复研究较多。造成这些不足的原因是多方面的，时代新人培育的研究要更加关注实践前沿和理论前沿，才能满足理论发展、学科建设和实践创新的需要。

第一，全面性有待提高。任何一种育人体系都有其内在逻辑结构、价值理念、发展规律，又有其外在的话语模式、运行过程、运转机制。时代新人培育是一项复杂的系统工程，需要搭建一个完整系统的结构体系来明确培养的目标任务、培养的内容、培养的方法、培养的途径等问题。目前时代新人培育虽然引起了学界普遍关注和广泛参与，也产生了一批具有深刻学术思想

---

① 杨振斌：《以新时代高校思想政治工作高质量发展推动时代新人培育——在第二十届全国高校青年德育工作者论坛上的讲话》，《思想教育研究》2023 年第 12 期。

和重要影响的学术成果，但是当前的研究成果依然存在着重复研究的问题，绝大多数研究成果集中于高校的时代新人培育实践，缺少对其他青少年群体的探讨。时代新人培育需要教育者用系统化、综合化的理论体系以全员、全过程、全方位的理念整体促进时代新人的自由全面发展。这一过程囊括了理论的系统性、过程的协同性，亟需更加系统、综合、全面的理论成果整体性推动时代新人培育的创新发展。

第二，问题意识相对薄弱。时代新人培育既是中国共产党关于教育发展的理论问题也是现实问题，实现理论研究与应用研究的融通是其内在要求和基本目标。本年度的研究成果还停留在理论研究与应用研究相分离的局面。一部分研究侧重文献研究和理论阐释，围绕历史演进、培育路径、培育方法等核心话题开展理论溯源、文本分析。不过，目前实践路径的研究成果更多的是从文本到文本，缺乏将时代新人研究与培育对象的新特点、新动态、出现的新问题、新形势关联对照，理论探讨缺少现实问题的提出、分析与解决。现有部分研究片面关注时代新人培育的经验总结，未能深入探索时代新人培育中存在的现实问题，无法给予透彻的理论分析。总之，当前时代新人培育的研究中"理论研究"与"应用研究"各自为阵，融通性和转化性不足。

第三，跨学科研究成果较少。思想政治教育是一门交叉性和综合性很强的学科。无论是学科自身理论体系建构还是对现实问题的阐释和分析，都离不开交叉学科资源的供给和滋养。因此学科交叉融合发展以及思想政治教育综合性发展是学科发展和实践的现实需要。本年度的研究成果基本上没有突破马克思主义理论学科的边界，多数是在总结思想政治教育实践经验的基础上完成的。而时代新人培育的创新发展，就知识体系而言，必须综合运用多门学科的理论，需要不断吸收和借鉴哲学、政治学、教育学、社会学、心理学、传播学等学科的最新成果。就思维方式而言，更是需要不断打破学科边界的束缚，不断深化和拓展时代新人培育的内涵和外延，更加充分体现开放包容和整体性系统性的育人思维。新时代的时代新人培育应该借鉴的知识是多方面的。特别是在百年未有之大变局和大数据智能化发展的新时期，时代新人的培育目标必须适应时代的全新境遇，适应人的全面发展的现实要求。这就要求综合运用多种教育方法，吸收交叉学科的方法论体系，灵活采取各种有效的方法，并且根据具体的情景和现实的需要不断变换教育的方法，才能达到培育的预期目标。

三、时代新人培育研究的未来展望

总体而言，尽管问题意识不够突出，研究难度不断提高，时代新人培育的研究仍保持稳中有进的态势。在国家顶层设计的战略加码、技术革新的不断赋能、全新动能的持续释放下，时代新人培育的研究具有广阔的发展空间。展望未来研究，习近平文化思想指引下的时代新人培育创新发展、人工智能赋能时代新人培育、思想政治教育学科 40 年"育新人"的历程与经验将是最具潜力的增长点。

（一）习近平文化思想指引下时代新人培育创新发展研究

2023 年 10 月 7 日至 8 日，全国宣传思想文化工作会议在北京召开，会议首次提出了习近平文化思想。党的十八大以来，习近平总书记在新时代文化建设方面的新思想新观念新论断构成了习近平新时代中国特色社会主义思想的文化篇，形成了习近平文化思想。这一重要思想深刻回答了新时代我国文化建设举什么旗、走什么路、坚持什么原则、实现什么目标等根本问题，为做好新时代新征程宣传思想文化工作、担负起新的文化使命提供了科学行动指南，为创造人类文明新形态、引领世界文明发展进步贡献了中国智慧。习近平文化思想在科学研判新时代新征程我国宣传思想文化工作面临的新形势新任务基础上，提出"七个着力"的要求，明确了新时代文化建设的路线图和任务书，为做好新时代新征程宣传思想文化工作、担负起新的文化使命提供了强大思想武器和科学行动指南。新时代新征程，深刻认识和把握习近平文化思想的实践原则、实践经验和实践路向，是学习贯彻习近平文化思想的必然要求，也是开创时代新人培育新局面新气象的重要前提。时代新人培育必将在习近平文化思想的指引下随着思想的丰富发展不断深化。新时代新征程，培养时代新人必须自觉坚持以习近平文化思想为引领，推进文化自信自强，铸就社会主义文化新辉煌。可以说"培养什么样的时代新人，如何培养时代新人"是新时代宣传思想文化工作的重要问题，是举旗帜、聚民心、兴文化、育新人、展形象中的"育新人"重要环节。培育时代新人是实现中华民族伟大复兴的重要战略，必须坚持以习近平文化思想为指导，明体达用、体用贯通，为民族复兴伟业培养合格的建设者和接班人。

（二）人工智能赋能时代新人培育研究

"赋能"是思想政治教育与信息技术之间关系的基本描述，思想政治教育赋能信息技术，提升技术的人文关怀，同时信息技术赋能思想政治教育，推动思想政治教育创新发展。在数字中国建设背景下，人工智能技术正在掀起新的科技革命，数智融合正在形成并释放强大的创新驱动力，为各行各业提供全新的发展契机。2022 年，ChatGPT 的出现标志着生成式人工智能取得了突破性进展并加速演进，数智融合发展趋势更加明显。移动互联网蓝皮书《中国移动互联网发展报告（2023）》发布会上提出，人类正式进入了智能互联网时代，2023 年是"智能互联网元年"。2023 年 5 月，习近平总书记在中共中央政治局第五次集体学习时指出："教育数字化是我国开辟教育发展新赛道和塑造教育发展新优势的重要突破口。"[①] 站在数字教育的新赛道，时代新人培育需要因事而化、因时而进、因势而新，将传统优势与科技创新技术深度融合，整体谋划数字转型创新发展蓝图，推动落实立德树人根本任务，助力实现教育强国战略目标。

[①] 《习近平在中共中央政治局第五次集体学习时强调 加快建设教育强国 为中华民族伟大复兴提供有力支撑》，《人民日报》2023 年 5 月 30 日。

人工智能对教育的影响已经进入利用通用大模型创新教育的崭新阶段。与以往利用机器学习赋能教育有所不同的是，人工智能逐渐显示出其从"先知"到"先觉"的智能体状态。人工智能的生成技术展现了人工智能深度学习的"超强大脑"，以及借助大数据进行"答题""创作"的思维与写作能力。不到一年的时间里，生成式人工智能已经能够完成代码生成、作文写作、百科问答、文案生成、剧本创作、开放对话等工作，催生了多种商业创新范式，也必将带动人工智能＋教育、智慧教育迈上新的台阶。随着国内外通用大模型的快速迭代演进，人工智能的数字内容生产能力、人机交互能力势必影响时代新人培育的各个要素和环节。尤其是人工智能在多模态、跨模态、垂类域的纵深发展，将加速教育新场景的构建，促进教育场景从单一走向多元。

（三）思想政治教育学科 40 年"育新人"历程与经验研究

2024 年是思想政治教育学科创设 40 年，思想政治教育学科从设定到创新发展已经走过了 40 年历程。回顾思想政治教育学科发展历程不难发现，学科的设立与创新发展始终紧紧围绕"为社会主义建设事业培养合格的建设者和接班人"这一主题。站在 40 年学科发展的重要节点上，可以预见，将会有不少关于思想政治教育学科 40 年培育时代新人的历程回顾与经验总结的研究成果出现。当前中国正经历着我国历史上最为广泛而深刻的社会变革，也正在进行着人类历史上最为宏大而独特的实践创新。顺应时代的发展与变革，思想政治教育学科一直保持稳健发展态势，学科建设从无到有、由弱到强。回顾思想政治教育学科发展史，学者们对"为谁培养人""培养什么人""如何培养人"提出了许多理论观点、研究方法和富有开创性的意见建议。在遵循思想政治教育学科发展规律的基础上，回顾总结 40 年来思想政治教育培育时代新人的历史进程与基本经验，不仅能够推动学科的持续繁荣与深化发展，还能够汇聚培育时代新人的磅礴力量。

第二十四章　辅导员队伍建设研究

在推动学习型社会构建与高等教育内涵式发展的进程中，深化高校教育体制改革至关重要。辅导员是大学生思想政治教育工作的重要实施者，辅导员队伍质量直接影响高校思想政治教育工作的有效性。2023 年，国内学者对辅导员的职业角色认同、价值重构、工作内容、素质要求、职业发展、激励机制和管理模式等方面进行了全面且深入的探索和研究，形成了一大批优秀的学术成果。梳理 2023 年度辅导员队伍建设研究成果，分析现有研究的特点与不足，展望未来研究的趋势，对于深化辅导员队伍建设的理论研究与实践工作具有重要价值。

一、辅导员队伍建设研究的成果述评

2023 年度辅导员队伍建设研究主要围绕三个方向来展开，一是辅导员的本质内蕴、角色性质和类型、工作要求；二是辅导员的整体发展和政策支持；三是辅导员队伍的继续建设和发展路径。

（一）关于辅导员的本质内蕴、角色性质和类型、工作要求的研究

第一，从不同视角对辅导员的本质内蕴展开研究。有学者基于职能内涵，将辅导员视为党政干部，强调其教育、管理和服务职能。同时，基于角色内涵，辅导员被视为大学生思想的引导者、学习的监督者、生活的协助者和求职的护航者。在马克思主义本质观的指导下，学者们对高校辅导员的本

质进行了初步探讨，包括其存在性、多维性、层次性和发展性等方面。他们从精神、伦理、管理服务等维度阐述了高校辅导员的重要职能，如创造人的精神生命、传播主导意识形态、引导学生认识多种关系以及管理学生日常学习与生活等。此外，还有学者从生活本质内涵、历史本质内涵、主体本质内涵、认知本质内涵与实践本质内涵等五个层面逐层递进地分析了辅导员的本质内涵构成。马克思指出："人的本质并不是单个人所固有的抽象物。在其现实性上，它是一切社会关系的总和。"[①]辅导员的本质内涵与其工作性质、职能范围、生存意义和价值生命密切相关，因此不能仅从单一的维度进行研究，而应从国家、社会等多方面去追寻其理想人格。总的来说，辅导员是高校思想政治教育工作的核心力量，其本质内涵在于通过教育、管理和服务，帮助学生实现自我认知、自我发展和自我完善。他们的工作对于学生的成长和发展具有重要影响，要不断深化对辅导员本质内涵的研究和理解。

第二，辅导员的角色性质和类型的研究。辅导员的角色定位研究在各类院校的职业化、规范化、标准化发展中具有重要意义。然而，"由于辅导员承担的工作多而杂，故而也出现辅导员角色定位不清晰的问题，致使辅导员无法发挥职能作用，对高职院校教学工作的开展以及学生管理工作造成了一定阻碍"。[②]有的学者从应然的维度将辅导员定位为学生思想塑造的领路人、学生健康心理的辅导者、学生日常事务的管理者、学生职业发展的规划者。随着教育体制的深化改革，辅导员的职能愈加明晰，工作内容也在不断细化，更加强调辅导员要在学生生活和社会实践中发挥专业化指导、创新性引导、全方位助力等关键作用，自觉扮演好学生的引路人、知心朋友、心理咨询师、人生导师等角色。一名优秀的辅导员一定能够"完美地扮演着多重角色，能够胜任多种类型的工作，并结合自身专长、特长，创新性地开展工

---

① 马克思：《马克思恩格斯选集》（第 3 卷），人民出版社 2012 年版，第 135 页。
② 栗明伟、崔淑萍、胡爱群：《应然·实然·适然：高职院校辅导员角色的三维考量》，《哈尔滨职业技术学院学报》2023 年第 6 期。

作。"① 随着教育体系的建设和发展朝着高质量、高水平趋势发展，有的学者从辅导员的身份认同的角度论述其身份，即"高校辅导员的身份认同包括制度认同、社会认同和自我认同，由此也构成了高校辅导员的三重身份，即制度身份、社会身份和自我身份。"② 并以《普通高等学校辅导员队伍建设规定》《清华大学政治辅导员工作条例》等来论证辅导员的制度身份，强调辅导员的"干部""思想政治教育工作者""人生导师"等身份；以社会职业属性、工作定位和时代要求等为划分标准来论述辅导员的社会身份，强调社会对辅导员的认知及辅导员自身对所属群体的认知，推动辅导员社会身份的形成；从辅导员对自我性格、价值观、理想信念、职业发展和业务能力等因素的认知程度来论述其自我身份，这三种身份相互影响、相互制约，构成了各类院校辅导员的完整角色定位。

第三，辅导员工作要求的研究。核心素养是辅导员推进宏观社会发展和微观个体提升的核心竞争力，要在方向上积极与国家政策变化、高校事业发展、学生成长保持一致，以提升辅导员在服务国家战略目标、助力文化特色发展、培养高水平人才等方面需要的核心素质能力和品格修养。新时代背景下，高校应积极提升辅导员的政治定力、职业韧性力、文化内驱力素养。《高等学校辅导员职业能力标准（暂行）》对辅导员的重点职业功能进行了明确规定和划分，即辅导员的核心素养可以归纳为政治定力、职业韧性力、文化内驱力、调查研究力四个方面。③ 辅导员作为学生工作的一线人员，肩负着引导大学生成长成才的重要使命，同时也是国家政策方针的宣传队和践行者，其必须有极其坚定的政治立场和政治信仰，故"强化政治意识是高校辅导员做好本职工作的基本前提和根本要求。"④ 高校应依据辅导员的角色定

① 陶鹏、贾永堂：《高校优秀辅导员的职业角色及能力素养略探》，《学校党建与思想教育》2023 年第 9 期。

② 杨杨：《高校辅导员的身份认同与价值重构》，《黑龙江高教研究》2023 年第 11 期。

③ 王康：《新时代高校辅导员核心素养的基本内涵及其提升路径》，《江苏高教》2023 年第 11 期。

④ 张学亮：《高校辅导员意识形态能力结构及提升路径探赜》，《思想政治教育研究》2023 年第 2 期。

位、职责定位和职业知识定位构建起高校辅导员意识形态"教导型""防御型""反击型"三种能力结构，以此来强化辅导员的政治意识、边界意识和阵地意识，加强核心素养的培育和发展。在职业韧性力上，辅导员要始终坚持学习、提升自我效能、增强应对危机能力等。文化驱动力是辅导员较为稳定的职业操守，是其在文化方向上的自觉的价值选择和目标追求。有学者指出，高校辅导员肩负着净化学生心灵、促进学生健康成长的重要使命，故"高校辅导员心理健康素养贯穿于辅导员职业生涯的始终，根本目标在于促进辅导员自身的全面发展和队伍素质的整体提升。"[①] 总之，高校辅导员的核心素养与学生健康成长和全面发展紧密相关，需要深入回答"教育应培养什么样的人"这一重要问题，这在一定程度上反映了新时代背景下高校教师队伍的新要求，关乎高等教育事业的高质量发展程度、立德树人根本任务和为党育人、为国育才使命的践行程度。构建符合新时代要求的高校辅导员核心素养体系并加强其建设，是实现"为国育才，为党育人"教育使命的关键所在。

（二）辅导员的整体发展和政策支持的研究

党和国家始终高度重视辅导员队伍，不断加强辅导员队伍建设，破解辅导员专业化职业化发展的现实困境。2023 年，学界主要从理论上和实践上对辅导员队伍建设的机遇、阻力及路径进行研究，推进辅导员队伍建设研究向纵深发展。

一是辅导员队伍建设的机遇研究。新媒体相对于传统媒体而言，具有数字化、网络化、智能化、碎片化等显著的技术特征，更具有高度个性化和强烈互动性等传播新特征，为高校辅导员队伍的建设带来了新的机遇。学者们认为，"可以利用新媒体进行学生思想动态监测，借助新媒体工具开展主动的

---

① 杜和军、陈旭：《高校辅导员心理健康素养的价值意蕴、基本内涵及培育路径》，《黑龙江高教研究》2023 年第 7 期。

在线教育指导，以及利用云计算、大数据等技术实现学生情况数据化精细管理"，① 以更快地建立起集人性化关怀与智能化手段于一体的新型智慧管理模式。网络化趋势不断加强，高校辅导员也在通过多种网络形式尝试思想政治教育创新模式的可能性，如"网络评论和以网络评论为特色的思想政治工作室正在成为助力高校思想政治教育工作创新发展的重要载体。"② 随着国家层面对思想政治教育工作的高度重视，辅导员在各类院校中的地位和作用日渐凸显，《2023 年辅导员工作计划》《2023 年度国家社科基金高校思想政治理论课研究专项申报公告》《关于进一步加强新时代中小学思政课建设的实施意见》等政策性文件的颁布和实施，为辅导员队伍建设提供了政策保障、指明了职业范畴等，也不失为机遇。

二是辅导员队伍建设阻力的研究。有学者认为，高校辅导员"教师职称"晋升的实施力度和时效性并未得到很好的保障，"高校出台晋升制度不足和关键点位落地不够；晋升制度的科研考核标准与辅导员工作缺乏适切性；辅导员晋升成功后作用发挥平台缺失导致逢优必转；辅导员个人科研能力不足影响晋升动力。"③ 从个体层面上看，高校辅导员在自由时间拥有较高的自主权和主动权，但实际是，"高校辅导员除了日常管理事务外，还需要处理其他事务，导致其在工作过程中管理大学生的投入和时间有限，"④ 这直接造成高校辅导员的日常工作内容较复杂，工作强度较大，进而工作效率受到影响。还有研究发现，辅导员自身的原因也会影响到队伍建设的质量和水平，如"辅导员的专业能力、教学能力和学术能力通过影响辅导员教师角色认同

① 常丽俊：《新媒体在高校辅导员日常管理工作的应用探究》，《新闻研究导刊》2023 年第 14 期。

② 曹克亮：《高校辅导员网络评论特色工作室建设探析》，《西部学刊》2023 年第 21 期。

③ 孙留萍：《高校辅导员"教师职称"晋升实施困境与对策》，《学校党建与思想教育》2023 年第 9 期。

④ 李新新：《高校辅导员人才培养与提升管理创新能力的路径》，《四川劳动保障》2023 年第 11 期。

进而对职业倦怠产生影响。"① 基于此研究辅导员职业倦怠问题，寻求缓解辅导员职业倦怠的措施是加强辅导员队伍建设的新课题。有学者发现，辅导员队伍发展的过程中存在四大困境，即"劳动时间与生活空间互渗产生边界模糊的空间困境、物质愉悦与生涯成就疏离产生职业倦怠的功能困境、时间重组与圈群闭环错位产生价值泛化的价值困境。"②

三是辅导员队伍建设的路径研究。在新时代背景下，高校辅导员队伍的建设应从个体和高校两个层面出发，重点优化个体素质提升、岗位设置、培训培养、评价考核等环节。首先，有学者提出"新时期思政教育需要辅导员积极参与思政课教学，要坚持内容优势互补，过程有效衔接，方法有机联动等协同育人原则，有效调动辅导员工作积极性，建立完善辅导员育人机制。"③在开展大学生思想政治教育过程中，辅导员需把握好崇高的理想信念、科学的理论导引、扎实的工作作风与深厚的爱生情怀等"四个维度"，以更好地落实立德树人的根本任务。此外，有学者还强调了辅导员个体素质在队伍建设过程中的重要性，指出辅导员要"在理论修养、政治修养、思想道德修养、文化知识和业务能力修养、作风修养、组织纪律修养的六个基本方面严于律己；从中华优秀传统文化中寻求思想启示。"④针对新媒体的发展趋势，应"加强辅导员新媒体应用能力建设，并建立使用规范，同时要吸收传统管理模式的优势，构建集成人性化关怀与智能化手段的新型智慧管理模式。"⑤

基于高校层面，学者们普遍呼吁制定有效措施，运用科学合理的激励手段，以促进辅导员之间的育人工作协同，构建有序的育人系统。将辅导员的

---

① 况广收：《高校辅导员职业倦怠与教师角色认同的关系研究——基于江苏 20 所高校的调查》，《江苏高教》2023 年第 11 期。

② 方楠：《高校辅导员自由时间：价值意蕴·现实困境·治理策略》，《中学政治教学参考》2023 年第 16 期。

③ 陈燕美：《辅导员参与思政课教学的路径》，《山西财经大学学报》2023 年第 S2 期。

④ 冯博：《新时代强化高校辅导员工作政治引领的现实要求和实施路径》，《辽宁师范大学学报（社会科学版）》2023 年第 6 期。

⑤ 常丽俊：《新媒体在高校辅导员日常管理工作的应用探究》，《新闻研究导刊》2023 年第 22 期。

育人工作纳入绩效考核、职务晋升等体系。随着社会的发展与进步，教育逐渐趋向于平等交流。"只有通过互相倾诉、互相倾听、平等交往的方式实现师生间的信任与尊重，才能进一步改进和完善高校思想政治教育工作，在发展高校教育事业上迈向新的征程。"[①]加强应用型高校辅导员队伍建设对于促进辅导员队伍专业化职业化发展、落实立德树人根本任务、提高思想政治教育工作质量、培养堪当民族复兴大任的时代新人等具有重要的理论意义和实践价值。故高校要积极"构筑特色立体平台，完善专业学习机制；创新管理体系，推动辅导员职业发展；推进数字赋能，提升思想政治教育质效；加强专业协会建设，提高辅导员队伍专业化水平。"[②]此外，高校要主动"加强辅导员选拔聘任精细化、推进辅导员队伍培训系统化、完善辅导员队伍管理评价效度、加大辅导员队伍建设政策保障力度。"[③]随着时代的发展，辅导员政策发展的时代特色、人文关怀、育人传统和实施效果逐渐凸显出来。还有不少学者聚焦辅导员的政策发展现状进行了系统的研究，强调辅导员的发展应该要紧密围绕党的历史使命、教育现状、立德树人等任务展开。如有学者强调："党和国家加强高校辅导员政策的功能建构，可从注重高质量内涵式发展、发挥典型示范引领作用、打造创新特色品牌等方面持续推动高校辅导员队伍的建设发展。"[④]有的学者还从高校辅导员职业发展的需要出发，强调科学的行业标准、完整的培养培训体系、健全的流动及激励机制在辅导员职业发展中的重要性，说明了高校要着眼于"加大对高校辅导员政策研究的力度，通过定性和定量的评估来衡量，及时有效的评估可以对高校辅导员政策制定、运行、落实、存在问题等情况予以反馈，有助于优化政策，推动改革

---

① 任肖英：《高校辅导员思想政治教育工作中的师生交往探究》，《教育理论与实践》2023年第6期。

② 赵丹：《应用型高校辅导员队伍建设策略研究》，《学校党建与思想教育》2023年第16期。

③ 路成浩：《新时代高校辅导员队伍建设高质量发展困境与突破》，《学校党建与思想教育》2023年第17期。

④ 彭雪婷：《新时代高校辅导员政策功能建构的发展趋势》，《高校辅导员》2023年第4期。

发展。"①基于此，有学者以清华大学的"双肩挑"辅导员制度为例，具体说明了辅导员政策随时代发展的极端重要性，即清华大学"双肩挑"辅导员制度使"高校学生思想政治工作有了一支相对稳定的队伍，提升了高校思想政治工作质量，也锻炼和培养了一大批优秀人才。"②还有的学者强调："'双肩挑'辅导员制度是高校辅导员队伍建设职业化的开始，推动高校辅导员队伍向专业化迈进，开启高校辅导员制度法规化进程。"③并强调高校辅导员制度建设是复杂的系统工程，仍需要结合时代发展不断完善。学者们对辅导员发展政策的系统研究，对辅导员队伍的建设有着重要意义。

（三）辅导员队伍成员的情感关怀和个人素质提升的举措

辅导员职业能力提升是大学生思想政治教育实效得以改善的重要保障。学者从辅导员情感关怀和职业能力提升研究两个层面，尤其通过宏观与微观两个视角聚焦辅导员队伍职业能力提升。

一是辅导员队伍成员的情感关怀。获得感、幸福感和安全感是衡量高校辅导员工作的重要标准，是新时代高校辅导员队伍建设的方向。有学者强调，在新时代背景下，要更加"关注高校辅导员的幸福感，对于维护高校辅导员心理健康、提高思想政治工作质量、营造健康的教育环境具有重要意义。"④这同时也是彰显高校对辅导员情感关怀的具体体现。此外，高校辅导员队伍要全力打造高校辅导员团队文化、优化高校辅导员队伍配置，营造宽松且愉快的大思政工作体系，增强高校辅导员工作的主动性。有的学者着眼于高校辅导员工作的硬性指标要求和柔性要求，提出要制定员工帮助计划项目，在情感上对辅导员形成精神激励，进一步凸显情感关怀，因为"员工

①　刘洁予：《高校辅导员政策创新性发展的策略探析》，《高校辅导员》2023 年第 4 期。
②　冯刚：《深化高校辅导员政策发展的规律性认识》，《学校党建与思想教育》2023 年第 11 期。
③　李伟：《"双肩挑"辅导员制度的发展及其影响》，《高校辅导员》2023 年第 4 期。
④　曾峥、吕容涛：《基于获得感、幸福感、安全感需要的高校辅导员队伍建设探析》，《学校党建与思想教育》2023 年第 16 期。

帮助计划人性化的关怀有助于凝聚辅导员对学校的向心力，从而调动辅导员的工作热情，充分挖掘辅导员的工作潜能。"[①] 该计划也着眼于为辅导员提供关乎其发展的相关服务，如职业生涯辅导、个性化成长咨询等，充分体现高校对辅导员的深层次、全方位的人文关怀，也利于帮助辅导员疏导和宣泄消极情绪，缓解工作压力，维系师生情感，进而提高辅导员工作满意度和教育工作成效。有的学者提出，高校要积极拓展职业空间、加强能力培训、施行快乐管理、提高薪酬福利等，以提高辅导员形成积极的工作情感体验，激发其工作热情和创新活力。甚至有的学者把目光投向少先队辅导员的人文关怀上，强调高校应要"从少先队辅导员自我效能感、乐观、希望和坚韧性等维度，鼓励其发现自身价值，增强其面对职业困境的勇气与自信，从而提升职业认同感。"[②] 此外，高校要关注少先队辅导员的心理健康问题，定期为其进行心理辅导与咨询服务，增强辅导员的职业抗压能力、自我效能感觉以及职业自信。

二是个人素质提升的举措。近年来，关于辅导员职业能力提升策略的研究逐渐成为热点，大致可以从宏观、微观两个层面展开。随着课程思政的理念不断发展，辅导员在"三全育人"工作推进过程中扮演着愈加重要的角色。有的学者认为，"新三同"工作方法为高校辅导员的发展起着重要作用，即"新三同"模式有利于提升高校辅导员的"三全育人"水平，也有利于高校各项育人工作的有序推进。[③] 高校要不断健全辅导员工作的评价体系，促进育人资源的高效整合，要组织形式多样的思想政治教育活动。有学者基于辅导员素质能力大赛的演变探讨辅导员职业能力的提升，进一步明晰辅导员职业能力提升的路径，论述辅导员要"提升综合素质，推进职业化建设；提

---

① 伏翠干：《基于员工帮助计划视角的辅导员激励机制创新》，《常熟理工学院学报》2023年第6期。

② 麻超、王瑞、刘亚飞等：《组织公平感与少先队辅导员职业认同：潜在剖面分析》，《中国健康心理学杂志》2023年第2期。

③ 陈丹凝：《高校辅导员"新三同"模式探究》，《中国教育学刊》2023年第10期。

高政治素养，推进专业化建设；持续自我探索，推进专家化建设。"[①] 在辅导员职业能力大赛中，辅导员要自觉掌握党的方针政策、主动学习"四史"知识、增强交流应变能力、用思政话语体系分析和解决问题，实现"从知到行"再"从行获知"的内涵式发展，不断从职业化到专业化再到专家化发展。近年来，随着党和政府对大学生思想政治工作的高度重视，辅导员队伍政策保障的完善和培训力度的增强，辅导员职业化发展呈现出良好态势。我们更要"厘清专业归属，制定系统化配套政策、完善考核制度，提升科学化管理水平、创新培训机制，锤炼标准化职业能力、明确职业愿景，开通层次化流动机制。"[②] 同时，有的高校还实施了辅导员兼任思想政治课教师或者思想政治课教师兼任辅导员的方式，既能够帮助辅导员提升自身综合素质，也能帮助思政教师提高教学水平，进而能够更好地服务学生。总的来说，"高校持续推动思政课教师和辅导员队伍相互赋能、协同育人，打造育人共同体，要加强制度创新，围绕思政课教师和辅导员双向兼任制定专项制度，确保两支队伍融合发展规范化、可持续化。"[③]

二、辅导员队伍建设研究的年度特点与不足

2023 年辅导员队伍建设研究在研究内容、研究视角与研究方法上呈现新特点。分析这些新的研究特点，总结本年度研究中的不足，是进一步深化辅导员队伍建设研究、推动辅导员队伍高质量发展的应有之义。

[①] 唐弋钦：《基于辅导员素质能力大赛的演变论辅导员职业能力的提升》，《科教文汇》2023 年第 21 期。

[②] 武婷、马晓婷：《新时代高校辅导员职业化发展的系统思考》，《系统科学学报》2023 年第 2 期。

[③] 许民强：《思政课教师与辅导员工作双向融合的路径及实践》，《中国高等教育》2023 年第 12 期。

（一）辅导员队伍建设研究成果数量

2023 年以"辅导员"为主题的学术论文、学位论文、出版专著及立项课题等方面的成果数量整体上相较于 2022 年和 2021 年有所下降。这一趋势可能与辅导员队伍研究的深度和系统化导向有关。辅导员队伍的建设质量和速度往往与相关的政策密切相关。截至目前，经过 70 余年的发展，学界对辅导员的本质内涵、逻辑理路、建设路径、政策机制和影响因素等方面进行了全面系统的研究，形成了丰富的研究成果，并基本达成了一定的共识和观点基调。因此研究数量可能难以像早些年那样持续增长，而更多地转向内涵式的高质量研究、专项研究与交叉学科理论阐释的研究。此外，随着国家层面对思想政治教育工作的高度重视，国内大部分学者的理论和实践研究多着眼于宏观领域的研究，即注重对思想政治工作的体系构建，更重视家庭、学校和社会在思想政治教育过程中的协同育人作用，也在一定程度上转移了辅导员工作相关的研究重心。

（二）辅导员队伍建设的研究特点

一是对辅导员队伍继续建设和发展的研究视角更加多样化。本年度学界对辅导员队伍建设的研究体现出较为开阔的研究视野，既有理论的实践例证，也有实践的理论阐释。

第一，从整体的层面对辅导员的角色性质和类型、工作要求、队伍建设和发展路径等进行了较为全面的研究。通过拓展"大思政课"的格局，强化思政课与实践的联系，丰富思政课教学的方式方法，辅导员在铸魂育人中的使命将更加重大。习近平总书记在主持建设教育强国第五次集体学习大会上指出，思政课是落实立德树人根本任务的关键课程。因此，我们需要善用"大思政课"，做好思政课这篇大文章，并要与现实紧密结合起来，不断创新实践，培养中国特色社会主义事业合格建设者和接班人。2023 年 12

月，清华大学"双肩挑"政治辅导员制度建立 70 周年纪念大会在新清华学堂举行，该制度具有突出的优势，即将党的教育方针所提出的人才培养目标进行了具体化、人格化，将"育人"和"育己"相结合的优势，既促进了辅导员自身的全面成长，也为其他院校的辅导员队伍建设提供了重要启示。

基于上述描述，学术界对辅导员队伍建设的深化研究主要表现在两个方面。首先，在著作方面，内容丰富、视角独特的专著逐渐受到学界的关注。例如，《高校辅导员网络作品创作能力提升》《高校辅导员应急管理能力提升研究》《高校辅导员核心职业能力研究》《高职院校辅导员心理健康教育能力研究》以及《高校专职辅导员角色冲突与调适研究》等，对辅导员在工作中应具备的素质和能力进行了深入探讨和研究，为后续学者提供了理论基础。其次，在学术成果方面，学者们多从辅导员的工作性质、作用地位、现实困境等角度出发，深入探究辅导员的本质内涵、角色定位与核心素养。这些研究逐渐向深度、广度和厚度发展，形成了丰富而独特的学术成果。例如，《应然·实然·适然：高职院校辅导员角色的三维考量》《高校优秀辅导员的职业角色及能力素养略探》《高校辅导员的身份认同与价值重构》《"大思政课"建设中高校辅导员的角色定位与实现路径》《专科院校辅导员的角色定位及其作用发挥》等论文，为建设一支高素质、高水平、能力强、人格正的辅导员队伍注入了动力。总的来说，学术界通过政策文本分析、现实困难梳理，对辅导员个体发展、职业前景和素质准备等方面的研究呈现逐渐深化的趋势。学者们从政策环境和个体成长的角度审视辅导员在本质内涵、角色定位和核心素养方面所面临的各种现实问题，切实破解了辅导员队伍高质量发展的制约因素。随着教育的改革和发展，这一趋势仍将持续加强。

第二，从外部环境着手，对辅导员队伍的继续建设和发展路径展开系统研究。教育部思想政治工作司在甘肃发布的 2023 年工作要点中强调，要通过强化政策保障，健全完善辅导员素质能力标准等探索和构建符合辅导员队伍特点的职业发展体系和岗位晋升制度，并研制高校辅导员队伍的培训规划，加强示范培训、专题培训等全覆盖培训。此外，2023年10月，教育部等部门共同印发了新修订的《少先队辅导员管理办法》，对辅导员的岗位设置、任职条件、岗位职责等作出了明确规定，通过制订年度培训计划、民主测评、工作总结等方式来推进少先队辅导员队伍的建设。不少学者基于国内辅导员队伍建设的现状，纷纷著书立说，如《高校辅导员专业化发展研究》《新时期高校辅导员队伍建设发展及路径研究》中对高校辅导员专业化发展的主要任务与实践路径进行了深入剖析、《研究生辅导员队伍建设与职业生涯发展研究》中以研究生辅导员作为重点研究对象，针对其素质的养成和职业的发展作出了论述、《复盘我与学生共成长》一书中对辅导员与学生间的相处模式作出了理论上和实践上的阐释，对新时代背景下进行辅导员队伍的建设有着重要启示。在学术成果方面，不少学者从管理制度优化、素养提升、师生关系改善等方面着手探索辅导员队伍建设的路径，发表了如《新时代高校辅导员核心素养的基本内涵及其提升路径》《浅谈高校辅导员人才管理激励机制的策略》《高校辅导员"教师职称"晋升实施困境与对策》等。在辅导员队伍和思政队伍的关系方面，两者是相互促进存在的，都是高校教育中的两支重要力量，共同担负着培养社会主义建设者和接班人的重要任务，承担着"为党育人，为国育才"的教育使命。例如，《"三全育人"视域下高校"大思政课"新格局构建研究》《高校思政课教师和辅导员协同育人研究》《高校辅导员开展大学生思想政治教育应把握好"四个维度"》《"大思政"视域辅导员工作与思政课程的协同》等文章是对辅导员队伍与思想政治教育队伍之间关系的探析，更为两支队伍建设质量的提升作出了符合实际的论述和研究。总之，在党中央重视、政策驱动、科研赋能之下，辅导员队伍的建设质量和速度成效稳步显现，并逐渐呈现出质量化、深度化，研究视角和研究方法的跨学科性也更加突出。

第三，从个体层面对辅导员工作要求展开更为细化的研究。一是更加关注辅导员工作角色和思维的调整。就学生层面而言，辅导员是学生日常思想政治教育和管理工作的组织者、实施者和指导者；在学校层面，辅导员是突发事件的"预防者""处理者""协调者"；从思想政治教育角度来看，辅导员是提高学校思想政治教育质量与水平的关键因素，是精通专业知识的"经师"与涵养德性的"人师"的统一者。随着国家教育改革的推进，辅导员的地位和作用日益受到重视。同时，各种新媒体和网络技术的发展给辅导员的思维方式和行为方式带来了严峻挑战。故学者们开始关注辅导员思想的变化和思维方式的转变。2023 年，有学者指出，辅导员应将问题意识融入日常工作，主动学习"四史"知识、中华优秀传统文化和马克思主义经典著作等，增强自身的科研能力、应变能力、网络舆情引导能力和领导能力等，自觉树立批判性思维、创新性思维、法律思维、理论宣讲研究思维等。有学者通过出版《新时代辅导员工作的法理与情理》《高校辅导员工作 100 问》《高校专职辅导员角色冲突与调适研究》《现代高校管理与辅导员工作理论研究》等著作论述辅导员工作思维的转变。二是聚焦优秀辅导员个案。有学者对全国高校辅导员年度人物的先进事迹进行了系统的整理和分析，并构建了辅导员的成长模型。如《高校辅导员成长力模型构建研究——基于全国高校辅导员年度人物先进事迹的实证分析》《基于 TextMining 文本挖掘的新时代高校优秀辅导员成长规律探析》《新时代高校优秀辅导员群体特征及其成长机制研究——以 1135 位辅导员的问卷分析为例》等文章对辅导员的成长规律、能力发展、素养培育等方面进行了全面的深入的总结。这些研究强调了辅导员在政治素质、创新能力、工作热情、科研能力、群众基础、职业坚定和工作经验等方面的建设和完善，并提出了激发自我驱动、坚定职业理想、厚实工作基础、提升职业技能、强化学习研究、激发创新活力等方面的要求，对青年辅导员的成长具有重要借鉴意义。三是聚焦辅导员情感关怀。辅导员在日常工作中面临着情绪劳动过载等困难和问题，导致主动关爱学生不足的现象。同时，辅导员队伍中也存在普遍的职业倦怠、角色紧张、本领恐慌和身份焦虑等问题。教育主管部门和高校应当采取"精育提能、暖心厚爱、高进严管"等措施，以改善辅导员情绪劳动状态，提升工作效率。

第四，更加注重发挥多学科方法在辅导员队伍继续建设和发展研究方面的作用力。本年度学界在运用新方法研究老问题、运用老方法研究新问题和运用新方法研究新问题方面都取得了一定程度的进展。有学者基于 SWOT 理论分析高校研究生兼职辅导员的内部优势、劣势与外部机遇、威胁，并从优势—机遇、劣势—机遇、优势—威胁、劣势—威胁四方面给出高校研究生兼职辅导员培养策略建议。基于知识共享理论对当前高校辅导员队伍建设中存在的问题进行创新性地解答，以高校辅导员专业化职业化水平，推进高校辅导员队伍的高效建设。基于自我决定理论提出辅导员队伍专业化建设的路径可以从完善落实保障制度、建立分类分层培训体系、建构多元评价反馈体系等方面着手。这些研究方法和主题的拓展，体现了学界在辅导员队伍建设领域的不断探索和创新。2023 年，学界对辅导员队伍建设的研究主要采用了文献研究法、文本分析法、访谈法、比较分析法等方法。基于市场学的德尔菲法（专家调查法）来构建高校辅导员核心素养模型及其培养路径。基于哲学学科的系统观念，通过修正 SFIC 协同模型，分析民族地区高校在推进铸魂育人工作的过程中面临的问题，进而提出育人的协同路径。基于人类学的扎根理论，通过对深度访谈获得的资料进行分析，总结出影响高校辅导员工作努力程度的因素进而对高校辅导员激励机制展开研究。还有学者通过实地调查高校辅导员与学生信任度，得出学生对辅导员职业素养和职业能力的满意度对辅导员学生信任度的正向显著性影响较大，提出高校与辅导员应加强现代性反思，注重学生信任的风险应对。这些研究在理论和实践层面上都得到了印证。基于列宁的马克思主义灌输理论，我国高校辅导员队伍明确了职责和使命，从理论上解决了高校辅导员队伍开展思想政治教育的一个规律性问题，解决了我国高校辅导员对大学生"教什么"和"怎么教"的问题。这些研究成果为推动我国高校辅导员队伍的建设提供了重要的理论支撑和实践指导。

（三）辅导员队伍继续建设和发展路径研究的不足

综观 2023 年辅导员队伍建设研究的相关成果，研究论域基本涵盖了当前辅导员队伍建设领域的重点内容。但值得注意的是，研究成果数量有下降之势，且研究成果中核心期刊论文占比较小。因此，在把握其年度特点的同时，更需要关注辅导员队伍建设过程中的不足。

一是研究总体上缺乏辅导员队伍建设的本质规律总结。当前，我国高等教育事业快速发展，高校辅导员队伍在思想政治教育、心理健康辅导、校园文化建设等方面发挥着重要作用。为了更好地推进辅导员队伍建设，我们需要对辅导员队伍建设的规律性进行深入认识。《普通高等学校辅导员队伍建设规定》（教育部 43 号令）颁布实施五年来，学界围绕辅导员队伍的专业化职业化建设展开了大量研究，包括著书立说工作和内容丰富的论文章的发表。这些研究对辅导员的专业素养、职业发展、发展困境、队伍建设优化路径等方面进行了全面客观的研究，甚至是在跨学科的视域下展开的研究，形成了一人批丰富的理论成果。然而，总体上缺乏对辅导员队伍建设研究的规律性认识。探究其原因，一是研究关注度不高。通过下载本年度高下载量和转引量的论文成果，查阅与辅导员队伍建设的相关书籍，大多数学者都是着眼于研究文件中衍生出的观点和论述，如职业素养的提升、发展困境的改善、情感生活的关注、与学生的相处模式、思维方式的转变等等，虽然在一定程度上对辅导员队伍的建设有着重要作用，但整体上对辅导员队伍建设的规律性认识不够。二是研究能力不足，对辅导员队伍建设规律的认识不仅要立足于本学科，还要借助其他学科的相关理论，以提升研究的科学性和可行性。但学界大多是从本学科领域出发，用本学科的理论和实践服务于研究，对其他如生物学、工程学、历史学等学科的理论运用和实践考察并不是很全面，这也从侧面反映出了当前辅导员队伍的建设依然存在理论研究相对薄弱的现状。因此，为了更好地推进辅导员队伍建设，我们需要加强对辅导员队伍建设的规律性认识和研究。同时，还需要提高学界对辅导员队伍建设的关注度和研究能力，以促进辅导员队伍建设的内涵发展，实现更加科学、高质量、个性化、年轻化的发展。

二是基于辅导员队伍建设实践基础上的理论阐释深度不够。对辅导员队伍各种相关因素的研究需要在实践的基础上进行理论深度总结，并发挥理论在实践过程中的作用，将二者紧密结合，以推动辅导员队伍建设的质量和水平。2023 年，学界对辅导员日常工作实践、职业倦怠和成长发展等方面进行了多项研究，引用了多学科理论对辅导员的工作实践进行了理论研究。然而，对于现象背后深层次的本质内涵的剖析仍有提升空间，回应现实问题的根源性探究相对匮乏，研究的学理性有待提升。例如，在对辅导员个体及队伍整体建设的激励、任职、培训等相关制度和政策的研究上，学者之间尚未形成共识。尽管学者们运用经济学、管理学、文化学等学科的理论来探究辅导员队伍建设的各种现实问题，但部分研究仍停留在现实问题与相关理论简单结合的浅层面，尚未实现深层次机理的论述和说明。有的研究忽略了辅导员与思想政治教育工作、学生、教育工作等之间的联系和区别，导致其理论阐释脱离实际，解释力明显不足。此外，辅导员工作是一个系统工程，其实践情况是一个极其复杂的现象。单一的理论并不能全面探索其本质，因此需要始终坚持系统观念，既要充分重视辅导员个体的发展和变化，也要重视与其相关环境的变化，以前瞻性思考、全局性谋划、战略性布局来整体推进辅导员队伍的建设。在本年度的研究中，学者的研究内容和方法的系统性略显不足。例如，在对辅导员个体职业能力发展和完善的内涵和措施的研究上，大多是着眼于某一种素养或者能力来展开研究，导致其研究缺乏系统性。

三、辅导员队伍持续建设和发展研究的思考与期待

党的二十大报告将教育、科技、人才单独成章进行布局，明确提出了加快建设教育强国的目标。报告中的新观点、新论断、新思想、新战略、新要求，以及 2023 年 10 月中共中央政治局审议通过的《全国干部教育培训规划（2023-2027 年）》、习近平总书记发表的《扎实推动教育强国建设》等重要文献，为我国辅导员队伍的建设提供了明确的方向指引、原则遵循和理论支撑。

（一）以习近平新时代中国特色社会主义思想深化辅导员工作研究

这一思想具有突出的与时俱进的理论品格，是实践和理论进行深度结合后在中国大地上生长出的果实。习近平新时代中国特色社会主义思想的世界观和方法论是党的二十大提出的重大命题，并被概括为"六个必须坚持"。[①]这更是习近平总书记以深邃的历史眼光、深刻的洞察力、敏锐的判断力，站在时代前沿对中国、世界现实变化和发展问题作出的科学回答。"六个必须坚持"即必须坚持人民至上、坚持自信自立、坚持守正创新、坚持问题导向、坚持系统观念、坚持胸怀天下，蕴含着马克思主义的立场观点方法，充分体现了习近平新时代中国特色社会主义思想的根本立场、价值取向、精神品格、思想方法、整体特色和高远境界，是引导强国建设与民族复兴进程方向的基本原则遵循。新时代背景下，我国辅导员队伍的建设面临着诸多挑战，如职业倦怠、工作能力不足、思维方式陈旧、工作模式老套等。这就需要我们完整、系统、深刻地把握习近平新时代中国特色社会主义思想的"六个必须坚持"的内容和方法，以辅导员队伍建设实践中的热点、难点和痛点问题，从整体上推进辅导员队的建设更加质量化、科学化、有序化。同时，

[①] 包炜杰：《习近平新时代中国特色社会主义思想的世界观和方法论：生成逻辑、阐释原则与当代价值》，《思想理论战线》2023 年第 5 期。

在学术成果的质量和数量上，要始终坚持好、运用好贯彻"六个必须坚持"中蕴含的立场、观点和方法，并将其运用到辅导员队伍建设的理论研究与实践指导全过程，提高理论生产能力、学术原创能力，生产出有内涵的、有鲜明论点的、有特点的研究成果。

（二）推进辅导员队伍建设不断向内涵式高质量发展方向前进

在建设社会主义现代化强国的过程中，教育作为基础性和战略性支撑，必须加快构建高质量的教育体系，这一体系应以高水平的资源配置为前提，包括物质资源和人力资源，并应充分重视辅导员在各类院校中的配备。由于各类院校在属性、管理组织、特色和学生规模等方面存在差异，辅导员队伍的建设也逐步差异化。因此，我们需要根据这些差异，进一步强化辅导员队伍的职业化和专业化建设，为全面建设社会主义现代化教育强国输送合格的、高素质的时代新人。理论创新和实践创新永无止境，二者是相互联系、相互制约的辩证关系。一是实践创新为理论创新提供不竭的动力源泉，即理论创新应建立在实践创新的基础上，且要根据时代的变化和实践的发展不断地进行理论创新和总结。二是理论创新为实践创新提供行动指南，即理论创新不仅要以实践为基础，还要在实践中发挥科学的指导作用。这就要求，学界要在辅导员队伍的建设上把握好理论创新和实践创新之间的辩证关系，加强理论和实践层面上的创新和发展。例如，学者要自觉把握好辅导员政策实施 70 余年及《普通高等学校辅导员队伍建设规定》（教育部第 43 号令）实施六周年来的实践价值和规律性认识，积极总结经验，推动理论创新；要自觉运用不同学科的理论对辅导员队伍建设进行研究，自觉更新自身知识结构、建构能力体系、开拓研究视野，以推进辅导员队伍的建设实效；要始终坚持把理论和实践相结合，在理论的深度研究和实践的广泛研究上下功夫，对辅导员队伍建设过程前、过程中、过程后作出具有前瞻性、科学性、客观性的研究，进一步加强对辅导员的角色定位、职业特性、发展困境等方面的研究，走高质量研究道路。

（三）充分发挥辅导员在教育工作中的主体优势

国家对思想政治教育工作的高度重视，促使社会各界积极力量共同致力于建设社会主义现代化教育强国。完善高校思想政治工作体系的关键在于充分发挥人的作用，调动各方力量，推动各类高校思想政治工作的整体发展。经过多年探索，我国高校思想政治工作已形成多方合作、责任主体广泛、专兼职教育者相结合的大教育格局。坚持高校思想政治教育工作体系的一体化建设，需要针对各类院校在办学属性、学生规模、组织结构等方面的差异进行针对性地安排和部署。作为推动高校思想政治教育工作体系建设的主体，辅导员的角色价值、职业发展、素养提升等方面应受到重视。然而，现实中，由于各种复杂的主客观因素的影响，辅导员队伍建设还存在一定的短板和不足，如思想政治教育话语权不强、学界对其作为高校思想政治工作体系重要组成部分的研究不足、辅导员思想政治教育职能出现"错位"等。因此，需要进一步加强辅导员在高校思想政治工作体系中的主体作用研究，以推动高校思想政治工作的深入发展。

（四）优化辅导员在培育时代新人和新时代好青年的方法路径研究

在新的时代背景下，培育"时代新人"的任务显得尤为重要，这是由党的历史和现状所决定的。新时代青年应该是有理想与立足现实有机统一的实干家、是有本领与服务人民有机统一的奉献者、是有担当与全球视野有机统一的搏击者、是有自信与开拓进取有机统一的奋进者、是有道德与政治信念有机统一的坚定者。新时代新征程赋予中国共产党新使命，对辅导员提出了更高的要求，故学者要优化辅导员在培育时代新人和新时代好青年的方法路径研究。随着新时代的到来，辅导员在高校思想政治教育和管理工作中的角色更加关键。他们不仅是组织者、实施者，更是指导者。为了更好地培育时代新人，我们必须深入研究并优化辅导员的方法路径。这不仅有助于提升辅导员的育人能力，还能有效避免他们在工作中可能遇到的本领恐慌和角色焦虑。在此过程中，我们强调辅导员应始终坚持用社会主义核心价值观来引导青年，充分发挥其在价值引领方面的作用。此外，辅导员还应自觉运用党的理论创新成果来充实自己，确保理论与实践相结合，为扩大服务范围，辅导员需具备宽广的知识储备和综合素养。我们还注意到，学者们在加强辅导员话语表达形式的创新研究方面取得了显著成果。优化和创新辅导员的话语表达形式，不仅能提升其科学性和亲和力，还有助于增强思想政治教育的实效性，进而推动辅导员队伍的高效建设，这包括话语情境的构建、话语风格的优化以及话语表达载体和平台的拓宽等方面。在教育工作中，辅导员的话语权是确保其能力得到认可、素养得以提升和作用得以发挥的关键因素。他们要用党的相关理论成果武装学生的头脑，用党的初心使命去感召学生，用党的光辉旗帜去指引学生，用党的优良作风去塑造学生，使广大青年学生把实现人生价值和社会价值相结合，积极投身于中国特色社会主义的伟大实践。

（五）不断完善辅导员素质养成和工作能力发展的研究

"高校辅导员专业发展内驱力指在专业发展过程中，持续激励高校辅导员对标职业使命与时代要求，扎实巩固专业知识、不断提升专业能力、实现各阶段专业化发展目标的主体自觉。"[①] 近年来，党和政府一系列政策文件相继出台和进行，为辅导员的成长和素质能力的提升创建了多种平台和机会，从战略层面为高校辅导员队伍建设做好了顶层设计。但是，"个体的主体性意识可以由他者激活、可由外部加强，但主体性力量则需要从内部释放"。[②] 故高校辅导员要自觉挖掘自身潜力，激发内生动力，勤练"内功"，以更好地

---

① 李华伟：《高校辅导员专业发展内驱力的内涵、特性及激发路径探究》，《西华师范大学学报（哲学社会科学版）》2023 第 2 期。

② 冯刚：《激发思想政治理论课改革创新的深层力量》，《学术论坛》2020 年第 2 期。

服务学生。辅导员的内生动力是一种职业自觉，也是一种成长自觉；是辅导员奋力追求职业理想的现实需要，也是辅导员走出知识"沙漠"与技能"泥潭"的精神工具。

针对新时代对辅导员的高标准与当前存在的社会认同度低、工作边界不清等矛盾，学术界应进行深入剖析。随着辅导员职业化、专业化和专家化的发展，其自我提升和发展的能力显得尤为重要。学术界对辅导员内生动力的研究，有助于解决职业倦怠、消除职业疏离感，从而激励辅导员更好地投身于大学生思想政治教育工作。研究视角应聚焦于个体，更新研究范式，并采用多学科理论进行渗透式研究。我们应关注由国家、学校、同事和学生互动所产生的"社会认可"现象，深入分析辅导员队伍建设的现状以及辅导员应具备的知识和能力，这有助于辅导员提升专业技能和理论研究水平，实现自我发展。总之，辅导员内驱力的研究应基于其阶段差异性、价值引领性、情怀驱动性和环境激励性。研究的落脚点应回归到"内修"模式，聚焦于与辅导员工作紧密相关的动力源研究，这有助于强化辅导员的职业认同感、明确岗位职责、提高专业能力，并增强其职业成就感。

第二十五章 "一站式"大学生社区育人功能研究

大学生社区蕴藏着重要的育人价值，是高校做好大学生思想政治教育和将思政工作做实、做细、做小的重要抓手，也是达到思政工作启智润心、培根铸魂、融入日常的新阵地。2019年教育部发布的《关于深化本科教育教学改革全面提高人才培养质量的意见》（教高〔2019〕6号），全面开启"一站式"学生社区综合管理模式建设试点工作以来，"一站式"大学生社区的发展建设丰富了学生社区育人功能的研究成果。梳理相关研究成果，把握其中蕴含的育人规律、研究的特点及下一步研究趋势，有助于深化对当前大学生社区育人功能研究的认识，更好地落实立德树人根本任务，为培育有理想、有本领、有担当的时代新人提供新思路、新方案。

一、"一站式"大学生社区育人功能研究的主要聚焦

2023年度学界围绕党建引领体系建构、"三全育人"实践路径及协同育人管理模式等方面展开大学生社区育人的理论及实践探索，昭示了育人的内在规律，也形成了丰富的育人经验。

（一）把握"顶层设计"，探索大学生社区"党建引领"的育人体系

高校始终肩负着培养中国特色社会主义事业建设者和接班人的重大任务。习近平总书记一直关心加强高校的思想政治工作，并寄望高校"把思想政治工作贯穿教育教学全过程，实现全程育人、全方位育人，努力开创我国

高等教育事业发展新局面"。① 习近平总书记强调，"要加强高校党的基层组织建设，创新体制机制，改进工作方式，提高党的基层组织做思想政治工作能力。"② 当前，我国高校在党的思想引领下，注重强化大学生社区建设的"党建引领"，通过加强高校基层党组织建设，坚定学生群体对党的深刻认同，并实现学生社区管理与思想政治教育共建共融。大学生社区建设顺应了高校立德树人的根本方向，并始终坚持"以学生为中心"的办学理念。学者们围绕如何更好地以党建引领学生社区发展、实现"社区育人"体系建构进行了各个面向的研究，通过探讨党团组织空间的拓展、党建体系的充实以及党思政育人理念的加强，为大学生社区进一步培育时代新人提供建设性思路。

在对党组织空间的拓展研究上，有学者认为学生社区的首要任务是对宿舍、实验室等物理聚集空间进行多种功能合并内嵌及线上虚拟空间进行党建资源互联互通的整合性改造，从而提升学生党建工作的亲和性以及学生社区的政治性、人民性。③ 还有学者强调学生社区要实现向思想引领空间的转变，通过供给类型多样的功能空间，创设有益于提升学生参与体验及意愿的教育空间，在准确把握学生社区与其他教育空间的关系的基础上，实现对资源的合理配置、师生交流互动以及学生之间的思想互动、人际关系构建等，推动学生社区空间与其他教育空间的优势互补。④ 在对党建体系的充实研究上，有学者强调学生社区党组织要实现对楼宇、楼层的全覆盖，建立学生党员的网格化管理体系，把党的组织优势转化为学生社区的治理优势。⑤ 有学者强调建立功能型党支部，打破以部门为单位直线型建立党组织的特点，有效改进

①　《习近平在全国高校思想政治工作会议上强调把思想政治工作贯穿教育教学全过程 开创我国高等教育事业发展新局面》，《人民日报》2016年12月9日。
②　《习近平在全国高校思想政治工作会议上强调把思想政治工作贯穿教育教学全过程 开创我国高等教育事业发展新局面》，《人民日报》2016年12月9日。
③　吴双：《"一站式"学生社区党建引领机制探究》，《高校后勤研究》2023年第9期。
④　杨智勇：《新时代高校学生社区育人模式的改革创新》，《思想理论教育导刊》2023年第7期。
⑤　杨智勇：《新时代高校学生社区育人模式的改革创新》，《思想理论教育导刊》2023年第7期。

学生社区管理服务"碎片化"问题，更好地提升基层党组织的凝聚力。① 还有学者认为通过落实学校党委、院级党委深入社区一线联系学生制度，完善学生社区党建"一院一品"育人体制机制，将党的力量下沉到学生社区"一线"，以实现学生社区党建引领育人工作体系的构建，打造学生社区党建特色运维品牌。② 对于党思政育人理念的加强研究上，有学者认为应积极变革学生思想政治工作体系，强化党建思政工作的针对性，以文化浸润为纲，③ 将育人成效逐渐延伸覆盖至各年级全体学生，并完善教育管理队伍建设，坚持将文化与以文育人相结合，让文化自信照亮社区。④ 同时，还强调以系统性、整体性治理思维加强党建的思想引领、政治引领作用，将学校育人特色、学科发展优势、学校发展理念融入社区建设，从而将党的政治优势转化为社区建设优势，形成有亮点的党建品牌，推动"一站式"大学生社区凝心聚力、统一思想。⑤

（二）立足"全局视角"，探索大学生社区"三全育人"的实践路径

"坚持立德树人根本任务"是习近平总书记对新时代教育改革发展的重大理论创新和战略部署。"三全育人"体现了高等教育立德树人的内在要求，即将立德树人贯穿育人各个环节，融入教学各个领域，体现于高校各个体系，培育堪当民族复兴大任的时代新人。"一站式"大学生社区是高校开展思想政治教育的重要阵地和打通"三全育人""最后一公里"的重要抓手，

---

① 王雷华、任豪：《协同治理视域下高校"一站式"学生社区建设探究》，《思想政治教育研究》2023 年第 3 期。

② 段立：《三全育人视域下高校"一站式"学生社区综合管理模式探究——基于教育部"一站式"学生社区管理模式建设试点的观察》，《高校后勤研究》2023 年第 10 期。

③ 张亦佳：《高校开展"一站式"学生社区思想政治教育的重要性及实践路径》，《思想理论教育导刊》2023 年第 5 期。

④ 邓昌俊：《高校"一站式"学生社区思政育人平台构建及实现路径》，《高校后勤研究》2023 年第 11 期。

⑤ 韦柏：《高校"一站式"学生社区协同育人管理模式研究》，《高校后勤研究》2023 年第 9 期。

顺应了高校立德树人根本任务的重要探索方向。学者们在对"一站式"大学生社区营造的探索性研究中，主要从全员育人格局的打造、全过程立德树人要求的贯彻以及全方位育人内容的融合三大视角讨论大学生社区对时代新人的培育。

在对全员育人格局的打造研究中，学者们提出"新三同"理念，包括"同场域"下的阵地优势、管理模式和联动机制，"同频率"下的师生关系、课堂联系和系统活性，"同成长"下的育人队伍、学生地位和专业发展，促进大学生社区育人生态的全面优化。[1]强调立体化、主动式、协同式的关系模式，推动社区思政育人主体从"个体"到"共同体"的转变，使育人主体与大学生不仅能在"同场域"，更能"同频率""共成长"。[2]同时，注重培养学生主体的自我管理能力，将学生与学校管理人员一样视为平等、成熟主体，构建遇事与学生商量、让学生参与、由学生决定的"一站式"社区的管理模式。[3]

在对全过程立德树人要求的贯彻研究中，学者们提出创新宏观"多维化"育人工作机制，打造中观"具象化"育人务实平台以及培育微观"精品化"育人示范项目，构筑全过程育人链条。[4]整合校内服务组织，践行"一线规则"，把校院领导力量、管理力量、服务力量、思政力量积极进驻大学生社区一线，加强育人主体力量的过程性陪伴和伴随性指导，通过社区节点，开展理想信念教育，助力学生全过程成长。[5]

2020年，教育部关于印发《大中小学劳动教育指导纲要（试行）》的通

---

① 梁宏亮、吴薇、艾美伶：《"新三同"视域下高校学生社区育人的现实挑战与优化思路》，《高校辅导员学刊》2023年第5期。

② 王斌伟：《高校学生社区思政工作体系构建》，《中国高等教育》2023年第8期。

③ 邓昌俊：《高校"一站式"学生社区思政育人平台构建及实现路径》，《高校后勤研究》2023年第11期。

④ 王斌伟：《高校学生社区思政工作体系构建》，《中国高等教育》2023年第8期。

⑤ 邓昌俊：《高校"一站式"学生社区思政育人平台构建及实现路径》，《高校后勤研究》2023年第11期。

知（教材〔2020〕4号），对新时代劳动教育做了顶层设计和全面部署，深刻阐述了劳动"树德、增智、强体、育美"的独特育人价值。习近平总书记指出：我们党要"努力培养担当民族复兴大任的时代新人，培养德智体美劳全面发展的社会主义建设者和接班人"。其中，"劳育"作为培育时代新人的重要内涵被提出。在对全方位育人内容的融合研究中，学者们将劳动教育视为培育德智体美劳时代新人的关键步骤，依托学生社区丰富的劳动资源，把劳动教育各个环节的内容融入社区的学生实践中，增进学生社区生活的交往互动，以劳树德，以育载劳，提升劳动教育的工作实效。[①] 以劳动教育带动学生全面发展。[②] 同时，坚持目标管理和过程管理相结合，培养学生良好的道德品质、文明习惯以及健全的人格，创设大学生社区良好育人环境。[③] 充分发挥"十大育人"体系在大学生社区的浸润育人作用，以提升社区管理和思政教育的有效性。[④]

（三）坚守"底层逻辑"，探究大学生社区"协同育人"的管理模式

2023年教育部思政工作司工作要点中指出：全面推进高校"一站式"学生社区建设，深入总结高校"一站式"学生社区综合管理模式的工作经验和工作成果，打造新时代高校版"枫桥经验"。"一站式"大学生社区建设作为一项系统工程，高校在建设实践中需要从全局出发、整体推进。同时，深入学生社区协同育人管理模式研究，将"一站式"学生社区建设成为贴近学生、服务学生、为了学生的育人新平台，对新时代高校人才培养具有重要意义。在这一思路的引领下，学者们对"协同育人"进行了多方面探究，主要

---

① 孟杰、冀文琦：《劳动教育嵌入"一站式"学生社区的价值旨归、内在逻辑与实践理路》，《东南大学学报（哲学社会科学版）》2023年第S1期。

② 宋婧、徐屹立、李丹阳：《高校学生社区劳动教育的功能审视与路径研究》，《高校后勤研究》2023年第8期。

③ 段立：《三全育人视域下高校"一站式"学生社区综合管理模式探究——基于教育部"一站式"学生社区管理模式建设试点的观察》，《高校后勤研究》2023年第10期。

④ 王斌伟：《高校学生社区思政工作体系构建》，《中国高等教育》2023年第8期。

包括组织系统的协同、多元主体的协同以及教育育人的协同三个方面。

在对组织系统的协同建设研究中，学者们都强调"一体化"空间支撑体系的构建，形成社区育人新合力。结合学生社区"网格化"的治理思路，从源头上优化社区管理格局，构建"院系—专业—班级—宿舍"和"社区—楼宇—楼层—宿舍"双线管理、协同并进的社区治理体系，统筹协调各部门有序开展社区育人工作，按照楼栋相对集中的原则，实现各部门之间的良性互动和有效配合。[①] 同时，在组织协同建设中，还强调凝聚社区内部节点之间的目标共识问题，构建党委统一领导、党政齐抓共管、部门各司其职、全员协同配合的工作格局。推动学校领导班子成员强化"一岗双责"、校院两级领导班子成员和职能部门负责人带头担任"楼长""层长"，领导干部带头践行"一线规则"，推进落实社区具体改革工作。[②]

在多元主体的协同研究中，学者提出通过构建学工队伍职业能力提升的培养体系，推进队伍职业化、专业化、专家化发展，并紧密结合学生群体特点和成长成才需求，积极引导队伍聚焦主责主业和研究方向。[③] 凝聚工作合力，打造队伍发展示范区，构建价值共同体、关系共同体和实践共同体的成长模式，确保学生社区教育高质量开展。此外，还强调师生共同体的双向赋能，坚持"从学生中来，到学生中去"的工作理念和方法。通过以全员育人为导向，强化学生社区育人队伍建设，提升队伍协同融合能力。[④] 考虑学生主体的主动积极参与，突破了传统"管理—被管理"的权力格局，激发学生主人翁意识，打造学生社区的学生自治团队，提升其自我教育与管理水平，

① 梁宏亮、吴薇、艾美伶：《"新三同"视域下高校学生社区育人的现实挑战与优化思路》，《高校辅导员学刊》2023 年第 5 期。

② 李时宇、丁丁：《复杂理论视角下"一站式"学生社区的建设路径与优化对策研究——基于北京航空航天大学模式的观察》，《思想教育研究》2023 年第 6 期。

③ 段立：《三全育人视域下高校"一站式"学生社区综合管理模式探究——基于教育部"一站式"学生社区管理模式建设试点的观察》，《高校后勤研究》2023 年第 10 期。

④ 梁宏亮、吴薇、艾美伶：《"新三同"视域下高校学生社区育人的现实挑战与优化思路》，《高校辅导员学刊》2023 年第 5 期。

共同营造学生社区的多主体协同运营景观。有学者还注意到多元主体的参与会导致相互间存在冲突推诿现象、教育活动的开展出现结构性不匹配以及辅导员群体受日常繁琐事务牵制而无力破解等难题，提出以社区思想政治教育为辅导员开展一切工作的关键切点，[①]推动将校院领导、管理服务、专业力量和思政力量下沉学生社区，逐步形成以辅导员为核心的、有组织的且相对稳定的学生社区思想政治教育团队。

在教育育人协同研究中，由于当前管理服务部门分工过细、条块分隔等导致壁垒较严重、育人资源调配效率低、教育资源供需不平衡、政策执行效力不强等问题，以及课程体系、软硬环境、文化活动等育人载体也散落各处，未压实到学生身边，"五育并举"合力能效不见提升。为了全面贯彻党的教育方针，当前高校推进通专融合人才培养，以改进解决专业教育比重过大、培养模式单一问题。有学者提出构建"三位一体"的全方位浸润式育人方式。[②]将以辅导员为核心的学生社区思想政治教育团队、大学生自身以及校友力量共同投入学生社区特色育人资源的生产中，实现对学生主体的正向影响。

二、"一站式"大学生社区育人功能研究的价值意蕴与现存不足

通过对 2023 年度研究成果的梳理，可以看出研究对"立德"、"树人"及其二者间的关系给予高度重视，将社区发展的重点落在"育人"上，为进一步学生社区育人功能的探索提供了新视角、新路径。

（一）"一站式"大学生社区育人功能研究的价值意蕴

2023 年度，"一站式"大学生社区育人功能研究围绕立德树人根本任务展

---

① 张亦佳：《高校开展"一站式"学生社区思想政治教育的重要性及实践路径》，《思想理论教育导刊》2023 年第 5 期。

② 张亦佳：《高校开展"一站式"学生社区思想政治教育的重要性及实践路径》，《思想理论教育导刊》2023 年第 5 期。

开，全面聚焦全员、全过程、全方位的育人体系建设，针对学生主体的多元化特点及发展需求，进行了更为针对性的探讨。研究成果立足大学生社区育人现状，把握组织体系构建及人群主体存在的现实问题，深入挖掘大学生社区丰富的育人功能，为其发展提供了切实有效的道路指引及科学依据。

一是"一站式"学生社区育人功能研究挖掘了学生社区发展建设的新视角，为拓展社区育人功能提供了新路径。当今社会日新月异，为回应"培养什么人、怎样培养人、为谁培养人"教育的根本问题，育人场所的实践策略也在不断进步。当代青年面对着更为复杂多变的国内外形势，也经历着党长期执政、市场经济、社会思潮等考验，这给青年成长带来了难以预料的风险挑战。青年是国家的未来可能，塑造什么样的新时代青年关系着国家的前途和命运。由于青年自身具有的个性化特点，活跃程度更高，这使学生社区育人面临着更多不确定性新状况，这从客观上要求我们进一步拓展研究的视角，不断探索解决问题的新办法和提升解决问题的能力。围绕教育部给出的学生社区综合管理模式建设指南，研究从方向上更加注重社区内各主体间交互形成的关系共同体的建设，将育人主体和学生主体都纳入更重要的学生社区建设内容中，从顶层设计和实践路径双重层面着力探讨党建力量下沉及学生主体自我管理自我组织能力提升的问题，立足多元育人主体功能，共建师生同频共振的共同体关系。研究从内容上拓展了学生社区发展功能的多元面向，包括育人理念、队伍建设、服务体系、条件保障等，对学生社区营造进行了精细化、针对性的系统化研究，并得出了丰富的可操作性研究成果。研究挖掘并合理调用了学生社区中蕴含的丰富的育人资源，将基础育人转向高质量人才的培养，这为大学生社区育人理论和实践都提供了创新思路。

二是"一站式"大学生社区育人功能研究遵循了立德树人的价值导向，牢牢把握了时代新人的培育根基。习近平总书记指出，"以立德树人为根本任务，以为党育人、为国育才为根本目标，以服务中华民族伟大复兴为重要使命"①，该论述揭示了人才在强国建设、民族复兴中的重要性，深化了对人才培养和教育强国建设的规律性认识。"一站式"大学生社区的研究全面贯彻党的教育方针，围绕高质量人才培养的重要背景，紧密结合立德树人根本任务，呈现出统领性和具体实践性两方面学生社区育人方略的特点，一方面是始终坚持党建引领，始终将高校思想政治工作立足于正确道路，贯彻思政工作一体化。学者们不断充实党建组织体系研究，并准确把握学生社区在思想政治教育中的功能定位，将社区空间和各育人空间统一整合，助力全方位育人成效的达成。党的领导既作为"一站式"学生社区思想政治工作的目标导向，同时也是强化学生社区育人成效的必要手段。同时，注重党和人民共同孕育的革命文化和社会主义先进文化对社区改造的浸润式影响以及其对社会实践的正确导向，切实发挥其以文化人和以文育人的强大作用。另一方面是将"立德树人"价值具体化，关注到学生内外部的双重表现，即内部的人格健全及外部德智体美劳的全面发展，将"人"纳入中心地位，基准点落在更加立体化的"人"上。在这层认识上，研究致力关注学生心理健康及德智体美劳的发展路径，将"以人为本"的发展理念落在实处，实现"强国"与"强人"的双向共赢。

三是"一站式"大学生社区育人功能研究顺应了时代新人铸魂工程的育人要求，为培育有理想、有本领、有担当的青年人提供了有效参考。党的十九大首次提出"培养担当民族复兴大任的时代新人"②，在中共中央政治局第五次集体学习时，习近平总书记再次强调"要坚持不懈用新时代中国特色社会主义思想铸魂育人"③"培养德智体美劳全面发展的社会主义建设者和接班人"④，这为高校思想政治教育创新发展提供了目标指引。研究坚持问题导

---

① 习近平：《扎实推动教育强国建设》，《求是》2023 年 9 月 16 日。

② 习近平：《决胜全面建成小康社会 夺取新时代中国特色社会主义伟大胜利——在中国共产党第十九次全国代表大会上的报告》，《人民日报》2017 年 10 月 28 日。

③ 《习近平在中共中央政治局第五次集体学习时强调：加快建设教育强国 为中华民族伟大复兴提供有力支撑》，《人民日报》2023 年 5 月 30 日。

④ 《习近平谈治国理政》（第三卷），外文出版社 2020 年版，第 328 页。

向和目标导向，结合时代新人铸魂工程，从思想观念、组织机制、队伍建设以及条件保障几大模块查摆育人体系存在的现实问题，针对具体问题，学者们主要从精神导向、主体激励和实践引领多方面强化引领青年学生成为担当民族复兴大任的时代新人的现实路径，确保中国特色社会主义事业后继有人。此外，研究将"时代新人"育人要求与全员、全过程、全方位的"三全育人"内涵作了深入融合，进一步推动高等教育治理体系和治理能力现代化，为扎根中国大地办好中国特色社会主义大学延伸了实践路径、夯实了内涵支撑，并回答了新时代的育人命题。

（二）"一站式"大学生社区育人功能研究中存在的不足

通过梳理本年度"一站式"学生社区育人研究成果，发现研究在提供宝贵价值经验的同时仍然存在着三个方面的不足，需要引起我们的重视。

一是育人的深度需进一步挖掘。立足"时代新人铸魂工程"及高质量人才培育的时代背景，对"人"的培育需在考虑其全面发展的基础上更加注重质量的配比，即大力关注外部发展的同时兼顾内里发展的健康稳固，以促进人多元化、立体化和可持续的发展。但从本年度大学生社区育人成果来看，首先，对学生培育的关注点仅仅停留于浅层的"五育"发展，对"五育"的内涵和外延拓展不够深，导致无法占领更高的视野探究高质量人才培育的多个面向。具体而言，一方面，"五育"是作为抽象化的凝练概念，研究更多直接将其视为实际的目标导向，从而会忽略掉"德智体美劳"每个类型中蕴藏的丰富内涵，导致无法察觉出育人过程中的实际问题，无法对症下药。另一方面，研究关注并积极开拓了"五育并举"的实践路径，但对于"五育"的协同融合、相互借力的探索较少，导致全面型、高质量人才培育受阻。其次，站在全面的"人"的发展的基础上，研究较少关注到学生发展的内部因素，即健全人格的引导和培育视角不足。全面型、高质量人才的发展应建立在健全人格的基础上，缺少这一根基，学生的发展难以健康持续。解决好这些问题，对时代新人的培育将大有裨益。

二是对学生主体参与的侧重研究有待提升。纵观年度研究成果，大学生社区育人研究无论在组织上还是主体上都重点考虑到了"协同"问题，包括组织间的合力并举及主体间的多元协同。然而在对多元主体协同的考量上，更多侧重育人主体队伍层面的建设，缺少对学生层面主体参与的关注。具体而言，学生作为一切政策措施的实践者，其自身具有巨大的能动性，对于学生自我意识和自律能力的合理调用将极大提高社区育人成效。同时，学生作为被培育者，其主动性也关系着培育双方的互动程度及对培育内容的接收程度，而缺少对学生主体自我管理、自我组织的深入探究，则难以保障师生间的双向互动及学生社区育人的持续有效性。育人是一项系统性工程，同样需要系统内部要素的通力合作，缺少任何一方，系统都难以运作，关注学生主体的参与问题，将更能开发大学生社区育人功能。

三是研究的实践性有待增强。通常研究的价值除了理论指导价值外还包括实践价值，既要抓好"顶层设计"，也要抓好具体落实。本年度大学生社区育人研究在广度和深度上都有了进一步的加强，然而研究成果多集中于宏观视角及育人主体、育人组织的宏观把握，难以找准具体问题，因而缺乏对具体问题提出更有针对性的解决方案。其中，也包含了立足具体学生社区的实践探究，但也无法避免个案经验难以普适推广的困境，即宏观架构如何落在实处，而从微观出发如何扩大其普适价值的问题。面对时代变迁带来的新挑战及青年学生呈现的新特点，学生社区育人研究应在关注共性问题的同时增强对个性问题的把握，从个性问题洞察学生社区建设存在的潜在深层难题，使研究兼具现实性和前瞻性。研究的具体落实归根结底要回归具体的"育人"上，才能实现党的领导具象化、思想引领精实化。

三、"一站式"大学生社区育人功能研究发展展望

结合"一站式"大学生社区育人功能的现有研究成果，为进一步发挥好

"一站式"大学生社区的育人功能，应该重点围绕育人方向的延伸、育人理念的创新、育人合力的形成、学生主体性的挖掘、数字技术的赋能等方面进一步拓展实践。

（一）强化学生社区育人理念研究，促进育人成效的全面提升

2020年，教育部等八部门发布的《关于加快构建高校思想政治工作体系的意见》（教思政〔2020〕1号）提到，推动"一站式"学生社区建设，将园区打造成为集学生思想教育、师生交流、文化活动、生活服务于一体的教育生活园地。大学生社区"一体化"的打造注定要考虑多主体、多队伍、多内容的"融合共促"，以及大学生社区中整体性、系统性、协调性的有机把握，全面提升育人成效。从"一站式"大学生社区发展的育人理念及成效来看，其具有很强的可塑性，其中蕴藏的力量和资源也十分强大，发挥着人才培养的独特优势。然而，由于育人理念中缺乏坚强核心，导致所发挥的育人力量凝聚不足，在一定程度上制约了育人成效的提升。"一站式"试点建设主要围绕立德树人根本任务展开，构建思想政治教育工作体系新格局。因此，开展社区育人研究，可以在育人理念的创新上坚定思政育人的发展核心，以思想政治教育统领社区育人功能的全面拓展。一方面，"一站式"学生社区管理模式建设中，应把立德树人理念贯穿于"一站式"学生社区建设管理的始终。从师生对"一站式"学生社区育人理念的认同上、物理空间的思政元素添加上以及师学生参与主动性的积极调动上，健全学生社区组织形式，建立一体多翼、多站协同的学生社区组织，发挥学生朋辈力量的领航作用，形成多元参与态势。另一方面，注重找准"切入点"探索社区育人新模式。围绕人才培养、学科建设、科研攻关、社会服务、相关专项任务等实际工作需要，成立师生联合党支部；建设"思政名师工作室"，加强党建阵地建设；设立跨学院、跨专业、跨年级的功能型试点党支部，激发社区党建活力。扎实开展党史学习教育，全面推进课程思政，引导大学生听党话、感党恩、跟

党走，以期对社区育人理念有新的突破，从而深化学生社区育人研究。

（二）拓展学生社区育人内涵研究，延伸育人发展的可能性

2019 年 2 月，中共中央、国务院印发《中国教育现代化 2035》提出，注重全面发展，大力发展素质教育，促进德育、智育、体育、美育和劳动教育的有机融合。2019 年 6 月，中共中央、国务院发布《关于深化教育教学改革全面提高义务教育质量的意见》，明确提出了坚持"五育并举"，全面发展素质教育的指导方针。从宏观教育政策而言，"五育"在内容上明确了学生社区育人的发展基调，在目标上也注定了"五育并举"走向"五育"融合的发展趋势。提升社区育人内容的质量，更有利于提升人才培育的质量。针对目前学生社区"五育并举"的研究来看，首先，学者们更多关注德育、智育及劳育的发展，而对体育及美育的关注相对匮乏，导致社区育人在方向上的不均衡。要促进人的高质量全面发展，延伸育人的多重面向，应给予体育及美育发展更多的关注度，丰富学生成长的不同需要，并满足多元人才培育的可能性。其次，对于"五育"融合的机制研究不足，未形成学生社区育人的有机整体。一方面，可以从外部进行整体育人的融合性探索，包括从学生服务、社区管理、社区活动、社区环境、社区实践几大方面促进德智体美劳的全面融合。另一方面，可以挖掘内部因素，关注学生健全人格的发展，助推"五育"融合机制的生成。

（三）关注学生社区育人机制研究，提升育人体系的稳健性

教育部等八部门发布的《关于加快构建高校思想政治工作体系的意见》（教思政〔2020〕1 号）明确高校要提高管理服务水平，加强群团组织建设，推动"一站式"学生社区建设，将校院领导力量、管理力量、思政力量和服务力量充分覆盖到学生中间，推动全员全过程全方位育人格局的形成。由于"四横四纵"体系涉及的单位较多，不同单位负责的具体任务不一样，部分

高校缺乏统一的顶层设计，也未能深入践行统筹考虑和一体推进的理念，存在盲目性、随意性和形式化的问题，导致育人合力难以形成。协同治理既要考虑组织的协同，也要考虑具体队伍的协同。其中，在组织协同上需要谋划党委统一领导、学生工作部门牵头、相关单位各负其责、全员协同参与的工作协同格局，要强调"纵向"协同，加强上下联动，提升协同育人实效。同时还需要强调"横向"协同，在党建引领下，推动党建网格化建设，丰富多维育人场域，形成社区、学院、支部三方联动共创党建带团建的工作格局。在具体队伍的协同上关注由校领导带头，校院领导力量、思政力量、专业力量等队伍进驻社区，促进育人重点落到实处。汇聚高水平育人队伍，集聚育人资源，构建全员思政体系，协同多支队伍深度参与学生社区育人模式建构，共同提升育人体系的稳健性发展。

（四）深入社区学生主体性发挥机制研究，激活主体的"自育"潜力

高校"一站式"学生社区思想政治教育是一项系统化的育人工程，其目标是让学生充分发挥主观能动性，自主提升个人的思想素养，养成积极的学习态度，锻炼辨别能力。推动教育和自我教育相结合，构建"一站式"学生社区自我教育模式，能统筹协调教育资源的合理调配，落实以学生为中心的教育资源合理配置，强化教育资源的利用率，进一步促进学生自我成长和提升自我认识。在本年度的研究中，学者们对学生主体性的发挥进行了一定探讨，但仍需要进一步深入关于学生主体性的研究，将学生社区建设更好地回归到立德树人上，坚持以学生为中心、以学生成长成才为中心、以学生不断变化的现实需求为中心。重视发挥学生的主体作用，一方面是要加强学生参与，通过建立学生自我管理自我服务组织，将学生由被管理者转化为主动管理者的角色，激发学生的参与积极性，以多种形式强化学生自我管理、自我服务。另一方面，建立健全以服务为导向、以素质养成为目标、以经历认证为保障、以制度规范为基础的学生综合评价长效机制，注重学生自主意识和

自律能力的扎实培养。

（五）开展学生社区数字赋能研究，顺应数字化时代的发展潮流

在数字时代，"一站式"学生社区可以借助科技赋能进行"数字社区""智慧社区"建设，将数据转化为资源，在便捷服务师生的同时提升育人成效。新时代、新学情、新场景，思想政治工作面临新的变化、新挑战，迫切需要思想政治工作持续深入学生身边，拉近与学生日常学习生活环境的距离。准确、及时把握学生思想动态及苗头倾向性问题，将问题有效化解于萌芽阶段，这就需要精准把握学生信息数据的采集，并对数据进行深入、系统化、精细化地挖掘和分析，以此有效契合学生群体思想行为新变化、新特点和新需求。以数字赋能"一站式"学生社区建设，一方面开发"一站式"学生社区综合管理数据分析平台，提高育人科学化水平。另一方面通过建设线上"一站式"综合服务系统，提升治理效能，让学生办事"最多跑一次"，通过人工智能、大数据运营等，实现学生事务的业务协同、流程优化、精准管理，更好地提升学生管理的效率和决策科学性。在未来的研究中，加强对学生学习生活成长发展的数据挖掘，构建起集价值引领、成长助力、资源整合为一体的数字化育人工作矩阵，以精准化服务，更好地满足学生成长的需求。

参考文献

一、经典著作

［1］《马克思恩格斯选集》（第1-4卷），人民出版社2012年版。

［2］《习近平谈治国理政》（第一卷），外文出版社2018年版。

［3］《习近平谈治国理政》（第二卷），外文出版社2017年版。

［4］《习近平谈治国理政》（第三卷），外文出版社2020年版。

［5］《习近平谈治国理政》（第四卷），外文出版社2022年版。

［6］习近平:《高举中国特色社会主义伟大旗帜 为全面建设社会主义现代化国家而团结奋斗——在中国共产党第二十次全国代表大会上的报告》，人民出版社2022年版。

［7］《习近平在全国高校思想政治工作会议上强调:把思想政治工作贯穿教育教学全过程开创 我国高等教育事业发展新局面》，《人民日报》2016年12月9日。

［8］《在学习贯彻习近平新时代中国特色社会主义思想主题教育工作会议上的讲话》，《人民日报》2023年5月1日。

［9］《习近平在中共中央政治局第五次集体学习时强调 加快建设教育强国 为中华民族伟大复兴提供有力支撑》，《人民日报》2023年5月30日。

［10］《在文化传承发展座谈会上强调 担负起新的文化使命 努力建设中华民族现代文明》，《人民日报》2023年6月3日。

[11]《习近平在中共中央政治局第六次集体学习时强调：不断深化对党的理论创新的规律性认识 在新时代新征程上取得更为丰硕的理论创新成果》，《人民日报》2023年7月2日。

[12]《习近平在全国生态环境保护大会上强调 全面推进美丽中国建设 加快推进人与自然和谐共生的现代化》，《人民日报》2023年7月19日。

二、学术著作

[13]冯刚：《思想政治教育学科40年发展研究报告》，中国人民大学出版社2024年版。

[14]冯刚、林东伟：《新时代高校全面从严治党研究》，北京师范大学出版社2023年版。

[15]胡洪彬：《人工智能时代的思想政治教育研究》，人民出版社2023年版。

[16]李申申：《学以成人 中华优秀传统文化之成人意蕴及其传扬》，科学出版社2023年版。

[17]李志毅：《优秀传统文化的现代教育价值探索》，北京工业大学出版社2023年版。

[18]张宝强、吴春阳、王云涛：《黄河文化融入高校思想政治教育研究》，中国社会科学出版社2023年版。

[19]朱汉民：《中华优秀传统文化》，高等教育出版社2023年版。

[20]项久雨：《新时代思想政治教育主题论》，人民出版社2023年版。

三、期刊论文

[21]阿剑波：《新时代中国式思想政治教育现代化发展的内涵、问题与推进对策》，《云南大学学报（社会科学版）》2023年第22期。

[22]艾楚君、何梦飞：《时代新人形象塑造的逻辑遵循、价值定位与路

径探赜》,《长沙理工大学学报（社会科学版）》2023 年第 3 期。

［23］敖永春、王鹤天:《大数据视域下高校思想政治教育精准化评价的特征》,《学校党建与思想教育》2023 年第 15 期。

［24］柏路、乔庄:《社会主义核心价值观融入社会发展：推进中国式现代化的实践自觉》,《思想理论教育》2023 年第 10 期。

［25］柏路、乔庄:《心理·文化·信仰：社会主义核心价值观引领精神生活共同富裕的三维向度》,《社会主义核心价值观研究》2023 年第 4 期。

［26］包天强:《数字时代高校加强意识形态建设的基本原则与实施路径》,《国家教育行政学院学报》2023 年第 11 期。

［27］包炜杰:《习近平新时代中国特色社会主义思想的世界观和方法论：生成逻辑、阐释原则与当代价值》,《思想理论战线》2023 年第 5 期。

［28］蔡文成:《在主题教育中掌握好调查研究这一“传家宝”》,《人民论坛》2023 年第 8 期。

［29］操菊华、熊娟:《人工智能赋能思政课教学的三重审视》,《学校党建与思想教育》2023 年第 12 期。

［30］曹慧敏、魏崇辉:《泛娱乐主义对社会主义核心价值观教育的影响》,《华南理工大学学报（社会科学版）》2023 年第 9 期。

［31］曹劲松:《文化自信：把握习近平文化思想的价值内核》,《南京社会科学》2023 年第 11 期。

［32］曹清燕、王璞:《基于公共空间的“大思政课”实践教学探析》,《思想理论教育》2023 年第 8 期。

［33］曾峥、吕容涛:《基于获得感、幸福感、安全感需要的高校辅导员队伍建设探析》,《学校党建与思想教育》2023 年第 16 期。

［34］查广云:《中华优秀传统文化融入高职院校思想政治理论课教学的逻辑理路与实践路径》,《思想教育研究》2023 年第 5 期。

［35］钞秋玲:《高校心理健康教育中“大思政”与“大心理”课程相融

合模式探索》,《中国高等教育》2023 年第 10 期。

［36］陈步云、厉晓妮:《大数据时代思想政治教育信息分析方法的理论思考》,《学校党建与思想教育》2023 年第 9 期。

［37］陈城、李杨帆:《新时代高校学生社区党建工作体系建构研究》,《学校党建与思想教育》2023 年第 1 期。

［38］陈丹凝:《高校辅导员"新三同"模式探究》,《中国教育学刊》2023 年第 10 期。

［39］陈国华、郑磊:《"遮蔽"与"解蔽":人工智能时代思想政治教育话语转换及其应对》,《理论导刊》2023 年第 2 期。

［40］陈海瑾、汪力:《增强高校思想政治教育协同效应的逻辑基点与实践方略》,《思想理论教育》2023 年第 6 期。

［41］陈华洲、刘丽明、彭婷:《中国式现代化推动思想政治教育内容创新研究》,《学校党建与思想教育》2023 年第 2 期。

［42］陈华洲、负婷婷:《论思想政治教育增值评价的生成、界限及限度》,《思想理论教育》2023 年第 10 期。

［43］陈静:《思政课教学质量评价的数字化建设》,《思想政治课教学》2023 年第 6 期。

［44］陈科、谢佳琼:《智能技术赋能思想政治教育质量评价的优势、限度与进路》,《思想理论教育》2023 年第 12 期。

［45］陈蕾、陈勇:《中国式现代化:新征程上大学生理想信念教育的时代主题》,《思想教育研究》2023 年第 11 期。

［46］陈亮、叶明裕:《数字赋能高等教育现代化的内在逻辑与高质量立德树人路径》,《中国远程教育》2024 年第 1 期。

［47］陈亮:《默会知识观视域下立德树人的逻辑架构与高质量培育路径》,《南京社会科学》2023 年第 5 期。

［48］陈玫:《高校高层次人才的政治引领与政治吸纳》,《学校党建与思

想教育研究》2023 年第 20 期。

［49］陈南菲：《新时代高校心理育人工作高质量发展面临的现实挑战与应对策略探究》，《思想教育研究》2023 年第 6 期。

［50］陈启超：《思想政治教育矛盾的实践体系之维检视》，《思想教育研究》2023 年第 9 期。

［51］陈倩：《新时代思想政治教育提升社会治理效能的三维向度》，《学校党建与思想教育》2023 年第 19 期。

［52］陈武元、吴彬：《推进高校思想政治教育协同育人的路径探析》，《中国高等教育》2023 年第 1 期。

［53］陈锡喜：《中国式现代化蕴含的独特价值观》，《人民论坛》2023 年第 11 期。

［54］陈宪章、许意强：《网络思想政治教育价值提升的需求考量》，《学校党建与思想教育》2023 年第 18 期。

［55］陈秀红：《从"外源"到"内生"：新时代中国共产党推进乡村振兴的实践逻辑》，《中共中央党校（国家行政学院）学报》2023 年第 2 期。

［56］陈瑜：《高中思政课议题式教学的二维路径》，《中国教育学刊》2023 年第 7 期。

［57］陈振媚：《提升话语力：高校思想政治教育话语建设的着力点》，《黑龙江高教研究》2023 年第 9 期。

［58］陈志刚：《在中华优秀传统文化创造性转化和创新性发展中建设中华民族现代文明》，《马克思主义研究》2023 年第 6 期。

［59］程琼：《红色经典阅读：新时代爱国主义教育的重要方法》，《学校党建与思想教育》2023 年第 13 期。

［60］程晓丹、齐鹏：《高校课程思政质量评价的现状思考与体系重构》，《江苏高教》2023 年第 7 期。

［61］崔聪：《当代学生网络爱国话语的存在样态、多重价值与引导策

略》,《思想政治教育研究》2023 年第 2 期。

　　[62]崔聪:《人工智能赋能网络思想政治教育话语实践论析》,《思想理论教育》2023 年第 3 期。

　　[63]崔建霞:《高校思政课"两性一度"的本质要求——以"马克思主义基本原理"课为例》,《思想理论教育导刊》2023 年第 9 期。

　　[64]崔娜:《融媒体时代高校意识形态教育的挑战与应对》,《传媒》2023 年第 9 期。

　　[65]崔雨、刘友女、刘祯琪:《协同理论视阈下高职院校"三全育人":内涵特征、现实困境、价值逻辑与实现理路》,《职业技术教育》2023 年第 14 期。

　　[66]代玉启、刘妍:《中国式现代化的文化维度》,《吉首大学学报（社会科学版）》2023 年第 44 期。

　　[67]代玉启、于小淳:《新时代中国共产党党内集中教育的实践逻辑与深化路向》,《治理研究》2023 年第 4 期。

　　[68]代玉启、罗琳:《思想政治教育学范畴构建内在超越的方法论》,《教学与研究》2023 年第 5 期。

　　[69]戴艳军、郑呈杰:《关于立德树人之"德"的哲学思考》,《思想理论研究》2023 年第 7 期。

　　[70]邓斌、黄金龙:《社会主义核心价值观贯穿高校思政课教学的逻辑理路与实践探索》,《学校党建与思想教育》2023 年第 11 期。

　　[71]邓卫:《增强高校基层党组织政治功能和组织功能以高质量党建引领学校高质量发展》,《国家教育行政学院学报》2023 年第 7 期。

　　[72]邓卓明、张娟:《大学生社会主义核心价值观培养研究》,《学校党建与思想教育》2023 年第 5 期。

　　[73]丁俊萍、叶子维:《中国共产党党内集中教育的历程、特点和经验》,《理论探讨》2023 年第 6 期。

〔74〕丁昀:《高校思政课实践教学的困境及其破解》,《学校党建与思想教育》2023 年第 14 期。

〔75〕董芯茜、周智年:《新时代高校思政课分众教学论析》,《学校党建与思想教育》2023 年第 16 期。

〔76〕董彪:《中国式现代化的传统文化根基》,《东北师大学报（哲学社会科学版）》2023 年第 3 期。

〔77〕董雅华、舒练:《建构中国特色思想政治教育学科自主知识体系论析》,《思想理论教育》2023 年第 2 期。

〔78〕董羽:《"新工科"背景下研究生样板党支部建设微探》,《学校党建与思想教育》2023 年第 10 期。

〔79〕豆勇超:《泛娱乐主义的社会心理成因与对策》,《思想政治教育研究》2023 年第 6 期。

〔80〕杜邦云:《社会主义核心价值观教学全面贯彻一体化理念探讨——以"思想道德与法治"课为例》,《社会主义核心价值观研究》2023 年第 3 期。

〔81〕杜和军、陈旭:《高校辅导员心理健康素养的价值意蕴、基本内涵及培育路径》,《黑龙江高教研究》2023 年第 7 期。

〔82〕杜玉霞:《"思想政治理论课的本质是讲道理"初探》,《理论观察》2023 年第 7 期。

〔83〕段江波、张厉冰:《社会主义核心价值观融入当代中国人日常生活何以可能？》,《思想理论教育》2023 年第 10 期。

〔84〕樊志辉、马文惠:《"两创"与"两个结合"的理论意蕴及实践连接——融贯马克思主义与中华优秀传统文化的两个向度》,《理论探讨》2023 年第 5 期。

〔85〕方兰欣、郑永扣:《广泛践行社会主义核心价值观的时代意蕴与着力点》,《社会主义核心价值观研究》2023 年第 2 期。

〔86〕方楠:《高校辅导员自由时间：价值意蕴·现实困境·治理策略》,

《中学政治教学参考》2023 年第 16 期。

［87］方瑞:《中华优秀家风文化培育时代新人的实践路径》,《马克思主义理论学科研究》2023 年第 5 期。

［88］方世南:《习近平文化思想的理论创新和实践创新》,《学术探索》2023 年第 11 期。

［89］冯博:《新时代强化高校辅导员工作政治引领的现实要求和实施路径》,《辽宁师范大学学报（社会科学版）》2023 年第 6 期。

［90］冯刚、艾楚君:《思想政治教育促进精神生活共同富裕的功能优势与实现路径》,《思想理论教育导刊》2023 年第 8 期。

［91］冯刚、武传鹏:《中国式现代化进程中生态文明与政治文明建设的制度化结合》,《四川大学学报（哲学社会科学版）》2023 年第 1 期。

［92］冯刚、布超:《新时代思想政治工作体系建构的生成逻辑》,《学校党建与思想教育》2023 年第 1 期。

［93］冯刚、杜云:《"道""德""仁""艺":先秦儒家君子人格的基本内涵、养成路径与当代价值》,《江西师范大学学报（哲学社会科学版）》2023 年第 5 期。

［94］冯刚、李亚美:《时代新人培育中伦理文明新形态的价值意蕴》,《大学教育科学》2023 年第 4 期。

［95］冯刚、梅科:《深刻把握新时代深化"三全育人"建设的内在规律——"三全育人"综合改革试点工作实施五周年回顾》,《青年学报》2023 年第 3 期。

［96］冯刚、聂小雄:《"数字思政"的生成背景、基本内涵和实践运用》,《西华大学学报（哲学社会科学版）》2023 年第 5 期。

［97］冯刚、王莹:《时代新人培育中的人类文明新形态呈现》,《马克思主义理论学科研究》2023 年第 5 期。

［98］冯刚、邢斐:《新时代数字思政的哲学反思》,《学校党建与思想教

育》2023 年第 19 期。

［99］冯刚、杨小青、张智:《新时代高校思政课公众形象塑造的理论探赜》,《中国远程教育》2023 年第 6 期。

［100］冯刚:《深化高校辅导员政策发展的规律性认识》,《学校党建与思想教育》2023 年第 11 期。

［101］冯刚:《思想政治工作体系贯通人才培养体系的逻辑建构》,《湖北师范大学学报（哲学社会科学版）》2023 年第 9 期。

［102］冯刚:《思想政治教育学科 40 年创新发展的历程与经验》,《南京大学学报（哲学·人文科学·社会科学）》2023 年第 4 期。

［103］冯刚:《习近平文化思想的形成及其特质》,《四川日报（数字版）》2023 年 10 月 16 日。

［104］冯琳、倪国良:《思想政治教育与技术治理耦合发展的现实困境及其超越》,《江淮论坛》2023 年第 3 期。

［105］冯秀军:《"大思政课"建设的几个基本问题》,《思想教育研究》2023 年第 8 期。

［106］冯游游:《思想政治教育话语分析的功能结构与实现机制》,《贵州社会科学》2023 年第 7 期。

［107］付安玲、秦少卿:《网络"泛娱乐化"视域下青年英雄文化教育的遮蔽与解蔽》,《思想教育研究》2023 年第 4 期。

［108］付文军:《论习近平文化思想的原创性贡献》,《宁夏社会科学》2023 年第 6 期。

［109］傅慧芳、白茂峰:《上好平视一代"大思政课"的时代意涵和实践基点》,《学校党建与思想教育》2023 年第 3 期。

［110］高德胜、季岩:《反向内省：新时代思想政治教育的方法创新》,《思想教育研究》2023 年第 8 期。

［111］高飞:《论思想政治教育学术话语能力建设》,《马克思主义理论学

科研究》2023 年第 6 期。

［112］高静毅：《思政课教师形象的多维审思与塑造》，《思想政治课教学》2023 年第 7 期。

［113］高静毅、张东方：《大中小学思政课师资队伍一体化建设的实践审思》，《学校党建与思想教育》2023 年第 19 期。

［114］高桥、闫格宁：《习近平总书记关于立德树人的重要论述研究》，《青岛农业大学学报（社会科学版）》2023 年第 8 期。

［115］高森远、黄诚：《论高校"立德树人"根本任务的思想文化内涵及其实践路径》，《贵州民族大学学报（哲学社会科学版）》2023 年第 5 期。

［116］高盛楠、刘超：《"智慧党建"：大数据赋能高校学生党建工作探析》，《重庆邮电大学学报（社会科学版）》2023 年第 3 期。

［117］高松：《构建多样性开放型可持续改进的人才培养体系为中国式现代化培育时代新人》，《中国大学教学》2023 年第 5 期。

［118］高毅哲、欧媚：《加快建设教育强国 办好人民满意的教育》，《中国教育报》2023 年 7 月 7 日。

［119］葛爱冬、胡令启：《增强高校教师党支部生机活力略探》，《学校党建与思想教育》2023 年第 10 期。

［120］葛园、韩璞庚：《网络对思想政治教育影响的二重性及其优化路径》，《学校党建与思想教育》2023 年第 8 期。

［121］耿俊茂：《高校思想政治理论课教学改革坚持主导性和主体性相统一的理论与实践》，《思想理论教育导刊》2023 年第 11 期。

［122］耿品：《"大思政课"建设中高校辅导员的角色定位与实现路径》，《思想教育研究》2023 年第 11 期。

［123］关雪凌：《正确认识和把握亚洲经济发展的内生动力》，《人民论坛·学术前沿》2023 年第 15 期。

［124］郭建宁：《深刻领会习近平文化思想的核心要义》，《思想教育研

究》2023 年第 11 期。

［125］郭明飞、杨俊哲：《资本逻辑视角下的泛娱乐主义批判与引导启示》，《思想教育研究》2023 年第 1 期。

［126］郭燕：《优秀传统文化融入高校思政课程的现实困境与路径》，《教育理论与实践》2023 年第 3 期。

［127］韩海涛、陈月：《〈共产党宣言〉辨析社会思潮的理论和方法及其当代价值》，《教学与研究》2023 年第 8 期。

［128］韩伟：《中国共产党思想政治教育话语权的特征》，《中学政治教学参考》2023 年第 28 期。

［129］韩喜平、于甜子：《用理讲好思政课》，《学校党建与思想教育》2023 年第 5 期。

［130］韩喜平：《深刻理解习近平文化思想的理论意蕴》，《湖北社会科学》2023 年第 11 期。

［131］韩雪、李昉睿：《高校学生会思政教育功能分析》，《中学政治教学参考》2023 年第 9 期。

［132］韩振峰：《习近平文化思想开辟了马克思主义文化理论发展新境界》，《中国高校社会科学》2023 年第 6 期。

［133］韩致宁：《中国共产党坚定文化自信的实践逻辑》，《学习与探索》2023 年第 11 期。

［134］何锡辉：《新时代党内集中教育的逻辑、议题及推进》，《内蒙古社会科学》2023 年第 3 期。

［135］洪晓楠、宗欣怡：《新时代中国共产党反对历史虚无主义的实践与经验》，《思想理论教育导刊》2023 年第 6 期。

［136］侯勇、柯增金：《习近平文化思想的生成逻辑、内容体系及原创性贡献》，《统一战线学研究》2023 年第 6 期。

［137］侯勇、肖洋：《扎根中国"田野"的思想政治教育学探索——作为

思想政治教育学研究方法的田野调查》，《思想教育研究》2023年第7期。

［138］胡敏：《论高校治理结构中大学生思想政治教育的价值实现》，《中学政治教学参考》2023年第4期。

［139］胡钦太：《高校心理健康教育协同机制探索》，《中国高等教育》2023年第9期。

［140］胡神松、薛志华：《新时代高校教师党支部建设与学科发展双融双促路径探析》，《学校党建与思想教育》2023年第21期。

［141］胡伟国、李培芬：《高职院校思政课"半月谈集体备课"形式的创新与实践》，《思想理论教育导刊》2023年第8期。

［142］黄爱教：《论高校思想政治理论课集体备课创新举措》，《思想政治教育研究》2023年第2期。

［143］黄冰凤、徐秦法：《大中小学思政课课程体系一体化需处理好的几对关系》，《广西社会科学》2023年第6期。

［144］黄河：《数智技术背景下思想政治教育创新发展的机遇、隐忧与进路》，《河海大学学报（哲学社会科学版）》2023年第25期。

［145］黄玖琴、王德召：《灌输与启发相统一：高校思政课教学方法的交互逻辑》，《贵州社会科学》2023年第7期。

［146］黄力之：《习近平文化思想对马克思恩格斯文化思想的重构》，《理论与改革》2023年第6期。

［147］黄蓉生，耿靖：《习近平文化思想：新时代党领导文化建设的科学理论指南与根本行动遵循》，《西南大学学报（社会科学版）》2023年第6期。

［148］黄蓉生、耿靖：《思想政治教育赋能中国式现代化》，《理论与改革》2023年第1期。

［149］黄蓉生、刘东旭：《习近平关于高校党建重要论述的概括、特征及价值》，《国家教育行政学院学报》2023年第9期。

［150］黄蓉生、刘东旭：《习近平总书记关于加强高校党的建设的重要论

述的原创性贡献》，《贵州社会科学》2023 年第 8 期。

［151］黄蓉生：《用社会主义核心价值观引领精神生活共同富裕》，《西南大学学报（社会科学版）》2023 年第 1 期。

［152］黄蓉生：《中国式现代化视域下完善高校思想政治工作体系论析》，《思想理论教育导刊》2023 年第 8 期。

［153］黄若兰、顾友仁：《算法推荐场域下网络泛娱乐主义精准传播》，《南京航空航天大学学报（社会科学版）》2023 年第 10 期。

［154］黄圣博、任志锋：《引导新时代青年在谱写中国式现代化中奋勇争先》，《党建》2023 年第 8 期。

［155］黄寿松、程晋红：《批判与超越：泛娱乐主义审美的当代反思》，《山东社会科学》2023 年第 7 期。

［156］黄一兵：《新时代十年党内集中教育创新发展和经验总结》，《党建研究》2023 年第 6 期。

［157］冀文彦等：《大学生心理困惑归因及高校心理健康教育策略研究》，《中国高等教育》2023 年第 Z2 期。

［158］贾德辉、卢瑞瑞：《迈向"算法学术"：高校网络思想政治教育的算法塑造风险及其化解》，《湖北社会科学》2023 年第 8 期。

［159］贾晓旭：《整体性视域下高校思政课知识体系的构建》，《学校党建与思想教育》2023 年第 4 期。

［160］蹇昊：《人工智能时代思想政治教育话语建构策略》，《学校党建与思想政治教育》2023 年第 23 期。

［161］江舟、陈美兰：《新课标背景下初中思政课法治教育的反思与改进》，《天津师范大学学报（基础教育版）》2023 年第 2 期。

［162］焦扬：《落实好实现好立德树人这一根本任务》，《红旗文稿》2023 年第 7 期。

［163］金国峰、潘英杰：《ChatGPT 对教育的变革性影响及应对》，《学校

党建与思想教育》2023 年第 23 期。

［164］金国峰：《健全新时代网络综合治理体系》，《湖南大学学报（社会科学版）》2023 年第 2 期。

［165］金莉黎、顾钰民：《先进典型：社会主义核心价值观落细落小落实的重要载体》，《社会主义核心价值观研究》2023 年第 3 期。

［166］金伟、白舒娅：《课程思政中的高校学生心理认知探析》，《学校党建与思想教育》2023 年第 7 期。

［167］靳小勇：《党内教育推进党的自我革命的历史出场、拓新发展及时代价值》，《马克思主义研究》2023 年第 5 期。

［168］竟辉：《以辩证思维引深网络空间意识形态治理》，《理论探索》2023 年第 6 期。

［169］康晓强：《论中华优秀传统文化同科学社会主义价值观主张的高度契合性》，《马克思主义研究》2023 年第 5 期。

［170］况广收：《高校辅导员职业倦怠与教师角色认同的关系研究——基于江苏 20 所高校的调查》，《江苏高教》2023 年第 11 期。

［171］兰美荣、卢黎歌：《论"思政课的本质是讲道理"》，《北京工业大学学报（社会科学版）》2023 年第 3 期。

［172］黎博、戴成波、谭超：《高校思政课数字化转型的现实困境与优化路径》，《学校党建与思想教育》2023 年第 14 期。

［173］李红革、李笃：《以"八个相统一"引领中学思政课"金课"建设探析》，《学校党建与思想教育》2023 年第 2 期。

［174］李红军、龙飞：《大众媒体泛娱乐化背景下爱国主义教育话语权的提升策略》，《学校党建与思想教育》2023 年第 8 期。

［175］李怀杰：《智能技术赋能思想政治理论课综合评价的逻辑理路与实践策略》，《思想理论教育》2023 年第 5 期。

［176］李洁：《新时代党的意识形态话语创新与社会思潮批判》，《思想理

论教育导刊》2023 年第 10 期。

［177］李俊峰：《理解"思政课的本质是讲道理"的三个维度》，《江苏高教》2023 年第 3 期。

［178］李辽宁、张婕：《论我国意识形态的国际竞争力及其提升策略》，《思想教育研究》2023 年第 4 期。

［179］李辽宁：《中国式现代化的思想政治教育意蕴》，《学校党建与思想教育》2023 年第 21 期。

［180］李牧、李群弟：《践行社会主义核心价值观的法治路径研究》，《社会主义研究》2023 年第 4 期。

［181］李慕：《当代社会错误思潮影响青年学生的内在逻辑及其应对策略》，《云南师范大学学报（哲学社会科学版）》2023 年第 9 期。

［182］李楠、房圣康：《历史虚无主义批判视域下大学生正确党史观建构理路探析》，《思想政治教育研究》2023 年第 4 期。

［183］李培林：《乡村振兴与中国式现代化：内生动力和路径选择》，《社会学研究》2023 年第 6 期。

［184］李祺：《高校思想政治教育生活叙事的扎根理论及其认知解析》，《中国人民大学教育学刊》2023 年第 10 期。

［185］李尚宸、徐玉：《新时代大中小学思政课一体化建设：理论嵌入、基本原则与实践路向》，《中国高等教育》2023 年第 1 期。

［186］李时宇、丁丁：《复杂理论视角下"一站式"学生社区的建设路径与优化对策研究——基于北京航空航天大学模式的观察》，《思想教育研究》2023 年第 6 期。

［187］李世荣：《基础、主线与方向：高校大学生群体抵制历史虚无主义的教育路径研究》，《宁夏大学学报（人文社会科学版）》2023 年第 9 期。

［188］李伟：《"双肩挑"辅导员制度的发展及其影响》，《高校辅导员》2023 年第 4 期。

［189］李伟弟、柏一兰：《新时代高校思政课改革创新的出场逻辑、现实困境与路径探赜》，《国家教育行政学院学报》2023 年第 8 期。

［190］李文雷、彭聪等：《高校教师党支部书记"双带头人"模式探索与实践》，《中国高等教育》2023 年第 9 期。

［191］李晓华：《中国数字经济发展的内生动力》，《人民论坛》2023 年第 17 期。

［192］李亚美：《高校思政课课程体系构建探析》，《学校党建与思想教育》2023 年第 1 期。

［193］李延太、徐国亮：《高校跨学段思政课一体化建设：价值、挑战与路径——以推进马克思主义大众化为视角》，《社会科学家》2023 年第 9 期。

［194］李艳、史云贵：《新时代高校立德树人的核心要义、实践困境与破解机制》，《湘潭大学学报（哲学社会科学版）》2023 年第 5 期。

［195］李艳：《基于有效教学理论的高校课程思政质量评价体系构建研究》，《广西社会科学》2023 年第 7 期。

［196］李英震、周兴华：《运用大数据技术实现高校思想政治教育智能化》，《中南民族大学学报（人文社会科学版）》2023 年第 7 期。

［197］李正军：《行业特色型高校思政课实践教学创新探析》，《中国高等教育》2023 年第 Z3 期。

［198］李智慧：《党史学习教育助力高校立德树人的机制探索》，《中国高等教育》2023 年第 3 期。

［199］李忠军：《对实施"时代新人铸魂工程"几个关键问题的思考》，《中国高等教育》2023 年第 Z2 期。

［200］李紫娟：《高校思想政治理论课改革创新坚守意识形态取向的策略》，《马克思主义理论学科研究》2023 年第 2 期。

［201］李祥：《新时代思政课教学模式改革创新探论》，《中学政治教学参考》2023 年 10 月第 39 期。

［202］李志强:《大中小学思想政治理论课一体化视域下道德基本理论的澄清》,《思想理论教育》2023 年第 12 期。

［203］廉超、覃诗兰:《新时代贯彻落实高校立德树人根本任务的路径选择》,《高校马克思主义理论研究》2023 年第 1 期。

［204］廉思:《展现中国式现代化的青年担当》,《人民论坛》2023 年第 9 期。

［205］梁靖、金昕:《大学生日常思想政治教育科学化的理想样态与实现路径》,《学校党建与思想教育》2023 年第 3 期。

［206］梁平:《课程思政"立德树人"四层级目标论》,《河南师范大学学报（哲学社会科学版）》2023 年第 4 期。

［207］廖晖、郭鹏飞:《以中国共产党人精神谱系培育时代新人》,《学校党建与思想教育》2023 年第 23 期。

［208］林江:《抓好后继有人这个根本大计 推动主题教育走深走实》,《红旗文稿》2023 年第 10 期。

［209］林于良、孙士俊:《论习近平文化思想的理论品格》,《学校党建与思想教育》2023 年第 24 期。

［210］刘登攀:《高校优秀思想政治理论课教师生成的根本遵循、内在机理与培育路径》,《思想教育研究》2023 年第 7 期。

［211］刘迪翔:《新时代中国共产党引领社会思潮的关键举措、重要意义和基本经验》,《思想理论教育导刊》2023 年第 3 期。

［212］刘顿、刘凤来:《遮蔽·融合·建构:亚文化视角下青年奋斗精神培育研究》,《广西社会科学》2023 年第 5 期。

［213］刘宏达:《中国式现代化进程中完善思想政治教育现代化体系》,《思想理论教育》2023 年第 2 期。

［214］刘华:《推动高校思想政治教育提质增效的着力点》,《学校党建与思想教育》2023 年第 16 期。

［215］刘嘉圣、刘晞平：《大数据时代思想政治教育质量评价研究》，《学校党建与思想教育》2023 年第 7 期。

［216］刘建明：《红色文化一体化育人模式的构建——兼论高校思想政治教育的创新》，《中南民族大学学报（人文社会科学版）》2023 年第 10 期。

［217］刘莉：《思想政治教育融入社会治理共同体建设透视》，《中学政治教学参考》2023 年第 20 期。

［218］刘娜、刘博：《高校思想政治理论课智慧课堂线上教学质量提升研究》，《思想教育研究》2023 年第 3 期。

［219］刘庆莹、齐卫平：《新时代高校纪检监察工作理论与实践研究》，《学校党建与思想教育研究》2023 年第 17 期。

［220］刘社欣、唐时娇：《网络思想政治教育价值引领：群体极化的破解之道》，《理论导刊》2023 年第 5 期。

［221］刘胜枝：《饭圈文化中失范行为的表征与治理》，《人民论坛》2023 年第 21 期。

［222］刘伟：《坚持以社会主义核心价值观涵育时代新人》，《教学与研究》2022 年第 5 期。

［223］刘先锐：《试论思想政治教育话语修辞及其功能》，《思想政治教育研究》2023 年第 2 期。

［224］刘晓东：《"三全育人"视域下高校思想政治教育探究》，《学校党建与思想教育》2023 年第 14 期。

［225］刘晓玲：《数智融合驱动下思想政治教育的创新发展探析》，《西华大学学报（哲学社会科学版）》2023 年第 5 期。

［226］刘星焕、何玉芳：《以数字化赋能"大思政课"建设的内在机理、现实梗阻及实践路径》，《理论导刊》2023 年第 10 期。

［227］刘燕、李楠：《新时代高校红色文化育人的价值意蕴、现实困境及优化路径》，《国家行政教育学院学报》2023 年第 2 期。

［228］刘洋、吕小宁：《高校思想政治理论课数字化建设的边界意识》，《思想理论教育导刊》2023年第11期。

［229］刘映芳：《思想政治教育数字化转型：内涵、动力与路径——基于辩证分析视角》，《思想理论教育》2023年第10期。

［230］刘韵、杨鲜兰：《论思想政治教育心理疏导实现的层次和规律》，《学校党建与思想教育》2023年第9期。

［231］龙志芳、谈远康：《以伟大建党精神引领时代新人培育》，《中学政治教学参考》2023年第15期。

［232］卢国栋、杨森、杨静轩：《用青年宣讲赋能理论学习的三重维度——以北京大学团委博士生讲师团开展主题教育宣讲为例》，《学校党建与思想教育》2023年第13期。

［233］卢岚：《网络思想政治教育的理论勘察与现实建构》，《学校党建与思想教育》2023年第18期。

［234］卢刚、朱晨鹏：《列宁"灌输论"中关于受众主体性的理论阐释》，《世界社会主义研究》2023年第8期。

［235］陆士桢：《中国式现代化视阈中的青年工作》，《人民论坛》2023年第10期。

［236］陆卫明、邓皎昱：《中国式现代化的文化维度》，《北京工业大学学报（社会科学版）》2023年第23期。

［237］路成浩：《新时代高校辅导员队伍建设高质量发展困境与突破》，《学校党建与思想教育》2023年第17期。

［238］栾淳钰、陈镜宇：《"逻辑"与"时间"：思想政治教育发生探源》，《学校党建与思想教育》2023年第17期。

［239］栾纪文、龙方成、吴穹：《新论网络思想政治教育主客体关系的"变"与"不变"》，《思想教育研究》2023年第11期。

［240］罗广、郭国祥、冯秋珍：《以社会实践研修为抓手提升思政课教师

讲道理的能力》，《学校党建与思想教育》2023 年第 9 期。

［241］骆郁廷、肖天乐：《算法推荐视域下的网络思想政治教育创新》，《思想理论教育导刊》2023 年第 10 期。

［242］骆郁廷：《铸强中国式现代化的精神力量》，《思想理论教育》2023 年第 2 期。

［243］吕丹红、祖金玉：《高校思想政治理论课如何讲好中国式现代化故事》，《思想教育研究》2023 年第 9 期。

［244］吕宁、严运楼：《革命文化融入高校思想政治教育研究》，《学校党建与思想教育》2023 年第 16 期。

［245］马博虎：《高校全面从严治党协同监督机制的构建》，《学校党建与思想教育研究》2023 年第 3 期。

［246］马建青、田莴：《高校心理健康教育发展的三大特征》，《思想理论教育》2023 年第 8 期。

［247］马秋丽、尹昱珺：《党的二十大精神融入"马克思主义基本原理"课的三重维度》，《思想理论教育导刊》2023 年第 7 期。

［248］马福运、卢晓涵：《大中小学法治教育一体化建设的问题及对策》，《学校党建与思想教育》2023 年第 7 期。

［249］毛奕峰、王岩：《青年"内卷文化"的批判性阐释及其应对之策》，《中国青年研究》2023 年第 10 期。

［250］孟凡平、赵佳宾：《网络舆情对高校思想政治教育的挑战及应对》，《中学政治教学参考》2023 年第 9 期。

［251］孟维嘉：《社会主义核心价值观融入日常生活的时空逻辑》，《思想理论教育》2023 年第 9 期。

［252］孟宪平、李琳：《社会主义核心价值观"三个融入"的理论依据与实践路径》，《思想理论教育导刊》2023 年第 7 期。

［253］孟宪平：《习近平文化思想的体系结构论析》，《江苏社会科学》

2023 年第 6 期。

[254] 孟晓东、杨洪泽:《基于大数据技术视角的高校思政课精准施教研究》,《学校党建与思想教育》2023 年第 14 期。

[255] 莫伶、徐成芳:《新时代高校网络思想政治教育内容建设》,《社会科学家》2023 年第 5 期。

[256] 倪士光、胡子卉、林煜东:《科技更向善：基于数字交互技术的青少年心理韧性培育》,《西北师大学报（社会科学版）》2023 年第 12 期。

[257] 聂立清、聂冠楠:《高校网络意识形态工作的三重逻辑》,《河南大学学报（社会科学版）》2023 年第 5 期。

[258] 牛广华、卢吉超:《高校党员干部政治训练：时代内涵、现实困境与实现路径》,《党政论坛》2023 年第 5 期。

[259] 潘莉、任凤梅:《数字智能技术赋能高校思政课深度学习研究》,《思想理论教育导刊》2023 年第 9 期。

[260] 潘一坡:《思想政治教育现代化的实现方式》,《教学与研究》2023 年第 10 期。

[261] 彭恩胜、傅琛:《新时代高校思政课教师核心素养的构成要素探析》,《学校党建与思想教育》2023 年第 8 期。

[262] 彭杰:《提升高校思想政治教育获得感的基本话语方法》,《学校党建与思想教育》2023 年第 11 期。

[263] 彭庆红:《数字化推动"大思政课"建设的依据、原则与路径》,《思想理论教育导刊》2023 年第 11 期。

[264] 彭涛:《社会主义先进文化如何滋养大学生思想》,《中学政治教学参考》2023 年第 43 期。

[265] 秦晓华:《"大思政课"视域下思政课实践教学改革的困境与出路》,《学校党建与思想教育》2023 年第 13 期。

[266] 邱程、彭启福:《数字化生存时代思想政治教育话语传播的实践策

略》，《理论导刊》2023 年第 9 期。

［267］邱化民、元静、石垠：《中学生社会主义核心价值观教育调查——认知、认同与践行的培育路径》，《教育科学研究》2023 年第 6 期。

［268］邱仁富：《以社会主义核心价值观引领文化建设》，《马克思主义理论学科研究》2023 年第 3 期。

［269］曲建武、周家伟：《全面从严治党方针贯穿高校学生党建工作刍议》，《学校党建与思想教育研究》2023 年第 19 期。

［270］任航、李艳：《中央苏区立德树人制度化建设的实践探索与现实启示》，《学校党建与思想教育》2023 年第 8 期。

［271］任肖英：《高校辅导员思想政治教育工作中的师生交往探究》，《教育理论与实践》2023 年第 6 期。

［272］任志锋、姜泓滢：《思想政治教育自主知识体系建构的依据、方法与切入点》，《思想理论教育》2023 年第 3 期。

［273］戎渊：《中国式现代化视域下思想政治教育目标预设探析》，《思想政治教育研究》2023 年第 39 期。

［274］荣华伟：《高校思想政治教育的历史逻辑与创新发展》，《江苏高教》2023 年第 9 期。

［275］阮静：《节日文化育人功能与青少年社会主义核心价值观培养》，《北京社会科学》2023 年第 10 期。

［276］阮一帆、马翔飞：《以人的全面发展思想引领新时代思想政治教育》，《中南民族大学学报（人文社会科学版）》2023 年第 3 期。

［277］商志晓：《推进党的创新理论武装进入新境界》，《中国高校社会科学》2023 年第 3 期。

［278］尚爻、王向珍、刘芳：《大中小学思想政治教育一体化网络衔接平台建设探析》，《学校党建与思想教育》2023 年第 4 期。

［279］邵頔：《思想政治教育形象的生成逻辑与提升策略》，《思想教育研

究》2023 年第 1 期。

［280］邵彦敏、刘海涛：《高校党风廉政建设制度执行力探析》，《国家教育行政学院学报》2023 年第 9 期。

［281］沈传亮、郑东升：《深刻认识开展主题教育的重要意义》，《人民论坛》2023 年第 8 期。

［282］沈炜：《"时代新人铸魂工程"的上海实践与思考》，《中国高等教育》2023 年第 10 期。

［283］沈湘平：《构建和坚定当代中国的文化自我》，《思想教育研究》2023 年第 11 期。

［284］沈元军：《以劳模精神融入高校思政课教学育时代新人》，《中学政治教学参考》2023 年第 5 期。

［285］沈壮海、刘灿：《多重视野中的大中小学思政课一体化建设及其突破》，《马克思主义与现实》2023 年第 2 期。

［286］沈壮海、刘水静：《深刻把握习近平文化思想守正创新的精神特质》，《光明日报》2023 年 12 月 14 日。

［287］盛磊、韦洪发：《高校院系党组织政治责任体系建设与能力优化》，《学校党建与思想教育》2023 年第 10 期。

［288］石戴镕、刘攀：《着力增强高校基层党组织政治功能和组织功能 推进新时代"育人、育才、育干"三位一体深度融合》，《学校党建与思想教育》2023 年第 19 期。

［289］史守林：《建设马克思主义学习型政党的探索与实践——新时代党内集中教育的历史逻辑、基本特征和经验启示》，《社会科学战线》2023 年第 1 期。

［290］史巍、秦瑞苹：《论思想政治教育实效性评价的若干基础问题》，《思想理论教育导刊》2023 年第 8 期。

［291］舒刚、徐为结：《习近平关于高校党建重要论述的价值意蕴与践行

进路》,《国家教育行政学院学报》2023 年第 10 期。

［292］宋友文:《习近平文化思想的科学体系和理论内涵》,《南京社会科学》2023 年第 12 期。

［293］速继明:《更好担负起新的文化使命》,《光明日报》2023 年 11 月 16 日。

［294］孙菲、孙迎光:《思政课生成于"道"与"理"合成的世界之中》,《河南师范大学学报（哲学社会科学版）》2023 年第 6 期。

［295］孙来斌:《"六个必须坚持"对高校思想政治理论课的理念指引》,《思想理论教育导刊》2023 年第 8 期。

［296］孙留萍:《高校辅导员"教师职称"晋升实施困境与对策》,《学校党建与思想教育》2023 年第 9 期。

［297］孙梦婵:《论思想政治教育需要》,《思想政治教育研究》2023 年第 2 期。

［298］孙其昂:《论大中小学思政课的三重逻辑》,《学校党建与思想教育》2023 年第 7 期。

［299］覃文忠、闵睿:《高校"双肩挑"干部"选育管用"全链条机制路径研究》,《学校党建与思想教育研究》2023 年第 18 期。

［300］谭杰:《人的现代化:中国式现代化视域下的青年在场》,《中国青年研究》2023 年第 1 期。

［301］谭林:《再论思想政治教育方法的概念内涵及内在构成》,《思想政治教育研究》2023 年第 39 期。

［302］谭天:《信息窄化与话语优化:思想政治教育话语发展的再思考》,《理论导刊》2023 年第 3 期。

［303］谭亚莉、李影:《思想政治教育增值评价的内涵审视、价值检视与实践透视》,《思想教育研究》2023 年第 4 期。

［304］唐旭、谢好佳:《网络直播平台弘扬社会主义核心价值观的路径探

索》，《重庆社会科学》2023 年第 2 期。

［305］唐忠宝：《高校思政课教学中"微小"与"宏大"的辩证关系》，《思想理论教育导刊》2023 年第 2 期。

［306］陶好飞、杨熙：《高校"大思政课"协同育人的策略优化》，《思想理论教育导刊》2023 年第 6 期。

［307］陶磊、李貌：《关于思政课在线学习资源建设的思考》，《学校党建与思想教育》2023 年第 21 期。

［308］陶鹏、贾永堂：《高校优秀辅导员的职业角色及能力素养略探》，《学校党建与思想教育》2023 年第 9 期。

［309］滕飞、马瑞：《推进新时代高校思政课教学守正创新的现实向度》，《中国高等教育》2023 年第 6 期。

［310］田凤娟、妥颖、刘伟：《社会主义核心价值观视域下高校人工智能伦理教育探析》，《思想教育研究》2023 年第 5 期。

［311］田鹏颖：《以系统观念践行社会主义核心价值观》，《社会主义核心价值观研究》2023 年第 9 期。

［312］田歧立：《高校思政课讲"两个结合"的道理蕴涵及实践策略》，《河南大学学报（社会科学版）》2023 年第 4 期。

［313］田苏宏、王丽娜：《高校党建质量评价数字化转型的实践进路》，《思想理论教育》2023 年第 8 期。

［314］铁铮、杨涛：《高校网络思想政治教育创新路径与对策》，《中国高等教育》2023 年第 Z3 期。

［315］万光侠、焦立涛：《人工智能赋能思想政治教育双重向度》，《思想教育研究》2023 年第 5 期。

［316］万陈芳：《协同学理论视角下课程思政协同机制的构建研究》，《学校党建与思想教育》2023 年第 12 期。

［317］汪斌：《数字技术形塑思想政治教育空间的三重向度》，《西华大学

学报（哲学社会科学版）》2023 年第 5 期。

［318］汪亭友、李敏：《习近平文化思想的科学内涵、价值意蕴与原创性贡献》，《新疆师范大学学报（哲学社会科学版）》2023 年第 12 期。

［319］王斌伟：《高校学生社区思政工作体系构建》，《中国高等教育》2023 年第 8 期。

［320］王炳林、马雪梅：《伟大建党精神与中国式现代化》，《山东大学学报（哲学社会科学版）》2023 年第 3 期。

［321］王春英：《"大思政课"视域下思想政治教育一体化的推进路径》，《思想政治课教学》2023 年第 9 期。

［322］王成：《意识形态安全视域下高校思政课教学探赜——基于建设性与批判性相统一》，《中学政治教学参考》2023 年 8 月第 32 期。

［323］王丹：《新时代高校思想政治教育话语体系创新的情感向度》，《思想教育研究》2023 年第 10 期。

［324］王丹竹、杨玉萍：《论习近平文化思想对推进乡村文化振兴的重大意义和实践要求》，《西北农林科技大学学报（社会科学版）》2023 年第 6 期。

［325］王芳：《论中华优秀传统文化同科学社会主义价值观主张的高度契合性》，《思想理论教育》2023 年第 4 期。

［326］王洪元：《小我融入大我 铸魂时代新人》，《中国高等教育》2023 年第 17 期。

［327］王辉、陈文东、倪元利：《网络民粹主义视域下大学生爱国主义教育研究》，《学校党建与思想教育》2023 年第 10 期。

［328］王静修、马陆亭：《发挥大学文化之力，培育优秀时代新人》，《光明日报》2023 年 11 月 14 日。

［329］王俊斐：《思想政治教育与治理融合研究的方法变革向度》，《湖北社会科学》2023 年第 1 期。

［330］王康：《新时代高校辅导员核心素养的基本内涵及其提升路径》，

《江苏高教》2023 年第 11 期。

［331］王雷华、任豪：《协同治理视域下高校"一站式"学生社区建设探究》，《思想政治教育研究》2023 年第 3 期。

［332］王丽鸽：《思想政治教育数字化发展的生成动因、态势特征与创变展望》，《思想理论教育》2023 年第 5 期。

［333］王莉莉：《基于立德树人理念的高校思政工作体系创新》，《山西财经大学学报》2023 年第 2 期。

［334］王玲、袁田：《"大思政课"视域下"以乐化人"的思想政治教育方法研究》，《思想政治教育研究》2023 年第 39 期。

［335］王培、陶楚歌、张洺绮：《百年来高校基层党组织建设的发展历程与经验启示》，《学校党建与思想教育》2023 年第 16 期。

［336］王淑芹、李凌莉：《思政课教学质量评价的思考》，《学校党建与思想教育》2023 年第 17 期。

［337］王帅：《党的十八大以来高校思想政治教育方法演进的时代特征》，《学校党建与思想教育》2023 年第 5 期。

［338］王同奇：《推进高校党建与事业发展深度融合 以高质量党建引领事业高质量发展》，《学校党建与思想教育》2023 年第 21 期。

［339］王旭、张颖：《工匠精神融入高职院校时代新人培养探究》，《学校党建与思想教育》2023 年第 14 期。

［340］王学斌：《"第二个结合"的涵育历程、核心要义与内在逻辑——以〈在文化传承发展座谈会上的讲话〉为中心的考察》，《求索》2023 年第 6 期。

［341］王学俭、赵文瑞：《论新时代思想政治教育与中国式现代化》，《思想理论教育》2023 年第 4 期。

［342］王雅丽：《新时代高校思政课教学用好"比喻说理"探析》，《思想理论教育导刊》2023 年第 5 期。

［343］王艳:《论新时代思想政治教育基本矛盾的焦点》,《思想教育研究》2023 年第 8 期。

［344］王燕茹:《总体国家安全观视域下高校意识形态安全建设探析》,《学校党建与思想教育》2023 年第 14 期。

［345］王瑶琪:《着力培养服务人民健康的时代新人》,《学校党建与思想教育》2023 年第 23 期。

［346］王颖、黎家成:《高校思政课混合式教学优化路径探析》,《学校党建与思想教育》2023 年第 8 期。

［347］王煜:《党群关系视角下高校基层党组织政治生态建设探究》,《学校党建与思想教育》2023 年第 2 期。

［348］王易、田雨晴:《推进大中小学思想政治教育一体化建设的思考》,《思想教育研究》2023 年第 3 期。

［349］王振、徐晓丽:《损失厌恶效应视角下增进高校思想政治教育治理动力的思考》,《学校党建与思想教育》2023 年第 7 期。

［350］王正坤、杨漫漫:《基于扎根理论的中华优秀传统文化融入高校思政教育机制探究》,《学校党建与思想教育》2023 年第 8 期。

［351］魏荣、赵燕飞:《中国共产党思想政治教育话语内容的发展历程与未来建设向度》,《学校党建与思想教育》2023 年第 5 期。

［352］温静、吴一凡:《青年爱国主义教育方法的百年演进》,《思想政治教育研究》2023 年第 39 期。

［353］温娟、何云峰:《基于"时、度、效"的高校辅导员网络文化育人工作探究》,《学校党建与思想教育》2023 年第 16 期。

［354］吴红:《着眼立德树人 形成更高水平的高校人才培养体系》,《中国高等教育》2023 年第 4 期。

［355］吴潜涛、潘一坡:《新时代社会主义核心价值观建设的成就、经验与展望》,《社会主义核心价值观研究》2023 年第 2 期。

［356］吴毅、刘素贞：《新时代增强高校院系党组织政治功能路径研究》，《思想理论教育》2023 年第 5 期。

［357］吴懿卓：《网络文化育人融合思想政治教育工作的价值意蕴与实践路径》，《理论观察》2023 年第 3 期。

［358］吴优、张健华：《统筹推进大中小学思政课有效衔接》，《中国高等教育》2023 年第 17 期。

［359］吴悦悦、冯蓉：《虚拟现实技术在大学生心理健康促进中的应用》，《中国学校卫生》2023 年第 7 期。

［360］武传鹏：《高校思政课公众形象评价体系构建探赜》，《湖南大学学报（社会科学版）》2023 年第 6 期。

［361］武慧媛：《高校媒体传播社会主义核心价值观的方向和路径》，《中国高等教育》2023 年第 11 期。

［362］武晶晶：《数字技术赋能高校智慧党建工作体系建设》，《中国高等教育》2023 年第 12 期。

［363］席晓丽：《新时代大学生社会主义核心价值观认知认同教育探讨》，《学校党建与思想教育》2023 年第 7 期。

［364］项久雨：《思想政治教育现代化的叙事方式》，《教学与研究》2023 年第 10 期。

［365］肖贵清、车宗凯：《立德树人是新时代高校的根本任务》，《山东师范大学学报（社会科学版）》2023 年第 2 期。

［366］谢春风、殷蕾：《我国大中小学思政课一体化建设新样态的分析与启示》，《中国教育学刊》2023 年第 4 期。

［367］谢俊丽：《大中小学思想政治教育一体化建设存在的问题与对策》，《学校党建与思想教育》2023 年第 22 期。

［368］熊晓梅：《以"一站式"学生社区综合管理模式建设推动落实"时代新人铸魂工程"》，《中国高等教育》2023 年第 18 期。

［369］徐川：《着力培养担当民族复兴大任的时代新人》，《中国高等教育》2023 年第 10 期。

［370］徐凯翔：《列宁批判文化虚无主义的科学方法》，《马克思主义理论学科研究》2023 年第 2 期。

［371］徐娜：《高校团属新媒体赋能党史学习教育论略》，《学校党建与思想教育》2023 年第 6 期。

［372］徐稳、葛世林：《数字化技术赋能思想政治教育的三维探析》，《思想教育研究》2023 年第 3 期。

［373］徐彦秋：《高校思想政治理论课质量评价体系构建探究》，《江苏高教》2023 年第 10 期。

［374］徐艳国：《推进大中小学思政课一体化建设的思考》，《中国高等教育》2023 年第 Z3 期。

［375］徐益亮、路丙辉：《思想政治教育话语修辞的价值意蕴、现实困境与应对理路》，《思想教育研究》2023 年第 11 期。

［376］徐梓彦：《社会主义核心价值观融入中国式现代化的信仰确立及培育机制》，《南京社会科学》2023 年第 11 期。

［377］许民强：《思政课教师与辅导员工作双向融合的路径及实践》，《中国高等教育》2023 年第 12 期。

［378］许瑞芳、张岩：《基于 CIPP 模型的大中小学思政课一体化评价研究》，《思想政治课研究》2023 年第 3 期。

［379］闫长丽、井琳：《新时代党批判历史虚无主义的基本经验与实践进路》，《北京邮电大学学报（社会科学版）》2023 年第 6 期。

［380］严敏：《微传播视域下大学生思想政治教育话语转向研究》，《学校党建与思想教育》2023 年第 4 期。

［381］燕连福、周祎：《以社会主义核心价值观引领人民精神生活共同富裕的三重向度》，《思想理论教育导刊》2023 年第 4 期。

［382］杨冬梅:《习近平文化思想的核心要义、鲜明特质与实践路向》,《学校党建与思想教育》2023 年第 24 期。

［383］杨果:《"思想道德与法治"课问答式教学模式的价值意蕴与立体优化》,《中国高等教育》2023 年第 9 期。

［384］杨果:《高校官方微博社会主义核心价值观传播效果的影响因素及赋能路径——基于启发—系统模型的实证分析》,《湖南师范大学社会科学学报》2023 年第 5 期。

［385］杨赫姣:《数字交往中思政教育方法限度与逻辑创新》,《山西财经大学学报》2023 年第 45 期。

［386］杨宏伟、赵文辉:《网络思想政治教育中的情绪传播及其治理：逻辑·效应·进路》,《思想教育研究》2023 年第 7 期。

［387］杨慧民、白杨:《新时代高校思政课讲好中国式现代化故事的三维探讨》,《理论导刊》2023 年第 8 期。

［388］杨建敏、赵放辉、郑珊珊:《高校研究生党支部建设长效机制的探索》,《学校党建与思想教育》2023 年第 2 期。

［389］杨丽、谢丽芳:《总体国家安全观视域下高校意识形态建设探究》,《思想理论教育导刊》2023 年第 8 期。

［390］杨婷:《思想政治教育现代化的赋能方式》,《教学与研究》2023 年第 10 期。

［391］杨威、田祥茂:《思想政治教育的"术""道""学"》,《教学与研究》2023 年第 3 期。

［392］杨希、王习胜:《在把握新时代思想政治教育主要矛盾中着力培养时代新人》,《思想政治教育研究》2023 年第 4 期。

［393］杨贤金:《践行一流大学使命担当 努力服务中国式现代化建设》,《中国高等教育》2023 年第 12 期。

［394］杨章文:《高校思想政治理论课讲好中国式现代化故事的四重维

度》,《宁夏大学学报（人文社会科学版）》2023 年第 45 期。

［395］杨振斌:《以新时代高校思想政治工作高质量发展推动时代新人培育——在第二十届全国高校青年德育工作者论坛上的讲话》,《思想教育研究》2023 年第 12 期。

［396］杨智勇:《新时代高校学生社区育人模式的改革创新》,《思想理论教育导刊》2023 年第 7 期。

［397］姚崇、刘叶丹:《推进伟大建党精神培育时代新人常态化制度化》,《中国高等教育》2023 年第 Z2 期。

［398］姚书志、彭天祥:《大学生网络行为对思想政治教育效果的影响——基于西安市 27 所高校的实证分析》,《中学政治教学参考》2023 年 3 月。

［399］叶方兴:《结构·运行·优化:新时代学校思想政治理论课的课程形态审视》,《贵州师范大学学报（社会科学版）》2023 年第 1 期。

［400］叶方兴:《思想政治教育学科视域中的积极性范畴论析》,《马克思主义理论学科研究》2023 年第 6 期。

［401］余玉花、王耀国:《论社会主义核心价值观融入法治建设的中国逻辑》,《思想理论教育》2023 年第 10 期。

［402］宇文利:《中国式现代化视域下新时代思想政治工作现代化的进向》,《思想理论教育》2023 年第 5 期。

［403］袁玉刚、彭镜:《共青团组织育人功能的有效发挥》,《中学政治教学参考》2023 年第 6 期。

［404］昝玉林、涂美焕:《网络文化视域下青少年思想政治教育刍议》,《思想政治教育研究》2023 年第 2 期。

［405］张潮:《培育积极健康、向上向善的网络文化》,《人民日报》2023 年 11 月 21 日。

［406］张蓓蓓、安巧珍:《中华优秀传统文化同科学社会主义价值观主张的高度契合性探析》,《学校党建与思想教育》2023 年第 18 期。

［407］张彪、周卫东：《人工智能嵌入思想政治教育的逻辑进路与实践策略》，《学校党建与思想教育》2023 年第 20 期。

［408］张成龙、任春英：《党史学习教育融入大学生思想政治教育的价值意蕴与路径选择》，《学校党建与思想教育》2023 年第 18 期。

［409］张驰：《思想政治教育智能化发展的理想图景和矛盾消解》，《思想教育研究》2023 年第 10 期。

［410］张驰：《系统思维视域下思想政治教育交叉学科的发展机理与研究创新》，《思想理论教育》2023 年第 8 期。

［411］张丹、周守红：《新时代高校功能型党支部建设路径探析》，《学校党建与思想教育》2023 年第 16 期。

［412］张登国：《中国式现代化进程中城市功能嬗变的内生动力》，《北京社会科学》2023 年第 11 期。

［413］张帆、邵献平：《大中小学思政课一体化建设略探》，《学校党建与思想教育》2023 年第 2 期。

［414］张革：《坚持不懈用习近平新时代中国特色社会主义思想凝心铸魂 全面培养担当民族复兴大任的时代新人》，《中国高等教育》2023 年第 12 期。

［415］张贵礼、程华东：《新时代高校文化育人的逻辑理路和实践进路》，《学校党建与思想教育》2023 年第 4 期。

［416］张建明：《"国之大者"视域下加强新时代思政课建设的实践进路》，《河南大学学报（社会科学版）》2023 年第 6 期。

［417］张建晓：《改革开放以来高校思政课高质量建设的历史探索与现实启示——以 J 省为例》，《湖北社会科学》2023 年第 2 期。

［418］张健：《着力培养具有志气、骨气和底气的时代新人》，《红旗文稿》2023 年第 22 期。

［419］张金福、石书臣：《伟大建党精神涵育时代新人的价值意蕴》，《学

校党建与思想教育》2023 年第 19 期。

[420] 张阔：《年轻人"上香"现象的社会心理分析》，《人民论坛》2023 年第 20 期。

[421] 张黎娜：《新时代思政课教师课程领导力的实践转向》，《学校党建与思想教育》2023 年第 9 期。

[422] 张林：《中国网络民粹主义的情感动员及其疏导》，《理论导刊》2023 年第 5 期。

[423] 张明：《"第二个结合"思想解放意义的学理阐释——兼论习近平文化思想的理论精髓》，《天津社会科学》2023 年第 6 期。

[424] 张明：《习近平文化思想的理论背景、科学体系与时代价值》，《求索》2023 年第 6 期。

[425] 张翩：《当代思想政治课程内生动力构建》，《中学政治教学参考》2023 年第 17 期。

[426] 张青、张波：《论思政课自我形象建构与他者形象认知的统一》，《湖南大学学报（社会科学版）》2023 年第 6 期。

[427] 张冉、楼鑫鑫：《中国高校党务干部队伍建设研究的主题演进与未来展望》，《思想政治课研究》2023 年第 5 期。

[428] 张欣：《新时代高校思想政治教育接受动力的优化》，《学校党建与思想教育》2023 年第 18 期。

[429] 张荣军、张溪：《"思政课的本质是讲道理"的价值意蕴与实践指向》，《学校党建与思想教育》2023 年第 3 期。

[430] 张善喜：《习近平关于立德树人重要论述的理论来源与创新发展》，《思想教育研究》2023 年第 11 期。

[431] 张士海、安瑞龙：《新时代中国共产党引领社会思潮的主要着力点》，《湖南科技大学学报（社会科学版）》2023 年第 7 期。

[432] 张天宝：《坚持立德树人 用心打造思政"金课"》，《思想政治课教

学》2023 年第 9 期。

［433］张文婷：《民办高校加强"大思政课"建设的意义与路径》，《思想理论教育导刊》2023 年第 5 期。

［434］张雯、李洋：《中国式现代化融入高校"四史"教育研究》，《学校党建与思想教育》2023 年第 20 期。

［435］张翔、曹银忠：《论分众思维在高校网络思想政治教育中的运用》，《学校党建与思想教育》2023 年第 20 期。

［436］张学亮：《高校辅导员意识形态能力结构及提升路径探赜》，《思想政治教育研究》2023 年第 2 期。

［437］张雅楠、陈春燕：《规训与突围：基于推荐算法的思想政治教育话语困境与应对》，《理论导刊》2023 年第 9 期。

［438］张彦、杨思远：《习近平文化思想的原创性贡献及其逻辑展开》，《内蒙古社会科学》2023 年第 6 期。

［439］张彦：《新时代党内集中学习教育的旨向要求与经验启示》，《人民论坛》2023 年第 8 期。

［440］张燕、刘莹莎：《网络文化对新时代青少年价值观的影响及教育策略》，《人民教育》2023 年第 Z1 期。

［441］张阳：《新时代党内六次集中教育的基本概况、比较分析与宝贵经验》，《思想政治教育研究》2023 年第 2 期。

［442］张亦佳：《高校开展"一站式"学生社区思想政治教育的重要性及实践路径》，《思想理论教育导刊》2023 年第 5 期。

［443］张永红、邓晓：《智能传播时代泛娱乐主义衍生的意识形态风险与化解》，《理论导刊》2023 年第 11 期。

［444］张振芝：《论领导干部进高校讲思政课常态化机制建设》，《湖北社会科学》2023 年第 3 期。

［445］张志强：《深刻理解"第二个结合"的首创性意义》，《哲学研究》

2023 年第 8 期。

［446］章小朝：《高校思想政治理论课教学的问题意识与专题化教学》，《思想理论教育导刊》2015 年第 10 期。

［447］赵本燕、王建新：《新时代思想政治教育面向个体需要的多维审思》，《河海大学学报（哲学社会科学版）》2023 年第 6 期。

［448］赵本燕：《逻辑·张力·路径：新时代思想政治教育话语的图像转向》，《理论导刊》2023 年第 2 期。

［449］赵橙涔、潘丽莉：《青年眼中的中国式现代化》，《人民论坛》2023 年第 9 期。

［450］赵丹：《应用型高校辅导员队伍建设策略研究》，《学校党建与思想教育》2023 年第 16 期。

［451］赵冬鸣、张蓓蓓：《融媒体时代高校思想政治教育话语的逻辑、特征与优化路径》，《学校党建与思想教育》2023 年第 5 期。

［452］赵红灿、孟凡昌：《五育融合：基于系统思维的时代新人培育路径刍议》，《中国矿业大学学报（社会科学版）》2023 年第 3 期。

［453］赵慧先、李佩佩、刘丽琼：《心理健康课程教学对大学新生学校适应性、心理弹性及心理健康的影响》，《中国健康心理学杂志》2023 年第 8 期。

［454］赵李叶：《思想政治理论课探究式教学"问题情境创设"的逻辑与实现》，《思想政治教育研究》2023 年第 1 期。

［455］赵丽涛、于露远：《思想政治教育数字化转型评价及其优化路向》，《思想理论教育》2023 年第 5 期。

［456］赵艳：《论思政课教学质量评价体系构建》，《中学政治教学参考》2023 年第 20 期。

［457］赵英杰：《新时代十年党的青年工作：历程、成就、经验》，《重庆社会科学》2023 年第 5 期。

［458］赵诏：《大学生社会主义核心价值观认同结构的实证研究——基于

结构方程模型的分析》，《中国人民大学教育学刊》2023 年第 4 期。

［459］赵志业、赵延安：《新时代高校思政课教学评价体系构建的三维探究》，《中国大学教学》2023 年第 4 期。

［460］赵志业：《新时代思想政治教育文化范式结构论纲》，《西北工业大学学报（社会科学版）》2023 年第 2 期。

［461］赵周鉴、林伯海：《中国式现代化视域下思想政治教育高质量发展论析》，《学校党建与思想教育》2023 年第 21 期。

［462］郑安阳：《新时代高校"大思政课"校本制度制定研究》，《思想教育研究》2023 年第 2 期。

［463］郑保章、孟翔宇：《网络民粹主义意识形态的风险审视与治理策略》，《北京社会科学》2023 年第 10 期。

［464］郑洁：《习近平语言艺术对思想政治教育话语优化的启示》，《学校党建与思想教育》2023 年第 5 期。

［465］郑敬斌、李佳乐：《新文科背景下思想政治教育学科建设的定位、目标指向与路径选择》，《思想理论教育》2023 年第 6 期。

［466］郑志康：《历史虚无主义的日常生活化渗透批判》，《思想教育研究》2023 年第 8 期。

［467］周婧、周松：《论高校"课程思政"建设的四重维度》，《武汉理工大学学报（社会科学版）》2023 年第 5 期。

［468］周春芳：《以数字技术推动中华优秀传统文化融入思想政治教育》，《社会科学家》2023 年第 8 期。

［469］周春芳：《以数字技术推动中华优秀传统文化与思想政治教育"双向奔赴"》，《社会科学家》2023 年第 8 期。

［470］周丽华、黄宝莹：《中华传统廉洁文化融入高校党风廉政建设的内在机理与现实路径》，《学校党建与思想教育研究》2023 年第 7 期。

［471］周巍：《论唯物史观推动中华优秀传统文化创造性转化创新性发展

的作用》，《学校党建与思想教育》2023 年第 4 期。

［472］朱隽：《警惕翻译作品中的历史虚无主义问题》，《政治学研究》2023 年第 2 期。

［473］朱旭旭：《习近平关于党内集中教育重要论述：生成逻辑、科学内涵及时代价值》，《理论导刊》2023 年第 6 期。

［474］子华明、普丽春：《中华优秀传统文化融入铸牢中华民族共同体意识教育的向度与路径：以南诏历史文化为考察对象》，《青海民族大学学报（社会科学版）》2023 年第 2 期。

［475］子央：《全环境立德树人视域下的思政课一体化建设》，《山东师范大学学报（社会科学版）》2023 年第 3 期。

［476］邹庆华、马黛丹：《大数据时代高校意识形态安全建设机制探究》，《海南师范大学学报（社会科学版）》2023 年第 2 期。

［477］邹绍清、卢毛毛：《中华民族现代文明的丰富蕴涵与精神标识》，《思想理论教育》2023 年第 9 期。

［478］邹绍清：《建设中华民族现代文明的核心要义、价值意蕴及实践遵循》，《马克思主义研究》2023 年第 6 期。

［479］左路平：《历史虚无主义的资本逻辑批判》，《世界社会主义研究》2023 年第 7 期。

后 记

　　2023 年是全面落实党的二十大精神的开局之年，也是思想政治教育学科迎来 40 年发展历程的奋进之年。围绕学习贯彻习近平文化思想和全国宣传思想文化工作会议精神，学界 2023 年在理论与实践双向互动中不断深化思想政治教育的规律性认识，持续推进思想政治教育热点问题研究，催生出丰硕而有价值的学术成果。聚焦 2023 年思想政治教育研究热点，把握研究新进展，分析研究特点和不足，展望研究发展趋势，对于进一步加强思想政治教育学科建设，提升思想政治教育质量水平，推动新时代思想政治教育内涵式发展具有重要意义。在此背景下延续思想政治教育热点问题研究，我们继续组织思想政治教育学科领域的专家、学者共同撰写《思想政治教育研究热点年度发布（2023）》。

　　《思想政治教育研究热点年度发布（2023）》一书由北京师范大学思想政治工作研究院院长冯刚教授负责全书策划和框架设计。经过课题组多次研讨和认真准备，编写工作于 2023 年 9 月正式启动。全书具体分工如下：前言（冯刚）、第一章（黄玉新）、第二章（李亚美）、第三章（徐先艳、刘纪）、第四章（王振）、第五章（贾雪丽）、第六章（代玉启、徐福祥）、第七章（史宏月）、第八章（陈倩）、第九章（王楠）、第十章（朱宏强）、第十一章（陈静、高婷婷）、第十二章（聂小雄）、第十三章（高静毅）、第十四章（梁超锋）、第十五章（白永生、李书平）、第十六章（艾楚君）、第十七章（张欣）、第十八章（冯蓉）、第十九章（鲁力、王桂娟）、第二十章（邓卓明、邵二辉）、第二十一章（金国峰）、第二十二章（汪斌）、第二十三章（刘晓玲）、第二十四章（李伟）、第二十五章（靖咏安）。冯刚、白永生、王振、高静毅、朱宏强、徐先艳、王珺颖、汪斌、张智、陈城、李亚美、王莹、李伟负责全书统稿。汪斌、曹鹤鸣、李树学、杨小青、梅科、宋奕铭、陈哲等负责相关文献整理和资料收集工作。

本书的编撰除了经典著作以外，还参考了大量专家学者的研究成果，在此深表感谢！文中采用脚注方式进行了标明，还在书末列出了主要参考文献。本书力求展现 2023 年思想政治教育学科热点研究全貌，但是由于学科研究内容甚为丰富，加之篇幅有限，研究成果的出版又具有一定时滞性，这些都给编写工作带来了较大难度。因时间有限、工作量较大，肯定有遗漏之处，对于本书的局限与不足只能留待今后补充与修正，我们也真诚地希望各位专家、读者批评指正。

本书编写组

2024 年 1 月